Allitera Verlag

Dissertation zur Erlangung des Doktorgrades der Philosophie (Fachbereich Germanistik) an der Ludwig-Maximilians-Universität München

Vorgelegt von Manuela Schwab im Oktober 2012

Manuela Schwab, 1980 in München geboren, studierte Germanistik, Rundfunkrecht und Soziologie in München und promovierte 2013 mit vorliegender Dissertation »Dieter Hildebrandt und sein politisches Kabarett bis 1972« an der Ludwig-Maximilians-Universität München. Sie ist heute in der Unternehmens- und Verbandskommunikation tätig.

Manuela Schwab

Dieter Hildebrandt

und sein politisches Kabarett bis 1972

Allitera Verlag

Weitere Informationen über den Verlag und sein Programm unter:
www.allitera.de

Mai 2014
Allitera Verlag
Ein Verlag der Buch&media GmbH, München

Herstellung: Kay Fretwurst, Freienbrink
Umschlaggestaltung: Alexander Strathern, München
Printed in Germany · ISBN 978-3-86906-627-1

Für meine Mutter

Inhalt

VI Hildebrandts Kabarett etabliert sich

VII Hildebrandts Satire und die Neue Linke

Dieter Hildebrandt

Neue Erfahrungen mit meiner Vergangenheit

Noch nie hat ein Mensch sich über mich und mein Berufs- und sonstiges Leben so viele Gedanken gemacht wie Manuela Schwab. Viele Jahre lang habe ich in Bunzlau, meiner schlesischen Heimatstadt, Schulen besucht, aber nie deren Geschichte gekannt. Die Autorin hat offenbar wissenschaftlich gearbeitet. Ihre Zitate sind exakt und nachprüfbar. Vor allen Dingen sind sie auch als solche gekennzeichnet. Die Mitteilungen über das Städtchen Bunzlau sind überraschend für mich. Einige meiner Erlebnisse, die mir entfallen waren, haben mich amüsiert. Es war ein Vergnügen zu lesen, wie mein Leben war. Nachdem ich schon eine ganze Reihe von ganz verschiedenen Auslegungen meiner Vergangenheit gesammelt habe, muss ich der Autorin meine Anerkennung aussprechen; so ungefähr muss es wirklich gewesen sein. Vieles hätte ich natürlich anders machen müssen, was aber zu besprechen müßig ist, weil es eben so war, wie Manuela Schwab es niedergeschrieben hat. In einer Zeit, in der falsch abgeschriebene Doktorarbeiten keine Einzelfälle sind, kann ich, der eine gewisse Kompetenz seinem eigenen Leben gegenüber haben sollte, nur bestätigen: Eine rundum saubere Arbeit.

Danke für das Interesse.

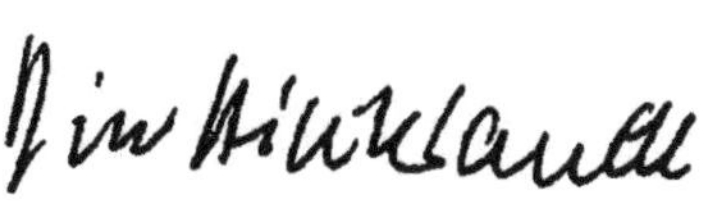

im September 2012

I Der »Gedankenbeeinflusser« Dieter Hildebrandt

Wie kein anderer Kabarettist begleitete Dieter Hildebrandt die Bundesrepublik seit ihrer Gründung als kritischer Kommentator, Moralist und Aufklärer. Anhand seiner satirischen Texte, Bühnen- und Fernsehauftritte lässt sich die politische und gesellschaftliche Entwicklung der BRD detailliert nachzeichnen. Zu seiner Karriere als Kabarettist und Schauspieler äußerten sich im Jahr 2007 Prominente und Weggefährten anlässlich seines 80. Geburtstags. Sie schilderten Hildebrandt als jemanden, der »durch und durch Demokrat« sei (Richard Rogler), als »schnoddrige[n] Schelm«, der eine »gerechtere Welt« wolle (Norbert Blüm), als »unheimlich fixe[n] Denker« und »unheimlich gute[n] Formulierer« (Klaus Peter Schreiner) sowie als »großartige[n] Schauspieler« (Senta Berger), der auch in seinen Kabarett-Rollen authentisch und immer »›der‹ Hildebrandt« geblieben sei (Konstantin Wecker).[1] Hervorgehoben wurde sein »böse[r] Witz« (Volker Kühn). Dass Kabarett »alles« darf, wie es Kurt Tucholsky 1919 behauptet hatte, habe Hildebrandt ausgenutzt, »manchmal bis zum Geht-nichtmehr« (Friedrich Nowottny).[2]

Für sein Lebenswerk wurde Hildebrandt 2004 mit dem Adolf-Grimme-Preis, 2008 mit dem Deutschen Kleinkunstpreis, 2010 mit dem Kulturellen Ehrenpreis der Landeshauptstadt München[3] und 2011 mit dem Salzburger Stier ausgezeichnet. 1990 erhielt er als Autor und Interpret zeitkritischer Texte, der »mit Eleganz, Satire und Vernunft für radikale Demokratie und kritischen Bürgersinn«[4] plädiert, den Alternativen Büchnerpreis.[5] In der Begründung hieß

[1] Baltes, Gisbert/Schröder, Lothar: Nie wieder achtzig! – Dieter Hildebrandt, ARD, 2007.

[2] Ebd.

[3] Süddeutsche Zeitung, Nr. 26, 2.2.2011, Kotteder, Franz: Kommentierung statt Geblödel, S. R6.

[4] Der Alternative Büchnerpreis 1990, Darmstadt: H.L. Schlapp, 1990.

[5] Mit der Auszeichnung, die von 1989 bis 1993 parallel zum Georg-Büchner-

es, dass er bewiesen habe, »wie entschieden ein Einzelner der angemaßten Autorität Paroli bieten und mit Courage und Esprit den Geist der Aufklärung im Sinne Büchners befördern kann«[6]. Der Vormärz-Schriftsteller Büchner hatte Sektionen der sozialrevolutionären *Gesellschaft der Menschenrechte* gegründet und sich für die Aufklärung der niederen Volksklassen als Grundlage gesellschaftlicher Veränderungen eingesetzt.[7] Der Kritiker Walter Jens, Vorjahrespreisträger und von 1950 an Mitglied der Gruppe 47,[8] bezeichnete Hildebrandt in seiner Laudatio als »Wolf [...] im Schafspelz«,[9] der kein »Spaßmacher«[10] sei. Stattdessen habe er als politischer Aufklärer der »Arroganz der Macht« eine »Kampfansage« erteilt, die Obrigkeit herausgefordert[11] und sich im Sinne Büchners auf die Seite der »Opfer« und »Wehrlose[n]« gestellt.[12] Hildebrandts Mittel zur Wahrheitsfindung beschrieb Jens als »Spott« und »erhellende Übertreibung«.[13] In Tradition der Anwälte der »kleinen Leute«, wobei Jens auf Büchners Woyzeck und Hašeks Figur des Soldaten Schweijk verwies, nehme Hildebrandt die Metaphorik der Mächtigen wörtlich. Er signalisiere »Zustimmung, um zu entlarven«[14]. Als »couragierter Einzelner«, der hohe Amtsinhaber »in Furcht und Schrecken« versetzt, habe Hildebrandt nie aufgegeben.[15]

Preis verliehen wurde, sollte an den »politischen Büchner« erinnert werden, »auch an den Literaten, vor allem aber an den Demokraten«. In: Ebd. S. 2. Vgl. dazu: Ulmer, Judith S.: Geschichte des Georg-Büchner-Preises: Soziologie eines Rituals. Berlin: Walter De Gruyter GmbH + Co. KG, 2006, S. 298.

6 Der Alternative Büchnerpreis 1990, Darmstadt: H.L. Schlapp, 1990.

7 1835 wurde Büchner wegen eines Flugblatts, in dem er die hessischen Bauern dazu aufgerufen hatte, sich gegen die Ausbeutung zur Wehr zu setzen, wegen der Teilnahme an »staatsverrätherische[n] Handlungen« von den Darmstädter Behörden steckbrieflich gesucht. In: Ebd. Vgl. Rötzer, Hans Gerd: Geschichte der deutschen Literatur. Bamberg: C.C. Buchners Verlag, 1998, S. 200.

8 Arnold, Heinz Ludwig: Die Gruppe 47. Reinbek: Rowohlt, 2004, S. 70f.

9 Jens, Walter: Yorik in Deutschland. Laudatio auf Dieter Hildebrandt. In: Der Alternative Büchnerpreis 1990, Darmstadt: H.L. Schlapp, 1990, S. 11.

10 Ebd., S. 13.

11 Ebd., S. 14.

12 Ebd., S. 14.

13 Ebd., S. 15.

14 Ebd.. S. 16.

15 Ebd., S. 17.

Gegenstand der vorliegenden Untersuchung ist Hildebrandts politisches Kabarett, von seinen Anfängen mit dem Studentenkabarett *Die Namenlosen* im Jahr 1955 bis zur Auflösung des ersten Ensembles der *Lach- und Schießgesellschaft* 1972. Die Arbeit bezieht Kindheit und Jugend Hildebrandts in die Analyse mit ein und legt dar, aus welcher Intention heraus und auf welche Weise er das heutige Verständnis von politischem Kabarett maßgeblich bestimmt hat. Berücksichtigt wird dabei der historische Kontext. Recherchen erfolgten im Archiv der *Lach- und Schießgesellschaft* in München, das neben bislang unveröffentlichten Texten Hildebrandts auch Programmhefte, Ergebnisse von Zuschauerbefragungen, Glückwunschschreiben, Programmmitschnitte, Fotos und einen umfangreichen Fundus an Zeitungsartikeln enthält. Darüber hinaus standen das Stadtarchiv München und das Deutsche Kabarettarchiv in Mainz für Nachforschungen zur Verfügung. Weitere Unterlagen waren bei der Bundesheimatgruppe Bunzlau in Siegburg erhältlich. Dieter Hildebrandt und Klaus Peter Schreiner lieferten zwischen 2008 und 2012 in mehreren Gesprächen Hintergrundinformationen und Anregungen zur Arbeit.

II Die Kleinstadt Bunzlau in der Weimarer Republik

II.1 Kultur, Gesellschaft und Politik

Dieter Hildebrandt wurde am 23. Mai 1927 in einem heißen Frühsommer, die Tagestemperaturen betrugen Ende Mai um die 44 Grad,[1] in Bunzlau, etwa 45 Kilometer östlich von Görlitz, geboren. Er und seine schlesischen Landesgenossen waren im Grunde die »ossiesten Ossis überhaupt«, wie er im Hinblick auf seine Herkunft später ironisch bemerkte.[2] Aus kultureller Sicht seien sie vom Westen »ein wenig« verachtet worden.[3] In den Großstädten der Weimarer Republik feierte in den 20er-Jahren die moderne Massenkultur ihren Durchbruch, Film und Rundfunk wurden dort populär.[4] Berlin galt als Welthauptstadt für Musik, Film und Theater, in der, wie auch in anderen Ballungszentren der Republik, erfolgreiche Revuen mit ihren Gesangs- und Tanzdarbietungen gespielt wurden. Im Geburtsjahr Hildebrandts kam Bertolt Brechts und Kurt Weills Songspiel *Mahagonny* erstmals zur Aufführung, Fritz Langs Film *Metropolis* war in den Kinos zu sehen und Gustaf Gründgens trat zusammen mit Erika Mann in Klaus Manns Komödie *Revue zu Vieren* auf.[5]

1 Christiani, Hans: Das Leben in der deutschen, schlesischen Kreisstadt Bunzlau von 1871 bis 1946 in vier Epochen. 2. Auflage, 1996, S. 95.

2 WDR (Hrsg.): Erlebte Geschichte(n). Dieter Hildebrandt, Ingo Insterburg und Hanns Dieter Hüsch erzählen. Köln: Der Audio Verlag GmbH, 2006. Audio-CD (1).

3 Deshalb könne er es »gut verstehen, wenn ein Ossi sagt, er wird ein wenig minder geachtet, weil er nicht aus diesem Westen ist, wo die Kultur sich überschlägt«, so Hildebrandt. In: Ebd.

4 Reulecke, Jürgen: Die Zeit der Weltkriege (1914–1945). In: Kleine Deutsche Geschichte. Stuttgart: Reclam, 2003, S. 343. In den Ballungszentren entstanden immer mehr große, moderne Warenhäuser und vor allem in der Mittelschicht wurde ein neuer freizügiger Lebensstil propagiert.

5 Stiftung Deutsches Historisches Museum (Hrsg.): Deutsches Historisches Museum, Berlin, www.dhm.de.

Doch auch in Bunzlau habe die Kultur damals bereits »zugeschlagen«[6], so Hildebrandt 2006 mit Blick auf seine Heimatstadt. Für Kulturbegeisterte gab es dort ein vielfältiges Programm: 1927 eröffneten in Bunzlau die *Kammerlichtspiele* in einer ehemaligen Gaststätte,[7] die Kleinstadt besaß daraufhin zusammen mit dem *Metropol-Kino* zwei Lichtspielhäuser. Ludwig van Beethovens 100. Todestag wurde am 26. März von der *Freien Volksbühne*, die zu diesem Anlass jedem Schulkind sein Bild schenkte, feierlich begangen.[8] In der Wintersaison 1928/29 standen ein Bach-Abend des *Schlesischen Landesorchesters* sowie ein Auftritt des Bläserquintetts der *Dresdener Staatsoper* auf dem Programm der *Gesellschaft für Musikfreunde*.[9] Klassiker wie Goethes *Faust* wurden im Stadttheater dargeboten,[10] außerdem war Bunzlau der Sitz des *Schlesischen Landestheaters*.[11] 1925 war hier der Schauspieler und Kabarettist Werner Finck[12] aus Görlitz, der später zu einem Vorbild Hildebrandts werden sollte, erstmals auf der Bühne gestanden.[13] In dem Theater, das laut Finck eine äußerliche Ähnlichkeit mit dem Festspielhaus in Bayreuth aufwies, war ihm im Rahmen eines Bunten Abends erstmals die Aufgabe des Conférenciers, des witzig unterhaltenden Ansagers, der durch das Programm führt, übertragen worden.[14]

In Hans Christianis Chronik über *Das Leben in der deutschen, schlesischen Kreisstadt Bunzlau* ist dargelegt, dass sich der Kreis Bunzlau, in dem 67.609 Menschen lebten, im Jahr 1930 auf eine Gesamtfläche von 1.044,46 km² erstreckte.[15] Die Zahl der Stadt-

6 »Es gab wirklich auch Wasserspülklosetts und alles das«, merkte Hildebrandt ironisch an. In: WDR (Hrsg.): Erlebte Geschichte(n) (1).

7 Christiani: Das Leben in der deutschen, schlesischen Kreisstadt Bunzlau. S. 96.

8 Ebd., S. 95.

9 Ebd., S. 104.

10 Ebd., S. 95.

11 Ebd., S. 89.

12 Finck, Werner: Alter Narr – was nun? Die Geschichte meiner Zeit. München/Berlin: Herbig, 1972, S. 8.

13 Christiani: Das Leben in der deutschen, schlesischen Kreisstadt Bunzlau. S. 90.

14 Finck: Alter Narr – was nun? S. 28ff.

15 Christiani: Das Leben in der deutschen, schlesischen Kreisstadt Bunzlau. S. 117.

bewohner stieg von 18.735 im Jahr 1927 auf 20.079 im Jahr 1935.[16] Mit Bunzlau, zugehörig zum Regierungsbezirk Liegnitz, hatte sich Hildebrandts Vater in einer Stadt niedergelassen, die für ihre feuerfeste Keramik auch über die Grenze Niederschlesiens hinaus bekannt geworden war. Begünstigt durch die reichen Tonlager der Region wurden hier aus dem Sediment seit Anfang des 16. Jahrhunderts Tonwaren gebrannt. Bis zum Ende des Zweiten Weltkriegs sollte die Töpferzunft große Relevanz für die regionale Wirtschaft besitzen.[17]

Das *Bunzlauer Stadtblatt* präsentierte den Ort 1927 als »Landstadt«[18] und pries »das bunte Treiben der Wochen-, Jahr- und Weihnachtsmärkte« in der »anheimelnden Altstadt«.[19] Der Autor des Artikels hob die große Bedeutung des Kleinhandels hervor und verwies neben den Märkten auf die Volksfeste, landwirtschaftlichen Ausstellungen und Tierschauen.[20] Für das Freizeitangebot sorgten Vereine wie der 1864 gegründete Männerturnverein[21], der Rauchklub *Blaue Wolke* und der Geselligkeitsverein *Humanität*.[22] Erster Bürgermeister Ulrich Burmann von der SPD[23] sah sich und die Stadtverwaltung nach eigener Aussage in der Pflicht, den Fokus ihrer Arbeit auf »den Menschen, sein Schicksal, seine Gesundheit und sein Erleben« zu legen: »Vor uns liegt die Aufgabe, planmäßig das Stadtbild zu erweitern, Leib und Seele unserer Bürger gesund zu erhalten und unsere Jugend zu einem besseren Leben zu führen, als uns beschieden war.«[24]

Bunzlau gehörte zum Regierungsbezirk Liegnitz. Eine starke SPD in den beiden niederschlesischen Regierungsbezirken Breslau und Liegnitz und die Zentrumspartei in Oberschlesien sorg-

16 Ebd., S. 164.

17 www.bunzlau.de (Stand: 12.2.2011).

18 Bunzlauer Stadtblatt, Nr. 183, 6.8.1927, Festnummer zum 75. Heimatfest, Jahrgang 76, Dr. Winde: Unser Stadtbild im Rahmen der Landschaft.

19 In: Ebd.

20 Ebd.

21 Christiani: Das Leben in der deutschen, schlesischen Kreisstadt Bunzlau. S. 151.

22 Ebd., S. 153.

23 Ebd., S. 72.

24 Bunzlauer Volksstimme, Nr. 183, 7. Jahrgang, 7.8.1927, Beilage. Darin: Erster Bürgermeister Burmann: Die Entwicklung Bunzlaus 1920–1927.

ten bis zur Weltwirtschaftskrise im Jahr 1929 für relativ stabile Verhältnisse.[25] Was die Oberpräsidenten und Landräte betraf, war die Provinz Niederschlesien eine »Hochburg der SPD«.[26] Bei den bürgerlichen Parteien errang allein die DNVP Erfolge, die Kommunistische Partei Deutschlands (KPD) bekam im Jahr 1928 in Schlesien über 140.000, die NSDAP knapp 25.000 Stimmen.[27]

II.2 Aufstieg der NSDAP

Ab 1926 überstieg die Arbeitslosenzahl in der Weimarer Republik stets deutlich eine Million.[28] Die deutsche Bevölkerung war trotz der vollzogenen Anfänge des industriellen Zeitalters noch keine Industriegesellschaft geworden,[29] besonders im Agrarbereich dominierten die traditionellen kleinbetrieblichen Verhältnisse.[30]

Vor allem die junge Bevölkerung ging zum Ende des Jahrzehnts auf Distanz zum demokratischen Staat. Die SPD wie auch die liberalen Parteien DDP und DVP verloren an Stimmen.[31] Neben dem Liberalismus brach auch der Konservativismus ein, die DNVP verzeichnete bei den Reichstagswahlen 1928 eine klare Niederlage.[32] Die Weimarer Republik verlor ihre Mitte, es fehlte an einer systemkonformen Rechtsopposition als Regierungsalternative.[33]

[25] Bahlcke, Joachim: Schlesien und die Schlesier. München: Langen Müller, 2006, S. 135.

[26] Ebd., S. 134.

[27] Ebd., S. 135.

[28] Lehnert, Detlef: Trugbilder einer »relativen Stabilisierung«. In: Lehnert, Detlef: Die Weimarer Republik. Parteienstaat und Massengesellschaft. Stuttgart: Reclam, 1999, S. 139f.

[29] Ebd., S. 143.

[30] Ebd., S. 142f. Viele Konflikte in der Weimarer Republik hatten ihren Ursprung in der Reparationsfrage sowie der Kriegsschuldthese, 1919 verankert im Friedensvertrag von Versailles. In: Reulecke: Die Zeit der Weltkriege (1914–1945). In: Kleine Deutsche Geschichte. S. 339ff.

[31] Von beiden liberalen Parteien ging der Stimmenanteil zusammen von 23% (1919) über 13,6% (1928) auf nur noch 2,2% (1932) zurück. In: Wirsching, Andreas: Deutsche Geschichte im 20. Jahrhundert. München: C.H. Beck, 2005, S. 44.

[32] Ebd., S. 44.

[33] Ebd., S. 45.

Der Reichskommissar für die öffentliche Ordnung erklärte im März 1927, dass die nationalsozialistische Partei »im ganzen [...] keine großen Fortschritte gemacht« und die Zahl ihrer Anhänger nicht annähernd wieder den Stand des Jahres 1923 erreicht habe.[34] Am 5. März 1927 hob die bayerische Regierung das gegen Adolf Hitler verhängte Auftrittsverbot auf. Gegenüber einem Gesandten der Reichsregierung legte Innenminister Karl Stützel in München dar, dass Hitler in der Landeshauptstadt seine Anziehungskraft auf die Bevölkerung verloren habe und der Nationalsozialismus fast vollständig am Boden liege.[35] Wie der Historiker Andreas Wirsching 2001 erläuterte, bestanden die Gründe für den Aufstieg der NS-Bewegung in der Fähigkeit Hitlers und der NSDAP, »an die millionenfache Erfahrung von sozialer Deklassierung ebenso propagandistisch anzuknüpfen wie an das massenhafte Empfinden nationaler Demütigung bei doch fortbestehendem Bewußtsein einer kulturellen Überlegenheit Deutschlands«[36].

Bei den Juliwahlen 1932 erreichten die Nationalsozialisten 37,3 Prozent der Wählerstimmen. Am 30. Januar 1933 wurde Hitler von Reichspräsident Paul von Hindenburg zum Reichskanzler ernannt. Das Ermächtigungsgesetz markierte im März das vorläufige Ende der Demokratie in Deutschland. Hitler wurde damit das Recht eingeräumt, für einen Zeitraum von vier Jahren Gesetze ohne Zustimmung von Reichstag, Reichsrat und Reichspräsident zu erlassen und internationale Verträge abzuschließen. Die SPD stimmte als einzige bei der Abstimmung vertretene Oppositionspartei gegen das Gesetz, denn aufgrund der Verhaftung oder erzwungenen Flucht ihrer Abgeordneten war der KPD eine Beteiligung an der Abstimmung nicht mehr möglich.[37] Auf die Entscheidung der SPD-Politiker wies Hildebrandt 2007 in seinem Buch *Nie wieder achtzig!* hin.[38] Er zitierte darin aus der Rede Kurt

[34] Die Partei hatte zwei Jahre, nachdem sie neu gegründet worden war, in der bayerischen Landeshauptstadt 1.600 Mitglieder. In: Large, David Clay: Hitlers München. Aufstieg und Fall der Hauptstadt der Bewegung. München: Beck, 1998, S. 274.

[35] In: Ebd., S. 275.

[36] Wirsching: Deutsche Geschichte im 20. Jahrhundert. S. 49.

[37] Ebd., S. 58.

[38] Hildebrandt, Dieter: Nie wieder achtzig! München: Blessing, 2007, S. 97.

Schumachers, Mitglied des SPD-Fraktionsvorstands, am 23. Februar 1932 im Reichstagsplenum. Schumacher hatte darin von der »Tatsache« gesprochen, dass dem Nationalsozialismus »zum erstenmal in der deutschen Politik die restlose Mobilisierung der menschlichen Dummheit gelungen« sei.[39] Diese Bemerkung sei Hildebrandt, was sein Volk und seine Möglichkeiten beträfe, »fest [im] Gedächtnis verankert« geblieben.[40]

In der Chronik Bunzlaus ist festgehalten, dass die Machtübernahme der Nationalsozialisten durch einen Fackelzug in der Stadt feierlich begangen wurde.[41] Am 5. März, kurz nach dem Brand des Reichstags, erhielt die *Nationale Front* aus *Nationalsozialistischer Partei* und *Deutschnationaler Volkspartei* von den Bunzlauer Bürgern bei den Reichstagswahlen 57 Prozent der Stimmen. Die Wahlbeteiligung betrug 94 Prozent. Das in Görlitz gedruckte sozialdemokratische Blatt *Volksstimme* wurde eingestellt, die Bunzlauer Freimaurerloge *Zur goldenen Kette* verboten und ihr Haus zum Heim der Hitlerjugend.[42] SPD-Mitglieder und -Sympathisanten, die hohe Ämter bekleideten, wurden entlassen oder pensioniert, darunter der Leiter der städtischen Berufsschule sowie der Leiter des städtischen Siedlungsamts Löwenberg.[43] Auch den Posten des Landrats besetzten die Nationalsozialisten neu.[44] Wegen der starken Nachfrage nach Hakenkreuzfahnen mussten die Bunzlauer Leinwandgeschäfte Überstunden absolvieren.[45] Am 10. Mai verbrannten Anhänger der NSDAP in Bunzlau als »Schmutz- und Schundliteratur« deklarierte Bücher auf einem Scheiterhaufen und ernannten Hitler zum Ehrenbürger der Stadt.[46]

39 In: Friedrich Ebert Stiftung (Hrsg.): www.fes.de/archiv/adsd_neu/inhalt/ausstellung/historische/schumacher-chronik.htm (Stand: 23.6.2011).

40 Hildebrandt: Nie wieder achtzig! S. 97.

41 Christiani: Das Leben in der deutschen, schlesischen Kreisstadt Bunzlau. S. 124.

42 Ebd., S. 124.

43 Ebd., S. 125.

44 Ebd., S. 124.

45 Ebd., S. 125.

46 Ebd., S. 126.

III Kindheit und Jugend

III.1 Die Familie Hildebrandt

Dieter Hildebrandt kam als zweites von drei Kindern in einem von der Autorität des Vaters geprägten Beamtenhaushalt auf die Welt.[1] Mit Ausführungen zu dessen Biografie begann er im Jahr 2006 seine Erinnerungen in dem Buch *Ich musste immer lachen*, ein Hinweis auf den Einfluss, den sein Vater Walter Hildebrandt auf ihn hatte. Nach Dieter Hildebrandts Beschreibungen zählten preußischer Arbeitseifer, Korrektheit, Ehrgeiz und Pedanterie zu den dominierenden Charaktereigenschaften seines Vaters,[2] der am 11. Januar 1889 in der Mark Brandenburg nahe des Ortes Lindow, östlich von Neuruppin, geboren war. Dort besaßen dessen gutsituierte Eltern ein großes Gut mit etwa 700 Morgen Land.[3] Aus der Schilderung des Elternhauses Walter Hildebrandts als kaisertreu und deutschnational[4] lassen sich seine patriarchalischen Strukturen ableiten, die sich in den bürgerlichen Familien Ende des 18. Jahrhunderts entwickelt hatten und als staatliches und gesellschaftliches Fundament angesehen wurden.[5] Walter Hildebrandt begann auf Wunsch seines Vaters in Grenoble ein Jurastudium, brach dieses jedoch heimlich für ein Landwirtschaftsstudium in Berlin ab, wie Dieter Hildebrandt in seiner Autobiografie berichtete. Nach seinem erfolgreichen Abschluss wurde Walter Hildebrandt als jüngstes von vier Kindern ausbezahlt, während der älteste der vier Brüder den Hof erbte.[6] Er ließ sich in Niederschlesien nieder und gründete eine Familie. In der Stadt Löwenberg arbeitete er als Landwirtschaftslehrer, bis ihm nach der Eintragung in die

[1] Hildebrandt, Dieter/Schroeder, Bernd: Ich musste immer lachen. Köln: Kiepenheuer & Witsch, 2006, S. 17.

[2] Treffen mit Dieter Hildebrandt am 16.11.2010 in München/Waldperlach.

[3] Hildebrandt/Schroeder: Ich musste immer lachen. S. 7.

[4] WDR (Hrsg.): Erlebte Geschichte(n) (1).

[5] Reulecke, Jürgen: Vom Wiener Kongreß bis zum Beginn des Ersten Weltkriegs (1814–1914). In: Dirlmeier, Ulf u.a. (Hrsg): Kleine deutsche Geschichte. Stuttgart: Reclam, S. 312.

[6] Hildebrandt/Schroeder: Ich musste immer lachen. S. 7.

Liste der NSDAP-Mitglieder in Bunzlau der berufliche Aufstieg gelang.[7]

Dieter Hildebrandt erzählte, dass sein Vater noch »monarchistische Bedenken«[8] gegenüber Hitler gehegt habe, als die ersten nationalsozialistischen Verbände auf den Straßen zu sehen waren. Das Angebot des Ortsgruppenleiters in Löwenberg, ihm im Falle seines Parteieintritts den Posten des Schuldirektors in Bunzlau zu verschaffen, habe er abgelehnt.[9] Die Anmeldung sei »heimlich«[10] durch Dieter Hildebrandts Mutter Gertrud erfolgt und sein Vater habe die Kenntnis von seiner Parteizugehörigkeit bis zu seinem Tod bestritten. Gertrud Hildebrandt schloss sich den Schilderungen ihres Sohnes zufolge frühzeitig der nationalsozialistischen Frauenschaft an, von welcher sie sich »ganz begeistert«[11] gezeigt und deshalb schon vor der Machtergreifung eine braune Kletterweste getragen habe. »Ob sie von Hitler begeistert war, weiß ich nicht, sie wollte einfach mitmachen«,[12] so Dieter Hildebrandt. Hingegen habe sein Vater erst langsam eine Sympathie gegenüber den neuen Machthabern entwickelt,[13] bis er »begeisterte[r] Nazi«[14] geworden sei.

In der Familie bestand letztlich kein Zweifel mehr an Hitler, die Politik sei auch bei Tisch Gesprächsthema gewesen.[15] Wie Hildebrandt in einem Interview im Rahmen der Recherchen zu diesem Buch berichtete, schloss sich sein Vater der Kritik der Nationalsozialisten am Versailler Vertrag an. Hildebrandt erinnerte sich dabei an regelrechte »Schimpftiraden« über die Außenminister der Weimarer Republik.[16] Sein Vater habe das 1926 erschienene Buch *Volk*

7 Christiani: Das Leben in der deutschen, schlesischen Kreisstadt Bunzlau. S. 125.
8 Hildebrandt/Schroeder: Ich musste immer lachen. S. 10.
9 Ebd., S. 11.
10 Ebd., S. 11.
11 Ebd., S. 10.
12 Ebd., S. 10.
13 Ebd., S. 10.
14 Ebd., S. 11.
15 Treffen mit Dieter Hildebrandt am 16.11.2010 in München/Waldperlach.
16 Ebd.

ohne Raum von Hans Grimm gelesen,[17] in welchem der Autor die Meinung vertrat, dass die Lösung der wirtschaftlichen und politischen Probleme der Republik in mehr Lebensraum für die Deutschen bestünde.[18] Walter Hildebrandt habe sich außerdem aufgrund der hohen Arbeitslosenzahlen[19] und der Aussagen Hitlers über die Landwirtschaft auf die Seite der NSDAP gestellt.[20] Hitler hatte in seiner Regierungserklärung vom 23. März 1933 als eines der Ziele der nationalsozialistischen Bewegung »die Rettung des deutschen Bauern« genannt.[21] Dies hatte er damit begründet, dass nur mit dessen Hilfe das Schuldenproblem zu lösen sei, die »Vernichtung« der Bauern aber den »Zusammenbruch der deutschen Wirtschaft« und »des deutschen Volkskörpers« bedeuten, der »kommunistische Wahnsinn« Deutschland überrennen und damit die deutsche Wirtschaft »endgültig vernichtet« würde: »Was die Gesamtwirtschaft einschließlich unserer Exportindustrie dem gesunden Sinn des deutschen Bauern verdankt, kann überhaupt durch kein Opfer geschäftlicher Art irgendwie abgegolten werden.«[22]

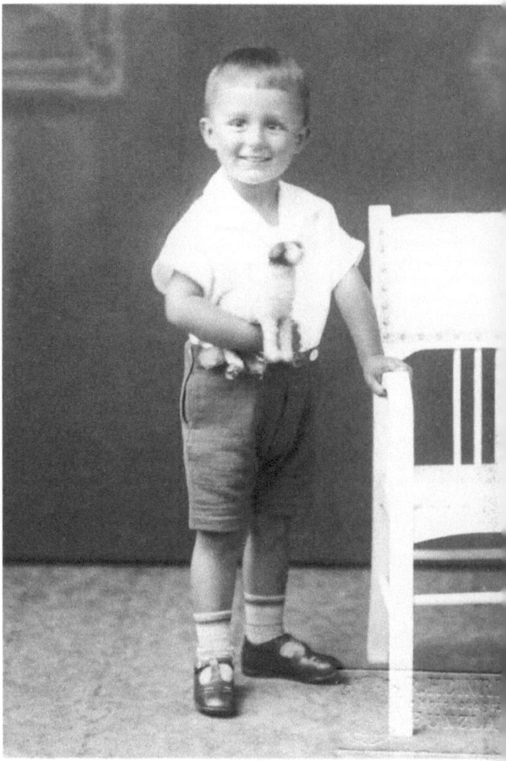

Der dreijährige Dieter Hildebrandt im Jahr 1930.

[17] Ebd.

[18] Grimm, Hans: Volk ohne Raum. München: Albert Langen Verlag, 1926.

[19] Treffen mit Dieter Hildebrandt am 16.11.2010 in München/Waldperlach.

[20] Hildebrandt/Schroeder: Ich musste immer lachen. S. 10.

[21] Klöss, Erhard (Hrsg.): Reden des Führers. Politik und Propaganda Adolf Hitlers 1922–1945. München: dtv, 1967, S. 101.

[22] In: Ebd., S. 101.

Walter Hildebrandt, der im Ersten Weltkrieg Vizefeldwebel und vor Verdun Gruppenführer gewesen war, bevor man ihm eine Nachtblindheit attestierte,[23] wurde Mitglied des Reichsnährstandes[24] und 1933 Landwirtschaftsrat in dem etwa 30 Kilometer von Löwenberg entfernten Bunzlau.[25] Als Direktor an der *Bäuerlichen Werkschule* in der Schwedenstraße 7[26] wurde ihm eine Dienstwohnung mit acht Zimmern[27] zur Verfügung gestellt. In diese zog er im Jahr von Hitlers Machtergreifung mit seiner Ehefrau und seinen zwei Söhnen ein.[28]

Dieter Hildebrandts Mutter Gertrud, gebürtige Meißner, stammte aus einer Ingenieursfamilie aus Grimma in der Nähe von Leipzig, wo sie am 7. Januar 1898 zur Welt gekommen war.[29] Unterlagen des Archivs des *Bunzlauer Heimatvereins* zufolge erwarb ihr Vater in Bunzlau eine Fabrik für Landmaschinen, die *Lindenhof Maschinenfabrik Meißner & Co.* an der Sprottauer Straße,[30] und zog mit seiner Familie nach Niederschlesien. Hildebrandt berichtete, dass nach dem frühen Tod seines Großvaters einer der drei Brüder seiner Mutter den Vorstand der Familie übernommen und die Maschinenfabrik später auf die Produktion von Kriegstechnik umgestellt habe. Dies habe ihn »reich« gemacht und vor dem Militär bewahrt.[31] In Bunzlau gab es damals neben der landwirtschaftlichen Maschinenfabrik der Familie Meißner auch ein Dampfsägewerk, eine Wolle- und Leinenspinnerei sowie eine Brauerei.[32] Aufgrund seiner industriellen Entwicklung wurde Bunzlau in der Zeitung *Bunzlauer*

[23] Treffen mit Dieter Hildebrandt am 16.11.2010 in München/Waldperlach.

[24] Hildebrandt/Schroeder: Ich musste immer lachen. S. 11.

[25] Christiani: Das Leben in der deutschen, schlesischen Kreisstadt Bunzlau. S. 125.

[26] Ebd., S. 142. Hildebrandt/Schroeder: Ich musste immer lachen. S. 13.

[27] Hildebrandt/Schroeder: Ich musste immer lachen. S. 13.

[28] Treffen mit Dieter Hildebrandt am 16.11.2010 in München/Waldperlach.

[29] Ebd.

[30] Plate, D.: Tillendorf, S. 3 (Quelle: Bundesheimatgruppe Bunzlau zu Siegburg).

[31] Hildebrandt/Schroeder: Ich musste immer lachen. S. 17.

[32] Christiani: Das Leben in der deutschen, schlesischen Kreisstadt Bunzlau. S. 110f.

Volksstimme 1927 als »Stadt des Fortschritts« bezeichnet.[33] Mitte der 30er-Jahre war fast die Hälfte der arbeitenden städtischen Bevölkerung in den Sektoren Industrie und Handwerk sowie 20 Prozent im Handel und Verkehr beschäftigt.[34]

Frauen durften im Kaiserreich wie auch in der Weimarer Republik nur mit Genehmigung des Ehemannes einem Beruf nachgehen. 1925 hatte nur gut ein Drittel der Frauen, gegenüber 68 Prozent der Männer, eine bezahlte Beschäftigung. Weibliche Erwerbstätigkeit verstand man im Allgemeinen als »Übergangsstadium«[35] bis zur Ehe, in der die Frauen die Rolle der Hausfrau und Mutter übernahmen.[36] Gertrud Hildebrandt hatte 1920 im Alter von 22 Jahren ihren ersten Sohn Günther geboren, bei dem eine geistige Behinderung festgestellt wurde. Hildebrandt erwähnte seinen älteren Bruder erstmals im Jahr 2006 und damit nach dem Tod seiner Mutter öffentlich. Sie habe geglaubt, dass ihr Ehemann ihr die »Schuld« für den behinderten Sohn gäbe.[37] Die Behinderung sei von den Eltern »überspielt« worden, was sich darin gezeigt habe, dass mit dem Jungen kein Arzt konsultiert worden sei: »Das war einfach so, Unnormales wurde verwischt.«[38] Während Hildebrandt das Verhältnis zu seinem Bruder Günther rückblickend als »gut«[39] beschrieb, sei es zwischen diesem und dem Vater gespannt gewesen. Als Jugendlicher habe Günther nicht mehr bei seiner Familie gelebt, sondern bis zum Ausbruch des Kriegs bei einem Onkel auf einem Bauernhof in Fehrbellin in der Mark Brandenburg gearbeitet.[40] Hildebrandts Erzählungen zufolge wurde er schließlich

[33] Bunzlauer Volksstimme, Nr. 183, 7. Jahrgang, 7.8.1927, Beilage, Dr. Holzenburg: In Gedenken an das Bunzlau von heute.

[34] Christiani: Das Leben in der deutschen, schlesischen Kreisstadt Bunzlau. S. 164.

[35] Sturm, Reinhard: Zwischen Festigung und Gefährdung 1924–1929. In: Bundeszentrale für politische Bildung (BpB) (Hrsg.): Weimarer Republik, Heft 261, überarbeitete Neuauflage 2003, S. 37.

[36] Die Benachteiligung von Frauen blieb trotz Artikel 109 WV (staatsbürgerliche Gleichheit) und 119 WV (eheliche Gleichberechtigung) vielfach bestehen. In: Ebd., S. 37.

[37] Hildebrandt/Schroeder: Ich musste immer lachen. S. 157.

[38] Ebd., S. 157.

[39] Ebd., S. 157.

[40] Ebd., S. 157.

zur Artillerie am Nordmeer eingezogen, kam in Gefangenschaft und lebte danach wieder kurze Zeit bei seiner Familie, die nach Windisch-Eschenbach in der Oberpfalz geflüchtet war. Aufgrund seiner zunehmenden Aggressivität habe man ihn in einer Anstalt untergebracht.[41] Aus Bernd Schröders autobiografischem Interview mit Hildebrandt im Jahr 2006 wird das Mitleid deutlich, dass dieser für seinen »liebe[n] Bruder«[42] empfand. Hildebrandt habe ihn häufig besucht, da er für Günther die einzige Bezugsperson gewesen sei. Unter »merkwürdige[n]«[43] Umständen sei er in der »vorsintflutlichen Anstalt«[44] angeblich bei einer Schlägerei ums Leben gekommen. Zu seinem zweiten Bruder Bernd, der 1942 geboren wurde, konnte Hildebrandt erst 1945 als Kriegsheimkehrer eine Beziehung entwickeln: »Als ich aus dem Krieg zurückkam, sah ich ihn zum ersten Mal. [...] Ich war ihm fremd. In den vergangenen zwei Jahren hatte ich ihn auch nur einmal gesehen, und zwar, als er schreiend in einer Wiege gelegen hatte.«[45]

Eine wichtige Bezugsperson war für Hildebrandt als Kind seine Großmutter mütterlicherseits namens Franziska, genannt »Fanny«.[46] Bei der gebürtigen Tschechin habe er, nachdem seine Familie die Dienstwohnung in Bunzlau bezogen hatte, jede freie Minute verbracht.[47] Im Grunde sei er ihr Kind gewesen.[48] Zwischen seiner Großmutter und seinem Vater sei es immer wieder zu Auseinandersetzungen gekommen, weil jene zum einen den Nationalsozialismus abgelehnt[49] und zum anderen ihrer Tochter Gertrud ohne Wissen Walter Hildebrandts Geld gegeben habe.[50] Außerdem habe die Katholikin mit »Entsetzen«[51] darauf reagiert, dass Gertrud Hildebrandt auf Wunsch ihres Mannes evangelisch wurde.

41 Ebd., S. 157.
42 Ebd., S. 158.
43 Ebd., S. 158.
44 Ebd., S. 158.
45 In: Hildebrandt, Dieter: Ausgebucht. Mit dem Bühnenbild im Koffer. München: Karl Blessing Verlag, 2004, S. 184.
46 Hildebrandt/Schroeder: Ich musste immer lachen. S. 17.
47 Treffen mit Dieter Hildebrandt am 16.11.2010 in München/Waldperlach.
48 Hildebrandt/Schroeder: Ich musste immer lachen. S. 13.
49 Ebd., S. 13.
50 Ebd., S. 17.
51 Ebd., S. 17.

Dieser Konfession gehörte bis Ende des Zweiten Weltkriegs der Großteil der Bewohner Niederschlesiens an. Im Regierungsbezirk Liegnitz lebten nach der Volkszählung im Jahr 1939 zu 78 Prozent Protestanten und zu 19 Prozent Katholiken.[52] Hildebrandts Großmutter war »streng katholisch«[53], ging allmorgendlich zur Frühmesse und nahm ihren Enkel manchmal mit. Die Gottesdienste haben Hildebrandt nach eigener Aussage »fasziniert«.[54] Wie Hildebrandt berichtete, starb seine Großmutter, von der kein Grab existiere, im Alter von 80 Jahren im von russischen Militärs besetzten Bunzlau.[55]

Was die Verwandtschaft väterlicherseits betraf, blieben Hildebrandt ein Onkel sowie ein Schwager seines Vaters, beide Anhänger Hitlers[56], als »merkwürdig«[57] bzw. »verbissen«[58] im Gedächtnis. Hingegen bezeichnete er seinen Onkel Ernst, den Bruder seiner Mutter, als »charmanten Spaßmacher«.[59] Als Bühnenmaler am *Dresdener Volkstheater* war er der einzige Künstler der Familie,[60] der die Kinder mit Verkleidungen zum Lachen brachte: »Manchmal machte er den Nikolaus so komisch, daß sich mein Vater ärgerte und sich meine Mutter für ihn schämte.«[61] Von

52 Rogall, Joachim: Krieg, Vertreibung und Neuanfang. Die Entwicklung Schlesiens und das Schicksal seiner Bewohner von 1939–1995. In: Bahlcke, Joachim: Schlesien und die Schlesier. München: Langen Müller, 2006, S. 160.

53 Hildebrandt/Schroeder: Ich musste immer lachen. S. 17.

54 Ebd., S. 17.

55 Auf der Flucht vor den russischen Soldaten habe Hildebrandts Großmutter am Ende des Kriegs versucht, bei ihren tschechischen Verwandten in Reichenbach unterzukommen. Hier sei sie wegen ihrer Ehe mit einem Deutschen zurückgewiesen worden und zu Fuß 120 Kilometer nach Bunzlau zurückgekehrt. Ihr Haus sei zwischenzeitlich von russischen Militärs besetzt worden, woraufhin sie in Bunzlau bei einer gleichaltrigen Bekannten Zuflucht gefunden habe und dort Gerüchten zufolge verhungerte. In: Ebd., S. 71f. »Eine Frau, die 1935 vor den entsetzten Ohren meines Vaters Hitler einen Verbrecher genannt hatte, starb an der Unkenntnis derer, die sie befreit haben«, so Hildebrandt dazu. In: Hildebrandt, Dieter: Gedächtnis auf Rädern. München: Goldmann Verlag, 1999, S. 115.

56 Hildebrandt/Schroeder: Ich musste immer lachen. S. 8. Vgl. S. 11.

57 Ebd., S. 7.

58 Ebd., S. 11.

59 Treffen mit Dieter Hildebrandt am 16.10.2008 in München/Waldperlach.

60 Hildebrandt/Schroeder: Ich musste immer lachen. S. 35.

61 Ebd., S. 35.

Walter Hildebrandt sei Onkel Ernst nur »sehr ungern ins Haus gelassen«[62] worden. Er zeichnete Bilder vom Hof, die auf Wunsch der Mutter im Haus aufgehängt wurden, wie sich Hildebrandt, anlässlich der vorliegenden Biografie auf seinen Onkel angesprochen, zurückerinnerte.[63] Hitlerporträts habe dieser derart schlecht gezeichnet, dass sie »eindeutig Anti-Hitler-Bilder«[64] gewesen seien. Hildebrandt habe seinen Onkel wegen seiner Zeichnungen und seines Witzes »verehrt«[65] und spätere Vergleiche in seiner Familie zwischen ihnen beiden gerne als Kompliment aufgefasst, obgleich es seiner Meinung nach keine Parallelen zwischen ihm und seinem Onkel gab.[66]

Die Familie war so für den jungen Hildebrandt eine Struktur, in der er anhand seiner Verwandten politische Positionen und ihre Bedeutung für den Alltag kennenlernen konnte. Den Hitler verehrenden Eltern steht in seinen Erinnerungen an diese Zeit die kritische und liebenswerte Großmutter als positiver Lebensentwurf gegenüber. Vorbild für den späteren Kabarettisten Hildebrandt war sicherlich sein malender Onkel Ernst als Komödiant der Familie.

III.2 Umzug auf das Tillendorfer Teichgut – »Kein Radio kam gegen die Frösche an«

In der Nähe des Ortes Tillendorf, etwa sechs Kilometer außerhalb Bunzlaus,[67] erwarb Hildebrandts Vater im Jahr 1935 einen Bauernhof. Hildebrandt erinnerte sich 2010, dass dieser mit einer Fläche von knapp 100 Morgen[68] 20.000 Mark kostete und von seinem ehemaligen Besitzer heruntergewirtschaftet worden war.[69] Der Hof, zu dem ein Vorwerk mit zwei Wohnungen gehört habe,[70]

62 Ebd., S. 35.
63 Treffen mit Dieter Hildebrandt am 16.11.2010 in München/Waldperlach.
64 Hildebrandt/Schroeder: Ich musste immer lachen. S. 35.
65 Ebd., S. 35.
66 Treffen mit Dieter Hildebrandt am 16.11.2010 in München/Waldperlach.
67 Hildebrandt/Schroeder: Ich musste immer lachen. S. 13.
68 Treffen mit Dieter Hildebrandt am 16.11.2010 in München/Waldperlach.
69 Ebd.
70 Ebd.

sei zuvor acht Jahre lang nicht bestellt worden[71] und habe einen »grauenhaft[en]« Eindruck gemacht: »Als wir das Haus gesehen haben, [...] wussten wir, warum es so billig war.«[72] Statt fließenden Wassers habe es nur eine Pumpe vor dem Haus gegeben.[73] Hildebrandt zufolge litt die Familie, welche die Stadt und deren gesellschaftliches Leben vermisste, unter der »Agrarfanatik«[74] des Vaters.[75] Im Sommer musste Hildebrandt bei der Ernte helfen, Kartoffeln stecken und lesen, Rüben hacken und Mais säen.[76] Das Quaken der zahlreichen Frösche, die den Teich bewohnten, sei ihm noch Jahrzehnte später »im Ohr« gewesen.[77] Ebenfalls im Gedächtnis blieb Hildebrandt seine Abneigung dem Vieh gegenüber, da der Umgang mit den Tieren des Hofes, darunter Hühner, Schweine, Kälber, Gänse und Enten,[78] für ihn harte Arbeit war. Die Kühe habe er besonders widerwillig gehütet,[79] da sie »immer das Gegenteil« von dem machten, »was man als Kind wollte«.[80] Dass ihr Sohn dem Wunsch des Vaters nicht nachkam und wie dieser Bauer wurde, lag wohl an den Kühen, wie Hildebrandts Mutter ironisch in einem Brief anlässlich des 60. Geburtstags ihres Sohnes schrieb.[81]

Walter Hildebrandt sei bemüht gewesen, innerhalb von zwei Jahren aus dem desolaten Anwesen einen Hof mit Vorbildcharakter zu machen. Dabei mussten zahlreiche Angestellte helfen. Diese bewohnten die beiden Gesindewohnungen sowie zu den Zeiten der Roggen-, Kartoffel-, Hafer- und Maisernte auch das Haupthaus.[82] Hildebrandt berichtete, dass zu den Spitzenzeiten neben

[71] Ebd.

[72] WDR (Hrsg.): Erlebte Geschichte(n) (1).

[73] Treffen mit Dieter Hildebrandt am 16.11.2010 in München/Waldperlach.

[74] WDR (Hrsg.): Erlebte Geschichte(n) (1).

[75] Hildebrandt/Schroeder: Ich musste immer lachen. S. 13.

[76] Treffen mit Dieter Hildebrandt am 16.11.2010 in München/Waldperlach.

[77] Hildebrandt/Schroeder: Ich musste immer lachen. S. 13.

[78] Ebd., S. 14.

[79] WDR (Hrsg.): Erlebte Geschichte(n) (1).

[80] Ebd.

[81] Brief Gertrud Hildebrandts an ihren Sohn Dieter. In: Dieter Hildebrandt zum 23. Mai 1987 – Glückwunsch des Kindler Verlages, München, zum 60. Geburtstag seines Autors. Faksimilereproduktion: Longo, Bozen, S. 5.

[82] Hildebrandt/Schroeder: Ich musste immer lachen. S. 15.

seiner Familie etwa zehn Menschen auf dem Hof lebten,[83] darunter einige Polen-Deutsche.[84]

Als einziges Kind auf dem Hof sehnte sich Hildebrandt nach seinen Freunden in der Stadt.[85] Ablenkung waren der in der Nähe gelegene Fluss Bober, wo man baden konnte,[86] sowie die Tiere, die zu seinen Spielgefährten wurden. Ein Fohlen namens Erika durfte er mit Erlaubnis seines von ihm als tierlieb beschriebenen Vaters[87] mit der Flasche großziehen. Hildebrandt erinnerte sich auch an eine schwarze Katze mit Namen Alabaster sowie den Ochsen Pumms. »Pumms, Alabaster und Erika haben mein späteres Leben vorbereitet. Andere können Proust und Kafka vorweisen«,[88] kommentierte Hildebrandt in seinem 1997 erschienenen Buch *Gedächtnis auf Rädern* ironisch seine bäuerliche Herkunft, die ihm zu Hause wenig Zeit für Aktivitäten außerhalb der Hofarbeit ließ.

2010 schilderte Hildebrandt in einem Hintergrundgespräch zur vorliegenden Biografie, wie er durch die Einquartierung von deutschen Soldaten auf dem nahe an der polnischen Grenze gelegenen Hof seiner Eltern die Vorbereitungen für den Angriffskrieg miterlebt hatte. Hier waren kurzzeitig Soldaten untergebracht, ausgerüstet mit Artillerie, Pferden und Kanonen, die sich für den Überfall auf den Nachbarstaat am 1. September 1939 formierten. Hildebrandt erzählte, dass er sich, damals zwölf Jahre alt, die Waffen der Soldaten ansehen durfte.[89] So berichtete er, der die Bundesrepublik seit ihren Anfängen als kritischer Kommentator und Chronist begleitet, von den Kriegsvorbereitungen durch das Deutsche Reich aus eigenem Erleben.

[83] Ebd., S. 15.

[84] Treffen mit Dieter Hildebrandt am 16.11.2010 in München/Waldperlach.

[85] Hildebrandt/Schroeder: Ich musste immer lachen. S. 14.

[86] Treffen mit Dieter Hildebrandt am 16.11.2010 in München/Waldperlach.

[87] »Irgendwann hatten wir dann aber doch auch Pferde und einen Kutscher. Der war ein ziemlich dummer Mensch und hat die Pferde immer geschlagen. Das habe ich dann meinem Vater erzählt, und der hat den Kutscher entlassen. Das hat mir gutgetan, und anschließend haben wir einen Mann bekommen, der gut mit den Pferden konnte.« In: Hildebrandt/Schroeder: Ich musste immer lachen. S. 16.

[88] Hildebrandt: Gedächtnis auf Rädern. S. 119.

[89] Treffen mit Dieter Hildebrandt am 16.11.2010 in München/Waldperlach.

III.3 Interesse an Literatur und Fußball – »Ich habe zum ersten Mal gemerkt, dass ich manipuliert werde«

Als Kind träumte Hildebrandt davon, Kapitän auf einem großen Schiff zu werden, wobei er »notfalls« auch Steuermann geworden wäre, um »im Sturm das Schiff [zu] lenk[en]«.[90] An der Verwirklichung dieses Traums hinderte ihn als Jugendlicher seine Kurzsichtigkeit, die der Grund für die Absage auf seine Bewerbung bei der Handelsmarine war, wie Hildebrandt 2008 gegenüber einem *Spiegel*-Redakteur erwähnte: »Noch heute ist mir unklar, warum man nicht mit Brille über das Meer fahren darf.«[91] Für das mangelhafte Sehvermögen seines Sohnes machte Walter Hildebrandt nach den Erinnerungen seiner Ehefrau dessen Lesen unter der Bettdecke verantwortlich.[92] Gertrud Hildebrandt erinnerte sich später zurück, dass ihr Sohn, den sie als »braves, artiges Kind« beschrieb, »als Knirps«[93] gerne die Märchen seines Vaters gehört habe:

> *»Ich sehe Dich noch [...] am Tor des Teichguts Tillendorf, wie Du Vater hinterherriefst: ›Vati, komm bald wieder!‹ Von seinen Geschichten konntest Du ja nie genug kriegen.«*[94]

Durch das Vorlesen hatte Walter Hildebrandt das Interesse seines Sohnes für Bücher geweckt. Als Hildebrandt selbst lesen konnte, las er ein umfangreiches Spektrum an Romanen, Sagen und Erzählungen. Zu seiner Lektüre gehörte die von 1928 bis 1939 erschienene Heftromanserie *Tom Shark, der König der Detektive*.[95] Besonders gerne mochte Hildebrandt historische Werke wie *Quo vadis*,[96] den Bestseller-Roman des polnischen Autors Henryk Sienkiewicz, der ihm von seinem Vater empfohlen worden sei,[97] sowie *Ein Kampf um*

[90] Hildebrandt, Dieter: Notfalls auch Steuermann. In: Der Spiegel Special, Nr. 7, 2008, »Kindische Hoffnung«, S. 124.

[91] Ebd.

[92] Brief Gertrud Hildebrandts an ihren Sohn Dieter. S. 5f.

[93] Ebd., S. 5.

[94] Ebd., S. 5.

[95] www.tomshark2007.de (Stand: 6.1.2011).

[96] Hildebrandt/Schroeder: Ich musste immer lachen. S. 36.

[97] Treffen mit Dieter Hildebrandt am 16.11.2010 in München/Waldperlach.

Rom von Felix Dahn[98] aus dem Jahr 1876. Aber auch die Nibelungensagen, Heldensagen und Märchen gehörten zu seinem Lesestoff.[99] Von den Science-Fiction-Romanen von Hans Dominik war er begeistert und hatte sie »alle gelesen«.[100] Weiterhin zählten Jack London, Mark Twain und Karl May[101] zu den ersten Autoren, die er las und lesen »durfte«[102], wie er betonte. Denn sein Vater habe streng darauf geachtet, mit welcher Literatur er sich beschäftigte. In dessen Mahagoni-Bücherschränken[103] seien die Werke der Klassiker Goethe und Schiller[104] aufbewahrt gewesen, mit denen der Sohn vertraut werden sollte,[105] sowie die Romane und Erzählungen Theodor Fontanes.[106] Werke zeitgenössischer Autoren wie Kurt Tucholsky und Klabund gehörten nicht zum Bücherbestand Walter Hildebrandts. In der »zweiten Reihe«[107] des Bücherschranks im Herrenzimmer stieß Hildebrandt jedoch auf die Werke Heinrich Heines und begann heimlich, ohne Wissen seines Vaters,[108] *Die Harzreise* zu lesen. Heine, dessen Werke 1933 von den Nationalsozialisten öffentlich verbrannt wurden, vertrat einen humanen und emanzipatorischen Anspruch und war ein Gegner jeglicher Form von Nationalismus.[109]

In seiner Beschreibung einer Fußwanderung von Göttingen durch den Harz verband Heine die Huldigung der freien Natur mit einer satirischen Analyse der Universitätsstadt.[110] Der Schriftsteller besah sich die bestehenden Verhältnisse, um sie zu enttarnen und zu ironisieren.[111] Im Prolog des ersten Teils der *Reisebilder* äußert

[98] Hildebrandt/Schroeder: Ich musste immer lachen. S. 36.
[99] Ebd., S. 36.
[100] Treffen mit Dieter Hildebrandt am 16.11.2010 in München/Waldperlach.
[101] Ebd.
[102] Hildebrandt/Schroeder: Ich musste immer lachen. S. 36.
[103] Treffen mit Dieter Hildebrandt am 16.11.2010 in München/Waldperlach.
[104] Ebd.
[105] Hildebrandt/Schroeder: Ich musste immer lachen. S. 36.
[106] Treffen mit Dieter Hildebrandt am 16.11.2010 in München/Waldperlach.
[107] Ebd.
[108] Hildebrandt/Schroeder: Ich musste immer lachen. S. 36.
[109] Kruse, Joseph Anton: Heinrich Heine. Leben, Werk, Wirkung. Frankfurt am Main: Suhrkamp, 2005, S. 94.
[110] Ebd., S. 94.
[111] Scholz, Ingeborg: Heinrich Heine. Deutschland. Ein Wintermärchen. Reisebilder. Interpretationen und methodisch-didaktische Überlegungen zur Unterrichtsgestaltung. Hollfeld: Joachim Beyer Verlag, 1995, S. 43.

sich der Wunsch Heines nach einem Ausbruch aus der Enge der Gesellschaft.[112] Er richtete seine Kritik gegen die in ihren Theorien verhafteten Professoren[113] sowie gegen den historisch rückständigen »Philister«[114] mit seinem Autoritätsglauben[115], der sich der geistigen Autonomie entgegenstellt und sich an die existierenden feudalen Machtverhältnisse klammert.[116] Die im Jahr 1824 erschienene Erzählung *Die Harzreise* begann Heine mit folgenden Worten, die Hildebrandt nach eigener Aussage aufgrund ihrer Komik im Gedächtnis blieben[117] und ihn dazu veranlassten, tiefer in die im Dritten Reich verbotene Literatur Heines »ein[zu]tauch[en]«:[118]

> *»Die Stadt Göttingen, berühmt durch ihre Würste und Universität, gehört dem Könige von Hannover und enthält 999 Feuerstellen, diverse Kirchen, eine Entbindungsanstalt, eine Sternwarte, einen Karzer, eine Bibliothek und einen Ratskeller, wo das Bier sehr gut ist. […] Die Stadt selbst ist schön und gefällt einem am besten, wenn man sie mit dem Rücken ansieht.«*[119]

In den Büchern Heines lernte Hildebrandt eine freiheitliche Gedankenwelt kennen, die ihm weder in seinem Elternhaus noch in der Schule vermittelt wurde. Heine, der heute als erster Berufsschriftsteller gilt, wurde prägend für den jungen Hildebrandt, sowohl in Hinblick auf den kritischen Standpunkt gegenüber den Obrigkeiten wie auch in seinem Umgang mit Sprache.

Den kritischen Blick, ausgedrückt durch Ironie und Satire, fand Hildebrandt auch bei Christian Morgenstern. Dessen Gedichte kannten Hildebrandt und seine Klassenkameraden auswendig und trugen sich diese gegenseitig vor.[120] Morgensterns 1905 erschienene *Galgenlieder*, die man in Ernst von Wolzogens *Überbrettl*, dem ersten Kabarett in Deutschland,[121] vortrug und rezipierte, wurden

[112] Ebd., S. 41.
[113] Ebd., S. 49.
[114] Heine, Heinrich: Die Harzreise. Köln: Anaconda, 2010, S. 7.
[115] Scholz: Heinrich Heine. S. 47.
[116] Ebd., S. 53.
[117] Hildebrandt/Schroeder: Ich musste immer lachen. S. 36.
[118] Ebd., S. 36.
[119] Heine: Die Harzreise. S. 6.
[120] Hildebrandt/Schroeder: Ich musste immer lachen. S. 36.
[121] Kühn, Volker: Hundert Jahre und kein bisschen leise. In: Glodek, Tobias/

seine bekannteste Wortschöpfung.[122] Durch das »Wörtlichnehmen der Wortinhalte«[123] gelang es ihm, oft unter Umgehung der Logik, neue Sprachwelten entstehen zu lassen. Exemplarisch dafür ist das Gedicht *Der Lattenzaun*. Hier kommen Morgensterns Sprachwitz wie auch die Botschaft zum Ausdruck, dass Fantasie in der hierarchischen Gesellschaft des späten Kaiserreichs viele Hürden zu überwinden habe:

»Es war einmal ein Lattenzaun,
mit Zwischenraum, hindurchzuschaun.

Ein Architekt, der dieses sah,
stand eines Abends plötzlich da –

und nahm den Zwischenraum heraus
und baute draus ein großes Haus.

Der Zaun indessen stand ganz dumm,
mit Latten ohne was herum.

Ein Anblick grässlich und gemein.
Drum zog ihn der Senat auch ein.

Der Architekt jedoch entfloh
nach Afri- od- Ameriko.«[124]

Nicht nur durch ihren Humor, auch durch ihre Spannung und ihren Idealismus zeichnen sich die Geschichten des Autors Erich Kästners aus, die zum Lesestoff Hildebrandts zählten. 1929 war der Roman *Emil und die Detektive* erschienen, von dem sich allein in Deutschland bis Mitte der 90er-Jahre 1,7 Millionen Exemplare verkaufen sollten und der auch international zu dem wohl be-

Haberecht, Christian/v. Ungern-Sternberg, Christoph (Hrsg.): Politisches Kabarett und Satire. Berlin: Wissenschaftlicher Verlag, 2007, S. 9.

[122] Rötzer: Geschichte der deutschen Literatur. S. 273.

[123] Ebd., S. 273.

[124] In: Ebd., S. 273.

rühmtesten deutschen Kinderbuch des 20. Jahrhunderts wurde.[125] 1931 erschien *Pünktchen und Anton*, zwei Jahre später, im Jahr der Einschulung Hildebrandts, die Internatsgeschichte *Das fliegende Klassenzimmer.*[126] Die Erwachsenenwelt wird in Kästners Kinderbüchern oft als autoritär und ungerecht dargestellt. Die Kinder haben nur wenig Freiheit und müssen hohe Anforderungen erfüllen, letztlich sind sie den Erwachsenen jedoch überlegen.[127] Die eigenen Erfahrungen mit der Autorität der Erwachsenen boten Hildebrandt als jungem Leser die Möglichkeit der Identifikation mit den Protagonisten in Kästners Geschichten.

Hildebrandts Mutter zeigte im Gegensatz zu seinem Vater kein besonderes Interesse an Literatur und habe lieber Zeitungen und die darin abgedruckten Fortsetzungsromane gelesen, so Hildebrandt in einem 2010 geführten Gespräch.[128] Dennoch sorgte sie für den Lesestoff ihres Sohnes, indem sie seinen Bitten nachkam und ihm Bücher aus der Stadt mitbrachte.[129] Ihre Auswahl wird aus Mangel an Kenntnis der Autoren und des Stoffes wahllos erfolgt sein. So erhielt Hildebrandt von seiner Mutter den Roman *Das einfache Leben* von Ernst Wiechert zu lesen. Das Buch thematisiert Kriegstrauma und Sinnsuche und war im Jahr 1939 kurz nach der Entlassung Wiecherts aus dem KZ Buchenwald erschienen.[130] Von Hildebrandt, der zu dieser Zeit nach komischer und unterhaltender Literatur Ausschau hielt, wurde es damals als »zu ernst« empfunden.[131]

Ein weiteres Hobby Hildebrandts wurde neben dem Lesen das Fußballspielen, weshalb er in der Bunzlauer Schreibwarenhandlung regelmäßig eine Fußballzeitschrift über die Schlesische Gauliga kaufte.[132] Wie Hildebrandt erzählte, hatte er im Alter von neun Jahren durch einen Schulfreund seine Freude an dem Sport entdeckt. Obwohl Fußballspielen im Allgemeinen als »nicht vornehm genug« für einen Jungen aus gutbürgerlichem Hause angesehen

[125] Schikorsky, Isa: Erich Kästner. München: dtv, 2003, S. 61.

[126] Ebd., S. 65f.

[127] Ebd., S. 67f.

[128] Treffen mit Dieter Hildebrandt am 16.11.2010 in München/Waldperlach.

[129] Ebd.

[130] Wittmann, Reinhard: Auf geflickten Straßen. Literarischer Neubeginn in München 1945 bis 1949. München: A–1-Verlag, 1995, S. 84.

[131] Treffen mit Dieter Hildebrandt am 16.11.2010 in München/Waldperlach.

[132] Telefonat mit Dieter Hildebrandt am 24.6.2012.

worden sei,[133] habe Hildebrandts Mutter seine Sportbegeisterung gefördert, indem sie ihm zu seinem Geburtstag[134] einen gelben, verschnürten Lederball schenkte,[135] zu dieser Zeit ein ausgefallenes Präsent. Wegen seiner Begeisterung für Fußball suchte Hildebrandt nach Jugendliteratur, die Fußball zum Thema hatte.[136]

In den Jugendbüchern, die im Dritten Reich geschrieben und veröffentlicht wurden, war Fußball nur selten das Thema, wie die 2008 erschienene Studie *Fußball zur Zeit des Nationalsozialismus* belegt.[137] Demnach erschienen zwischen 1933 und 1945 lediglich neun Bücher zu dem Thema, während die Recherche 197 Titel nach 1945 ergab.[138] Turnübungen und Wettkämpfe, welche durch die Sportlehrer »beherrschbar und lenkbar« waren, wurden vom Naziregime im Vergleich zum Fußball bevorzugt mit dem Ziel, in den Jugendlichen »Kampfgeist« zu wecken.[139]

Mit dem Roman *Die große Mannschaft* von Erich Wildberger, in dem laut Untertitel »alle Träume ihre Erfüllung finden«,[140] wurde Hildebrandt auf der Suche nach einem Fußballbuch fündig. Er habe es regelrecht »gefressen«, erinnerte er sich später.[141] Der Roman handelt von 14 sportbegeisterten Quartanern einer Schulklasse, die sich unter Anleitung des Zwölfjährigen Karl Hartmann zu einer Fußballmannschaft zusammenschließen und in ihrer Freizeit vor der Stadt auf einem Feld einen Fußballplatz anlegen.[142] Das Menschenbild der Nationalsozialisten wird in der Geschichte allerdings deutlich zum Ausdruck gebracht.[143] Dominiert wird der Roman durch das militärische Benehmen, zu wel-

[133] Treffen mit Dieter Hildebrandt am 16.11.2010 in München/Waldperlach.

[134] Ebd.

[135] Hildebrandt/Schroeder: Ich musste immer lachen. S. 25.

[136] Ebd., S. 37.

[137] Herzog, Markwart: Fußball zur Zeit des Nationalsozialismus, Stuttgart: Kohlhammer Verlag, 2008, S. 231.

[138] Ebd., S. 231.

[139] Ebd., S. 232.

[140] Wildberger, Erich: Die große Mannschaft. Ein Roman, in dem alle Träume ihre Erfüllung finden. Berlin: Wegweiser-Verlag GmbH, 1937.

[141] Hildebrandt/Schroeder: Ich musste immer lachen. S. 37.

[142] Wildberger: Die große Mannschaft. S. 20.

[143] Bode, Andreas: »Habt ihr ein Mädel im Arm, zerbricht der Wille.« Das Fußballspiel in Büchern für Kinder und Jugendliche 1933–1945. In: Herzog: Fußball zur Zeit des Nationalsozialismus. S. 242.

chem der Anführer seine Klassenkameraden antreibt, sowie durch die Begeisterung für Mystik.[144] Inmitten des Fußballplatzes steht eine alte Eiche, die von der Mannschaft als Bonifaziuseiche verehrt wird.[145] Kampf- und Kriegspoesie zeigen sich in der Schilderung eines Spiels, das die Kinder mit 11:0 Toren gewinnen.[146] Diese Tore empfinden die Spieler als »Selbstverständlichkeiten«[147]. Wildberger schrieb an dieser Stelle in seinem Roman: »Ihr Spiel wirkte grausam gegen den wankenden Gegner, aber auf dem Felde kannten sie kein Erbarmen.«[148] Schließlich verliert Karl, der Mannschaftsführer, aufgrund der »Macht«[149] der Mädchen über die Buben (»Habt ihr ein Mädel im Arm, zerbricht der Wille [...]«[150]) an Einfluss auf die Mannschaft (»Besiegt war er, besiegt von Weibern. Rasend vor Wut und Schmerz warf er sich auf die Erde, mit den Fäusten trommelte er den Boden, ach, er konnte das Schicksal nicht wenden.«[151]). Hier gelangt der Roman an einen Wendepunkt, der Protagonist wechselt enttäuscht zur Leichtathletik. Da die Olympischen Spiele bevorstehen, entscheiden sich die Schüler gegen Fußball und für den »leichtathletischen Einzelkampf«,[152] um so für Deutschland eine höhere Anzahl an Trophäen zu holen. Am Ende gewinnen sie für ihr Land elf Gold- und vierzehn Silbermedaillen und stellen fünf Weltrekorde auf.[153] Der konstruierte Handlungsverlauf löste bei Hildebrandt seinen Erinnerungen zufolge erstmals eine Skepsis in Bezug auf den Wahrheitsgehalt der Erzählungen der Erwachsenen aus: »Ich habe zum ersten Mal gemerkt, daß ich manipuliert werde, wobei ich das Wort manipulieren damals noch nicht kannte.«[154] Sein Enthusiasmus für das Lesen weckte bei Hildebrandt somit schon früh eine gewisse Skepsis gegenüber der

[144] Vgl. Bode: »Habt ihr ein Mädel im Arm, zerbricht der Wille.« In: Herzog: Fußball zur Zeit des Nationalsozialismus, S. 243.
[145] Wildberger: Die große Mannschaft. S. 20.
[146] Ebd., S. 75.
[147] Ebd., S. 71.
[148] Ebd., S. 71.
[149] Ebd., S. 77.
[150] Ebd., S. 84.
[151] Ebd., S. 76f.
[152] Ebd., S. 172.
[153] Ebd., S. 176.
[154] Hildebrandt/Schroeder: Ich musste immer lachen. S. 37.

Erwachsenenwelt. Der an Heine, Morgenstern und historischen Romanen geschulte Leser hatte bereits als Jugendlicher gelernt, zwischen anspruchsvoller Literatur und ideologisch eingefärbten Jugendbüchern der NS-Zeit zu unterscheiden.

III.4 Der Schüler Hildebrandt

III.4.1 Grundschule – »Ich war ein Spaßvogel«

Im Jahr 1933 wurde Hildebrandt in die Martin-Opitz-Schule eingeschult. Die Knabenschule, in der seinen Erinnerungen zufolge etwa 30 Schüler in einer Klasse zusammengefasst wurden,[155] hatte man 1921[156] nach dem Dichter und Literaturtheoretiker benannt, der 1597 in Bunzlau geboren worden war.[157] Nach dem Umzug auf das Tillendorfer Teichgut waren es etwa sechs Kilometer[158] vom Bauernhof der Familie zur Schule. Bei jedem Wetter musste Hildebrandt die Strecke mit dem Fahrrad zurücklegen, was ihn rückblickend zu der doppeldeutigen Aussage veranlasste, dass seine Schulzeit stets nur von »Gegenwind«[159] beherrscht gewesen sei.[160]

In seiner Klasse war Hildebrandt der »Spaßvogel«[161], da er gegenüber den Lehrkräften die »blödesten Ausreden«[162] erfand, wenn er zu spät zum Unterricht erschien: »Mein Schulweg war ja so lang, daß mir allzu viel einfiel, womit man sie [die Lehrkräf-

155 Treffen mit Dieter Hildebrandt am 16.11.2010 in München/Waldperlach.

156 Christiani: Das Leben in der deutschen, schlesischen Kreisstadt Bunzlau. S. 76.

157 In seinem Buch von der deutschen Poeterey erneuerte Martin Opitz 1624 die deutsche Dichtung grundlegend. Sein System von fester Hebung und freier Senkung setzte sich allgemein durch, die Hebungen bestimmen seither das Versmaß und den Vers. Vgl.: Rötzer: Geschichte der deutschen Literatur. S. 54.

158 Hildebrandt/Schroeder: Ich musste immer lachen. S. 13.

159 Ebd., S. 18.

160 Zumeist sei er »in einem irrwitzigen Tempo« gefahren (s. ebd., S. 18). Wie sich seine Mutter später erinnerte, brachte ihm das in seinem Umfeld den Titel »Der wilde Radler vom Teichgut«ein (Brief Gertrud Hildebrandts an ihren Sohn Dieter. S. 9), Bei seinen Mitschülern galt er als »Exot«, weil er im schneereichen schlesischen Winter den Weg zur Schule auf Skiern bewältigte (Hildebrandt/Schroeder: Ich musste immer lachen. S. 19).

161 Treffen mit Dieter Hildebrandt am 16.11.2010 in München/Waldperlach.

162 Ebd.

te] ärgern konnte.«[163] Wie er berichtete, brachte ihm das mitunter Schläge ein,[164] die zu den damals üblichen Erziehungs- und Züchtigungsmethoden der Lehrer zählten. Aufgrund seines früh entwickelten Gefühls für Sprache habe er jedoch weniger Prügel als seine Klassenkameraden einstecken müssen. So schrieb er zu diesem Zeitpunkt seine ersten Texte, humorvolle Dialoge zwischen Sachen und Menschen, und zeigte sie seinem Lehrer, weshalb er bei diesem beliebt gewesen sei. Die im Deutschunterricht dargelegten Ausdrucksmöglichkeiten faszinierten ihn und die direkte Rede habe er »wie ein Wunder erlebt«.[165] Aufgrund seiner Sprachbegabung erlaubte ihm sein autoritärer Vater sogar, in den schriftlichen Arbeiten seiner Schüler die Fehler zu markieren.[166]

Walter Hildebrandt war mehr den Natur- als den Sprachwissenschaften zugeneigt[167] und konnte mit der Begeisterung seines Sohnes für Sprache und Literatur in einer Zeit, die geprägt war vom technischen Fortschritt, nicht viel anfangen.[168] Der um die Jahrhundertwende begonnene naturwissenschaftlich-technische Aufbruch äußerte sich in der Weimarer Republik in zahlreichen Erfolgen deutscher Forscher. Sieben Nobelpreise, zwei in Chemie, drei in Physik und einer in Medizin, gingen zwischen 1919 und 1925 an Wissenschaftler aus Deutschland. 1926 testete man den ersten 1200 PS starken Dieselmotor als Antriebsmaschine des entstehenden Bahn-Verkehrs.[169] Drei Jahre später wurden Berlin und New York durch eine direkte Kabelverbindung verbunden.[170] Nach der ersten Rundfunkausstellung in Berlin konnte man 1933, im Jahr der Einschulung Hildebrandts, auch in Bunzlau die ersten Volksempfänger zu einem Preis von 65 Mark erwerben.[171]

[163] Hildebrandt, Dieter: Straße nach Bunzlau. In: Bunzlauer Heimatzeitung, Nr. 7/75, S. 13. (In: Dr. Hupka, Herbert: Meine schlesischen Jahre, München: Gräfe-Unzer Verlag, 1964.)

[164] Hildebrandt/Schroeder: Ich musste immer lachen. S. 19.

[165] Ebd., S. 19f.

[166] Ebd., S. 9.

[167] Ebd., S. 20.

[168] Ebd., S. 20.

[169] Gessner, Dieter: Die Weimarer Republik. Darmstadt: Wissenschaftliche Buchgesellschaft, 2002, S. 55.

[170] Ebd., S. 55.

[171] Christiani: Das Leben in der deutschen, schlesischen Kreisstadt Bunzlau.

III.4.2 Oberschule – »Mein Vater war ziemlich sicher, dass ich blöd bin«

Das Verhältnis zwischen Hildebrandt und seinem Vater verschlechterte sich, als er die Oberschule besuchte und seine schulischen Leistungen nachließen. Er sei nicht der von seinem Vater gewünschte »Musterschüler« gewesen, so Hildebrandt 2010 in einem persönlichen Gespräch.[172] Nach der Grundschule wechselte er im Alter von zehn Jahren in die Staatliche Waisen- und Schulanstalt (ab 1938 Staatliche Zahnschen Schulanstalten),[173] zugleich erfolgte die offizielle Aufnahme als Pimpf. Nach den Schilderungen eines ehemaligen Mitschülers bot der Schulkomplex mit einer mittleren und einer höheren Gesamtschule sowie einem Schülerheim etwa 600 bis 700 Schülern Platz.[174] In der Chronik Bunzlaus wird berichtet, dass der Staat 1929 in den Ausbau der Anstalt knapp eine halbe Million Mark investierte. Zu der für damalige Verhältnisse »vorbildliche[n], gut angelegte[n] und ausgestattete[n] Schule«[175] gehörten nicht nur eine Aula, ein Musiksaal, zwei Zeichensäle sowie Säle für Chemie, Physik und Biologie, sondern darüber hinaus mehrere Sammlungsräume für das Fach Erdkunde.[176] Für astronomisch interessierte Schüler hatte man im Dach eine Kuppel, die sich zur Beobachtung des Sternenhimmels öffnen ließ, installiert.[177] Im Zuge der Umbaumaßnahmen waren die Turnhalle erweitert und ein Tennisplatz geschaffen worden.[178] Wegen ihrer besonders guten Ausstattung reichte der Ruf der

S. 127.

172 Treffen mit Dieter Hildebrandt am 16.11.2010 in München/Waldperlach.

173 Christiani: Das Leben in der deutschen, schlesischen Kreisstadt Bunzlau. S. 174. S. auch: Stuttgarter Nachrichten, 7.5.1968, Engelmann, Bernt: Dieter Hildebrandt.

174 Ptak, Horst-Günter: Schülertreffen nach 1945. In: Bolz, Alexander (Hrsg.): Aus der Geschichte der Waisen- und Schulanstalten zu Bunzlau., Walter Scholz KG Minden/Westfalen: Eigener Verlag, 1998, S. 58f.

175 Christiani: Das Leben in der deutschen, schlesischen Kreisstadt Bunzlau. S. 107.

176 Ebd., S. 107.

177 Holland, Dieter: Tagebuchnotizen. In: Bolz, Alexander (Hrsg.): Aus der Geschichte der Waisen- und Schulanstalten zu Bunzlau. Walter Scholz KG Minden/Westfalen: Eigener Verlag, 1998, S. 20.

178 Christiani: Das Leben in der deutschen, schlesischen Kreisstadt Bunzlau. S. 107.

Zahnschen Erziehungsanstalten über die Grenzen Niederschlesiens hinaus bis in die Provinzen Brandenburg und Oberschlesien.[179] Der »soziale Aufstieg« war für die Jugendlichen bei entsprechenden Leistungen »gesichert«.[180] Das Bunzlauer Bildungsmodell basierte auf religiösen Prinzipien, den »puritanischen Lebens- und Glaubensregeln des schlesischen Pietismus«. Die Erziehung unter geistlichen Grundsätzen konnte sich dort noch in den ersten Jahren des Dritten Reichs halten.[181] Die Pädagogik der Schulanstalten orientierte sich ansonsten an preußischen Erziehungsgrundsätzen[182] und folgte der Leitidee der »Erziehung durch Verantwortung« bei Akzeptanz der Vorrangigkeit des Gemeinwohls und des Staates.[183]

In der Oberschule für Jungen als Hauptform der höheren Knabenschule wurde in der ersten Klasse mit der Fremdsprache Englisch begonnen, Latein folgte ab der dritten Klasse.[184] Hildebrandt war nach eigener Aussage in diesem Fach ein schlechter Schüler. Doch anstatt ihn zu fördern, brachte ihm sein Lateinlehrer aufgrund seiner ungenügenden Leistungen Ignoranz entgegen: »Der sah mich an und [...] in seinen Augen stand: Sechser.«[185] Nach sechs Wochen Nachhilfeunterricht von seinem Vater bekam Hildebrandt trotz der dadurch erzielten Fortschritte in der nächsten Prüfung nur die Bewertung *Befriedigend*. Der Lehrer vermutete, er habe abgeschrieben. Dies sei eines der Erlebnisse gewesen, die für sein »Gerechtigkeitsgefühl« gesorgt hätten:[186] »Wenn mich mal jemand

[179] Ptak: Schülertreffen nach 1945. In: Bolz (Hrsg.): Aus der Geschichte der Waisen- und Schulanstalten zu Bunzlau. S. 59.

[180] Ebd., S. 59.

[181] Ebd., S. 61. Im Zusammenhang mit der Umwandlung der Gymnasien in die Deutsche Oberschule, die im Jahr 1938 im gesamten deutschen Reichsgebiet durchgeführt wurde, verlor sich jedoch der »christliche Charakter« der Anstalten. In: Bolz (Hrsg.): Aus der Geschichte der Waisen- und Schulanstalten zu Bunzlau. S. 4.

[182] Ptak: Schülertreffen nach 1945. In: Bolz (Hrsg.): Aus der Geschichte der Waisen- und Schulanstalten zu Bunzlau. S. 60.

[183] Ebd., S. 59f.

[184] Zymek, Bernd: Die pragmatische Seite der nationalsozialistischen Schulpolitik. In: Herrmann, Ulrich: »Die Formung des Volksgenossen«. Der »Erziehungsstaat« des Dritten Reiches. Weinheim/Basel: Beltz Verlag, 1985, S. 270.

[185] WDR (Hrsg.): Erlebte Geschichte(n) (1).

[186] »Ich habe das nie wieder versucht, etwas nachzulernen und besonders klug zu sein«, so Hildebrandt rückblickend. In: Ebd.

fragt: Wie kamen Sie eigentlich zum Kabarett? […] Das war der eigentliche Grund […].«[187] Die sechste Klasse musste Hildebrandt wegen mangelhafter schulischer Leistungen, auch im Fach Mathematik, wiederholen, woraufhin ihm sein Vater Nachhilfeunterricht erteilte und Feldarbeit auftrug.[188] »Mein Vater war ziemlich sicher, daß ich blöd bin«[189], schrieb Hildebrandt 1997 in seinem Buch *Gedächtnis auf Rädern* und sprach von einer »Vater-Sohn-Krise«.[190] Nach Hildebrandts Empfinden war ihm sein Vater, von dem dessen Schüler rückblickend gesagt hätten, dass er »ein sehr guter Lehrer«[191] gewesen sei, stets überlegen.[192] Das ließ er seinen Sohn spüren, indem er ihm seine eigenen sehr guten Zeugnisse gezeigt habe. Für Hildebrandt war dies ein »einschneidendes Erlebnis«. Angesichts der Erkenntnis, dass es ihm nicht gelingen würde, die guten Zensuren seines Vaters zu wiederholen, habe er von jenem Zeitpunkt an »überhaupt aufgehört […] zu lernen.«[193] Angesichts dessen Übermacht gelang es Hildebrandt als Schüler nicht, Vertrauen in seine eigenen Fähigkeiten und Stärken zu entwickeln.

III.5 Die nationalsozialistische Erziehung – »Ich glaubte an alles, was man mir erzählt hat«

In seinem Buch *Mein Kampf* hatte Hitler, der die Realschule aufgrund schlechter Zensuren ohne Abschluss verlassen musste, an die Erziehungsarbeit im »völkischen Staat« die Anforderung gestellt, dass die Pädagogik vorrangig auf das »Heranzüchten kerngesunder Körper« abzuzielen habe. Erst danach dürften die Charakterschulung und zuletzt die »wissenschaftliche Schulung« erfolgen.[194]

[187] Ebd.

[188] Hessischer Rundfunk (Hrsg.): Kabarettgeschichte(n) – Dieter Hildebrandt. Ein Portrait von Karin Köbernick. Frankfurt am Main: hr-audio, 2003. Audio-CD.

[189] Hildebrandt: Gedächtnis auf Rädern. S. 118.

[190] Ebd., S. 51.

[191] Hildebrandt/Schroeder: Ich musste immer lachen. S. 9.

[192] WDR (Hrsg.): Erlebte Geschichte(n) (1).

[193] Ebd.

[194] Auszug aus Hitler, Adolf: Mein Kampf. In: Gamm, Hans-Jochen: Führung und Verführung. Pädagogik des Nationalsozialismus. Frankfurt am Main:

Von der überkommenen Pädagogik sollte sich die »Formung der Volksgenossen« strikt abgrenzen. Intellektualismus, Pluralismus, pädagogische Autonomie und Liberalismus wurden abgelehnt,[195] Erziehung und Bildung durch »Menschenformung« ersetzt.[196] Erziehung nach der Machtergreifung der Nationalsozialisten in Deutschland basierte auf der *Drei-Säulen-Theorie*. Sie forderte ein gleichberechtigtes Nebeneinander von Elternhaus, Schule und Hitlerjugend.[197] »Ich glaubte an alles, was man mir erzählt hat«,[198] so Hildebrandt. Wie seine Altersgenossen spielte er als Kind mit Plastilin-Soldaten sowie mit Hitler- und Göring-Figuren:

> *»Ich hatte einen Hitler aus Plastilin in brauner Uniform, wenn man auf seinen Kopf drückte, erhob er den Arm zum Hitlergruß. Und ich hatte einen Göring, einen Generalfeldmarschall. Dazu gab es kleine Mercedes-Autos, in denen die Hitlerfigur stand, die Hand zum Gruß erhoben. Man konnte den Arm hoch- und runterlassen. Es gab alles nachgebildet, alle Geschütze, alle Autos, Soldaten und Generäle, alles. Unsere Kinderzimmer waren kleine Kriegsspielzimmer.«*[199]

III.5.1 Der Schullehrplan

Auf die Schullehrpläne hatte der preußische Erlass über die *Vererbungslehre und Rassenkunde in den Schulen* vom 13. September 1933, der am 15. Januar 1935 auf ganz Deutschland ausgeweitet wurde, grundlegende Auswirkungen. Die Lehrer mussten den Kindern und

Campus Verlag, 1984, S. 48.

[195] Herrmann, Ulrich: »Völkische Erziehung ist wesentlich nichts anderes denn Bindung«. In: Herrmann, Ulrich: »Die Formung des Volksgenossen«. Der »Erziehungsstaat« des Dritten Reiches. Weinheim/Basel: Beltz Verlag, 1985, S. 70.

[196] Ebd., S. 67.

[197] Kater, Michael H.: Die deutsche Elternschaft im nationalsozialistischen Erziehungssystem. In: Herrmann, Ulrich: »Die Formung des Volksgenossen«. Der »Erziehungsstaat« des Dritten Reiches. Weinheim/Basel: Beltz Verlag, 1985, S. 79. Vgl. dazu: Gamm, Hans-Jochen: Führung und Verführung. Pädagogik des Nationalsozialismus. Frankfurt am Main: Campus Verlag, 1984, S. 19.

[198] Hildebrandt/Schroeder: Ich musste immer lachen. S. 34.

[199] Ebd., S. 34f.

Jugendlichen fortan Vererbungslehre, Rassenkunde, Rassenhygiene, Familienkunde und Bevölkerungspolitik nahebringen.[200] »Man hat mir gesagt, daß ich zu einem Herrenvolk gehöre und daß andere Völker dienende Völker sind«,[201] erinnerte sich Hildebrandt zurück.

Im biologisch-rassischen Sinn sollten im Dritten Reich »minderwertige« Menschen »selektiert« werden, wie den Schülern von den Pädagogen im Fach Biologie gelehrt wurde.

Ziele des Sportunterrichts waren die Optimierung der biologischen Substanz der Deutschen[202] und die Entwicklung des Gemeinschaftsgeistes. Was den Geschichtsunterricht betraf, hatte Hitler in *Mein Kampf* gefordert, dass sich die »Förderung des Nationalstolzes« als »Hilfsmittel« der Wissenschaft bedienen müsse, weshalb die Welt- als auch die Kulturgeschichte den Schülern mit jener Zielsetzung zu vermitteln war.[203] Aus der »Unzahl« der großen Namen der deutschen Geschichte sollten »die größten« ausgewählt und den Schülern eingeprägt werden, damit sie sich zu »Säulen eines unerschütterlichen Nationalgefühls« entwickeln.[204] Hildebrandts Geschichtslehrer, der insgeheim ein Gegner des Nationalsozialismus gewesen sei, habe sich angesichts des Lehrplans in seinem Unterricht in die Antike »geflüchtet«.[205]

Abschaffen wollte Hitler das Fach Religion, um es durch nationalsozialistischen Weltanschauungsunterricht zu ersetzen.[206] Hildebrandt konnte sich erinnern, dass sein ehemaliger Lehrer versucht habe, den Schülern ihre Religion »auszureden«.[207] Sein Unterricht behandelte Hindenburg, Naturreligion und Vorsehung.[208] Dazu

[200] Detjen, Joachim: Politische Bildung. München: Oldenbourg Wissenschaftsverlag GmbH, 2007, S. 92.

[201] Hildebrandt/Schroeder: Ich musste immer lachen. S. 34. Vgl. Gamm: Führung und Verführung. S. 19.

[202] Gamm: Führung und Verführung. S. 16.

[203] Hitler, Adolf: Mein Kampf. Auszug in: Gamm: Führung und Verführung. S. 57.

[204] Ebd., S. 57.

[205] Treffen mit Dieter Hildebrandt am 16.11.2010 in München/Waldperlach.

[206] Kater: Die deutsche Elternschaft im nationalsozialistischen Erziehungssystem. In: Herrmann: »Die Formung des Volksgenossen«. S. 91. Schülereltern wurden mehr und mehr dem Druck ausgesetzt, die Abmeldung ihrer Kinder von dem – noch immer offiziellen – Religionsunterricht vorzunehmen. In: Ebd., S. 91.

[207] Treffen mit Dieter Hildebrandt am 16.11.2010 in München/Waldperlach.

[208] Ebd.

zitierte der Pädagoge aus *Mein Kampf*.[209] »Luther wurde nicht durchgenommen, dafür haben wir viel über das heroische Leben von Adolf Hitler erfahren«,[210] so Hildebrandt. Die Bibel hingegen gehörte nicht zum unterrichteten Schulstoff.

Hildebrandts Erinnerung zufolge beschäftigten er und seine Klassenkameraden sich im Deutschunterricht in erster Linie mit Klassikern wie Goethes *Faust* sowie mit Balladen von Schiller und Gottfried August Bürger.[211] Deutsche Aufklärer wie Wieland und Seume wurden nicht behandelt.[212] Die Literaturkenntnisse der Schüler seien, wie die des Lehrers, »beschränkt« gewesen, bemerkte Hildebrandt ironisch.[213] Bei diesem Pädagogen habe es sich um einen »Parteigenosse[n]« gehandelt, der die Klasse mit Blick auf das Führerporträt an der Wand mit den Worten zurechtwies: »Im Angesicht des Führers ärgert die Klasse ihren Lehrer!«[214]

Dass klassische und romantische Literatur in Hinblick auf nationale Zwecke instrumentalisiert werden konnte, beschrieb der 1926 geborene Schriftsteller und ehemalige Chefredakteur der *Frankfurter Rundschau*, Werner Holzer. »Selbstverständlich« sei in der Schule Hölderlins Gedicht *Tod fürs Vaterland* gelesen worden. Mit der darin enthaltenen letzten Strophe »Lebe droben, o Vaterland. Und zähle nicht die Toten! Dir ist, Liebes, nicht einer zuviel gefallen!«[215] sollte der Krieg glorifiziert werden.

III.5.2 Die Hitlerjugend

Kontakt zur Hitlerjugend hatte Hildebrandt erstmals im Alter von fünf Jahren in Löwenberg. In Braunhemd sei er »in der letzten

[209] Hildebrandt, Dieter: Straße nach Bunzlau. In: Bunzlauer Heimatzeitung, Nr. 7/75, S. 13. (Aus: Dr. Hupka, Herbert: Meine schlesischen Jahre, München: Gräfe-Unzer Verlag, 1964.)

[210] Treffen mit Dieter Hildebrandt am 16.11.2010 in München/Waldperlach.

[211] Ebd.

[212] Ebd.

[213] Hildebrandt: Straße nach Bunzlau. In: Bunzlauer Heimatzeitung, Nr. 7/75, S. 13.

[214] Ebd., S. 13.

[215] Holzer, Werner: Warum seid ihr nicht einfach nach Hause gegangen? In: Neven DuMont, Alfred (Hrsg.): Jahrgang 1926/1927 – Erinnerungen an die Jahre unter dem Hakenkreuz. Köln: DuMont, 2007, S. 115.

Reihe immer hinterhermarschiert«, da er »dabeisein« habe wollen.[216] In seinem Buch *Was bleibt mir übrig* berichtete Hildebrandt 1986 von seiner Teilnahme als Pimpf an Märschen, bei denen die Jugendlichen das Lied *Es zittern die morschen Knochen* von Hans Baumann sangen, dessen Refrain lautet »Wir werden weiter marschieren, wenn alles in Scherben fällt [...]«.[217] »In gemeinsamer Anstrengung« sei dies dann auch geschafft worden, so der sarkastische Kommentar Hildebrandts zum Zusammenbruch des Dritten Reichs. Er prangerte die passive und zustimmende Haltung der Erwachsenen an, die den marschierenden Kindern zusahen und »das alles ganz in Ordnung«[218] gefunden hätten.

Auch der SPD-Politiker und langjährige Bundestagsabgeordnete Erhard Eppler, geboren am 9. Dezember 1926 in Ulm, erinnerte sich an den Marschgesang. Er war zur selben Zeit wie Hildebrandt bei der Hitlerjugend. Deren Mitglieder beschrieb Eppler als »junge Leute«,

> *»die jede Woche militärisch gedrillt wurden, an Adolf Hitler statt an Jesus Christus zu glauben hatten und aus voller Kehle sangen: ›Und heute gehört [»hört«, Anmerk. d. Verf.]*[219] *uns Deutschland, und morgen die ganze Welt.‹«*[220]

Die Hitlerjugend verschaffte sich in allen Lebensbereichen der Jugendlichen Einfluss.[221] Die Mitgliedschaft in der HJ, die durch Gesetz vom 21. Dezember 1936 zur Staatsjugend erklärt wurde, beruhte zuerst auf freiwilliger Basis. Ab 1939 wurden alle Ju-

[216] Hildebrandt/Schroeder: Ich musste immer lachen. S. 29.

[217] Bengelsdorf, Reinhold: Lieder der SA und deren unterschiedliche Textfassungen, November 2002. In: http:// www.kollektives-gedaechtnis.de/texte/vor45/lieder.html (Stand: 18.12.2011).

[218] Hildebrandt, Dieter: Was bleibt mir übrig. Anmerkungen zu (meinen) 30 Jahren Kabarett. München: Kindler Verlag, 1989. S. 13.

[219] Der Archivar Hubertus Schendel stellte fest, dass die Zeile in der Mehrheit (68%) der Liederbücher zwischen 1933–1945 lautete »Heute da hört uns Deutschland und morgen die ganze Welt«. In: Hubertus Schendel: Weiteres über das Lied »Es zittern die morschen Knochen«, 6. Juli 2009, deutscheslied.com.

[220] Eppler, Erhard: Nischen. In: Neven DuMont (Hrsg.): Jahrgang 1926/1927. S. 14ff.

[221] Giesecke: Die Hitlerjugend. In: Herrmann: »Die Formung des Volksgenossen«. S. 179.

gendlichen vom zehnten bis zum 18. Lebensjahr zur Teilnahme verpflichtet.[222] Die Jugenddienstordnung ermöglichte Kriegseinsätze dieser Altersgruppe.[223] Die Organisation gliederte sich in das Jungvolk für Jungen von zehn bis 14 Jahren, die Hitlerjugend für Jungen von 14 bis 18 Jahren und den Bund Deutscher Mädel (BDM) für Mädchen von 14 bis 18 Jahren.[224] Abzuleisten war die Jugenddienstpflicht für Hildebrandt und die anderen Bunzlauer Jugendlichen jeden Mittwoch- und Samstagnachmittag,[225] wie sich Hildebrandt noch 2010 in einem Gespräch zu dem vorliegenden Buch erinnern konnte. Die Jugenddienstpflicht galt nicht für Kinder jüdischer Herkunft, von Kommunisten oder von sogenannten »Staatsfeinden«.[226] Bei Heimatabenden, Zeltlagern, Dienst-Appellen, Sammlungen und Wettkämpfen boten sich in der Hitlerjugend zahlreiche Möglichkeiten für Aktivitäten.[227]

»Regelrecht hineingeschickt«[228] wurden Hildebrandt und seine Altersgenossen ins Kino, um Kriegs- und Propagandafilme wie *Fridericus Rex* mit Otto Gebühr und *Jud Süß* von Veit Harlan zu sehen. Den Jugendlichen sollten auf diese Weise Leitmotive wie Volk, Kampf, Held, Treue, Opfer und Tod vermittelt werden.[229]

In dem 2007 vom Verleger Alfred Neven DuMont herausgegebenen Buch über den Jahrgang 1926/27 erinnert sich neben Hildebrandt auch der Germanist und Schriftsteller Karl Otto Conrady an seine Hitlerjugend-Zeit und daran, wie die Reichsjugendführung die Klassiker der deutschen Literatur zu ihrem Zweck interpretierte.[230] 1942 gab Reichsjugendführer Baldur von Schirach eine Broschüre mit dem Titel *Goethe an uns. Ewige Gedanken des gro-*

[222] Ebd., S. 178.
[223] Ebd., S. 180.
[224] Ebd., S. 177.
[225] Treffen mit Dieter Hildebrandt am 16.11.2010 in München/Waldperlach.
[226] Bolz (Hrsg.): Aus der Geschichte der Waisen- und Schulanstalten zu Bunzlau. S. 7.
[227] Giesecke: Die Hitlerjugend. In: Herrmann: »Die Formung des Volksgenossen«. S. 182.
[228] Hildebrandt/Schroeder: Ich musste immer lachen. S. 37.
[229] Giesecke: Die Hitlerjugend. In: Herrmann: »Die Formung des Volksgenossen«. S. 183f.
[230] Conrady, Karl Otto: Ein Junge, der 1944 achtzehn wurde. In: Neven DuMont (Hrsg.): Jahrgang 1926/1927. S. 209f.

ßen Deutschen als Sonderdruck der Zeitschrift *Wille und Macht* heraus.[231] Sie enthält unter anderem eine Passage aus dem Roman *Wahlverwandtschaften*, in welcher der »Gehülfe« sein Verständnis von Pädagogik darlegt. Hier heißt es:[232]

> *»Männer [...] sollten von Jugend auf Uniform tragen, weil sie sich gewöhnen müssen zusammen zu handeln, sich unter ihresgleichen zu verlieren, in Masse zu gehorchen und ins Ganze zu arbeiten.«*[233]

Diese Auslegung des Werks aus dem Jahr 1809[234] im Sinne des NS-Regimes habe es den »Literaturfreunde[n] in der Pimpfenkluft« erleichtert, sich selbst beim Marschieren und bei den Geländespielen »goethenah« zu fühlen und nicht als »dümmliche Störenfriede«, so Conrady.[235]

Die Nationalsozialisten förderten musisch-kulturelle Interessen[236] wie Singen, Texten und Musizieren im Hinblick auf das Einüben des militärischen Rituals und Auftritte bei Massenkundgebungen und Festen.[237] Hildebrandt meldete sich im Alter von 14 Jahren für die HJ-Spielschar, um dem »Kommandieren, Exerzieren und Marschieren«,[238] das er aus der Zeit beim Jung-

[231] Schirach, Baldur von (Hrsg.): Goethe an uns. Ewige Gedanken des großen Deutschen. Berlin: Zentralverband der NSDAP, 1942. Vgl.: Conrady, Karl Otto: Klärungsversuche. Essays zu Literatur und Zeitgeschehen. München: Allitera Verlag, 2005, S. 16.

[232] Conrady: Ein Junge, der 1944 achtzehn wurde. In: Neven DuMont (Hrsg.): Jahrgang 1926/1927. S. 210.

[233] Goethe, Johann Wolfgang von: Die Wahlverwandtschaften. Stuttgart: Reclam, 2002, S. 176. Zitiert in: Schirach, Baldur von (Hrsg.): Goethe an uns. Ewige Gedanken des großen Deutschen. Berlin: Zentralverband der NSDAP, 1942, S. 22.

[234] Jeßing, Benedikt: Nachwort. In: Goethe, Johann Wolfgang: Die Wahlverwandtschaften. Stuttgart: Reclam, 2002, S. 266.

[235] Conrady: Ein Junge, der 1944 achtzehn wurde. In: Neven DuMont (Hrsg.): Jahrgang 1926/1927. S. 209f.

[236] Giesecke: Die Hitlerjugend. In: Herrmann: »Die Formung des Volksgenossen«. S. 179.

[237] Ebd., S. 183.

[238] Süddeutsche Zeitung, Nr. 150, 3. Juli 2007, Zips, Martin: »Das ist Rufmord« – Kabarettist Dieter Hildebrandt über seine NSDAP-Mitgliedschaft – von der er erst jetzt erfuhr. S. 12.

volk kannte, zu entgehen, wie er 2007 gegenüber der *Süddeutschen Zeitung* erklärte. In der Spielschar sei er »zuhause«[239] gewesen. Hildebrandts Talent, Geschichten zu erzählen und damit die Leute zu unterhalten, zeigte sich erstmals in dieser Organisation. Er erinnerte sich an einen Erzählwettbewerb im Rahmen eines Zeltlagers, an dem er teilgenommen und behauptet habe, dass die von ihm frei erfundenen Geschichten wirklich geschehen seien. Die anderen Kinder hätten »dauernd gelacht«.[240] Im Rahmen der Recherchen zu diesem Buch erzählte Hildebrandt, dass er bei dem Wettbewerb den »zweiten oder dritten Platz« belegt habe.[241]

In der HJ-Spielschar gefiel ihm das Streichquartett.[242] Besonders begeisterte ihn jedoch das Theaterspielen, weshalb er ab 1943 den Wunsch hatte, selbst Schauspieler zu werden.[243] Wie Hildebrandt berichtete, übernahm er in einem von der Laienspielgruppe aufgeführten Stück erstmals eine Hauptrolle.[244] Seine Eltern schenkten diesen ersten schauspielerischen Versuchen ihres Sohnes keine Beachtung.[245] Grund war zum einen deren Zeitmangel angesichts der anfallenden Arbeit auf dem Bauernhof, zum anderen fehlte es Hildebrandts Vater am Verständnis für die Schauspielerei. Hildebrandt zufolge warf er ihm auch später noch, als er als Kabarettist Erfolge feierte, vor, sein Leben zu »verspielen«.[246] Hildebrandts Mutter freute sich über das Interesse ihres Sohnes am Theater, da er nun gemeinsam mit ihr in Bunzlau Vorstellungen besuchte. Anlässlich dessen 60. Geburtstags im Jahr 1987 erinnerte sie sich in einem Glückwunsch-Brief daran zurück:

239 Treffen mit Dieter Hildebrandt am 16.11.2010 in München/Waldperlach.

240 Das sei der Beginn seiner »vorlauten Phase« gewesen, die bis heute anhielte, fügte Hildebrandt ironisch hinzu. In: Süddeutsche Zeitung, Nr. 233, 8.10.2010, Mühlauer, Alexander/Sürig, Dieter: »Brüderle ist ein sehr begabter Komiker«, S. 26.

241 Treffen mit Dieter Hildebrandt am 16.11.2010 in München/Waldperlach.

242 Süddeutsche Zeitung, Nr. 150, 3. Juli 2007, Zips: »Das ist Rufmord«. S. 12.

243 Gaus, Günter: Dieter Hildebrandt im Gespräch mit Günter Gaus. In: Kulturpreis Schlesien des Landes Niedersachsen. Hannover: Niedersächsisches Landesministerium, 2003.

244 Hildebrandt/Schroeder: Ich musste immer lachen. S. 30.

245 Treffen mit Dieter Hildebrandt am 16.10.2008 in München/Waldperlach.

246 Treffen mit Dieter Hildebrandt am 16.11.2010 in München/Waldperlach.

»Mit 14 warst Du zum ersten Mal in der Laienspielgruppe. Das war schon in Bunzlau – und für mich eine schöne Zeit. Da hast Du mir den Kavalier ersetzt und bist mit mir ins Kino oder Theater gegangen. Ich habe es sehr genossen, jemanden zu haben, der solche Dinge mit mir unternahm.«[247]

Aus den staatlich verordneten Jugendaktivitäten des Dritten Reichs suchte sich der junge Dieter Hildebrandt zielsicher diejenige heraus, die seiner Begabung entsprach: das Theaterspielen. Durch die Spielschar entkam er dem vormilitärischen Drill und entwickelte seine Leidenschaft für die Bühne.

III.6 Vom Luftwaffenhelfer zum Wehrmachtssoldaten – »Den Jahrgang siebenundzwanzig kann man doch fast schon singen«

Vom Eintritt in das Jungvolk an gleichen sich die Biografien der zwischen 1926 und 1928 Geborenen. In einem Interview der *Frankfurter Allgemeinen Zeitung* merkte Hildebrandt 1967 an, dass man seinen Jahrgang angesichts der gemeinsam durchlaufenen Stationen als Kinder und Jugendliche »doch fast schon singen« könne: »Bißchen Schule, Nazis, Flakhelfer, Arbeitsdienst, Soldat, irgendein Lager wie Uelzen, nochmal Schule, Abitur und dann weitersehen.«[248] Zu den prominenten Vertretern dieses Jahrgangs zählen die Schriftsteller Günter Grass, Martin Walser und Siegfried Lenz, der Journalist Reinhard Appel, der ehemalige SPD-Abgeordnete Claus Arndt, der Schauspieler und Entertainer Joachim Fuchsberger, die Grünen-Politikerin Barbara Rütting, der Soziologe Niklas Luhmann wie auch der ehemalige Außenminister und FDP-Politiker Hans-Dietrich Genscher. Rückblickend bezweifelt Genscher, der am 21. März 1927 in Reideburg (Saalkreis) geboren wurde, dass seine Generation, wie es der Titel des 1957 erschienenen Standardwerks des

[247] Brief Gertrud Hildebrandts an ihren Sohn Dieter. S. 7.
[248] FAZ, 28.12.1967, Hildebrandt, Dieter: Interview mit einem Namensvetter.

Soziologen Helmut Schelsky nahelegt,[249] besonders »skeptisch« gewesen sei:[250]

> *»Es war mehr als Skepsis, es war tiefes Misstrauen und Unbehagen und, daraus gespeist, Ablehnung des Systems. Es gab keinen Hurra-Patriotismus, man nahm hin, was ohnehin unabänderlich erschien.«*[251]

Er spricht von einer »entschlossenen« Generation, welche »für ihre Verantwortung bereit« gewesen sei. Das Attribut »skeptisch« treffe nur zu in Bezug auf alles, »was zur Unfreiheit führen kann« sowie »gegenüber den Propheten irdischen Heils.«[252] Genscher gehörte wie Hildebrandt zu jenen Jugendlichen, die »klassenweise« in Flakstellungen ihren Dienst verrichten mussten.[253] Als ihn und seine Mitschüler im Februar 1943 der Einberufungsbefehl erreicht habe, sei keinerlei »Euphorie« zu verspüren gewesen, so Genscher.[254]

Zu diesem Zeitpunkt war der Wendepunkt des Zweiten Weltkriegs bereits erreicht. In der Schlacht von Stalingrad war die sechste Armee zu Beginn des Jahres vernichtet worden. Die aus den steigenden Belastungen der deutschen Zivilbevölkerung resultierende Wut richtete sich bei vielen weniger gegen das nationalsozialistische Regime als gegen den Gegner.[255] Mit der Ankündigung einer »Wunderwaffe« versuchte die NS-Propaganda die Hoffnung der deutschen Bevölkerung und der deutschen Soldaten auf den »Endsieg« zu schüren und damit die Stimmung hochzuhalten.[256] Wie groß der Glaube an die versprochene Vergeltungswaffe unter Heeres-, Marine- und Luftwaffensoldaten war, legten die Wissenschaftler Sönke Neitzel und Harald Welzer dar. 2011 werteten sie

[249] Schelsky, Helmut: Die skeptische Generation. Eine Soziologie der deutschen Jugend. Düsseldorf [u. a.]: Diederichs, 1957.

[250] Genscher, Hans-Dietrich: Der Boden der Tatsachen. In: Neven DuMont (Hrsg.): Jahrgang 1926/1927. S. 37.

[251] Ebd., S. 31.

[252] Ebd., S. 37.

[253] Ebd., S. 30.

[254] Ebd., S. 30.

[255] Reulecke: Die Zeit der Weltkriege (1914–1945). In: Kleine Deutsche Geschichte. S. 374.

[256] Neitzel, Sönke/Welzer, Harald: Soldaten – Protokolle vom Kämpfen, Töten und Sterben. Frankfurt am Main: S. Fischer Verlag GmbH, 2011, S. 244.

erstmals 150.000 Seiten Abhörprotokolle von deutschen Kriegsgefangenen aller Waffengattungen und Ränge in britischer und amerikanischer Gefangenschaft aus. Dabei kamen sie unter anderem zu dem Ergebnis, dass in allen drei Teilen der Wehrmacht und selbst unter Technikexperten die »Heilserwartung« an die versprochene neue Waffe bis Mitte des Jahres 1944 »bemerkenswert« war.[257] Obwohl die V1-Raketen, die erstmalig kurz nach der Landung der Alliierten in der Normandie im Juni 1944 Richtung London abgefeuert wurden, nicht die erhofften Erfolge erzielt hatten,[258] herrschte unter den heimlich abgehörten deutschen Kriegsgefangenen noch im Juli Optimismus.[259] Wie die Protokolle zeigen, hofften die Soldaten erst auf die V1-, dann auf die V2-Raketen. Der Glaube an die »Wunderwaffe« als entscheidenden Wendepunkt im Kriegsverlauf schwand nur allmählich.[260] Zu einem Meinungsumschwung kam es erst, nachdem die Amerikaner bei der Kesselschlacht von Falaise die deutsche Verteidigungsfront in der Normandie durchbrochen hatten. Neitzel und Welzer zeigen das in ihrem Buch am Ergebnis einer Befragung deutscher Gefangener im US-Lager Fort Hunt auf. Diese ergab, dass im Juni 1944 von 112 Befragten die Hälfte der Gefangenen Deutschland als Kriegsgewinner sah. Im August 1944 waren noch 27 von 148 dieser Ansicht. Erst im September 1944 glaubten nur noch fünf von 67 an den Endsieg.[261]

Laut Hildebrandt waren er und seine Mitschüler trotz ihres jungen Alters von der neuen Wunderwaffe nicht überzeugt.[262] Die Schulzeit ging für sie im Jahr 1943 mit der Teilnahme an einem Wehrertüch-

[257] Ebd., S. 242.

[258] Ebd., S. 243.

[259] Ebd., S. 245.

[260] Ebd., S. 245. Laut Neitzel und Welzer wiederholten sich die Erwartungen an die V1 »teilweise wortwörtlich«. Zur V2 wird Oberstleutnant Ocker zitiert, der Ende August 1944 überzeugt gewesen sei: »[…] also die soll, sagen wir mal, etwa die 50-fache Wirkung haben wie die V1.« Feldwebel Kunz vom Infanterie-Regiment 404 habe sich folgendermaßen geäußert: »Wenn die V2 eingesetzt ist, ist der Krieg aus zu unseren Gunsten. Das ist ganz klar. Denn ich kenne die Wirkung, wenn sie eingesetzt wird. […] Wenn nämlich die V2 eingesetzt wird, dann ist der Krieg aus. Denn wo die V2 einschlägt, hört jedes Lebewesen auf. Da ist alles zerstört, ob das Baum, Strauch oder ob das ein Haus ist. Das zerfällt in Asche.« In: Ebd., S. 245.

[261] Ebd., S. 262f.

[262] Hildebrandt/Schroeder: Ich musste immer lachen. S. 38.

tigungslager zu Ende.[263] Im März 1942 hatte Hitler die Einrichtung dieser Lager angeordnet. Die Jugendlichen wurden dort auf gesetzliche Anordnung hin vormilitärisch ausgebildet und ideologisch indoktriniert.[264] Der vierwöchige Aufenthalt nahe Lodz[265] blieb Hildebrandt als »Grauen«[266] im Gedächtnis und die SS-Ausbilder als die »dümmsten Menschen«[267], die ihm je begegnet seien. Vor ihnen, die die Jugendlichen in den polnischen Wäldern[268] militärisch drillten, hätten er und seine Kameraden »wirklich Angst« gehabt.[269]

Der in den Wehrerziehungslagern herrschende »Härtekult« wurde den SS-Männern durch zielgerichtete Anwendung von Gewalt bereits in ihrer eigenen Ausbildung vermittelt.[270] In ihrem Buch zitieren Neitzel und Welzer ein Mitglied der SS-Division *Hitlerjugend*, das von »pure[m] Sadismus« während der Ausbildungszeit sprach.[271] Die Abhörprotokolle belegen die Tendenz der Waffen-SS zu extremer Gewalt[272] und zeigen, dass »zumindest in den Kernverbänden der Waffen-SS ein in dieser Form einmaliges Amalgam von Rassismus, Härte, Gehorsam, Opferkult und Brutalität« existierte.[273]

Das Wehrertüchtigungslager war dazu gedacht, die Jugendlichen auf den Dienst als Luftwaffenhelfer vorzubereiten. In Bunzlau wurden am 7. September 1943 die Jahrgänge 1926 und 1927 zum Kriegsdienst bei der Luftwaffe nach Groß-Berlin eingezogen.[274] »Ihr Sohn wird stolz darauf sein, daß er bereits in noch nicht wehrpflichtigem

[263] Ebd., S. 30.

[264] Hilgers, Anja: Geschichte, Struktur und Funktion der Hitlerjugend. In: Helsper, Werner/Hillbrandt, Christian/Schwarz, Thomas (Hrsg.): Schule und Bildung im Wandel. Anthologie historischer und aktueller Perspektiven. Wiesbaden: VS Verlag für Sozialwissenschaften, 2009, S. 66.

[265] Hildebrandt/Schroeder: Ich musste immer lachen. S. 30f.

[266] Ebd., S. 31.

[267] Süddeutsche Zeitung, Nr. 150, 3. Juli 2007, Zips: »Das ist Rufmord«. S. 12.

[268] WDR (Hrsg.): Erlebte Geschichte(n) (1).

[269] Süddeutsche Zeitung, Nr. 150, 3. Juli 2007, Zips: »Das ist Rufmord«. S. 12.

[270] Neitzel/Welzer: Soldaten. S. 386f.

[271] SS-Mann Langer, Division Hitlerjugend: »Da konntest du bei der Waffen-SS nichts machen, wenn dich ein Unterführer in der Ausbildung geschlagen hat. Bei der Ausbildung, da sollst du gerade so werden (...).« In: Ebd., S. 387.

[272] Ebd., S. 390.

[273] Ebd., S. 389.

[274] Bolz: Das Ende der Luftwaffenhelferzeit. In: Bolz (Hrsg.): Aus der Geschichte der Waisen- und Schulanstalten zu Bunzlau. S. 52.

Alter der Wehrmacht im Heimatgebiet Hilfsdienste leisten darf«, hatte Oskar Hempel, ab 1942 Oberstudiendirektor der Zahnschen Schulanstalten,[275] in einem Rundbrief an die Eltern der betreffenden Schüler am 19. August 1943 erklärt.[276] Weiterhin hieß es in dem Schreiben, dass die Jugendlichen »selbstverständlich [...] nur zu Aufgaben und Verrichtungen herangezogen« werden würden, »die ihnen zugemutet werden könn[t]en«[277]. Die Luftwaffenhelfer sollten auch während ihres Einsatzes wissenschaftlichen Unterricht erhalten (»Während ihres Einsatzes werden die Luftwaffenhelfer im wissenschaftlichen Unterricht, der 4 Wochen nach Beginn des Einsatzes mit etwa 18 Wochenstunden auch weiterhin erteilt wird, und im Innendienst von Lehrern der höheren Schulen betreut.«).[278] Dies war aufgrund der sich »verschärfenden Luftlage« nicht möglich, wie ein ehemaliger Schüler der Zahnschen Schulanstalten rückblickend erzählte.[279] Hildebrandt erinnerte sich, dass die Lehrer nach einem in der Stellung miterlebten Fliegeralarm am darauffolgenden Tag wieder abgereist seien:

> *»Es gab zwar mal Unterricht, dann aber kam mitten in der Unterrichtsstunde Fliegeralarm, und wir nahmen die Lehrer mit in die Stellung, wo sie vor Angst zitterten. Am nächsten Tag fuhren sie wieder nach Hause.«*[280]

Dies musste bei den Jugendlichen Zweifel an der Vorbildfunktion ihrer Lehrkräfte als Autoritätspersonen sowie an der Sinnhaftigkeit des Einsatzes wecken.

Von Mitte November bis Ende März 1944 griffen 9111 Bomber die Hauptstadt an und bombardierten sie mit etwa 16.000 Tonnen Brand- und Sprengbomben.[281] Die schwere Bombardierung Ber-

[275] Christiani: Das Leben in der deutschen, schlesischen Kreisstadt Bunzlau. S. 181.

[276] Hempel, Oskar: Schreiben an die Eltern der als Luftwaffenhelfer vorgesehenen Schüler der Oberschule für Jungen – der Aufbauschule – der Mittelschule. Abgedruckt in: Bolz (Hrsg.): Aus der Geschichte der Waisen- und Schulanstalten zu Bunzlau. S. 39.

[277] In: Ebd., S. 39.

[278] In: Ebd.. S. 39.

[279] Bolz: Das Ende der Luftwaffenhelferzeit. In: Ebd., S. 52.

[280] In: Hildebrandt/Schroeder: Ich musste immer lachen. S. 31f.

[281] Schulte-Rummel, Sven: Die große Herausforderung – Alliierter Bombenkrieg und NS-Propaganda: Das Beispiel Berlin. Norderstedt: GRIN Verlag, 2002, S. 23.

lins begann in der Nacht zum 23. November, die Stadt befand sich vier Tage lang unter Dauerbeschuss.[282] In der Geschützstellung der Flakbatterie Henningsdorf-Berlin erhielten Hildebrandt und die anderen Luftwaffenhelfer (»die wohl so hießen, weil die Luftwaffe sich nicht mehr helfen konnte«, so ein zynischer Kommentar Hildebrandts im Jahr 2007 in seinem Aufsatz *Erinnerungen an den Endsieg*[283]) »pünktlich um 19.30 Uhr« die Ansage, dass sich »feindliche Bomberverbände im Anflug auf Berlin« befänden.[284] Von diesem Zeitpunkt an waren Hildebrandt und seine Kameraden den Schilderungen zufolge jede Nacht »vier bis fünf Stunden« in Gefechtsbereitschaft, obgleich angesichts ausbleibender Tiefflieger niemals geschossen worden sei.[285] Die Tage bestanden für die Luftwaffenhelfer neben der Ausbildung an den Geräten aus Exerzieren und Weltanschauungsunterricht.[286] »Und da saßen wir wieder herum und sahen blöd aus«,[287] lautete Hildebrandts ironisches Resümee in Hinblick auf die zu tragende Uniform und die damals von ihm empfundene Sinnlosigkeit des Einsatzes.[288]

Die über Deutschland abgeworfene Bombenmenge, insbesondere über Städten, Verkehrsknotenpunkten und Rüstungsbetrieben,[289] erhöhte sich von 30.000 Tonnen im Jahr 1941 auf 120.000 Tonnen im Jahr 1943 und 650.000 Tonnen im Jahr 1944.[290] Die Bombardements erfolgten nun auch am Tage. Im Frühjahr 1944 wurde die Ölzufuhr aus Rumänien unterbrochen, die deutsche Treibstoffproduktion war schwer beschädigt.[291] Wie Hildebrandt berichtete, wurden er und die anderen Flakhelfer im Februar 1944[292] zur Abwehr von Flieger-

[282] Ebd., S. 37f.

[283] Hildebrandt, Dieter: Erinnerungen an den Endsieg. In: Neven DuMont (Hrsg.): Jahrgang 1926/1927. S. 20.

[284] Ebd., S. 20.

[285] Hildebrandt/Schroeder: Ich musste immer lachen. S. 32.

[286] Ebd., S. 32.

[287] WDR (Hrsg.): Erlebte Geschichte(n) (1).

[288] Ebd.

[289] Reulecke: Die Zeit der Weltkriege (1914–1945). In: Kleine Deutsche Geschichte. S. 373.

[290] Ebd., S. 373.

[291] Ebd., S. 373.

[292] Treffen mit Dieter Hildebrandt am 16.11.2010 in München/Waldperlach./ Vgl. dazu: Hildebrandt/Schroeder: Ich musste immer lachen. S. 32.

angriffen zum zu diesem Zeitpunkt schon verlassenen[293] Flugplatz Udetfeld, östlich von Tarnowitz in Oberschlesien, abkommandiert.[294] Ein Kamerad Hildebrandts bezeichnete Udetfeld rückblickend als »kein[en] verteidigungswürdige[n] Ort«, und die Verteidigungsgräben und Panzersperren, die im Herbst angelegt worden waren, seien »keinen Pfifferling wert« gewesen.[295] Die Essensrationen seien »drastisch gekürzt« worden, so Hildebrandt: »Zehn Mann ein Brot, eine Scheibe Wurst, Kunsthonig und Milchsuppe.«[296]

Im Anschluss an die Zeit als Luftwaffenhelfer folgten zwei Wochen Heimaturlaub und zwei Monate[297] Reichsarbeitsdienst bei der Gaustabswache.[298] Nach einem weiteren Heimaturlaub[299] hatte Hildebrandt einen Rekrutenlehrgang in Lauban in Niederschlesien und einen Reserveoffizierslehrgang in Görlitz, nahe seiner Heimatstadt, zu absolvieren.[300] Die Ausbildung beschrieb er als »äußerst hart«.[301] In Görlitz habe er »die Straßen mit dem ganzen Körper kennen lernen«[302] müssen, der Name dieser Stadt rufe bei ihm deshalb rückblickend »nur schmerzhafte Assoziationen« hervor.[303] Im Gedächtnis blieben ihm die Anweisungen seines Ausbilders: »Hildebrandt! – Grinsen Sie nicht – Sie dummes Volk Sie! […] Hier macht jeder das Gesicht, was ich befehle!«[304] Hildebrandt entwickelte einen »Haß« auf jeglichen Befehl und das Militär.[305] Dass ihm fast gleichalt-

293 Treffen mit Dieter Hildebrandt am 16.10.2008 in München/Waldperlach.

294 Hildebrandt/Schroeder: Ich musste immer lachen. S. 32.

295 Bolz: Das Ende der Luftwaffenhelferzeit. In: Bolz (Hrsg.): Aus der Geschichte der Waisen- und Schulanstalten zu Bunzlau. S. 53.

296 Hildebrandt: Erinnerungen an den Endsieg. In: Neven DuMont (Hrsg.): Jahrgang 1926/1927. S. 22.

297 Hildebrandt/Schroeder: Ich musste immer lachen. S. 32.

298 Dort habe man den Jugendlichen nichts weiter als die korrekte Präsentation eines Spatens beigebracht, so Hildebrandt: »Warum das sein musste, hat man uns nicht gesagt, aber es dauerte ein paar Monate.« In: Hildebrandt: Erinnerungen an den Endsieg. In: Neven DuMont (Hrsg.): Jahrgang 1926/1927. S. 22.

299 Ebd., S. 22.

300 Hildebrandt/Schroeder: Ich musste immer lachen. S. 38f.

301 Hildebrandt: Erinnerungen an den Endsieg. In: Neven DuMont (Hrsg.): Jahrgang 1926/1927. S. 23.

302 Hildebrandt: Ausgebucht. S. 195.

303 Hildebrandt: Straße nach Bunzlau. In: Bunzlauer Heimatzeitung, Nr. 5/75, S. 17.

304 Ebd., S. 17.

305 Hildebrandt/Schroeder: Ich musste immer lachen. S. 39.

rige, »aber halb so klug[e]«[306] Soldaten Kommandos erteilen durften, habe er »als Ungerechtigkeit nicht verkraftet«[307]. Nach eigener Einschätzung hatte er es seiner durch das Radfahren in Bunzlau erworbenen Kondition zu verdanken, dass er die Schindereien des Ausbilders überstand.[308] Wie Hildebrandt berichtete, starben in seiner Kompanie nach einem Monat zwei 17-Jährige, deren Todesumstände nicht geprüft worden seien: »Die Ausbilder haben diese zwei siebzehnjährigen Knaben direkt in den Tod getrieben. Keine Untersuchung.«[309]

Im östlichen Reichsgebiet wurden nach dem ersten Einmarsch der russischen Soldaten im Sommer 1944 Evakuierungspläne entwickelt und Befestigungslinien errichtet.[310] Am 12. Januar 1945 erfolgte der Angriff der Roten Armee auf breiter Front. Sie erreichte am 22. Januar die Oder und errichtete bei Brieg und Steinau auf dem westlichen Ufer Brückenköpfe.[311] Viele der etwa 700.000 Bewohner der östlichen Kreise Niederschlesiens sowie des Regierungsbezirkes Oppeln konnten vor dem Einmarsch der Russen noch rechtzeitig über die Oder nach Westen die Flucht antreten.[312] Wie in der Chronik Bunzlaus nachzulesen ist, verließen die großen Trecks am Nachmittag des 10. Februar 1945 die Stadt.[313] Im Kriegstagebuch des Wehrmachtsführungsstabes wurde auf Seite 432 der Verlust Bunzlaus am 12. Februar 1945 verzeichnet, der Wehrmachtsbericht meldete ihn am 14. Februar.[314]

Hildebrandt erzählte, dass seine Kompanie im Dezember 1944[315] den Befehl zum Abmarsch über die Neiße nach Hennersdorf bei

306 Ebd., S. 39.

307 Ebd., S. 39.

308 Hildebrandt berichtete davon, wie ihn sein Ausbilder im Winter 1944 nachts geweckt und »mit dem Maschinengewehr auf dem Rücken und kompletter Feldmarschausrüstung zwei Stunden lang durch den Schnee gejagt« habe. In: Ebd., S. 39.

309 Hildebrandt: Erinnerungen an den Endsieg. In: Neven DuMont (Hrsg.): Jahrgang 1926/1927. S. 23.

310 Bahlcke: Schlesien und die Schlesier. S. 163.

311 Ebd., S. 164.

312 Ebd., S. 164.

313 Beigefügt ist der Hinweis, dass die Mitglieder der NSDAP-Kreisleitung unter den ersten Flüchtenden gewesen seien. In: Christiani: Das Leben in der deutschen, schlesischen Kreisstadt Bunzlau. S. 186.

314 Ebd., S. 187.

315 Treffen mit Dieter Hildebrandt am 16.11.2010 in München/Waldperlach.

Görlitz erhielt, etwa 40 Kilometer von Bunzlau entfernt. Dort kamen den Soldaten Flüchtlinge aus Hildebrandts Heimatstadt entgegen: »Um vier Uhr morgens kamen die Flüchtlinge aus Bunzlau. Schweigend – erschöpft – resigniert. Keiner kannte meine Eltern, ich selbst kannte keinen der Vorbeiziehenden.«[316] Nachdem Hildebrandts Division der Rückzug angeordnet wurde, marschierte sie, da es keine Beförderungsmittel mehr gab, über Neujahr 1945[317] innerhalb von sieben Tagen[318] nach Leipzig. Hier stießen Hildebrandt und seine Kameraden zur Armee des jüngsten Generals Hitlers, Walther Wenck.[319] Dieser hatte den Befehl erhalten, mit seinen Soldaten Hitler aus Berlin zu befreien.[320] Die Armee war zum großen Teil aus den jüngsten Soldaten der Wehrmacht zusammengesetzt.[321] Hildebrandt berichtete von seinem ersten Fronteinsatz im Februar 1945 in Sandersdorf bei Bitterfeld gegen die Amerikaner, den er »wie ein Filmzuschauer« erlebte, »der unversehens in die Handlung auf der Leinwand hineingerät«.[322] Der zweite Einsatz folgte Mitte März 1945 in Wittenberg gegen die Rote Armee:

> *»Wir fuhren Richtung Osten, und nach einer Stunde war der Krieg wieder da – Krach, Artilleriefeuer, Gefecht. Jetzt waren es die Russen. […]. Da gab es dann noch eine ganze Reihe von Toten […].«*[323]

Kurz vor Potsdam entsagte Wenck in den letzten Kriegstagen seinem Befehl. Grund dafür war die Aussichtslosigkeit der Lage und

316 Hildebrandt: Straße nach Bunzlau. In: Bunzlauer Heimatzeitung, Nr. 5/75, S. 17.

317 Hildebrandt, Dieter: Ich bin um mein Leben geschwommen. In: www.sueddeutsche.de, Süddeutsche Zeitung, Protokoll von Das Gupta, Oliver, 20.4.2005 (Stand: 15.6.2012).

318 Hildebrandt/Schroeder: Ich musste immer lachen. S. 41.

319 Ebd., S. 42. Vgl. auch: Hildebrandt, Dieter: Vater unser – gleich nach der Werbung. München: Goldmann Verlag, 2003. S. 41.

320 Gellermann, Günther W.: Die Armee Wenck – Hitlers letzte Hoffnung. Bonn: Bernard & Graefe, 2007, S. 121. Vgl. dazu: Hildebrandt, Dieter: Ich bin um mein Leben geschwommen. In: www.sueddeutsche.de.

321 Gellermann: Die Armee Wenck. S. 121.

322 Hildebrandt, Dieter: 8. Mai 1945 – gegen 14 Uhr. In: Böll, Heinrich (Hrsg.): Niemands Land. Kindheitserinnerungen an die Jahre 1945 bis 1949. München: dtv, 1988, S. 17.

323 Hildebrandt: Ich bin um mein Leben geschwommen. In: www.sueddeutsche.de./Vgl. dazu: Hildebrandt/Schroeder: Ich musste immer lachen. S. 42f.

die befürchtete Vernichtung der Verbände im Falle eines Durchbruchs nach Berlin.[324] Wenck habe, so der Historiker Günther W. Gellermann, verantwortlich gehandelt und sich für einen Angriff nach Osten entschieden, um Teile der neunten Armee, die in einem Ring um die Hauptstadt eingeschlossen waren, Verwundete und Flüchtlinge zu evakuieren.[325] Anschließend folgte der Rückzug zur Elbe.[326] Wenck ließ am Fluss einen Brückenkopf errichten und verhalf Tausenden Soldaten zur Flucht in die amerikanische Kriegsgefangenschaft. In Tangermünde sollte zuerst den 16-jährigen Soldaten der neunten Armee sowie den Verletzten den Übergang über die Elbe ermöglicht werden, wie sich Hildebrandt erinnerte.[327] 2007 wertete Gellermann in seiner Dissertation über die Armee Wenck die Operation in Anbetracht der »erhebliche[n] Überlegenheit des Gegners« als »hervorragende Leistung der Armeeführung und der unterstellten Soldaten«[328]. Belegt durch mehrere Zeugnisse hob er den »hohe[n] Grad von Einsatzwillen« der beteiligten Soldaten hervor, wobei Wenck eine Vorbildfunktion wahrgenommen habe.[329] Zehn Jahre nach Ende des Kriegs schrieb Wenck an einen an der Aktion beteiligten Oberstleutnant:

> *»Wir sind ja in den Nachkriegsjahren oftmals wegen unseres Einsatzes bekämpft worden. Aber Sie wissen so gut wie ich, wenn wir uns auch in den letzten Wochen nicht voll und ganz eingesetzt hätten, wären Hunderttausende von deutschen Menschen mehr in die russische Gefangenschaft und damit in die Ungewißheit gegangen.«*[330]

Nachdem die Kapitulation der Armee Wenck gegenüber der neunten US-Armee am 7. Mai 1945 erfolgt war,[331] schwamm Hildebrandt am 8. Mai, dem Datum, das das Ende des Zweiten Weltkriegs markiert, bei Fischbeck durch die Elbe. Am westlichen Ufer wurde er

[324] Gellermann: Die Armee Wenck. S. 121.

[325] Ebd., S. 121.

[326] Hildebrandt: Ich bin um mein Leben geschwommen. In: www.sueddeutsche.de.

[327] Hildebrandt/Schroeder: Ich musste immer lachen. S. 44. Vgl. dazu: Hildebrandt: 8. Mai 1945 – gegen 14 Uhr. In: Böll: Niemands Land. S. 14f.

[328] Gellermann: Die Armee Wenck. S. 121.

[329] Ebd., S. 122.

[330] Ebd., S. 121.

[331] Ebd., S. 123.

von einem amerikanischen Soldaten in Kriegsgefangenschaft genommen.[332] Die Amerikaner hatten am 5. Mai die Anweisung erhalten, Zivilisten, die über die Elbe kamen, aufgrund der großen Anzahl von Flüchtlingen zurückzuschicken.[333] Hildebrandt bestätigte, Soldat zu sein,[334] und wurde anschließend in ein Kriegsgefangenenlager in Gardelegen gebracht. Er erinnerte sich an die auf dem Weg gesungenen Marschgesänge der Soldaten,[335] unter anderem an den Refrain: »Und drum tragen wir unser Leiden mit Geduld/ an der ganzen Scheiße sind wir selber schuld!«[336] Den 8. Mai 1945 empfand er als »Tag des Aufbruchs«: »Vor uns lag der Frieden.«[337] Hildebrandts Erfahrungen aus seiner Zeit als Luftwaffenhelfer und Soldat wurden zur Grundlage seines Eintretens als Kabarettist gegen Militär und Krieg und für Demokratie und Frieden.

III.7 Die Debatte um die NSDAP-Mitgliedschaft Hildebrandts – »Das ist Rufmord«

Schatten der Vergangenheit lautete der Titel eines Berichts des Nachrichtenmagazins *FOCUS* am 2. Juli 2007.[338] Dieser präsentierte die Ergebnisse einer Recherche in der Zentralkartei der NSDAP, die im Berliner Bundesarchiv aufbewahrt wird. Aus den von *FOCUS*-Journalisten entdeckten Karteikarten ergab sich, dass Hildebrandt, ebenso wie die Schriftsteller Siegfried Lenz (geboren am 1926 in Lyck, Ostpreußen) und Martin Walser (geboren 1927 in Wasserburg am Bodensee), Mitglieder der NSDAP waren. Die Aufnahme war einheitlich am 20. April 1944, Hitlers 55. Geburtstag, erfolgt. Alle drei betonten, weder von ihrer Mitgliedschaft gewusst noch betreffende Anträge unterschieben zu haben. Da die Anträge im

332 Telefonat mit Dieter Hildebrandt am 30. Januar 2009. Vgl. dazu: Hildebrandt/Schroeder: Ich musste immer lachen. S. 45.

333 Gellermann: Die Armee Wenck. S. 116.

334 Hessischer Rundfunk (Hrsg.): Kabarettgeschichte(n) – Dieter Hildebrandt. Ein Portrait von Karin Köbernick. Frankfurt am Main: hr-audio, 2003. Audio-CD.

335 Vgl. dazu: Gellermann: Die Armee Wenck. S. 115.

336 Hildebrandt: 8. Mai 1945 – gegen 14 Uhr. In: Böll (Hrsg.): Niemands Land. S. 18.

337 Hildebrandt/Schroeder: Ich musste immer lachen. S. 47.

338 FOCUS, Nr. 27, 2. Juli 2007, Brand, Jobst-Ulrich: Schatten der Vergangenheit, S. 22–24.

Archivbestand nicht enthalten waren, konnten diese Behauptungen anhand der Unterschriften nicht nachgeprüft werden.

Hinter der von *FOCUS* unter Historikern ausgelösten Diskussion darüber, ob man »ohne eigenes Zutun«[339] Mitglied der NSDAP werden konnte, verbarg sich die weitreichende Frage nach der Bedeutung der Parteimitgliedschaft von Angehörigen einer unter totalitärer Herrschaft aufgewachsenen Generation. Über deren Schuld und Verantwortung und damit einhergehend über die Glaubwürdigkeit der betreffenden Autoren, die maßgeblich an der Erneuerung des kulturellen Lebens in der Bundesrepublik beteiligt gewesen waren, wurde infolgedessen über 60 Jahre nach Kriegsende debattiert. Eine ähnliche Kontroverse hatte es bereits ein Jahr zuvor gegeben, als der 1927 in Danzig geborene Literaturnobelpreisträger Günter Grass in seinem Buch *Beim Häuten der Zwiebel* seine Zugehörigkeit zur Waffen-SS erstmals publik gemacht hatte.[340]

Zu der Frage, ob es möglich war, ohne persönliche Einverständniserklärung Mitglied der NSDAP zu werden, zitierte das Magazin *FOCUS* den Historiker Michael Buddrus.[341] Dieser war laut *FOCUS* nach Analyse von über 40.000 Fällen zu der Überzeugung gelangt, dass ohne eigenhändige Unterschrift eine Aufnahme in die NSDAP nicht wahrscheinlich war:

> *»Jede Mitgliedschaft in der NSDAP war individuell; automatische/automatisierte korporative Übernahmen von Angehörigen etwa bestimmter NS-Verbände, von Berufsgruppen oder von Angehörigen einzelner Geburtsjahrgänge hat es nicht gegeben.«*[342]

339 Ebd., S. 23.

340 »Zu fragen ist: Erschreckte mich, was damals im Rekrutierungsbüro unübersehbar war, wie mir noch jetzt, nach über sechzig Jahren, das doppelte S im Augenblick der Niederschrift schrecklich ist? […] Die doppelte Rune am Uniformkragen war mir nicht anstößig. Dem Jungen, der sich als Mann sah, wird vor allem die Waffengattung wichtig gewesen sein: wenn nicht zu den U-Booten, von denen Sondermeldungen kaum noch Bericht gaben, dann als Panzerschütze in einer Division, die, wie man in der Leitstelle Weißer Hirsch wußte, neu aufgestellt werden sollte, und zwar unter dem Namen ›Jörg von Frundsberg‹.« In: Grass, Günter: Beim Häuten der Zwiebel. Göttingen: Steidl Verlag, 2006, S. 126.

341 FOCUS, Nr. 27, 2. Juli 2007, Brand, Jobst-Ulrich: Schatten der Vergangenheit, S. 23.

342 Ebd., S. 23.

Diese Ansicht teilte neben Buddrus auch der Bochumer Historiker Armin Nolzen.[343]

Auf die Notwendigkeit einer individuellen Unterschrift deutet eine Anordnung des Reichsschatzmeisters Franz Xaver Schwarz vom 7. Januar 1944 hin, aus der die Journalisten von *FOCUS* zitierten. Darin hieß es, dass der Antrag von den aufzunehmenden Jugendlichen »sorgfältig auszufüllen« und »eigenhändig zu unterschreiben« sei. Außerdem wurden die Hitlerjugend-Führer aufgefordert, neben der Freiwilligkeit der Antragsunterzeichnung zu bestätigen, dass der Antragssteller »durch eifrige Erfüllung seiner Dienstobliegenheiten und tadellose Führung sich in Gesinnung und Charakter als zuverlässiger Nationalsozialist erwiesen hat«[344].

Um die Frage nach möglichen kollektiven Aufnahmeprozeduren in die NSDAP zu klären, wurde bei der Diskussion auch eine Anordnung vom 11. Januar 1944 hinzugezogen, die das Bemühen der Partei dokumentiert, ihre Mitgliederzahl zu steigern. Hitlers Sekretär Martin Bormann setzte in dem Schreiben das Aufnahmealter für den Parteieintritt der Hitlerjungen von 18 auf 17 Jahre herab.[345] Allen Angehörigen der Jahrgänge 1926 und 1927 wurde befohlen, sich offiziell für eine »Gliederung« zu entscheiden. Ihre Namen und Anschriften waren durch die Einheitenführer der HJ »listenmäßig« den örtlichen Führern der jeweiligen Gliederungen weiterzugeben.[346] Reichsjugendführer Artur Axmann richtete anlässlich der Aufnahme dieser Jahrgänge in die NSDAP im Februar 1944 »reichseinheitlich«[347] Feierlichkeiten aus.[348]

Mit dem Auftauchen der NSDAP-Mitgliedskarten stand die

343 www.welt.de/kultur/article994879/Wie_kam_man_denn_nun_in_die_NSDAP.html, Kellerhoff, Sven Felix: Wie kam man denn nun in die NSDAP?, 4.7.2007 (Stand: 2.1.2012). Vgl. dazu: Der Spiegel, Nr. 29, 16.7.2007, Herwig, Malte: »Hoffnungslos dazwischen«, S. 134.

344 Schwarz, Franz Xaver: Anordnung 1/44 an die Gauleiter und Gauschatzmeister, München, 7.1.1944.

345 Reichsverfügungsblatt, 11.1.1944, Ausgabe A, Anordnung 8/44 von Bormann, Martin.

346 Ebd., S. 2.

347 Ebd., S. 2.

348 Vgl. dazu auch: Der Spiegel, Nr. 29, 16.7.2007, Herwig, Malte: »Hoffnungslos dazwischen«, S. 134.

Generation der Flakhelfer unter »Generalverdacht«.[349] Das Magazin *Der Spiegel* zitierte aus der *Neuen Zürcher Zeitung*, die spöttisch die Frage gestellt hatte: »Man kann Sex haben, ohne zu penetrieren, Haschisch rauchen, ohne zu inhalieren – aber kann man auch Mitglied der NSDAP gewesen sein, ohne es zu wissen?«[350] Darüber hinaus hatte Jens Jessen, Leiter des Ressorts Feuilleton der Zeitung *Die Zeit*, angesichts der vermeintlichen »Enthüllungen«[351] von einer »echte[n] Resignation« gesprochen in Hinblick auf »die Nachrichten immer weiterer jugendlicher NS-Verstrickungen einer Generation von Schriftstellern und Intellektuellen [...], die einst das empörte Gewissen der Nation zu sein beanspruchte«[352]. Hingegen betonte der *Spiegel* die Unklarheit des Aussagewerts der Karteikarten und dass diese »nichts über individuelle Schuld oder Verantwortung oder Leichtfertigkeit aussagen« würden.[353] Der Redakteur des Artikels zitierte die Historiker Hans-Ulrich Wehler und Norbert Frei, die beide unwissentliche NSDAP-Mitgliedschaften für möglich hielten.[354] Recherchen des *Spiegel* hatten als weitere ehemalige Parteiangehörige den SPD-Politiker Horst Ehmke, den Journalisten Peter Boenisch und den Soziologen Niklas Luhmann, alle drei ebenso wie Hildebrandt Jahrgang 1927, sowie den Philosophen Hermann Lübbe, den Literaturwissenschaftler Wolfgang Iser (beide Jahrgang 1926), den Bildhauer Günther Oellers und den Dramatiker Tankred Dorst (beide Jahrgang 1925) ergeben. Boenisch, Luhmann und Iser waren bereits verstorben, auf Nachfrage des Nachrichtenmagazins konnte sich keiner der anderen Genannten daran erinnern, einen Aufnahmeantrag gestellt zu haben.[355]

349 Ebd., S. 134.

350 Güntner, Joachim: Die unbekannte NSDAP-Mitgliedschaft, 2.7.2007. In: www.nzz.ch/nachrichten/kultur/aktuell/die_unbekannte_nsdap-mitgliedschaft_1.521695.html, Güntner, Joachim: Die unbekannte NSDAP-Mitgliedschaft, 2.7.2007 (Stand: 4.3.2012). Der Spiegel, Nr. 29, 16.7.2007, Herwig, Malte: »Hoffnungslos dazwischen«, S. 134.

351 Jessen, Jens: Flakhelferpubertät, 2.7.2007. In: www.zeit.de/online/2007/27/nsdap-Vergangenheit, Jessen, Jens: Flakhelferpubertät, 2.7.2007 (Stand: 4.1.2012).

352 Ebd.

353 Der Spiegel, Nr. 29, 16.7.2007, Herwig: »Hoffnungslos dazwischen«. S. 135.

354 Ebd., S. 134.

355 Ebd., S. 134.

Hildebrandt, der mit der Registrierungsnummer 9903410 in die Partei eingegliedert und auf dessen Karteikarte[356] der 19. Februar 1944 als Tag der Beantragung der Aufnahme eingetragen worden war, wertete den Artikel des *FOCUS* als »Rufmord«[357] sowie als »liederliche, betrügerische journalistische« Arbeit.[358] Er zog in Betracht, dass es sich bei dem Antrag auf eine NSDAP-Mitgliedschaft entweder um eine »Schenkung« des Reichsjugendführers Artur Axmann an Hitler handeln könne,[359] oder dass der Antrag von seiner Mutter stellvertretend für ihn, der zu diesem Zeitpunkt 16 Jahre alt und als Flakhelfer im Einsatz war, unterzeichnete worden war.[360] Auf Nachfrage der *Süddeutschen Zeitung* berichtete er, dass er ab Sommer 1943 nur noch zu Kurzurlauben bei seiner Familie gewesen sei und die Partei keine Bedeutung mehr für ihn gehabt habe. Im Vordergrund sei für die Jugendlichen damals gestanden, »um Gotteswillen nicht in die SS«[361] zu kommen. Um deren werbenden Offizieren, die zu diesem Zweck die Oberschulen aufgesucht hätten, zu entgehen, hätten er und seine Altersgenossen sich zuvor freiwillig für eine andere Waffengattung gemeldet, in Hildebrandts Fall für die Heeresflak.[362] In der 2007 nach den Recherchen des *FOCUS* erschienenen Aufsatzsammlung des Verlegers Alfred Neven DuMont über den Jahrgang 1926/27 berichteten auch die Politiker Erhard Eppler (SPD)[363] und Otto Graf Lambsdorff (FDP)[364], beide Jahrgang 1926, von freiwilligen Meldungen zum Heer, zur Luftwaffe oder Marine, um sich den »Zudringlichkeiten«[365] der Waffen-SS zu entziehen.

Als Repräsentanten des Jahrgangs 1926/27 äußerten sich zu der

[356] Bundesarchiv Berlin, NSDAP-Zentralkartei.

[357] Süddeutsche Zeitung, Nr. 150, 3. Juli 2007, Zips: »Das ist Rufmord«. S. 12.

[358] Ebd., S. 12.

[359] FOCUS, Nr. 27, 2. Juli 2007, Brand: Schatten der Vergangenheit, S. 24.

[360] Süddeutsche Zeitung, Nr. 150, 3. Juli 2007, Zips: »Das ist Rufmord«. S. 12.

[361] Ebd., S. 12.

[362] Ebd., S. 12.

[363] Eppler, Erhard: Nischen. In: Neven DuMont (Hrsg.): Jahrgang 1926/1927. S. 18.

[364] Lambsdorff, Otto Graf: Meine unpolitische Jugend. In: Ebd., S. 192f.

[365] »Dass wir unter keinen Umständen zur Waffen-SS wollten, hieß noch lange nicht, dass wir den SS-Staat durchschauten […]. Wir fanden den Germanenkult der SS seltsam, ihr Heidentum abstoßend, und mancher, auch ich, hatte schon per Flüsterpropaganda etwas von dem erfahren, was die SS im Osten trieb.« In: Eppler: Nischen. In: Ebd., S. 18.

Debatte um Aufnahmemodalitäten der NSDAP auch der CDU-Politiker Walther Leisler Kiep, geboren 1926 in Hamburg, der SPD-Politiker Hans-Jochen Vogel, geboren 1926 in Göttingen, der Schriftsteller Günter de Bruyn, geboren 1926 in Berlin, und der Philosoph Hermann Lübbe, geboren 1926 in Aurich, Ostfriesland. Kiep bezeichnete den Eintritt in die NSDAP in den Jahren 1944/45 angesichts von Massenflucht, Luftkrieg, Angst vor sowjetischer Gefangenschaft und Sorge um die Angehörigen als »uninteressante Nebensache«[366] und äußerte Unverständnis im Hinblick auf die kurz zuvor angestoßene Diskussion. Unterdessen forderte Vogel die heutigen Kritiker zu Selbstreflexion auf, indem sie sich fragen sollten, wie sie sich in dieser Zeit wohl selbst verhalten hätten.[367] Damals 17- oder 18-Jährigen ihren Beitritt in die NSDAP oder auch in die Waffen-SS über 60 Jahre später vorzuwerfen, nannte er »absurd«.[368] Der Schriftsteller de Bruyn wies in einem Aufsatz mit dem Titel *Von der Arroganz der Nachgeborenen* auf die im Dritten Reich auf die Jugendlichen einwirkenden Indoktrinationen und Zwänge hin, die im Hinblick auf »vergessene, unwissentliche oder unfreiwillige NSDAP-Mitgliedschaft[en]« zu berücksichtigen seien.[369] Der Behauptung, dass die Möglichkeit der Parteimitgliedschaft nur mit individueller Zustimmung bestanden habe, stellte de Bruyn entgegen, dass sich in Diktaturen Parteilinien schnell ändern könnten, »die Praxis der dreißiger Jahre über die von 1944 also gar nichts sagt«.[370] Lübbe, der ebenfalls am 20. April 1944 in die NSDAP aufgenommen wurde und sich an eine eigenhändige Unterschrift nicht erinnern konnte,[371] ging auf die Frage ein, ob die jüngst in Erfahrung gebrachten Jungmitgliedschaften von Prominenten deren Leistungen für die Republik infrage stellten. Nach Ansicht des Philosophen war der Einsatz der betreffenden Personen für die Demokratie vielmehr das Resultat der eigenen Erfahrungen in

[366] Kiep, Walther Leisler: Aus der Katastrophe in die Freiheit. In: Ebd., S. 92.

[367] Vogel, Hans-Jochen: Von Irrtümern, Ahnungen und späten Gewissheiten. In: Ebd., S. 75.

[368] Ebd., S. 75.

[369] De Bruyn, Günter: Von der Arroganz der Nachgeborenen. In: Ebd., S. 38.

[370] Ebd., S. 38.

[371] Der Spiegel, Nr. 29, 16.7.2007, Herwig: »Hoffnungslos dazwischen«. S. 135.

einem totalitären System. Die »biographischen Wirkungszusammenhänge« lägen damit »genau umgekehrt«.[372]

Auf die Seite der im Jahr 2007 für ihre NSDAP-Mitgliedschaft Beschuldigten stellte sich der 1931 geborene Schriftsteller Rolf Hochhuth. Seiner Meinung nach hatten die *FOCUS*-Rechercheure mit dem einzigen Ziel Einsicht in die Akten genommen, geistige Stützen der jungen Bundesrepublik zu diffamieren. Die Deutschen hätten sich seit dem Dritten Reich nicht geändert. »Wir sind geblieben, was wir unter unserem Führer waren: Die Nation der Denunzianten ...,«[373] so Hochhuths Urteil. Tatsächlich erweckt der *FOCUS*-Artikel den Eindruck, als habe dabei weniger objektive Berichterstattung als das Interesse an einer Sensationsmeldung eine Rolle gespielt. Zumal im Mittelpunkt der Diskussion um eigenhändige Unterschriften Aufnahmeanträge standen, die bis heute weder im Fall von Hildebrandt noch von Walser oder Lenz vorliegen. Auch die Frage, welche Schlussfolgerungen aus bewiesenen NSDAP-Mitgliedschaften von Jugendlichen, die unter nationalsozialistischer Herrschaft aufgewachsenen waren, zu ziehen seien, blieb letztlich unbeantwortet. Werner Loewe, Redakteur der SPD-Zeitung *Vorwärts*, spekulierte, dass die Entdeckung des *FOCUS*, über die »exklusiv«[374] berichtet wurde, einigen in der deutschen Presselandschaft tätigen Journalisten bei der Überbrückung eines thematischen »Sommerlochs«[375] geholfen haben könnte.

Seinen Unterstützern dankte Hildebrandt im Juli 2007 auf seiner Homepage angesichts der »mediale[n] Fehlleistung« für die »gut informierten und recherchierten Leserbriefe« sowie die »enorme Sympathie aus allen Winkeln des Landes«.[376]

[372] Lübbe, Hermann: Verdrängte oder historisierte Vergangenheit? Über alt gewordene Parteijunggenossen. In: Neven DuMont (Hrsg.): Jahrgang 1926/1927. S. 223f.

[373] www.merkur-online.de/nachrichten/kultur/zeitumstaende-bleiben-unberuecksichtigt-289600.html, Hochhuth, Rolf: Die Zeitumstände bleiben unberücksichtigt, 2.7.2007 (Stand: 15.6.2012).

[374] FOCUS, Nr. 27, 2. Juli 2007, »Exklusiv: Prominente Literaten in der NSDAP«, Titelseite.

[375] Vgl. dazu: www.vorwaerts.de/meinung/aktenfund-im-sommerloch, Loewe, Werner: Aktenfund im Sommerloch, 18.7.2007 (Stand: 4.1.2012).

[376] www.dieterhildebrandt.com (Stand: 12.7.2007).

III.8 Die ersten Nachkriegsjahre – »Fünfundvierzig war'n wir Achtzehn«

1955 schrieb Hildebrandt, damals 28 Jahre alt, ein Gedicht über seine Generation mit dem Titel *In eigener Sache*:

»Fünfundvierzig war'n wir Achtzehn –
achtzehn Jahre auf der Welt.
Älter waren wir als Achtzehn,
denn mit Sechzehn war'n wir Held.

Wer so früh in einem Haufen
mitgebrüllt und mitgelaufen,
hat noch Zeit, zu überlegen
warum – wofür – wogegen.

Wer ein Kind ins Wasser stößt,
muß sich überlegen,
daß es Schwimmen lernt im Strom,
und zumeist dagegen.

Reißend ist der Strom geworden.
Zehn Jahre gingen erst ins Land.
Alte Helden tragen Orden.
Wer Verstand hat, bleibt am Strand.

Neues gibt es nichts im Westen.
Zehn Jahre gingen erst ins Land.
Wieder hält man uns zum besten.
Wer Verstand hat, bleibt am Strand.

Und Ströme werden wieder überlaufen.
Zehn Jahre gingen erst ins Land.
Als Männer kann man uns heut' nicht mehr kaufen.
Wir waren einst die Kinder – und wir sind gebrannt.«[377]

[377] Hildebrandt, Dieter: In eigener Sache. In: Die Namenlosen, 3. Programm: Die Nullen sind unter uns, Programmheft, 1955, S. 5.

Das Gedicht erklärt die pazifistische Grundhaltung derer, die das Dritte Reich und seinen Untergang als Kinder und Jugendliche miterlebt hatten. Hildebrandt gibt sich als Teil dieser Generation durch den Titel *In eigener Sache* und die Verwendung des Personalpronomens »wir« zu erkennen. Metaphorischer Mittelpunkt der sechs Strophen ist ein »Strom« als Verbildlichung des Menschenstroms, der Hitler gefolgt war. Als Pimpfe wurden die Angehörigen des in der ersten Strophe genannten Jahrgangs schon zu Beginn ihres Lebens erzwungenermaßen »Held[en]« und Bestandteile des nationalsozialistischen Systems (»Wer so früh in einem Haufen/Mitgebrüllt und mitgelaufen«). Die jungen Menschen hatten in ihrem Reifungsprozess »noch Zeit«, einen eigenen politischen Standpunkt zu entwickeln und sich ihrer individuellen Werte bewusst zu werden. Dass sie sich meist konträr zu jenen der »im Strom« agierenden Elterngeneration verhalten würden, hätten die Erwachsenen, die ihre Kinder vom diktatorischen NS-Regime vereinnahmen ließen (»Wer ein Kind ins Wasser stößt«), vorhersehen müssen. Seine Enttäuschung und Resignation angesichts des als verpasst empfundenen politischen Neuanfangs in der Ära Adenauer[378] (»Alte Helden tragen Orden.«) bringt Hildebrandt mit der Feststellung zum Ausdruck, dass man 1955, ein Jahrzehnt nach Kriegsende, wieder »zum besten« gehalten wird. Hildebrandt spielte auf den Titel des 1929 erschienen Romans *Im Westen nichts Neues* von Erich Maria Remarque an (»Neues gibt es nichts im Westen«), in dem der Autor die Kriegserlebnisse eines jungen Frontsoldaten im Ersten Weltkrieg schildert.[379] Die letzte Strophe des Gedichts warnt vor einer erneuten Gewaltherrschaft durch die Mobilisierung der Massen, verdeutlicht durch das Bild

378 Vgl. dazu: Dieter Hildebrandt im Gespräch mit Günter Gaus. In: Niedersächsisches Landesministerium: Kulturpreis Schlesien des Landes Niedersachsen 2003, Hannover. Darin: Hildebrandt, Dieter: »Wir hatten diese Adenauer-Regierung vor Augen. Und dieser ungeheuerliche Affront, Herrn Globke ausgerechnet als linke und rechte Hand einzusetzen, erschien uns begradigenswert. Es erschien uns wichtig, diesen Adenauer von seinem Platz wegzuwählen und die Leute zu überzeugen, dass sie das müssten, weil das eine Entwicklung ist, die gar nicht sein kann. Es kann nicht sein, dass diese Adenauer-Regierung diesen Neuaufbau beendet.«

379 Remarque, Erich Maria: Im Westen nichts Neues/Der Feind. Köln: Kiepenheuer & Witsch, 2006.

der »überlaufen[den] Ströme«. Wenn dies geschehe, so die Prognose Hildebrandts, dann jedoch ohne die Unterstützung der »gebrannt[en]« Kinder des Jahrgangs 1926/27, die aus ihren Erfahrungen gelernt hätten. Das in der Redewendung enthaltende Motiv des »sich Verbrennens« bzw. des »Feuers« wird in der letzten Zeile als Kontrast zu der Metaphorik des Wassers eingesetzt.

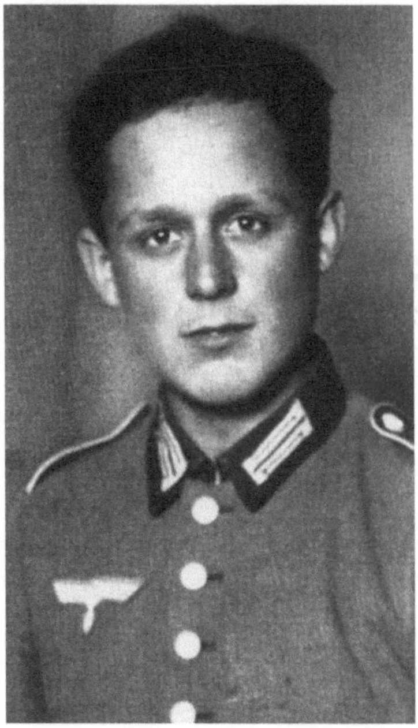

Der 18-jährige Dieter Hildebrandt, 1945.

Der Erzählstil des Gedichts steht in der Tradition Erich Kästners, der in den 50er-Jahren ein Vorbild Hildebrandts wurde. Kästners Lyrik ist als »Gebrauchslyrik«[380] bezeichnet worden. Durch ihre Aufforderung zu Haltung und Meinung, Ermutigung, Belehrung und die verbale Abrechnung mit Feindbildern brach sie mit dem gängigen Lyrikbegriff. Auch Hildebrandts Gedicht ist ein Appell. Er mahnt darin zur Vernunft (»Wer Verstand hat, bleibt am Strand«), um einen erneuten Missbrauch von Macht zu verhindern. Hildebrandt nimmt somit bereits in seinen frühen Texten einen erzieherischen Auftrag wahr. Anstatt den Fokus auf die literarische Ästhetik zu legen, will er die Menschen aufrütteln und aufklären. Das Gedicht ist ein Vorläufer seiner späteren Kabarettprogramme, die ihn und die *Lach- und Schießgesellschaft* bundesweit bekannt machen sollten.

Das Ergebnis einer Umfrage, die im Frühjahr 1950 unter Münchner und Erlanger Studenten durchgeführt wurde, bestätigt Hildebrandts Einschätzung, dass sich die Flakhelfergeneration aufgrund

[380] Frank, Rudolf, zitiert in: Wagener, Hans: Erich Kästner. Berlin: Colloquium Verlag, 1973, S. 36.

ihrer Kindheits- und Jugenderlebnisse an einem weiteren Krieg nicht mehr beteiligen würde.[381] Während des Zweiten Weltkriegs war ein Drittel der Befragten als Soldat im Einsatz gewesen. 90 Prozent der Befragten wollten im Fall einer Wiederaufrüstung der Bundesrepublik nicht (wieder) Soldat werden.[382] Zugleich war jedoch mehr als die Hälfte der Meinung, der Nationalsozialismus sei eine gute Idee gewesen, die man nur schlecht ausgeführt habe.[383]

Für den in der Geschichte beispiellosen Vernichtungskrieg begann nach dessen Ende in Deutschland die Diskussion um Schuld und Verantwortung. Nach Schätzungen betrug die Zahl der Opfer nichtdeutscher Nationalität 33 Millionen, auf deutscher Seite gab es zwischen vier und fünf Millionen Tote.[384] Als Teil des Entnazifizierungsprozesses der Besatzungsmächte wurden Funktionsträger der NSDAP sowie ehemalige Inhaber leitender Positionen in der öffentlichen Verwaltung, der Wirtschaft, der Justiz und des Erziehungswesens unter »Arrest« gestellt.[385] 8,5 Millionen Mitglieder hatte allein die NSDAP gezählt.[386]

Da Walter Hildebrandt als Mitläufer eingestuft wurde, konnte er, gemäß Gesetz Nr. 8 der amerikanischen Militärregierung vom 26. September 1945,[387] nach dem Krieg weder seinen Beruf als Landwirtschaftsdirektor ausüben noch seine Ämter weiterhin wahrnehmen.[388] Das Bild des übermächtigen und allwissenden Vaters war für Hildebrandt durch seine Kriegserfahrungen als junger Soldat und den miterlebten Untergang des Dritten Reichs bereits unterminiert worden. Die politische Überzeugung Walter Hildebrandts,

[381] Reichel, Peter: Politische Kultur in der Bundesrepublik, Opladen: Leske und Budrich, 1981, S. 136f.

[382] Ebd., S. 137.

[383] Ebd., S. 137.

[384] Benz, Wolfgang: Kriegsziele der Alliierten. In: Bundeszentrale für politische Bildung (BpB) (Hrsg.): Deutschland 1945–1949, Heft 259, 2005, S. 4.

[385] Pötzsch, Horst: Deutsche Geschichte von 1945 bis zur Gegenwart. München: Olzog Verlag, 2006, S. 38.

[386] Benz, Wolfgang: Demokratisierung durch Entnazifizierung und Erziehung. In: Bundeszentrale für politische Bildung (BpB) (Hrsg.): Deutschland 1945–1949, Heft 259, 2005, S. 29.

[387] Grosser, Alfred: Geschichte Deutschlands seit 1945. Eine Bilanz. München: dtv, 1987, S. 73.

[388] Hildebrandt/Schroeder: Ich musste immer lachen. S. 154.

eines begeisterten Anhängers des Nationalsozialismus, hatte sich als fataler Irrtum erwiesen. Hildebrandt sah seinen Vater, der sich nach Ende des Kriegs im Alter von 56 Jahren der CSU und dem von ihm einst abgelehnten Katholizismus angenähert habe,[389] nun als »Verlierer«, den er nicht mehr zu fürchten brauchte.[390] Die Schuldfrage war laut Hildebrandt zwischen Vater und Sohn der immerwährende Streitpunkt. Walter Hildebrandt sei der Meinung gewesen, dass die Deutschen den Krieg und als dessen Resultat die Gebiete im Osten »zu Unrecht« verloren hatten.[391] Weiterhin habe er sich geweigert, als der volle Umfang des Kriegs der Öffentlichkeit bekannt und bewusst geworden war, dies wahrhaben zu wollen.[392]

Der Politikwissenschaftler Peter Reichelt ging 1981 in seiner Analyse der politischen Kultur in Deutschland auf das Ergebnis einer Umfrage ein, bei der 63 von 100 befragten Westdeutschen 1951 der Aussage zustimmten, dass sich die Deutschen nicht »schuldig« und auch nicht »für die Wiedergutmachung verantwortlich« fühlen müssten. Dieselben Personen bejahten des Weiteren die These, dass »nur jene, die sich wirklich aktiv beteiligt haben, [...] ebenso schuldig wie auch verantwortlich für das [seien], was sie getan haben«[393].

Hildebrandt war auf der Basis seiner Erfahrungen von der kollektiven Schuld überzeugt: »Ich sagte immer wieder: ›Wir sind alle schuld.‹«[394] Am 5. März 1933 hatte die Nationale Front aus Nationalsozialistischer Partei und Deutschnationaler Volkspartei von den Bunzlauer Bürgern bei den Reichstagswahlen 57 Prozent

389 Ebd., S. 154. Die Wählerschaft der CDU/CSU bestand Anfang der 50er-Jahre zu großen Teilen aus Angehörigen des alten Mittelstands wie Landwirten, freiberuflich Tätigen und selbstständigen Gewerbetreibenden. In: Reichel: Politische Kultur in der Bundesrepublik. S. 144ff.

390 Hildebrandt: Gedächtnis auf Rädern. S. 87.

391 Hildebrandt/Schroeder: Ich musste immer lachen. S. 153.

392 Ebd., S. 154.

393 Reichel: Politische Kultur in der Bundesrepublik. S. 116f. Reichelt führte eine im selben Jahr durchgeführte Umfrage auf, in der nach der Einstellung zum Hitler-Attentat am 20. Juli 1944 gefragt wurde. Knapp 40 von 100 befragten Einwohnern der Bundesrepublik antworteten zustimmend, genauso viele waren unentschieden und ein Viertel äußerte sich ablehnend zu dem Anschlag. In: Ebd., S. 116.

394 Hildebrandt/Schroeder: Ich musste immer lachen. S. 154.

der Stimmen erhalten, dies bei einer Wahlbeteiligung von 94 Prozent.[395] Auch landesweit hatte die NSDAP bei den für die Machtergreifung entscheidenden Reichstagswahlen zusammen mit dem deutsch-nationalen Koalitionspartner mehr als 50 Prozent der Reichstagsmandate erreicht.[396] Hinsichtlich des Verlusts der Ostgebiete wies Hildebrandt die Verantwortung den Wahlberechtigten zu, die ihre Stimmen der NSDAP gegeben hatten:

> *»[I]ch fand, daß alle daran [am Verlust der Ostgebiete bzw. der Heimat] schuld waren, ›denn fast alle habt ihr‹, sagte ich, ›Hitler gewählt.‹ Ich sagte bewußt ihr, denn ich durfte zu der Zeit ja noch nicht wählen.«*[397]

Hildebrandts Auffassung von der Schuld der Deutschen entspricht der These der politischen Haftung von Karl Jaspers. Dieser unterschied 1946 zwischen »krimineller«, »politischer«, »moralischer« und »metaphysischer Schuld«.[398] Der Philosoph untersuchte, inwiefern einzelne Deutsche und die Deutschen als Kollektiv durch die Verbrechen der Nationalsozialisten Schuld auf sich geladen hatten. Während er die Idee einer moralischen Kollektivschuld zurückwies und es als »sinnwidrig« bezeichnete, einem Volk »als Ganzes« die Schuld an einem Verbrechen anzulasten sowie es in seiner Gesamtheit moralisch unter Anklage zu stellen,[399] wies er mit seinem Begriff der politischen Haftung allen Deutschen Verantwortung für die Hitlerherrschaft sowie den Krieg und dessen Folgen zu:

> *»Politisch handelt im modernen Staat jeder, zum mindesten durch seine Stimmabgabe bei Wahlen oder durch Unterlassung des Wählens. Der Sinn politischer Haftung erlaubt es niemandem auszuweichen.«*[400]

[395] Christiani: Das Leben in der deutschen, schlesischen Kreisstadt Bunzlau. S. 124.

[396] Die höchsten Wahlerfolge lagen »in Mittelfranken (Rothenburg mit 83, Neustadt/Aisch mit 79 Prozent), in Hessen (Schotten mit 83 Prozent) und (…) in Ostpreußen (Neidenburg mit 81, Lyck mit 80 Prozent«. In: Falter, Jürgen W. Falter: Hitlers Wähler. Darmstadt/München: Beck, 1991, S. 39.

[397] Hildebrandt/Schroeder: Ich musste immer lachen. S. 153.

[398] Jaspers, Karl: Die Schuldfrage. Von der politischen Haftung Deutschlands. München: Piper, 1987, S. 17.

[399] Ebd., S. 24.

[400] Ebd., S. 41.

Weiterhin, so Jaspers, bestehe eine »kollektive Schuld« darin, sich politisch vorbehaltlos einem Führer unterzuordnen wie auch in der »Artung des Führers«, dem man sich ergebe.[401] Unerlässlich für das Erreichen »politische[r] Freiheit« sah Jaspers den »innerliche[n] Vorgang« der »Reinigung« des Einzelnen. Seiner Ansicht nach stellt das »Schuldbewußtsein« die Voraussetzung für die Bildung eines »Bewußtsein[s] der Solidarität und Mitverantwortung« dar, welches wiederum die Bedingung für Freiheit sei.[402]

Auf die Entwicklung des von Jaspers angesprochenen Schuldbewusstseins hoffte Hildebrandt seinen Schilderungen zufolge bei seinem Vater vergeblich. Nach dem Krieg habe dieser vielmehr nach katholischem Glauben »von Schuld freigesprochen« werden wollen.[403] In seiner Autobiografie verwies Hildebrandt auf die als Kind miterlebten Verstrickungen seiner Eltern,[404] die die NSDAP gewählt und deren Politik uneingeschränkt befürwortet hatten, dies nach dem Krieg jedoch bestritten hätten.[405] Hildebrandt blieb ein in Bunzlau tätiger jüdischer Textilhändler im Gedächtnis, von dem ihm seine Mutter berichtet habe, dass er »ausgewandert« sei. In Wahrheit kam er in ein Konzentrationslager und seine Mutter habe dies gewusst, wie Hildebrandt rückblickend überzeugt ist: »Ich bin sicher, daß sie ihn ins KZ gebracht haben, aber immer wurde mir mitgeteilt, diese Menschen seien einfach weggegangen.«[406] In Bezug auf dieses Erlebnis machte er seine Meinung deutlich, dass es keine in Deutschland lebenden Menschen gegeben haben könne, die »gar nichts« von den Verbrechen der Nationalsozialisten gewusst hatten.[407] Während er am 8. Mai 1945, dem Tag, an dem der Zweite Weltkrieg endete, noch an eine »Abrechnung«[408] geglaubt habe, erkannte er bald das Einsetzen einer »großdeutsche[n] Amnestie« unter den »abgedankten Herrenmenschen«.[409]

[401] Ebd., S. 53.
[402] Ebd., S. 82.
[403] Hildebrandt/Schroeder: Ich musste immer lachen. S. 154.
[404] Ebd., S. 153.
[405] Ebd., S. 153.
[406] Ebd., S. 155.
[407] Ebd., S. 154f.
[408] Hildebrandt: Was bleibt mir übrig. S. 21.
[409] Ebd., S. 19.

Auf das »Problem des Nichtwissens«[410] ging der Politikwissenschaftler und Preisträger des Friedenspreises des deutschen Buchhandels Alfred Grosser in seiner Bilanz zur Geschichte der Bundesrepublik ein. Die Behauptung der Siegermächte, dass die deutsche Bevölkerung Kenntnis von den Verbrechen in den Konzentrationslagern und den besetzten Ländern gehabt haben muss, wertete Grosser als ebenso »übertrieben«[411] wie die Beteuerung des Großteils der Deutschen, »nichts«[412] davon gewusst zu haben. Er riet von Verallgemeinerungen ab, da »viele Deutsche«[413] tatsächlich nicht um das »Ausmaß der Verbrechen«[414] gewusst hätten, während andere Zeugen vom Arbeitsdienst der Häftlinge oder von Vergehen der deutschen Soldaten in besetzten Dörfern geworden seien. Grosser zufolge bestand ein Widerspruch in der anlässlich der Nürnberger Prozesse von den Alliierten durchgeführten »Propagandakampagne«[415], welche die Deutschen von den begangenen Untaten überzeugen wollte, von denen sie nach Meinung der Besatzer andererseits bereits gewusst haben sollen.[416]

Das »Mitmachen aus Angst«, seine Existenz und Familie in Gefahr zu bringen, sei unter nationalsozialistischer wie auch unter kommunistischer Herrschaft »zu akzeptieren«, schränkte Hildebrandt in einem Interview im Jahr 1995 in Hinblick auf die kollektive Verantwortung eines Volks ein.[417] Bezüglich der Verstrickung der im Dritten Reich aufgewachsenen Jugendlichen konstatierte er die Unmöglichkeit für in einer Diktatur lebende junge Menschen, »eine andere Gesinnung [zu] haben als die vorherrschende«, wenn einen niemand »an andere Gedanken heranführt«.[418] Dass die überwiegende Mehrheit der Jugendlichen, die in der Hitlerjugend und als Soldaten im Krieg gewesen waren, »im tiefsten Sinn nicht

[410] Grosser: Geschichte Deutschlands seit 1945. S. 67.

[411] Ebd., S. 68.

[412] Ebd., S. 68.

[413] Ebd., S. 68.

[414] Ebd., S. 68.

[415] Ebd., S. 68.

[416] Ebd., S. 68.

[417] Martens, Michael: »Ich möchte keine tragische Figur sein.« Ein Gespräch zur Person und über die Zeit mit Dieter Hildebrandt. Winsen/Luhe, Weimar: Boldt, 2000, S. 33.

[418] Ebd., S. 33.

verantwortlich« zu machen sei, hatte in seiner Rede vom 2. Juni 1946 auch der damalige SPD-Parteivorsitzende Kurt Schumacher unterstrichen. Sie hätten auf Befehl gehandelt und das getan, was sie als ihre »Pflicht« empfunden hätten.[419] Mit ihrem Einsatz hätten sie »die Knochen hingehalten für ein vermeintliches Ideal«, so Schumacher.[420]

Im Jahr 1945 waren in Deutschland 400 Millionen Kubikmeter Schutt zu beseitigen.[421] Hildebrandt verbrachte den Sommer in Kriegsgefangenschaft und entfernte Trümmer im Arbeitsdienst. Nach einigen Monaten habe man ihn und einige seiner Kameraden wegen ihres Alters und wohl auch ihrer »Ungefährlichkeit«[422], so Hildebrandts Einschätzung, freigelassen. Wie er erzählte, wählten sie als vorläufigen Zufluchtsort Neustadt am Rübenberge. Angesichts der Hungersnot hofften sie dort auf Arbeit in der Landwirtschaft.[423] Geld verdiente Hildebrandt schließlich mit dem Ausfahren von Brot für eine Bäckerei und als Kellner in einer Sergeanten-Stube.[424] Bei der Wahl des Ortes spielte für ihn auch die Nähe zu Hannover eine Rolle, denn in der Großstadt sah er die Möglichkeit, ins Theater zu gehen.[425] Die Bedeutung, die Hildebrandt dem Theaterspiel trotz der in der Nachkriegszeit herrschenden existenziellen Nöte gab, demonstriert seine anhaltende Leidenschaft für die Schauspielerei.

Hildebrandt begab sich im Herbst 1945 auf die Suche nach seiner Familie. Da er annahm, dass sein Vater in der Nähe der einstigen Heimat bleiben wollte, begann er seine Suche in Weiden in der

[419] »Aber das ganz überwältigende Gros der jungen Menschen, die mehr oder weniger gezwungen in der Hitler-Jugend waren, die als Soldaten das taten, was ihnen befohlen war und was sie als ihre Pflicht ansahen, sind im tiefsten Sinn nicht verantwortlich.« Kurt Schumacher, zitiert in: Benz, Wolfgang: Deutsche Geschichte seit 1945. Chronik und Bilder. München: dtv, 1999, S. 11f.

[420] Ebd., S. 12.

[421] Pötzsch: Deutsche Geschichte von 1945 bis zur Gegenwart. S. 32.

[422] Hildebrandt/Schroeder: Ich musste immer lachen. S. 56.

[423] Ebd., S. 56.

[424] Ebd., S. 59.

[425] Ebd., S. 56.

Oberpfalz.[426] Mithilfe der Flüchtlingszentralkarteien des Roten Kreuzes gelang es ihm, seine Familie innerhalb einer Woche[427] in dem nahegelegenen Ort Windischeschenbach ausfindig zu machen, wo Hildebrandts Eltern zusammen mit seinem dreijährigen Bruder Bernd[428] in einer kleinen Wohnung lebten. »Wunderbarerweise haben wir diesen Krieg überlebt und uns sogar wiedergefunden in Windischeschenbach«, so Gertrud Hildebrandt später rückblickend.[429] Hildebrandts Vater, den er als kühlen und nicht sehr emotionalen Menschen beschrieb, ließ bei dem Anblick seines Sohnes zwei mit Wasser gefüllte Eimer fallen, was Hildebrandt als außergewöhnlicher Gefühlsausbruch im Gedächtnis blieb.[430]

20 bis 25 Millionen Menschen hielten sich bei Kriegsende nicht mehr in ihren Heimatorten auf.[431] Fast zehn Millionen Vertriebene aus den Ostgebieten waren in den vier Besatzungszonen zusätzlich zur einheimischen Bevölkerung zu versorgen.[432] In Deutschland herrschte eine desolate Ernährungslage. Der durchschnittliche Kalorienverbrauch lag im Frühjahr des Jahres 1945 bei 2010 und 1946 bei 1451 Kalorien pro Tag (im Vergleich zu 3113 Kalorien im Jahr 1936).[433] Zur Ernährungskrise kam eine Kohlenkrise. Im Mai 1945 betrug die Kohleförderung noch 25.000 Tonnen pro Tag gegenüber 400.000 Tonnen vor Beginn des Kriegs. Was die Verkehrsanlagen betraf, waren ein Viertel davon sowie ein Großteil der Transportmittel zerstört worden.[434]

Hildebrandt fasste nach einer Tätigkeit in einer Glasfabrik in Windischeschenbach den Entschluss, an der Weidener Oberreal-

426 Ebd., S. 61.

427 Ebd., S. 63.

428 »Nun traf ich auf eine vom Flüchtlingselend gezeichnete Familie, zu dritt wohnend in einem kleinen Zimmer, und auf einer alten Autorückbank, als Sofa verkleidet, saß ein Steppke von drei Jahren und schaute erschreckt auf einen Burschen, der ohne anzuklopfen ins Zimmer trat.« In: Hildebrandt: Ausgebucht. S. 184.

429 Brief Gertrud Hildebrandts an ihren Sohn Dieter.

430 Hildebrandt/Schroeder: Ich musste immer lachen. S. 64.

431 Pötzsch: Deutsche Geschichte von 1945 bis zur Gegenwart. S. 35.

432 Benz, Wolfgang: Infrastruktur und Gesellschaft im zerstörten Deutschland. In: Bundeszentrale für politische Bildung (BpB) (Hrsg.): Deutschland 1945–1949, Heft 259, 2005, S. 16.

433 Ebd., S. 17.

434 Pötzsch: Deutsche Geschichte von 1945 bis zur Gegenwart. S. 32.

schule[435] das Abitur nachzuholen. Dass er in der sechsten Klasse durchgefallen war, verheimlichte er dem Schulleiter und wurde daher für die achte Klasse eingeschrieben. Hildebrandt erinnerte sich, dass er Nachhilfeunterricht bekommen sowie »Tag und Nacht« gelernt habe. Auf diese Weise gelang es ihm, 1947 das Abitur zu absolvieren.[436] Bei der anstehenden Berufswahl hegte sein Vater, wie sich Gertrud Hildebrandt erinnerte, auch nach dem Krieg noch immer den Wunsch, dass der Sohn Landwirt werde: »Aber wenn einer mit 18 aus dem Krieg kommt, kann dem der Vater nichts mehr vorschreiben«, hielt Hildebrandts Mutter 1987 in einem Brief an ihren Sohn fest.[437] Statt für eine Berufsausbildung entschied sich dieser für ein Studium. Dass seine Wahl auf das Fach Theaterwissenschaften fiel, erwähnte Hildebrandt seiner Mutter zufolge »wohlweislich« nicht.[438] Der naturwissenschaftlich interessierte Vater Walter Hildebrandt hatte bereits in Bunzlau kein Verständnis für das Interesse seines Sohnes am Theater gezeigt, was auch nach Kriegsende nicht zu erwarten war.

Um sich für das Studium eine finanzielle Grundlage aufzubauen, arbeitete Hildebrandt in den folgenden zwei Jahren auf dem amerikanischen Truppenübungsplatz in Grafenwöhr, etwa 20 Kilometer von Weiden entfernt.[439] Mit seinem Verdienst sprang Hildebrandt als »Ernährer der Familie« ein.[440] Seine Einnahmequellen waren Kistenschleppen sowie die nachkriegstypischen Schwarzmarktgeschäfte.[441] Wegen der relativen Wertlosigkeit des Geldes und der Lebensmittelkarten waren die Menschen auf den *Schwarzen Markt* angewiesen, um das Lebensnotwendige aufzutreiben. Das wichtigste Zahlungsmittel beim Tauschhandel waren Zigaretten.[442] Es sei »keine schöne Zeit« gewesen, berichtete Hildebrandt 1997 in seinem Buch *Gedächtnis auf Rädern*, »weil

[435] Heute: Kepler-Gymnasium Weiden, www.kepler-weiden.de (Stand: 16.1.2011).
[436] Hildebrandt/Schroeder: Ich musste immer lachen. S. 75f.
[437] Brief Gertrud Hildebrandts an ihren Sohn Dieter. S. 7.
[438] Ebd.
[439] Hildebrandt/Schroeder: Ich musste immer lachen. S. 76.
[440] Brief Bernd Hildebrandts an seinen Bruder Dieter.
[441] Hildebrandt/Schroeder: Ich musste immer lachen. S. 76f.
[442] Benz, Wolfgang: Infrastruktur und Gesellschaft im zerstörten Deutschland. In: Bundeszentrale für politische Bildung (BpB) (Hrsg.): Deutschland 1945–1949, Heft 259, 2005, S. 20.

man vom dümmsten Soldaten für noch dümmer gehalten werden durfte, und weil der einem für eine halb angerauchte Zigarette die Braut abverlangte.«[443] Menschen, die freiwillig Soldat werden, beobachte er deshalb stets mit »begründete[m] Mißtrauen«.[444]

Bei der Währungsreform in den westlichen Besatzungszonen wurden am 20. Juni 1948 Bargeld und Bankguthaben im Verhältnis 100 Reichsmark zu 6,50 DM umgetauscht.[445] Mit seinen bis Mai 1950 angesparten 200 DM wollte Hildebrandt sein Studium beginnen.[446] Dass er in München studieren wollte, war ihm nach eigenen Angaben bereits als Kind klar gewesen: »Schon als ich noch dort [in Bunzlau] lebte, habe ich immer gesagt, irgendwann gehe ich nach München. Und wo lebe ich jetzt? In München!«[447]

Nach seiner Entlassung aus der Kriegsgefangenschaft fand Hildebrandt seine Angehörigen wieder, holte das Abitur nach und wurde zum Haupternährer der Familie. Im Gedicht *In eigener Sache* (1955) schreibt er über sich und seine Generation: »Als Männer kann man uns heut' nicht mehr kaufen.« Die Lebensentwürfe der Eltern hatten ausgedient, und statt Landwirt zu werden, wie es der Vater wünschte, sparte Hildebrandt für sein Studium der Theaterwissenschaften, das ihn nach München führte.

443 Hildebrandt: Gedächtnis auf Rädern. S. 107.

444 Ebd., S. 107.

445 Pötzsch: Deutsche Geschichte von 1945 bis zur Gegenwart. S. 65.

446 Hildebrandt/Schroeder: Ich musste immer lachen. S. 78.

447 Ebd., S. 75.

IV Hildebrandts Neubeginn in München

IV.1 Die »Kunststadt« München

Bereits in seiner Kindheit und frühen Jugend hatte Hildebrandt seine Leidenschaft für das Theater sowie seine Freude an Literatur entdeckt, auch das Streichquartett der HJ-Spielschar begeisterte ihn. Nach dem Krieg hatte er nun erstmals die Möglichkeit, seinen Interessen ohne die Einschränkungen eines totalitären Systems nachzugehen. München erschien ihm aufgrund seines kulturellen Angebots der geeignete Ort, um dort sein Studium der Theaterwissenschaften aufzunehmen. Das Kulturangebot der bayrischen Landeshauptstadt war bereits in den ersten Nachkriegsjahren trotz der Zerstörungen verhältnismäßig umfangreich. Im Juli 1945 gaben die Philharmoniker ihr erstes Konzert, im Oktober eröffneten die Volksbüchereien wieder und an den *Kammerspielen* wurde das erste Stück inszeniert.[1] Münchens Reiz machten jedoch nicht nur die kulturellen Veranstaltungen aus. Die Stadt versprach Kulturbegeisterten wie Hildebrandt auch etwas von der speziellen künstlerischen Atmosphäre, für die sie einst vor dem Aufstieg der NSDAP berühmt gewesen war.

Um die Jahrhundertwende war München, das den Ruf einer »Kunststadt« unter der Regierung von König Ludwig I. von Bayern (1825–1848) errungen hatte,[2] die zentrale Anlaufstelle für Künstler, Intellektuelle, Schauspieler und Schriftsteller gewesen. Die Metropole galt als gesellige, nicht-industrielle und neuen Entwicklungen gegenüber aufgeschlossene Stadt.[3] Als Künstlerviertel erlebte der nördlich gelegene Stadtteil Schwabing seine Blütezeit. Außer Acht blieb bei diesem verklärten Bild Münchens das in den Randbezir-

1 Wittmann: Auf geflickten Straßen. S. 10.

2 Bauer, Richard: Geschichte Münchens. Vom Mittelalter bis zur Gegenwart. München: Verlag C.H. Beck, 2005, S. 113.

3 Ebd., S. 135.

ken »vegetier[ende]« Proletariat[4], worauf Richard Bauer, Leiter des Münchner Stadtarchivs, 2003 in seiner »Geschichte Münchens« hinweist. Dennoch konnte sich München den »schöne[n] Schein«[5] angesichts hier ansässiger berühmter Kulturschaffender im Bereich der bildenden Künste[6] und der Literatur bewahren. Bauer spricht von einem auf literarischer Ebene »mächtige[n] geistige[n] Impuls«[7], der von den Mansardenwohnungen und Ateliers in Schwabing ausgegangen sei. Eine Dichtergruppe bildete um Stefan George den nach dem Dichter benannten *George-Kreis*, die Brüder Thomas und Heinrich Mann sowie Rainer Maria Rilke lebten und arbeiteten in München. 1896 erschien erstmals die Zeitschrift *Jugend*, herausgegeben vom Verleger Georg Hirth, mit der dieser den Jugendstil als eigenen Kunststil prägte.[8] Redakteure der ebenfalls 1896 gegründeten Satirezeitschrift *Simplicissimus*, darunter Frank Wedekind, sowie Schauspieler der Akademisch-Dramatischen Union wie Otto Falckenberg wirkten im politischen und improvisatorischen Kabarett *Die Elf Scharfrichter* mit, das 1901 in der Türkenstraße 28 eröffnet hatte.[9] Zwei Jahre später entstand in der Türkenstraße die nach den Erinnerungen von Joachim Ringelnatz »jeden Tag überfüllt[e]«[10] Künst-

[4] Bauer, Richard: »Die Einseitigkeit dieses München-Bildes einer angeblich ›guten alten Zeit‹ kann hier nur andeutungsweise korrigiert werden. Jenseits der wirkungsvollen Architekturkulisse – nämlich in den Hinterhöfen der Altstadt, in den Mietskasernen beim Ostbahnhof, im Westend, in den Zinshäusern der äußeren Maxvorstadt, der Ludwigsvorstadt, Untersendlings und anderer Randbezirke, besonders aber in den malerisch-elenden Herbergsvierteln entlang der Isar – lebte bzw. vegetierte eine andere, gänzlich perspektivlose Schicht der Alt- oder Neumünchner, die in den hymnischen Lobpreisungen ›Isar-Athens‹ nie erwähnt wurde.« In: Ebd., S. 135f.

[5] Ebd., S. 136.

[6] Auf dem Gebiet der bildenden Kunst entstand 1892 unter Mitwirkung von Franz von Stuck die Künstlervereinigungen Sezession, der »Malerfürst« Franz von Lenbach residierte in seiner Villa gegenüber den Propyläen am Königsplatz und Wassily Kandinsky führte den Freundeskreis *Der blaue Reiter*. In: Ebd., S. 132.

[7] Ebd., S. 133.

[8] Ebd., S. 133.

[9] Budzinski, Klaus: Pfeffer ins Getriebe. Ein Streifzug durch 100 Jahre Kabarett. München: Heyne, 1984, S. 68ff. Vgl. dazu auch: Appignanesi, Lisa: Das Kabarett. Stuttgart: Belser, 1976, S. 39ff.

[10] Ringelnatz, Joachim: »Der Simpl war der Mittelpunkt der Boheme und war weltbekannt geworden. Wer in München lebte oder studierte, ging dorthin.

lerkneipe *Simplicissimus*,[11] deren Inhaberin die berühmt gewordene Traunsteiner Gastwirtstochter Kathi Kobus war.[12] Zu ihren Gästen zählten die Schriftsteller Hanns von Gumppenberg, Max Halbe, Frank Wedekind, Ludwig Thoma, Heinrich Mann und Erich Mühsam.[13]

> *»Es war eine Atmosphäre der Menschlichkeit, des duldsamen Individualismus, der Maskenfreiheit sozusagen; eine Atmosphäre von heiterer Sinnlichkeit, von Künstlertum; eine Stimmung von Lebensfreundlichkeit, Jugend, Volkstümlichkeit, jener Volkstümlichkeit, auf deren gesunder derber Krume das Eigentümlichste, Zarteste, Kühnste, erotische Pflanzen manchmal, unter wahrhaft gutmütigen Umständen gedeihen konnte.«*[14]

Dies konstatierte Thomas Mann 1926 rückblickend auf München zur Prinzregentenzeit. Mann prangerte in dieser Rede bei einer Kundgebung zum Thema »Kampf um München als Kulturzentrum« den »antisemitischen Nationalismus«[15] an, durch den München den Ruf als »Hort der Reaktion«[16] und den Titel der »dumme[n] Stadt«[17] erhalten habe. Denn mit dem Aufstieg der NSDAP verlor

Wer durch München reiste, kehrte bei Kathi ein. Ja, es kamen Leute aus Amerika und anderen Ländern weit her, nur um sie und ihre Künstlerkneipe kennenzulernen.« In: Ringelnatz, Joachim: Bei Kathi Kobus in der Türkenstraße. In: Bemmann, Helga (Hrsg.): Mitgelacht – dabeigewesen. Erinnerungen aus acht Jahrzehnten Kabarett. Berlin: Henschelverlag, 1984, S. 112.

11 Greul, Heinz: Bretter, die die Zeit bedeuten. Die Kulturgeschichte es Kabaretts. Band 1. München: dtv, 1971, S. 144.

12 Appignanesi: Das Kabarett. S. 54.

13 Budzinski: Pfeffer ins Getriebe. S. 101.

14 Mann, Thomas: Kampf um München als Kulturzentrum. München: Richard Pflaum Druckerei- und Verlags-AG, 1926, S. 9.

15 Ebd., S. 9.

16 Ebd., S. 9.

17 Ebd., S. 9. 1924 hatte die Berliner Zeitschrift »Das Tagebuch« (Das Tagebuch, Jg. 5, H. 37, Berlin, 13. September 1924) geschrieben: »Will man wissen, [...] warum München die dümmste Stadt Deutschlands ist, warum Bayern die tölpelhafteste und brutalste Politik treibt, so muß man die Ziffern über Bayerns Bierkonsum nachlesen. In Bayern kommt auf den Einzelnen durchschnittlich ein Jahreskonsum von 225 Litern Bier. Bedenkt man, daß bei der Rechnung alle Kinder, Kranke, Greise, Frauen mitgezählt werden, so darf man getrost annehmen, daß auf den bayrischen Mann mindestens das doppelte Saufquantum fällt, d.h. etwa 500 Liter Bier im Jahre. Das schlägt sich

München seinen »Kunststadt«-Charakter. Rainer Maria Rilke zog bereits 1919 weg, da er aufgrund seines Kontakts zu Ernst Toller polizeilich überwacht wurde.[18] 1923 missglückte in München der Hitler-Putsch, zwei Jahre später wurde die NSDAP neu gegründet und die Landeshauptstadt zum Sitz der Reichsleitung. 1931 folgte die Einrichtung der Parteizentrale im ehemaligen Barlow-Palais an der Brienner Straße.[19] Hitler verlieh München 1935 die Bezeichnung »Hauptstadt der Bewegung«, dieser Titel war fortan auf den Ortsschildern sowie dem Poststempel zu lesen.[20]

Am Ende des Kriegs war der Baubestand von neun Münchner Stadtbezirken zu mehr als der Hälfte gänzlich zerstört. Vernichtet waren 74 Prozent des Gebiets nördlich des Bahnhofs, 60 Prozent der Altstadt und 70 Prozent von Schwabing. Nur 2,5 Prozent aller Gebäude und Wohnungen waren unversehrt.[21] In seinem Buch *Ausgebucht – Mit dem Bühnenbild im Koffer* rief sich Hildebrandt 2004 den Anblick des Münchner Hauptbahnhofs bei seinem erstmaligen Eintreffen ins Gedächtnis:

»Es gab keine Halle, kein ganzes Gebäude. Die Leute hatten Mäntel an, die aus amerikanischen Wolldecken zusammengenäht waren, die Loks ließen heißen Dampf ab, amerikanische Militärpolizisten patrouillierten auf den Bahnsteigen, und durch die Trümmerhalle sah man die Ruinen. Man hatte Hitlers Stadt völlig zerstört.«[22]

Ungeachtet der Zerstörung und der Sonderstellung Münchens im Dritten Reich erhielt die Stadt ihren einstigen Kulturstatus zurück. Dies zeigte sich an den zahlreichen Zuzugswünschen von Intellektuellen, Verlagen und Forschungsinstituten,[23] für welche auch die wirtschaftlichen Möglichkeiten in der von den Amerikanern besetzten Stadt Anlass gaben.[24] München stellte, trotz einer restriktiven

natürlich aufs Gehirn. Die Hitlerei, die Kahrbeständigkeit, die Haßrichter, die Münchner Neuesten Nachrichten.« (Zitiert in: »Münchner Neueste Nachrichten«, 21. September 1924, S. 13.)

[18] Bauer: Geschichte Münchens. S. 162.

[19] Ebd., S. 174.

[20] Ebd., S. 177.

[21] Ebd., S. 199.

[22] Hildebrandt: Ausgebucht. S. 231.

[23] Krauss, Marita: Nachkriegskultur in München. München: R. Oldenbourg Verlag, 1985, S. 34.

[24] Ebd., S. 35.

Zuzugspolitik,[25] *den* Sammelpunkt für jene »Schauspieler, Dichter, Maler, Regisseure, Journalisten, Sänger, Filmleute« dar, die bei Ende des Kriegs »nicht in Berlin, sondern in West- oder Süddeutschland steckten«, wie Erich Kästner beobachtete.[26] »Alle Welt« schien im Begriff zu sein, »einen Überfrühling der Künste vorzubereiten«,[27] so der Eindruck des Autors. Der Buchwissenschaftler Reinhard Wittmann resümierte 1995 mit Blick auf die Nachkriegszeit in München, dass gerade bei der jüngeren und mittleren Literaten-Generation trotz der Notlage eine Grundstimmung »ausgelassener Geselligkeit und unbändiger Lebensfreude« vorherrschte.[28]

IV.2 Erste schauspielerische Versuche als Student – »Als Komiker zu unpräzise, als Liebhaber nicht schön und als Charakterschauspieler nicht gut genug«

Anfang Mai 1950[29] kam Hildebrandt nach München. Ein gesellschaftlicher Neubeginn zeichnete sich dort vielerorts ab. Regierender Oberbürgermeister war Thomas Wimmer, ein volksnaher und populärer Sozialdemokrat.[30] Mit der *Hochschule für politische Wissenschaften* und dem *Institut für die Geschichte der NS-Zeit* (ab 1952 *Institut für Zeitgeschichte*) wurden 1950 zwei wissenschaftliche, der Stabilisierung der Demokratie dienende Einrichtungen gegründet. Im selben Jahr schuf man im Perlacher Forst einen Ehrenhain für 429 Münchner Opfer des Nationalsozialismus, darunter die Geschwister Scholl.[31] Das Antikriegsstück *Mutter Courage und ihre Kinder*, eine Brecht-Inszenierung von Intendant Hans Schweikart, war an den *Kammerspielen* zu sehen,[32] und Thomas

[25] Ebd., S. 34.

[26] Kästner, Erich: Der tägliche Kram. In: Werke in neun Bänden. Hrsg: Görtz, Franz-Josef. München/Wien: Hanser, 1998, II, S. 12.

[27] Ebd., S. 13.

[28] Wittmann: Auf geflickten Straßen. S. 12.

[29] Schreiner, Klaus Peter: Die Zeit spielt mit. Die Geschichte der Lach- und Schießgesellschaft. München: Kindler, 1976, S. 48.

[30] Bauer: Geschichte Münchens. S. 203.

[31] Grossherr, Dieter: Aufbruchzeit. München 1949–1962. München: Privatdruck, 2004, S. 28.

[32] Ebd., S. 30.

Mann, der die Stadt erstmals seit 1933 wieder besuchte, hielt einen Vortrag über *Goethe und die Demokratie*.[33]

Hildebrandt fand zunächst ein Zimmer in Freimann.[34] Zur Finanzierung seines Studiums übernahm er Gelegenheitsarbeiten[35] wie das Auf- und Abladen von Limonadenkisten, eine Arbeit bei der *Bau- und Bodenbank*,[36] das Ausfahren von Waren für das Geschäft *Schirm-Schönherr*[37] sowie eine Nachtwächtertätigkeit in einem deutsch-amerikanischen Jugendheim am Biederstein.[38] Der Kabarettist Klaus Peter Schreiner erzählte, dass Hildebrandt sich auch mit Blutspenden Geld verdient habe.[39] In persönlichen Gesprächen lieferte Schreiner, der Hildebrandt im Studium kennenlernte und dessen kabarettistischer Weggefährte wurde, Hintergrundinformationen zu dem vorliegenden Buch. »Klaus Peter Schreiner gehört zu meinem Leben wie [die] Lach- und Schießgesellschaft«[40], so Hildebrandt 2010 anlässlich des 80. Geburtstags seines Kollegen. Gemeinsam studierten sie an der Münchner Ludwig-Maximilians-Universität Theaterwissenschaft, Neuere Literaturwissenschaft und Zeitungswissenschaft.[41] Hildebrandt wählte bei seiner Einschreibung im Sommersemester 1950 außerdem das Fach Volkskunde.[42] Er war zehn Semester immatrikuliert, bis er das Studium ohne Abschluss abbrach.[43]

Einen literarischen Grundstock erarbeitete sich Hildebrandt selbst. Er las Bücher von Schriftstellern, deren Werke von den Nationalsozialisten verbrannt worden waren, von Thomas Mann, Heinrich Mann, Heinrich Heine, Joseph Roth und Franz Werfel. Die

33 Ebd., S. 33.

34 Hildebrandt/Schroeder: Ich musste immer lachen. S. 79.

35 Vgl. dazu: Schreiner, Klaus Peter: Dieter Hildebrandt. In: Deißner-Jenssen, Frauke: Die Zehnte Muse. Kabarettisten erzählen. Henschelverlag: Berlin, 1982. S. 419.

36 Hildebrandt/Schroeder: Ich musste immer lachen. S. 82.

37 Treffen mit Klaus Peter Schreiner in München-Schwabing am 20.8.2010.

38 Hildebrandt/Schroeder: Ich musste immer lachen. S. 84.

39 Treffen mit Klaus Peter Schreiner in München-Schwabing am 20.8.2010.

40 Süddeutsche Zeitung, Nr. 79, 7.4.2010, Hochkeppel, Oliver: Weitsicht und Sprachgewalt – Schreiner ist seit Jahrzehnten der unbekannte Mastermind der Kabarett- und Fernseh-Szene, S. 44.

41 Ebd., S. 44. Hildebrandt/Schroeder: Ich musste immer lachen. S. 79.

42 Hildebrandt/Schroeder: Ich musste immer lachen. S. 79.

43 Ebd., S. 81.

Literatur lieh er in der *Bayerischen Staatsbibliothek* aus, dort waren viele der von ihm gewünschten Bestellungen erfolglos: »Wenn man zehn Titel auf den Bestellzettel geschrieben hatte, stand bei acht Titeln: ›verbrannt‹.«[44] Von den 2,2 Millionen Bänden der im Krieg zu 85 Prozent zerstörten Bibliothek an der Ludwigstraße waren 500.000 vernichtet worden, die übrigen Bestände befanden sich 1945 in 28 Ausweichlagern.[45] Erst im Jahr 1954 waren nach Bestandsrückführungen, Aussonderungen, Katalogisierung und Restaurationsarbeiten knapp 88 Prozent der Bestände wieder zugänglich.[46] Hildebrandt beklagte rückblickend, dass es ihm trotz seiner Bestrebungen nicht gelungen sei, im Hinblick auf die Menge des Lesestoffs den Stand seiner vier Jahre jüngeren Kommilitonen zu erreichen, die nicht als Soldaten im Krieg gewesen waren. Dass er diese Zeit bis zu seinem Tode nicht würde aufholen können, bedauerte er noch im Alter von 79 Jahren,[47] was seine unersättliche und lebenslang anhaltende Begeisterung für Literatur zeigt.

Zu Hildebrandts Studentenzeit unterrichtete in München der berühmte und für seine unkonventionelle Haltung bekannte Literatur- und Theaterwissenschaftler Artur Kutscher (1878–1960). Er gilt als einer jener Professoren, die das Fach Theaterwissenschaft im deutschen Universitätsbetrieb etablierten.[48] Der Wedekind-Biograf war Mitgründer des Kabaretts *Elf Scharfrichter*[49] und hatte vor dem Krieg bei den von ihm veranstalteten Autorenabenden Thomas Mann, Eugen Roth und Joachim Ringelnatz zu Gast.[50] Leseabende für Autoren und in erster Linie für seine Studenten organisierte Kutscher auch in der Nachkriegszeit. Zu den

44 Ebd., S. 80.

45 Kraus Marita: Markenfreie Literatur? Bibliothekswesen und Buchhandel in den Nachkriegsjahren. In: Prinz, Friedrich (Hrsg.): Trümmerzeit in München. Kultur und Gesellschaft einer deutschen Großstadt im Aufbruch 1945–1949. München: Verlag C.H. Beck, 1984, S. 236.

46 Ebd., S. 236.

47 Hildebrandt/Schroeder: Ich musste immer lachen. S. 80.

48 Englhart, Andreas: »Keine eindeutige Persönlichkeit« – Der »Theaterprofessor« Artur Kutscher und die Theaterwissenschaft an der Universität München. In: Kraus, Elisabeth: Die Universität München im Dritten Reich. Aufsätze. Teil II. München: Herbert Utz Verlag, 2008, S. 51.

49 Ebd., S. 52.

50 Ebd., S. 52.

Treffen, die in Nebenzimmern von Lokalen in Schwabing stattfanden, erschienen Gäste wie Wolfgang Koeppen, Carl Zuckmayer sowie Tilly und Pamela Wedekind, die Witwe und die Tochter Frank Wedekinds.[51] Hildebrandt nutzte die Gelegenheit, von dem bekannten Theaterwissenschaftler unterrichtet zu werden, und belegte im Rahmen seines Studiums ein Proseminar Kutschers. Als er dort ein Referat über schlesische Literatur hielt, sei »viel gelacht« worden.[52] Von Professor Kutscher bekam er seinen Erzählungen zufolge die sehr gute Note 0,5.[53] Doch Hildebrandts Erwartungen an Kutscher erfüllten sich nicht, wie sich sein früherer Kommilitone Schreiner erinnerte.[54] Literarische Neuerungen habe der alternde Wissenschaftler, der 1950 seinen 72. Geburtstag feierte, nicht mehr berücksichtigt:

> *»[…] der fast Achtzigjährige, in seiner Glanzzeit glühender Verfechter alles Neuen, war nun nicht mehr fähig, Neues Wahrzunehmen, hielt noch immer seinen Freund Frank Wedekind für den Gipfelpunkt des literarischen Fortschritts und ignorierte so ziemlich alles, was danach gekommen war.«*[55]

Darüber hinaus erschwerte Kutschers Schwerhörigkeit Unterhaltungen mit ihm massiv.[56] Gegenüber Kutschers Seminaren bevorzugte Hildebrandt den jugendlichen und modernen Unterricht des Professors Edgar Hederer.[57]

Unbefriedigend waren für ihn auch die Studieninhalte, die ihm von anderen Professoren vermittelt wurden. Wie Hildebrandt berichtete, machte er als Student die Erfahrung, dass sich die Mehrzahl der Münchner Dozenten nicht darum bemühte, die jüngste deutsche Vergangenheit in ihren Seminaren und Vorlesungen aufzuarbeiten.[58] Amerikanische Autoren und Werke, die sich mit dem Nationalsozialismus beschäftigten, seien kaum bespro-

[51] Prescher, Hans: Künste im Aufbruch. München in den 50er Jahren. München: Allitera Verlag, 2006, S. 41.

[52] Hildebrandt/Schroeder: Ich musste immer lachen. S. 80.

[53] Ebd., S. 80.

[54] Schreiner: Die Zeit spielt mit. S. 50.

[55] Ebd., S. 50.

[56] Ebd., S. 50. Vgl. dazu: Prescher: Künste im Aufbruch. S. 41.

[57] Treffen mit Klaus Peter Schreiner in München-Schwabing am 20.8.2010.

[58] Treffen mit Dieter Hildebrandt am 16.11.2010 in München/Waldperlach.

chen worden. Statt Heinrich Böll habe man in den Seminaren und Vorlesungen Goethe oder Rilke behandelt: »Man hatte das Gefühl, dass es das ›Dritte Reich‹ nicht gegeben hat.«[59] Diese Ignoranz war ein Resultat der Personalpolitik an der Universität. Ab 1947 nahm ein Großteil der nach dem Krieg Entlassenen wieder die ehemaligen Positionen ein. Zwar hatten die Besatzungsbehörden im Zuge des Entnazifizierungsverfahrens 1945 an der Münchner Universität insgesamt 80 Prozent des Personals entlassen, doch politisch Belastete wurden aufgrund ihrer fachlichen Kompetenz bald wieder eingestellt.[60]

Neben dem an der Universität vermittelten Unterrichtsstoff störte Hildebrandt auch der fehlende Praxisbezug im Studium, »es war alles zu sehr Theorie und trockene Wissenschaft«.[61] Anstelle der Vorlesungen galt sein Interesse den Theateraufführungen.[62] So verbrachte er einen Großteil seiner Freizeit damit, Vorstellungen am *Residenztheater*, das im Januar 1951 wiedereröffnete,[63] sowie an den *Kammerspielen*, die 1945 ihren Spielbetrieb wieder aufgenommen hatten,[64] zu besuchen. Wie Hildebrandt auf Nachfrage berichtete, erhielt er für die Generalproben in den *Kammerspielen* über seinen Kommilitonen August Everding eine Dauerkarte und kannte dadurch »jedes Stück«.[65] Hildebrandt und Everding waren Studienkollegen beim Theaterwissenschafts-Professor und »Kritikerpapst«[66] Hanns Braun, dessen Seminar über Theaterkritik Hildebrandt »acht Semester jeden Freitag von 11 Uhr bis 13 Uhr«[67] besuchte. Durch Brauns Vermittlung wurde Everding dritter Regieassistent unter Fritz Kortner, der zwischen 1949 und 1967 in Mün-

[59] Ebd.

[60] Prinz, Friedrich (Hrsg.): Trümmerzeit in München. Kultur und Gesellschaft einer deutschen Großstadt im Aufbruch 1945–1949. München: Verlag C.H. Beck, 1984, S. 14.

[61] Schreiner: Die Zeit spielt mit. S. 50. Treffen mit Dieter Hildebrandt am 16.11.2010 in München/Waldperlach.

[62] Hildebrandt/Schroeder: Ich musste immer lachen. S. 81.

[63] Grossherr: Aufbruchzeit. S. 50.

[64] Wittmann: Auf geflickten Straßen. S. 10.

[65] Treffen mit Dieter Hildebrandt am 16.11.2010 in München/Waldperlach.

[66] Prescher: Künste im Aufbruch. S. 70.

[67] Hildebrandt/Schroeder: Ich musste immer lachen. S. 81.

chen bei 23 Theaterstücken die Regie übernahm.[68] Nach seinem Aufstieg zum ersten Regieassistenten[69] sowie zum Oberspielleiter inszenierte Everding 1955 an den *Kammerspielen* sein erstes Stück und trat 1963 als Intendant die Nachfolge Hans Schweikarts an.[70] 1987 blickte Everding anlässlich des 60. Geburtstags Hildebrandts auf die gemeinsame Studentenzeit zurück:

> *»Gerade heute denke ich daran, als wir beide 35 Jahre jünger waren und zusammen studierten, zusammen Theater spielten und nur ein Ziel hatten, mal an den Kammerspielen oder am Resi zuschauen zu dürfen; in den Kammerspielen am liebsten.«*[71]

In den 50er-Jahren begann die »große Ära«[72] der *Kammerspiele* nach dem Krieg. Zu den Theaterhöhepunkten der ersten Hälfte des Jahrzehnts zählten die Brecht-Inszenierungen *Mutter Courage und ihre Kinder* (1950) und *Der gute Mensch von Sezuan* (1955).[73] Hans Schweikart brachte 1952 Friedrich Dürrenmatts Komödie *Die Ehe des Herrn Mississippi* und 1953 Dürrenmatts Schauspiel

[68] Prescher: Künste im Aufbruch. S. 61.

[69] Dieter Hildebrandt über August Everding: »August kam immer ganz begeistert mit dem Regiebuch, das er ja führen mußte. Eines Tages teilte er uns mit, daß er nun erster Regieassistent sei – und wir waren ziemlich erstaunt, wie er diesen Weg vom dritten so schnell geschafft hatte. Und August meinte: ›[...] Warten auf Godot [Premiere am 27.3.1954 in den Kammerspielen] ist anerkannterweise ein katholisches Stück, und ich bin katholisch – und wie katholisch –, und außerdem habe ich Theologie studiert. Der Jude Kortner versteht manchmal nicht, was Gott gemeint hat. Und da hat er mich gefragt, weil er wußte, daß ich einschlägig vorbelastet bin. Er fand das, was ich sagte, überzeugend und hat dann auch nach meinen Vorschlägen inszeniert. Und dann fragte er mich halt, wieso ich nicht erster Regieassistent sei.‹ Und so wurde August eben erster. Das hat er mir erzählt – und er war sehr vertrauenswürdig.« In: Ebd., S. 70.

[70] Ebd., S. 70.

[71] Brief August Everdings an Dieter Hildebrandt. In: Dieter Hildebrandt zum 23. Mai 1987 – Glückwunsch des Kindler Verlages, München, zum 60. Geburtstag seines Autors. Faksimilereproduktion: Longo, Bozen.

[72] Angermair, Elisabeth: Theaterleben in den ersten Nachkriegsjahren. In: Prinz, Friedrich (Hrsg.): Trümmerzeit in München. Kultur und Gesellschaft einer deutschen Großstadt im Aufbruch 1945–1949. München: Verlag C.H. Beck, 1984, S. 197.

[73] Prescher: Künste im Aufbruch. S. 51f.

Ein Engel kommt nach Babylon[74] auf die Bühne. In Letzterem spielte Erich Ponto die Hauptrolle, von dessen Darbietungen Hildebrandt »begeistert« war, wie er in einem persönlichen Gespräch erwähnte.[75] Darüber hinaus verehrte er Friedrich Domin,[76] der Rollen in *Die Ehe des Herrn Mississippi*[77] sowie in Kortners Inszenierung von Lessings Lustspiel *Minna von Barnhelm* (1951)[78] übernahm.

Münchens Theaternachwuchs inszenierte unterdessen unter Mitwirkung Hildebrandts an der Studiobühne der Münchner Universität das *Innsbrucker Osterspiel* aus dem Jahr 1391[79] für eine Aufführung im *Amerikahaus*.[80] Die Leitung übernahm 1952 der spätere Reiseschriftsteller Eberhard Horst.[81] Hildebrandt nutzte die Gelegenheit, selbst auf der Bühne zu stehen, und übernahm eine Rolle in dem katholischen Stück, das das biblische Ostergeschehen um die Auferstehung Jesus Christus thematisiert. Geistliche und weltliche Auftritte stehen einander darin gegenüber.[82] »[…] mir war das jetzt egal, ob das katholisch war oder nicht, ich wollte endlich mitspielen«,[83] so Hildebrandt rückblickend. Everding übernahm die Rolle eines Propheten und er selbst spielte den Satan: »Ich war ein dürres, untererernährtes Bürschlein, das merkwürdige Verrenkungen machte, und das sah ziemlich komisch aus, wie ich da in schwarzen Strumpfhosen herumsprang.«[84] In seiner Rolle kam Hildebrandt die Aufgabe zu, für seinen »Herrn« Luzifer die Menschen in die Hölle zu locken: »Satan spricht […] ›Drum ruhen wir weder Tag noch Nacht,/bis es nach deinem Wunsch vollbracht,/und immer

74 Ebd., S. 53ff.
75 Treffen mit Dieter Hildebrandt am 16.11.2010 in München/Waldperlach.
76 Ebd.
77 Prescher: Künste im Aufbruch. S. 53.
78 Ebd., S. 64.
79 Meier, Rudolf (Hrsg.): Das Innsbrucker Osterspiel/Das Osterspiel von Muri. Nachwort. Stuttgart: Reclam, 1962, S. 170.
80 Hildebrandt/Schroeder: Ich musste immer lachen. S. 82.
81 Telefonat mit Dieter Hildebrandt am 24.6.2012.
82 Meier (Hrsg.): Das Innsbrucker Osterspiel/Das Osterspiel von Muri. Nachwort. S. 170.
83 Hildebrandt/Schroeder: Ich musste immer lachen. S. 82.
84 Ebd., S. 82.

will ich darum ringen,/will dir viele Seelen bringen!«.[85] Wie sich Hildebrandt erinnerte, führten er und die anderen Studenten das geistliche Drama »drei- oder viermal« auf.[86]

Nachfolgend studierte man auf der Studiobühne unter der Regie von Eberhard Horst[87] das Lustspiel *Die Schelmenstreiche des Scapin* von Molière aus dem Jahr 1671 ein. Hildebrandt sei »Feuer und Flamme« gewesen, das Stück zu spielen.[88] Dieses handelt von den in Neapel lebenden Kaufmännern Argante und Géronte, die ihre Söhne ihren Dienern anvertrauen, während sie auf Reisen sind. Als die Väter zurückkehren, hat zu ihrem Entsetzen Argantes Sohn Octave eine Unbekannte geehelicht und Gérontes Sohn Léandre sich in eine Zigeunerin verliebt. Am Ende stellt sich heraus, dass die vermeintliche Zigeunerin die verlorene Tochter Argantes ist[89] und Octave unwissentlich die Tochter Gérontes aus zweiter Ehe geheiratet hat.[90] Den Rahmen des Stücks bilden die Streiche Scapins, des Dieners Léandres. Da die Söhne Geld benötigen, entlockt er dieses deren Vätern mit erfundenen und abstrusen Geschichten. Hildebrandt übernahm die Rolle des »Geizkragen[s]«[91] Géronte. Über ihn erfahren die Zuschauer, dass »der Himmel [...] ihn nicht gerade mit Schlauheit gesegnet«[92] hat. Als Scapin Géronte berichtet, dass Türken seinen Sohn angeblich mit einer Galeere nach Algier entführen wollen, stellt er sich mehrfach die Frage: »Was, zum Teufel, hatte er auch auf dieser Galeere zu suchen?!«[93] Mit Wiederholung des Ausspruchs gewinnt die siebte Szene im zweiten Akt ihre Komik. Hildebrandt zufolge waren er und die anderen Studenten mit dem Stück sehr erfolgreich und brachten es im *Amerikahaus* sowie auf Tournee in Landshut und Straubing zur Aufführung.[94]

85 Meier (Hrsg.): Das Innsbrucker Osterspiel/Das Osterspiel von Muri. S. 33.
86 Hildebrandt/Schroeder: Ich musste immer lachen. S. 82.
87 Telefonat mit Dieter Hildebrandt am 24.6.2012.
88 Hildebrandt/Schroeder: Ich musste immer lachen. S. 83.
89 Molière, Jean Baptiste: Die Schelmenstreiche des Scapin. Lustspiel in drei Akten. Deutsch von Hermann Wetzke. Berlin: Felix Bloch Erben, S. 111.
90 Ebd., S. 105f.
91 Ebd., S. 49.
92 Ebd., S. 49.
93 Ebd., S. 70.
94 Hildebrandt/Schroeder: Ich musste immer lachen. S. 83.

Da Hildebrandt für Schauspielunterricht bei einem namhaften Lehrer das Geld fehlte, besuchte er ein Laienspielstudio, das sich in einem Jugendheim[95] der amerikanischen Besatzer in der Prinzregentenstraße befand.[96] In dem dortigen »Seminar für Ausdrucksschulung«[97] nahm Hildebrandt kostenlosen Schauspielunterricht bei der Sprachpflegerin des Instituts, Alice Strathmann.[98] Man beschied ihm, dass er »als Komiker zu unpräzise, als Liebhaber nicht schön und als Charakterschauspieler nicht gut genug«[99] sei, wie Hildebrandt rückblickend resümierte. Strathmann zeigte ihm jedoch die Möglichkeit auf zu improvisieren.[100] Dass hier ein Talent des laut Schreiner »schussligen und zerstreuten, aber witzigen und gescheiten Individualisten«[101] lag, wurde somit in der Laienspielgruppe erkannt und gefördert.[102]

Nach Nicht-Bestehen der Eignungsprüfung der renommierten Otto-Falckenberg-Schule im Jahr 1952[103] in Anwesenheit des Intendanten Hans Schweikart[104] sprach Hildebrandt bei der Schauspieler-Genossenschaft vor.[105] Seine schauspielerische Leistung im dortigen Eignungstest bewertete er selbst als »sauschlecht«.[106] Dafür waren drei Rollen vorzubereiten.[107] Mit der Rolle des Teufels in Christian Dietrich Grabbes Lustspiel *Scherz, Satire, Ironie und tiefere Bedeutung* (1822), des herzoglichen Polizeiassessors

[95] GYA-Heim, »German Youth Activities« war der Name des offiziellen Jugendbetreuungsprogramms der amerikanischen Besatzungsmacht. In: Schreiner: Die Zeit spielt mit. S. 51.

[96] Ebd., S. 51.

[97] Schreiner, Klaus Peter: Dieter Hildebrandt. In: Deißner-Jenssen, Frauke: Die Zehnte Muse. Kabarettisten erzählen. Henschelverlag: Berlin, 1982, S. 418.

[98] Schreiner, Klaus Peter: Die Zeit spielt mit. Die Geschichte der Lach- und Schießgesellschaft. München: Kindler, 1976, S. 51.

[99] Brigitte, Heft 25, 1986, Schönfeld, Gerda-Marie: Dieter Hildebrandt – Der gute Mensch aus Waldperlach, S. 132ff.

[100] Treffen mit Dieter Hildebrandt am 16.11.2010 in München/Waldperlach.

[101] Schreiner: Dieter Hildebrandt. In: Deißner-Jenssen: Die Zehnte Muse. S. 418f.

[102] Ebd., S. 418f.

[103] Ebd., S. 419.

[104] Hildebrandt/Schroeder: Ich musste immer lachen. S. 87.

[105] Schreiner: Dieter Hildebrandt. In: Deißner-Jenssen: Die Zehnte Muse. S. 419.

[106] Hildebrandt/Schroeder: Ich musste immer lachen. S. 88.

[107] Ebd., S. 88.

Oskar Ströbel aus Ludwig Thomas Komödie *Moral* (1908) und des Doktor Jura aus Hermann Bahrs Lustspiel *Konzert* (1909)[108] entschied sich Hildebrandt für Figuren aus humorvollen Stücken. Die Prüfer hätten die fehlende Komik in seiner Darstellung bemängelt, ihn den Test aber dennoch knapp bestehen lassen.[109]

Der von Hildebrandt gespielte Teufel kommt in Grabbes Lustspiel an einem Sommertag auf die Erde und versucht dort einige Hinterhältigkeiten anzuzetteln. Am Ende wird er vom Schulmeister in einen Käfig eingesperrt, von seiner Großmutter abgeholt und wieder zurück in die Hölle gebracht. Die Komik gewinnt der Teufel durch seine menschlichen Schwächen (trotz der warmen Temperaturen friert es ihn auf der Erde[110]) sowie durch seine Ironie, die aus seinen verkehrten Wertmaßstäben resultiert (angesichts des Vorwurfs, »verdammt filzig« zu sein, fühlt er sich »geschmeichelt«[111]). Des Weiteren wird die Lebensweise in der Unterwelt parodistisch als bürgerlich dargestellt, denn der Grund für den Besuch des Teufels auf der Erde ist eine Putzaktion in der Hölle.[112] Die fiktive Ebene des Stücks verlässt der Teufel mit seiner Kritik an der Presse (»Die härtste [sic!] Strafe eines Verdammten [...] besteht darin, daß er die Abendzeitung und den Freimütigen lesen muß und sie nicht anspucken darf.«) und an der zeitgenössischen Literatur, die »das Jämmerlichste unter dem Jämmerlichen« sei.[113] Die zweite Szene des zweiten Akts enthält damit aufgrund ihres realen Bezugs etwas von der Satire, von welcher im Titel des Stücks die Rede ist. Angesichts der späteren Kabarettkarriere Hildebrandts ist es nicht verwunderlich, dass ihm gerade die satirische Figur des Teufels gefiel und er die Rolle für die Schauspiel-Prüfung wählte.

[108] Schreiner: Die Zeit spielt mit. S. 66.

[109] »Sie [Elisabeth Göbel, die Vorsitzende des Gremiums] bat mich zum Tisch und sagte den folgenschweren Satz: ›Herr Hildebrandt, wie kommt es denn, daß Sie sich hier bei dieser Darstellung so unterscheiden von Ihrem Bewerbungsschreiben, das ich sehr witzig finde?‹« In: Hildebrandt/Schroeder: Ich musste immer lachen. S. 88.

[110] Grabbe, Christian Dietrich: Scherz, Satire, Ironie und tiefere Bedeutung. Stuttgart: Reclam, 2007, S. 9.

[111] Ebd., S. 29.

[112] Ebd., S. 36.

[113] Ebd., S. 32.

Weiterhin schlüpfte Hildebrandt mit Oskar Ströbel, dem Polizeiassessor in Thomas Stück *Moral*, in die Rolle eines dienstbeflissenen Beamten (»Wir Beamte [...] stoßen mit unsern Empfindungen an die eherne Mauer der Pflicht.«[114]). In dem Stück über die Scheinheiligkeit der großbürgerlichen Gesellschaft führt dieser die Ermittlungen, als eine Edelprostituierte verhaftet und ihr Tagebuch gefunden wird. Darin hat sie, zum Entsetzen ihrer gesellschaftlich hoch angesehenen Kundschaft, die Namen all ihrer Besucher verzeichnet. Am Ende wird die Angelegenheit finanziell bereinigt und die gerichtliche Untersuchung eingestellt. Dies geschieht mit Zustimmung des Sittenwächters Ströbel. Ihm ist letztlich nur daran gelegen, dass »der Glaube an die Moral erhalten bleibt«,[115] wodurch die in der Gesellschaft herrschende Doppelmoral zum Ausdruck kommt.

Die dritte Rolle, die Hildebrandt vor der Bühnengenossenschaft darbot und die er »mit Recht vergessen«[116] habe, so sein rückblickendes Urteil, war die des Doktor Franz Jura in Bahrs Lustspiel *Das Konzert.*[117] Ein Redakteur der *Würzburger Bühnenblätter* sah 1919 in der Figur des von seiner Frau betrogenen Doktor Jura, der sich durch seine Großmütigkeit auszeichnet, »eine[n] der hellsten, feinsten, jugendlichsten und modernsten Menschen in seiner ganzen Schöpfung«.[118] In dem Stück der »verhinderten Ehebrüche«[119] fährt der umschwärmte Pianist Gustav Heink, verheiratet mit Marie, hin und wieder mit einer seiner Verehrerinnen zu einem sogenannten »Konzert«[120], hinter dem sich ein romantisches Rendezvous auf einer Gebirgshütte verbirgt. Seine Auserwählte ist diesmal Doktor Juras Frau Delfine. Die hintergangenen Ehegatten erfahren über eine eifersüchtige Schülerin Heinks von dessen Seitensprung und reisen ihren Part-

114 Thoma, Ludwig: Moral. Stuttgart: Reclam, 2003, S. 47.

115 Ebd., S. 78.

116 Hildebrandt/Schroeder: Ich musste immer lachen. S. 88.

117 Bahr, Hermann: Das Konzert. Lustspiel in drei Akten. Stuttgart: Reclam, 1996.

118 Tr.: Über Hermann Bahr u. sein Lustspiel »Das Konzert«. In: Würzburger Bühnenblätter, Halbmonatsschrift für Theater und Dichtung in Würzburg, Jg. 1, 1.4.1919, S. 8.

119 Ebd.m S. 8.

120 Bahr: Das Konzert. S. 7.

nern hinterher, um sie vor Ort zu ihren Gefühlen zu befragen. Anstatt der zu erwartenden Streitigkeiten kommt es zu verständnisvollen Gesprächen und die beiden Ehepaare finden letzten Endes wieder zueinander. Die liberale Geisteshaltung der Beteiligten erweist sich als Garant glücklicher Ehen.

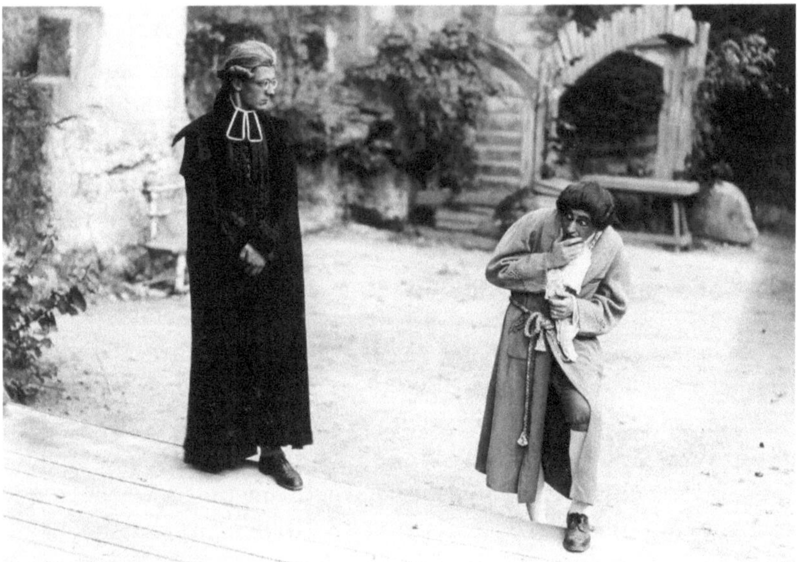

Dieter Hildebrandt (l.) bei seinen ersten Theaterversuchen in den 50er-Jahren.

Die Figuren des Polizeiassessors Ströbel und des Doktor Jura stellt man sich als Leser als reife, gediegene Personen mittleren Alters vor. Deshalb ist Hildebrandt, der den Eignungstest im Alter von 26 Jahren ablegte, zumindest hier Recht zu geben, wenn er die vorbereiteten Rollen rückblickend als »die falschen«[121] bezeichnete. Parallel zu den für ihn eher enttäuschenden Versuchen als Schauspieler entschloss er sich während seines Studiums dazu, selbst ein Stück zu inszenieren. Dabei erhielt er eine Ahnung davon, dass sein Talent darin bestand, das Publikum durch Improvisationen zum La-

[121] Hildebrandt/Schroeder: Ich musste immer lachen. S. 88.

chen zu bringen.[122] Er wählte *Der tapfere Cassian*, ein »Puppenspiel in einem Akt«[123] aus dem Jahr 1906 von Arthur Schnitzler, um es im *Goethesaal* in der Schwabinger Leopoldstraße aufzuführen.[124] Mit dem Stück wandte sich Schnitzler gegen das Literaturtheater des 19. Jahrhunderts[125] und der Moderne zu. Er komprimierte die Handlung zu einem Einakter und stellte Handlungsmotive des Salonstücks wie Liebe, Untreue, Konkurrenz und Kampf auf parodistische Weise überzogen dar.[126] Im »Schnelldurchlauf«[127] wird in dem Stück der durch Glücksspiel reich gewordene Student Martin von seinem Vetter um Geld und Geliebte gebracht und ermordet. Er stirbt, während er noch Flöte spielt:

> *»Es ist bitter, allein zu sterben, wenn man eine Viertelstunde vorher noch geliebt, wohlhabend und der herrlichsten Hoffnungen voll war. Wahrlich, es ist ein übler Spaß, und ich bin eigentlich gar nicht gelaunt, Flöte zu spielen. [Läßt sie fallen und stirbt].«*[128]

Hildebrandt hatte sich in das Stück »verliebt«[129], was seine Vorliebe für parodistische Texte zeigte. Als Intendant sollte er das Stück vor dessen Aufführung vorstellen. Wie er sich erinnert, erheiterte er dabei das Publikum derart, dass das Lustspiel demgegenüber abfiel und im Anschluss keinen Anklang mehr fand.[130] Der Misserfolg bewies Hildebrandt jedoch sein Können, Leute zu unterhalten: »[…] ich hatte auch gemerkt, in dieser Richtung ist was, da kann ich was.«[131] Privat war es nicht seine Art, im Mittelpunkt zu stehen, wie Hildebrandts damaliger Kommilitone Schreiner in

[122] Ebd.m S. 89.

[123] Schnitzler, Arthur: Der tapfere Cassian. In: Schnitzler, Arthur: Die Dramatischen Werke. Band 1. Frankfurt am Main: Fischer, 1962, S. 856-871.

[124] Hildebrandt/Schroeder: Ich musste immer lachen. S. 88.

[125] Rossbach, Nikola: Arthur Schnitzler: Der tapfere Cassian. In: Rossbach, Nikola: Theater über Theater. Parodie und Moderne 1870–1914. Bielefeld: Aisthesis, 2006, S. 161.

[126] Ebd., S. 156.

[127] Ebd., S. 153.

[128] Schnitzler: Der tapfere Cassian. In: Schnitzler: Die Dramatischen Werke. S. 870.

[129] Hildebrandt/Schroeder: Ich musste immer lachen. S. 88.

[130] Ebd., S. 89.

[131] Ebd., S. 89.

einem Gespräch im Jahr 2010 anmerkte. Er schildert ihn als »bescheiden« und als »kein[en] große[n] Redenschwinger«.[132]

Hildebrandt hatte sich von der Absage der renommierten Otto-Falckenberg-Schule nicht davon abhalten lassen, den Eignungstest der Schauspieler-Genossenschaft zu absolvieren. Sein dortiger Erfolg zeigte, dass er schauspielerisches Talent besaß. Während es Hildebrandts Traum war, Schauspieler zu werden, war in einem Laienspielstudio der Stadt München jedoch bereits seine eigentliche herausragende Begabung erkannt worden: die Improvisation. Hildebrandt, damals 26 Jahre alt, wurde seine Fähigkeit, die Menschen auf komische Weise zu unterhalten, bei seiner Anmoderation eines von ihm inszenierten Stücks bestätigt. Es zeichnete sich ab, dass ihn seine Fähigkeiten zwar nicht von der Bühne, aber von der Kunstform Theater wegführen würden.

IV.3 Platzanweiser in der *Kleinen Freiheit* – »Das Größte, das es damals gab«

Mit Kabarett als Ausdruck der künstlerischen und freien Meinungsäußerung kam Hildebrandt erstmals im Alter von 18 Jahren als Kriegsgefangener in Berührung. Unterstützt von den amerikanischen Besatzern wurden in dem Lager in Gardelegen zur Zerstreuung der Soldaten bunte Abende veranstaltet. Zu diesen gehörten kabarettistische Einlagen, bei denen das Publikum am Ende zum Mitsingen aufgefordert worden sei, so Hildebrandt.[133] Die Grundlagen professioneller Kleinkunst lernte er acht Jahre später in München, das in den 50er-Jahren neben Berlin zum deutschen Zentrum des Kabaretts wurde,[134] kennen. Wegen der dort aktiven Kabarettautoren und -darsteller hatte Hildebrandts Umzug in die bayerische Landeshauptstadt auf seine spätere Karriere als Kabarettist wesentlichen Einfluss. Er übernahm eine Nebentätigkeit im Kabarett *Kleine Freiheit*, die ihm 1953[135] ein Kommilitone vermittel-

[132] Treffen mit Klaus Peter Schreiner in München-Schwabing am 20.8.2010.
[133] Hildebrandt/Schroeder: Ich musste immer lachen. S. 49.
[134] Budzinski: Pfeffer ins Getriebe. S. 271.
[135] Treffen mit Dieter Hildebrandt am 16.11.2010 in München/Waldperlach.

te. Zweieinhalb Jahre[136] arbeitete er als Kartenabreißer, Platzanweiser sowie »Mädchen für alles«[137] im politisch-literarischen Kabarett im Keller des Cafés *Opern-Espresso* in der Maximilianstraße 8.[138] Gestartet hatte die *Kleine Freiheit* im Januar 1951 im *Atelier-Theater* im vierten Stock eines Schwabinger Mietshauses in der Elisabethstraße 34. Nachdem sie anschließend einige Monate im ersten Stock der Bar *Barberina* in der Pacellistraße spielte, war sie Ende November 1951 in eigene Räume gezogen.[139] Direktion und Regie übernahm die ehemalige Schauspielerin Trude Kolman,[140] die 1950 aus dem englischen Exil nach München gekommen war[141] und für ihre Bühne »hochgebildet[e]« Autoren und schauspielerische Talente als Darsteller engagieren konnte.[142] 1953 bezeichnete die *Süddeutsche Zeitung* die *Kleine Freiheit* als das »kühnste und klügste Zeitkabarett«.[143] Heinz Greul honoriert in seiner *Kulturgeschichte des Kabaretts* das »maßstabsetzende Niveau« als »das eigentliche Verdienst« der Kleinkunstbühne.[144]

Da Hildebrandt nicht nur bei den abendlichen Auftritten in der *Kleinen Freiheit*, sondern auch bei den Proben zusah,[145] bemerkte er anhand der Praxis den Unterschied zwischen Theater und Kabarett. Wie Klaus Peter Schreiner 1976 hinsichtlich der Divergenz erklärte, sind die Darsteller im Kabarett in ihrer Reaktionsschnelligkeit sowie in ihrer Flexibilität gefordert, stets neue Charaktere spielen und »in wenigen Strichen [...] zeichnen« zu können.[146] Dies, wie auch die Anforderungen in Bezug auf die »Dramaturgie eines Sketches«, die »Ökonomie der Pointe«, den »Aufbau eines Blackouts« und Wortspiele[147] habe Hildebrandt bei der *Kleinen Freiheit* erkannt. Zugleich

[136] Hildebrandt/Schroeder: Ich musste immer lachen. S. 84.

[137] Schreiner: Dieter Hildebrandt. In: Deißner-Jenssen: Die Zehnte Muse. S. 419.

[138] Budzinski: Das Kabarett. S. 135.

[139] Ebd., S. 135.

[140] Enderle, Luiselotte: Erich Kästner. Reinbek: Rowohlt, 19. Auflage 2001, S. 100.

[141] Budzinski: Pfeffer ins Getriebe. S. 271f.

[142] Ebd., S. 273.

[143] Groll, Gunter: Die »Kleine Freiheit« hat Geburtstag. In: Süddeutsche Zeitung, Nr. 22, 28. Januar 1953, S. 3.

[144] Greul: Bretter, die die Zeit bedeuten. S. 382.

[145] Schreiner: Die Zeit spielt mit. S. 69.

[146] Ebd., S. 69.

[147] Schreiner: Dieter Hildebrandt. In: Deißner-Jenssen: Die Zehnte Muse. S. 419.

habe er die hinter der »scheinbaren Leichtigkeit« verborgene Systematik realisiert.[148] Schreiner und Hildebrandt lernten sich in der *Kleinen Freiheit* bei einem Gastspiel des von Schreiner initiierten Studentenkabaretts *Die Seminarren* kennen und wurden »sofort dicke Freunde«.[149] Um Hildebrandts Arbeit als Platzanweiser habe er ihn »aufrichtig beneidet«,[150] so Schreiner. Mehr als drei Jahrzehnte später dachte auch Gerhard Potyka, mit dem Hildebrandt in den 50er-Jahren gemeinsam mit dem Studentenkabarett *Die Namenlosen* auf der Bühne stand, an Hildebrandts Nebentätigkeit zurück: »[...] als wir uns kennenlernten, hast Du noch als Student Karten abgerissen. Heute reissen [sic!] die Zuschauer sich die Karten aus der Hand, um Dich zu sehen.«[151]

Für Hildebrandt war die »intellektuelle Zelle« Kabarett »das Größte, das es damals gab«, obgleich dies »leider [...] nur ganz Eingeweihte« so empfunden hätten.[152] Auf die Frage, welche der Autoren und Kabarettisten, die er in der *Kleinen Freiheit* erlebt hatte, ihm als Vorbilder dienten und im Hinblick auf seine eigene Karriere prägten, nannte Hildebrandt 2010 die festen Mitglieder des Kabaretts, Erich Kästner, Martin Morlock und Oliver Hassencamp, sowie die Berliner *Stachelschweine* und Werner Finck, die Gastauftritte in der *Kleinen Freiheit* absolvierten.

IV.3.1 Erich Kästner, der literarische Pate des Kabaretts

Der Autor Erich Kästner, in dessen Werk sich seine linksliberale, aufklärerische, pazifistische und humanistische Grundhaltung widerspiegelt,[153] war im August 1945 von Schliersee nach Mün-

[148] Ebd., S. 419.

[149] Treffen mit Klaus Peter Schreiner in München-Schwabing am 20.8.2010.

[150] Brief Klaus Peter Schreiners an Dieter Hildebrandt. In: Dieter Hildebrandt zum 23. Mai 1987 – Glückwunsch des Kindler Verlages, München, zum 60. Geburtstag seines Autors, Faksimilereproduktion: Longo, Bozen.

[151] Brief Gerhard (Gerd) Potykas an Dieter Hildebrandt. In: Dieter Hildebrandt zum 23. Mai 1987 – Glückwunsch des Kindler Verlages, München, zum 60. Geburtstag seines Autors, Faksimilereproduktion: Longo, Bozen.

[152] Buch-Journal, 1986/87, Heft 4, Lerck, Achim: Ein anständiger Deutscher zieht Bilanz. Dieter Hildebrandt über 30 Jahre Leben und Arbeit.

[153] Wagener, Hans: Erich Kästner. Berlin: Colloquium Verlag, 1973, S. 38. Zu den ersten in der Nachkriegszeit erschienenen Werken Kästners zählten

chen gekommen.[154] Nach dem Krieg, den der gebürtige Dresdner in Deutschland verbracht hatte, trat er noch deutlicher als vor 1933 als Mahner auf. Er versuchte die Deutschen »mit seinem als Lanze eingelegten Bleistift«[155] zur Vernunft zu erziehen, um einen neu aufkeimenden Militarismus und Faschismus zu verhindern.[156] Die Gelegenheit dazu ergab sich bei dem Feuilleton der *Neuen Zeitung*, dessen Leitung er übernahm,[157] sowie bei dem deutschlandweit ersten literarischen Nachkriegskabarett *Schaubude*.[158] Dieses feierte am 15. August 1945 in den Räumen der *Kammerspiele* mit dem Programm *Der erste Schritt* Premiere[159] und eröffnete am 21. April 1946 in eigenen Räumen in der Reitmorstraße.[160]

Der Kabarettexperte Klaus Budzinski bezeichnete Kästner als »literarischen Paten des deutschen Kabaretts«.[161] Da seine Verse sprechbar waren, waren sie ideal für Kleinkunst.[162] Seine »Gebrauchslyrik«[163] wies einen sachlichen und dennoch stimmungsvollen Ton auf, darüber hinaus verfasst in klarer, verständlicher Sprache und satirisch

die Gedichtsammlung »Bei Durchsicht meiner Bücher« (1946), eine Sammlung von Epigrammen unter dem Titel »Kurz und bündig« (1948) sowie das Buch »Der tägliche Kram« (1948) mit Feuilletons und Chansons, die ab 1945 entstanden waren. In: Hanuschek, Sven: Erich Kästner. Reinbek: Rowohlt Taschenbuch Verlag, 2004, S. 106.

[154] Kästner, Erich: Der tägliche Kram. In: Werke in neun Bänden. Hrsg: Görtz, Franz-Josef. München/Wien: Hanser, 1998, II, S. 12.

[155] Kästner, Erich: Kästner über Kästner. In: Kästner Erich: Die Kleine Freiheit. In: Werke in neun Bänden. Hrsg: Görtz, Franz-Josef. München/Wien: Hanser, 1998, II, S. 326.

[156] Schikorsky, Isa: Erich Kästner. München: dtv, 2003, S. 117.

[157] Hanuschek: Erich Kästner. S. 99ff.

[158] Ebd., S. 108. Aus dem Wunsch heraus, die eigene Meinung endlich wieder frei äußern zu dürfen, war nach Ende der nationalsozialistischen Herrschaft bei den Behörden der Besatzungsmächte über tausend Mal die Erteilung einer Kabarett-Konzession beantragt worden. In: Zehrer, Klaus Cäsar: Aufklärungssatire versus Aufklärung: über Kabarett und Satire in der BRD. In: Glodek, Tobias/Haberecht, Christian/v. Ungern-Sternberg, Christoph (Hrsg.): Politisches Kabarett und Satire. Berlin: Wissenschaftlicher Verlag, 2007, S. 84.

[159] Wittmann: Auf geflickten Straßen. S. 21. Kühn, Volker: Die bissige Muse. 111 Jahre Kabarett. Köln: vgs verlagsgesellschaft, 1993, S. 126.

[160] Budzinski: Das Kabarett. S. 224.

[161] Budzinski: Pfeffer ins Getriebe. S. 222.

[162] Budzinski: Das Kabarett. S. 127.

[163] Ebd., S. 127.

in der Tradition Heinrich Heines.[164] Besonders erfolgreich waren Kästners in Moll gesungene klagende und anklagende Chansons.[165] Zu einer »Sternstunde im Kabarett«[166] zählte Kästners *Marschlied 45*, das im ersten in der Reitmorstraße aufgeführten Programm dargeboten wurde.[167] Die Kabarettistin Ursula Herking, die vor dem Krieg in Werner Fincks Berliner Kabarett *Katakombe* mitgewirkt hatte,[168] erschien »in Männerhosen und altem Mantel, mit Rucksack und zerbeultem Koffer«[169] auf der Bühne und sang:

> *»[…] Ich trag Schuhe ohne Sohlen,*
> *und der Rucksack ist mein Schrank.*
> *Meine Möbel hab'n die Polen*
> *und mein Geld die Dresdner Bank.*
> *Ohne Heimat und Verwandte,*
> *und die Stiefel ohne Glanz,-*
> *ja, das wär nun der bekannte*
> *Untergang des Abendlands!*
>
> *Links, zwei, drei, vier,*
> *links, zwei, drei –*
> *Hin ist hin! Was ich habe, ist allenfalls: […]*
> *Ich habe den Kopf, ich hab ja den Kopf*
> *noch fest auf dem Hals. […]«*[170]

Angesichts der vielen heimatlos durch Deutschland ziehenden Menschen brachte Kästner in dem Chanson die gesellschaftliche Stimmungslage auf den Punkt und gab dem Publikum mit seinen alltäglichen Sorgen eine Identifikationsmöglichkeit.[171] Das Leid

[164] Ebd., S. 127.
[165] Budzinski: Die Muse mit der scharfen Zunge. S. 210.
[166] Budzinski: Pfeffer ins Getriebe. S. 219.
[167] Kästner: Der tägliche Kram. In: Werke in neun Bänden. Hg: Görtz, Franz-Josef. II, S. 52ff.
[168] Herking, Ursula: Danke für die Blumen. Damals – gestern – heute. München u.a.: Bertelsmann, 1973, S. 55.
[169] Kästner: Der tägliche Kram. In: Werke in neun Bänden. Hg: Görtz, Franz-Josef. II, S. 52.
[170] Ebd., S. 52.
[171] Wagner, Meike: Satire in Trümmern. In: Wegner, Manfred (Hg.): Die Zeit fährt Auto. Berlin: Deutsches Historisches Museum, 1999, S. 157.

der Trümmerjahre kam hier ebenso zum Ausdruck wie die neu gewonnene Lebensfreude.[172] In ihrer Autobiografie *Danke für die Blumen* erinnert sich Ursula Herking, die 1956 bei der *Lach- und Schießgesellschaft* Hildebrandts Kollegin wurde, dass die Zuschauer am Ende des *Marschliedes* von den Sitzen gesprungen seien, sich umarmt, geschrien und geweint hätten.[173] Es habe eine unglaubliche »Erlösung«[174] stattgefunden, woran Herking nach eigener bescheidener Auffassung nur geringen Anteil hatte: »[...] es war einfach das richtige Lied, richtig formuliert, richtig gebracht, im richtigen Moment!«[175] Die *Schaubude*, in der, wie Ensemble-Mitglied Oliver Hassencamp erzählt, »das Schöne, Heitere, Erbauliche [...] Vorfahrt« hatte,[176] wurde durch die Texte Kästners wesentlich geprägt.[177] Bald genoss sie auch über die von den Amerikanern besetzten Zone hinaus den »Ruf des besten deutschen literarischen Kabaretts«, wie Münchens damaliger Kulturbeauftragter Hans Ludwig Held feststellte.[178] Nach der Währungsreform schloss die *Schaubude* im März 1949.[179] Doch sie hatte nach dem Krieg in München den Grundstein für das Kabarett gelegt.

1951 öffnete die *Kleine Freiheit*, in der neben Kästner weitere ehemalige *Schaubude*-Mitglieder wie Ursula Herking, Karl Schönböck, Bum Krüger und Oliver Hassencamp mitwirkten.[180] Im Gegensatz zur *Schaubude* erschien die *Kleine Freiheit* aufgrund ihrer durch-

[172] Wittmann: Auf geflickten Straßen. S. 21.

[173] Herking: Danke für die Blumen. S. 121.

[174] Ebd., S. 121.

[175] Ebd., S. 121.

[176] Hassencamp, Oliver: Der Sieg nach dem Krieg. Die gute schlechte Zeit. München/Berlin: Herbig, 1984, S. 29.

[177] Dass die Schaubude zum »lyrisch-moralistischen Zeittheater« wurde, ist nach Ansicht von Heinz Greul in erster Linie dem »dichterische[n] Rang« Kästners zu verdanken. In: Greul: Bretter, die die Zeit bedeuten. S. 338.

[178] Krauss: Nachkriegskultur in München. S. 116. Regie bei der Schaubude führte Rudolf Schündler, der Ende der 60er-Jahre als Schauspieler durch die Filmreihe »Die Lümmel von der ersten Bank« einem bundesweiten Publikum bekannt wurde. Sein Partner in der künstlerischen Leitung war Otto Osthoff, der während des Krieges in den Kammerspielen unter dem Namen Otto Falckenberg aufgetreten war. In: Budzinski: Pfeffer ins Getriebe. S. 218ff.

[179] Greul: Bretter, die die Zeit bedeuten. S. 341.

[180] Ebd., S. 379. Vgl. dazu: Kolman, Trude: Münchner Kleine Freiheit. München: Albert Langen-Georg Müller Verlag, 1960.

formulierten Programme, die keinen Raum für Improvisationen ließen, weniger frivol und weniger spontan.[181] Die sich bei der *Schaubude* äußernde Aufbruchsstimmung war in den Programmen der *Kleinen Freiheit* nicht mehr zu bemerken.[182] Benannt wurde die Bühne nach dem Eingangsgedicht Kästners, dessen zweite Strophe jeden Abend zum Abschluss gesungen wurde:

»Der Titel des Programms – DIE KLEINE FREIHEIT –
klingt eigentlich, als wüßten wir Bescheid.
Der Titel des Programms – DIE KLEINE FREIHEIT –
stammt nicht von uns. Den Titel schrieb – die Zeit!

Die große Freiheit ist es nicht geworden.
Es hat beim besten Willen nicht gereicht.
Aus Traum und Sehnsucht ist Verzicht geworden.
Aus Sternenglanz ist Neonlicht geworden.
Die Angst ist erste Bürgerpflicht geworden.
Die große Freiheit ist es nicht geworden,
die kleine Freiheit – vielleicht!«[183]

Das Gedicht verweist auf die restaurativen Tendenzen in Deutschland, die an der sich abzeichnenden Wiederbewaffnung erkennbar waren. Der Bundestag hatte sich am 8. Februar 1952 gegen die Stimmen der Opposition für die Mitgliedschaft der Bundesrepublik in einer Europäischen Verteidigungsgemeinschaft ausgesprochen.[184] In München fand aus Protest gegen die Remilitarisierung am 26. Mai 1952 auf dem Königsplatz eine vom *Deutschen Gewerkschaftsbund* organisierte Kundgebung mit 120.000 Teilneh-

[181] Hanuschek, Sven: Keiner blickt dir hinter das Gesicht. München: Hanser, 1999, S. 370. /Regisseurin Trude Kolman hatte die Idee eines »›kabarettistischen Theater[s]‹ als einer geschlossenen dramatischen Form der Gesellschaftskritik mit Gesang und Tanz.« In: Budzinski: Die Muse mit der scharfen Zunge. S. 252.

[182] Hanuschek: Erich Kästner. S. 109.

[183] Kästner, Erich: Der Titel des Programms. In: Kästner, Erich: Die kleine Freiheit. In: Werke in neun Bänden. Hrsg: Görtz, Franz-Josef. München/Wien: Hanser, 1998, II, S. 189.

[184] Benz, Wolfgang: Deutsche Geschichte seit 1945. Chronik und Bilder. München: dtv, 1999, S. 24.

mern statt.[185] Kästner setzte sich außerhalb seiner literarischen Arbeit in seiner Zeit in München durch die Teilnahme an solchen Protestaktionen und öffentliche Reden vehement für den demokratischen Wiederaufbau, freiheitliches Denken und die moralische Besserung der Deutschen ein.[186] Im Herbst 1952 stellte er fest, dass man »an die Vergangenheit verkauft worden« sei, jedoch die in der Verfassung festgeschriebene »kleine Freiheit« besäße, »darüber zu murren und zu schimpfen« sowie ein gleichnamiges Kabarett zu gründen. Dies sei zwar »nicht viel«, aber dennoch »besser als gar nichts«.[187] Während Kästners elegisch-poetische[188] Texte für die *Schaubude* noch einen latenten Optimismus aufgewiesen hatten, zeigte sich an seinen Arbeiten für die *Kleine Freiheit* seine langsam einsetzende melancholische und resignative Grundhaltung.[189] Auf die Programme der *Kleinen Freiheit* nahm er weniger Einfluss als zuvor bei der *Schaubude.* Im ersten Jahr schrieb »Deutschlands hoffnungsvollster Pessimist und der deutschen Literatur positivster Negationsrat«[190], so der Kritiker Marcel Reich-Ranicki über Kästner, noch mehrere Texte für die *Kleine Freiheit*, die 1952 in einem gleichnamigen Band veröffentlich wurden.[191] Bereits im März dieses Jahres lautete sein Resümee zu einer Probe, die er »ganz kurz« besucht habe: »Na ja, ganz nett.«[192] 1953 be-

[185] Grossherr: Aufbruchzeit. S. 54.

[186] Hanuschek: Erich Kästner. S. 130. Doderer, Klaus: Erich Kästner. Lebensphasen – politisches Engagement – literarisches Wirken. Weinheim/München: Juventa, 2002, S. 100.

[187] Kästner, Erich: Nachträgliche Vorbemerkungen. In: Kästner, Erich: Die kleine Freiheit. In: Werke in neun Bänden. Hg: Görtz, Franz-Josef. München/Wien: Hanser, 1998, II, S. 191.

[188] Wagner, Meike: Satire in Trümmern. In: Wegner, Manfred (Hg.): Die Zeit fährt Auto. Berlin: Deutsches Historisches Museum, 1999, S. 162.

[189] Kordon, Klaus: Die Zeit ist kaputt. Weinheim/Basel: Beltz Verlag, 1998, S. 270.

[190] Reich-Ranicki, Marcel: Der Dichter der kleinen Freiheit. In: List, Sylvia: Das große Erich Kästner Buch. München/Zürich: R. Piper & Co. Verlag, 1975, S. 347.

[191] Kästner, Erich: Die kleine Freiheit. Chansons und Prosa 1949–1952. In: Werke in neun Bänden. Hrsg: Görtz, Franz-Josef. München/Wien: Hanser, 1998, II, S. 187–329.

[192] Kästner, Erich: Brief an Barbara Pleyer, 18.3.1952. In: Hanuschek, Sven (Hrsg.): »Dieses ›Na ja‹, wenn man das nicht hätte!« Ausgewählte Briefe von

zeichnete Kästner eine Premiere in der *Kleinen Freiheit* als »sehr hübsch und ebenso belanglos«[193] und trug für die letzten Programme keine Texte mehr bei, bis das Kabarett 1958 schließlich in ein Boulevardtheater umgewandelt wurde.[194]

Die produktive Phase Kästners als Autor bei der *Kleinen Freiheit* erlebte Hildebrandt, der als Student dort 1953 anfing zu arbeiten, selbst nicht mit. Die Kabaretttexte Kästners, den Hildebrandt zuvor nur als Verfasser von Kinderbüchern kennengelernt hatte, wurden ihm im Zuge seines zunehmenden Interesses für Kabarett bekannt. Hildebrandt »verehrte«[195] Kästner und erhielt in der *Kleinen Freiheit* die Gelegenheit, ihn persönlich zu treffen. In seinem Buch *Gedächtnis auf Rädern* erzählte Hildebrandt 1997 davon, wie er ihm erstmals gegenüberstanden sei und von ihm eine Mark Trinkgeld, ein Viertel seines Abendverdienstes, erhalten habe. Wie Hildebrandt anmerkte, machte er zu diesem Zeitpunkt bereits selbst Kabarett,[196] weshalb das Treffen auf das Jahr 1955 zu datieren ist. Nach einer Gewerkschaftsveranstaltung gegen die Wiederbewaffnung[197] in einem Kino am Münchner Stachus, bei der Hildebrandt mit Solotexten auftrat, habe er Kästner zwei Tage später wiedergesehen und Lob für seinen Auftritt erhalten. Dass er bei Kästner einen positiven Eindruck hinterlassen hat, wird aus dessen Einladung Hildebrandts zum Kaffee ersichtlich. Dieses Treffen wurde jedoch aufgrund der Schüchternheit Hildebrandts gegenüber seinem Vorbild zu einer seiner »größten Niederlagen«[198]: »Dort [im Café Luitpold] saß ich ihm gegenüber und habe vor Ehrfurcht keinen Ton aus mir herausgelassen. Das Gespräch dauerte auch nicht lange.«[199]

Wie sein Vorbild Kästner wollte Hildebrandt als Kabarettist aufklärerisch wirken und Restauration, Machtmissbrauch und

1909 bis 1972. Zürich: Atrium Verlag, 2003, S. 201.

[193] In: Hanuschek, Sven: Keiner blickt dir hinter das Gesicht. S. 373.

[194] Ebd., S. 373.

[195] Hildebrandt: Gedächtnis auf Rädern. S. 60.

[196] Ebd., S. 60.

[197] Hildebrandt/Schroeder: Ich musste immer lachen. S. 85.

[198] Hildebrandt: Gedächtnis auf Rädern. S. 61.

[199] Ebd., S. 60.

Untertanengeist in der deutschen Gesellschaft anprangern. In Hinblick auf den erzieherischen Auftrag, den beide Autoren in ihren Texten wahrnahmen, lässt sich eine wesentliche Parallele zwischen Kästner und Hildebrandt ziehen. Im Gegensatz zu Kästners Poesie bediente sich Hildebrandt dabei vor allem journalistischer Mittel. Darüber hinaus zeigte er sich niemals resigniert, anders als Kästner, der in seinem *Deutschen Ringelspiel 1947* in der Figur des Dichters das »Volk« anklagte, »nie auf seine Dichter [zu] hör[en]«.[200] Hildebrandt dagegen war, was die Wirkungsmöglichkeiten des Genres Kabarett betrifft, desillusioniert. Seiner Auffassung nach steht es nicht in der Macht der Satire und ist es auch nicht ihre Aufgabe, Dinge zu bewegen, zu verändern oder zu verhindern. Hingegen sei es ihr Zweck, angesichts gesellschaftlicher Probleme zum Nachdenken darüber anzuregen, wie das zugrunde liegende Versagen auszuschließen sei.[201] Satiriker seien »keine Besserwisser«,[202] die Lösungen anbieten. Die Satire diene ihnen vielmehr als Ventil. »Wir [die Satiriker] wissen nur, daß es uns innerlich nicht gut geht, und wir versuchen es mit allen Mitteln zu sagen«,[203] so Hildebrandt 1977. Auch im Alter behielt er seine kämpferische Grundhaltung bei. Mit 76 Jahren bezeichnete er sich selbst als »Moralist[en]«, jedoch als »kein[en] beleidigte[n]«, sowie als »Aufklärer« und »Einmischer«. Ein »Missionar« sei er aber nicht.[204] So vermittelte er bei seinen Auftritten nicht das Gefühl, dem Publikum seine Meinung aufoktroyieren zu wollen.

[200] »[...] Ich bin der Dichter, der euch anfleht und beschwört./Ihr seid das Volk, das nie auf seine Dichter hört./Die Welt ging diesmal fast zugrunde./Die Welt ging diesmal beinah vor die Hunde./Ihr saht das Zweitjüngste Gericht./Doch die Bedeutung dieser schwarzumwehten Stunde/fühltet ihr nicht! [...]« In: Kästner, Erich: Deutsches Ringelspiel 1947. In: Kästner, Erich: Der tägliche Kram. In: Werke in neun Bänden. Hrsg: Görtz, Franz-Josef. München/Wien: Hanser, 1998, II, S. 111.

[201] Stuttgarter Nachrichten, 31.12.1977, Verdin, Günter: Wir sind keine Besserwisser, wir zeigen Visionen – Ein Gespräch mit den Kabarettisten Dieter Hildebrandt und Werner Schneyder.

[202] Ebd.

[203] Ebd.

[204] Badische Zeitung, 10.5.2003, Schmider, Franz: Der Fernsehlästerer.

IV.3.2 Martin Morlock, der unerbittliche Formulierungskünstler

Wie ein »Gott«[205] war für Hildebrandt in der *Kleinen Freiheit* neben Kästner Autor und Ensemblemitglied Martin Morlock. Morlock, 1918 in Berlin geboren, arbeitete seit 1949 für das von Kay und Lore Lorentz zwei Jahre zuvor in Düsseldorf gegründete *Kom(m)ödchen* als Texter. Zeitgleich nahm er eine Tätigkeit als Reporter sowie als Kolumnist für die Münchner *Abendzeitung* auf. Als Autor bei der *Kleinen Freiheit* begann er 1952.[206] Der damals 53-jährige Erich Kästner bezeichnete den fast 20 Jahre jüngeren Morlock als »de[n] einzige[n] echte[n] Nachwuchs seit 1945 für Kabarett-Texte, Filmkritik usw.«.[207] Morlocks Balladen waren ebenso wie die von Kästner gereimt, Spielraum für Improvisationen gab es aufgrund der Formstrenge der Dichtung für die Darstellenden nicht.[208] Von Kästners Texten unterschieden sich Morlocks Arbeiten durch ihre Schärfe. Den von Kästner noch gehegten Glauben an den guten Willen des »kleinen Mannes« besaß Morlock nicht mehr,[209] die Poesie trat in seinen Texten hinter dem Sarkasmus zurück.[210] Er formulierte bittere Analysen der Gesellschaft und richtete seine Kritik gegen die kleinbürgerliche Unbelehrbarkeit sowie das Desinteresse der Bevölkerung gegenüber herrschenden Missständen. In seinen Texten, in denen er als Neuerung im deutschen Kabarett[211] auch das Publikum verbal attackierte,[212] thematisierte er wiederholt das Verhältnis der Minorität zur Masse.[213] Kabarettfachmann Klaus Budzinski zählte Morlock zu jenen Moralisten des Kabaretts der jungen Bundesrepublik, die am »sprachlich genauesten« und »polemisch unerbittlichsten« waren.[214]

[205] Hildebrandt/Schroeder: Ich musste immer lachen. S. 85.

[206] Budzinski: Das Kabarett. S. 172f.

[207] Kästner, Erich: Brief an Paul Kohner, 29.11.1952. In: Hanuschek, Sven (Hrsg.): »Dieses ›Na ja‹, wenn man das nicht hätte!« S. 207.

[208] Budzinski, Klaus: Die öffentlichen Spaßmacher. Das Kabarett in der Ära Adenauer. München: List, 1966, S. 62f.

[209] Budzinski: Pfeffer ins Getriebe. S. 278.

[210] Budzinski: Die öffentlichen Spaßmacher. S. 65.

[211] Ebd., S. 68.

[212] Budzinski: Pfeffer ins Getriebe. S. 278.

[213] Budzinski: Die öffentlichen Spaßmacher. S. 68.

[214] Budzinski: Das Kabarett. S. 173.

Kompromisslosigkeit, provokante Ironie und direkte Zuschaueransprache, wie sie Morlocks Texte kennzeichneten, sollten später auch Merkmale der gesellschaftlichen Bestandsaufnahmen Hildebrandts werden. In einem 2010 geführten Gespräch nannte er Morlock einen »formvollendeten Formulierungskünstler, Lyriker und Poeten«, der »zugleich ein analytischer und ein politischer Kopf« gewesen sei.[215] Besonders habe er Morlock für *Arthur, der Spielverderber*, eine »Ballade von der progressiven Ertüchtigung«,[216] bewundert,[217] die 1951[218] in dem Programm *Das faule Ei des Kolumbus* aufgeführt worden war.[219] Mit dem Text, der von einem Schulausflug eines patriotischen Lehrers mit seinen Schülern zu einem Nationaldenkmal handelt, übte Morlock Kritik an Anpassung und Prinzipienlosigkeit. Der Schüler Arthur weigert sich als einziger, der Aufforderung des Lehrers zu gehorchen und 50 Meter in die Tiefe zu springen, um die Fallgesetze am eigenen Leib zu erfahren:

»[...] Alle konnten sehen, wie der Klassenerste
Fünfzig Meter frei zur Erde fiel.
Der Assessor sprach: ›Der Anfang ist das schwerste,
Weiter unten ist's ein Kinderspiel.‹

Denn – so fuhr er fort – je tiefer einer falle
Desto höher die Geschwindigkeit.
Das beruhigte. Drum sprangen schließlich alle,
Und der Lehrer stoppte ihre Zeit.«[220]

Arthur steigt die Stufen hingegen wieder hinunter. Damit ist er »verhaßter Außenseiter«[221], aber der Einzige, der »mit heilen

[215] Treffen mit Dieter Hildebrandt am 16.11.2010 in München/Waldperlach.
[216] Morlock, Martin: Arthur, der Spielverderber. In: Morlock, Martin: Auf der Bank der Spötter: Meistersatiren aus 30 Jahren. München: Kindler, 1989, S. 19–23.
[217] Hildebrandt, Dieter: Martin, der Arthur. In: Morlock, Martin: Auf der Bank der Spötter: Meistersatiren aus 30 Jahren. München: Kindler, 1989, S. 15.
[218] Budzinski: Das Kabarett. S. 135.
[219] Budzinski: Pfeffer ins Getriebe. S. 275.
[220] Morlock: Arthur, der Spielverderber. In: Morlock: Auf der Bank der Spötter. S. 22.
[221] Ebd., S. 22.

Gliedern«[222] unten ankommt. Bis zum Ende der Ballade macht es den Anschein, als gelte die Kritik den Volksverführern und ihren abstrusen Ehrvorstellungen.[223] Als episches Element richtet sich die letzte Strophe an die Zuschauer und prangert unreflektiertes, opportunistisches Verhalten an:

»Die Moral – wir wolln sie so präzise fassen,
Daß kein Pädagoge daran Anstoß nimmt;
Möglich, daß es keine Lehrer gibt, die Knaben springen lassen.
Aber Knaben, die gegebnenfalles sprängen, gibt's bestimmt.«[224]

Der Text stehe »völlig zu Unrecht noch nicht in den Schulbüchern«[225], schrieb die *Lach- und Schießgesellschaft* 1970 anlässlich der Mitarbeit Morlocks an ihrem 17. Programm im zugehörigen Programmheft. Als Hildebrandt noch kein Kollege Morlocks, sondern Platzanweiser in der *Kleinen Freiheit* war, traf er ihn am Rande einer Premierenvorstellung.[226] Morlock war für Hildebrandt der Beleg dafür, »daß wirklich große Leute zu kleinen Leuten immer lieb und nett sind [...].«[227]

222 Ebd., S. 22.
223 Budzinski: Die öffentlichen Spaßmacher. S. 66.
224 Morlock: Arthur, der Spielverderber. In: Morlock: Auf der Bank der Spötter. S. 23.
225 Münchner Lach- und Schießgesellschaft, 17. Programm: Wir werden uns schon schaffen, 1970, Programmheft, S. 9.
226 »Er [Martin Morlock] kam eines schönen Premierenabends die Treppe herunter, gar nicht locker, überhaupt nicht gelassen, und nickte mir einen Guten Abend zu. Das war viel für mich, den Platzanweiser in der Kleinen Freiheit [...]. Denn er war der Morlock. Der Morlock, dessen Texte die Münchner Abendzeitung nach oder vor den Premieren in vollem Wortlaut abdruckte. Der, von dessen Arbeits- und Einfallskraft das Theater unter den Arkaden in der Maximilianstraße abhängig war, der von zwanzig Texten eines Programms mindestens zehn geschrieben hatte, und dem die Prinzipalin des Hauses, Trude Kolman, ihr strahlendstes Lächeln schenkte. Gewiß, auch Erich Kästner und Robert Gilbert und Per Schwenzen schenkten ihre Texte, aber Morlock war der ›junge Mann‹, war die Zukunft des Hauses.« In: Hildebrandt, Dieter: Martin, der Arthur. In: Morlock: Auf der Bank der Spötter. S. 15.
227 Hildebrandt/Schroeder: Ich musste immer lachen. S. 84f.

IV.3.3 Oliver Hassencamp, der Komödiant

Auf seine Vorbilder bei der *Kleinen Freiheit* angesprochen, nannte Hildebrandt auch Oliver Hassencamp.[228] Der Komödiant,[229] geboren 1921 in Rastatt, stand 1947 in den *Kammerspielen* auf der Bühne und gehörte ein Jahr später zum Ensemble der *Schaubude*. Von 1951 bis 1955 war er festes Mitglied der *Kleinen Freiheit*.[230] Rückblickend auf die 50er-Jahre berichtete Hassencamp später von der Intention der Kabarettisten, die Gesellschaft der jungen Bundesrepublik zu ändern. Sie hätten es als ihre Aufgabe angesehen, das »Nest« zu »beschmutzen«, um es »sauber« zu halten.[231] Hassencamp schildert eine kämpferische Stimmung, trotz des Bewusstseins der begrenzten Wirkungsmöglichkeiten des Kabaretts: »Wir waren manchmal nach der Aufführung wirklich zu einem Aufbruch entschlossen – und waren doch nur in einem Kabarett-Keller gewesen.«[232] Für die *Kleine Freiheit* schrieb er Texte, die er auf der Bühne als Akteur selbst darbot, was in diesem Kabarett unter der Regie Trude Kolmans eine Ausnahme darstellte.[233] Somit besaß Hassencamp in den streng durchformulierten Programmen ansatzweise die Möglichkeit zur Improvisation. Mit seiner »schweifenden Plauderei« und seinem »Spaß an der Überdrehung« habe er die Perfektion der *Kleinen Freiheit* »menschlich« aufgebrochen, so das Urteil Klaus Budzinskis.[234] Auch Hildebrandt schätzte Hassencamps Sprachgewandtheit und seinen geistreichen Humor. Zum Ausdruck kamen diese Eigenschaften in dem im Dialekt dargebotenen Gedicht *En miniature*.[235] Hassencamps Kritik galt hier der Neutralität der Schweiz. Er betitelte sie in seinem Text ironisch als »›Miß Europa‹ der Musterländles-Königinnenwahl«, während er beiläufig die Schattenseiten des »schön[en],

[228] Treffen mit Dieter Hildebrandt am 16.11.2010 in München/Waldperlach.

[229] Greul: Bretter, die die Zeit bedeuten. S. 381.

[230] Budzinski: Das Kabarett. S. 96f.

[231] Hassencamp, Oliver: Die Kleine Freiheit (Auszug) In: Grossherr: Aufbruchzeit. S. 44.

[232] Ebd., S. 44.

[233] Budzinski: Die öffentlichen Spaßmacher. S. 72.

[234] Ebd., S. 72.

[235] Hassencamp, Oliver: En miniature. In: Kolman, Trude: Münchner Kleine Freiheit. München: Albert Langen-Georg Müller Verlag, 1960, S. 29–31.

luxuriös[en], gelangweilt[en] und aus diplomatischen Gründen neutral[en]« Landes aufzeigte:[236]

»Drum: Ist nach dem nächsten Krieg
die ganze Welt öd und leer,
dann chömmet sie zu us in d'Schwyz,
dort ist es au contraire.

Denn nur im ä Land,
wo sie nüd wisset,
wer's eigentlich regiert,
chönnet sie au ganz sicher sei,
daß au g'wies nüd passiert! […]«[237]

Ab 1955 wandte sich Hassencamp vom Kabarett ab und verfasste nun vor allem zeitkritische Zeitungskolumnen, Essays, Kurzgeschichten, Romane und Filmdrehbücher.[238] Eine Mitwirkung bei der *Lach- und Schießgesellschaft* lehnte er 1956 ab, schlug jedoch diesen Namen für das neue Kabarett um Hildebrandt vor.[239]

IV.3.4 *Die Stachelschweine*: »Berliner Tempo und Schnauze«

Laut Klaus Peter Schreiner wirkte auf Hildebrandt der »überzüchtete Stil« der *Kleinen Freiheit*, wie er ihn während seiner Zeit als Platzanweiser erlebte, »etwas steril«.[240] Eine Abwechslung stellte ein Gastspiel der Berliner *Stachelschweine* dar.[241] Als die Kabarettisten ihr 19. Programm *Nein oder nicht nein*[242] in der *Kleinen Freiheit* aufführten, waren die Vorstellungen ausverkauft. »Die Münchener Presse lobt vor allen Dingen die Schärfe und Unerbittlichkeit des Berliner Kabaretts«, so Ensemblemitglied Rolf Ulrich.[243]

[236] Ebd., S. 29.
[237] Ebd., S. 30f.
[238] Budzinski: Das Kabarett. S. 97.
[239] Schreiner: Die Zeit spielt mit. S. 107.
[240] Schreiner: Dieter Hildebrandt. In: Deißner-Jenssen: Die Zehnte Muse. S. 419.
[241] Schreiner: Die Zeit spielt mit. S. 69.
[242] Premiere am 18.12.1953 in Berlin. In: Ulrich, Rolf: Alles sollte ganz anders werden – 40 Jahre Kabarett »Die Stachelschweine«. Frankfurt/M.;Berlin: 1990, S. 257.
[243] Ebd., S. 50.

Im Vordergrund standen bei dem Kabarett aus Berlin, dessen Mitglieder Schauspieler waren, die ihre Texte selbst verfassten, nicht Literatur und Kunst. Stattdessen zeichneten sich die Akteure durch ihren Volkswitz aus.[244] Die Direktheit der *Stachelschweine*, die 1949 in Berlin als »Abenteuer« für »2,50 DM und zwei Bier am Abend für jeden«[245] sowie als klassisches Nummern-Kabarett[246] begonnen hatten,[247] zeigt der Text *Liebenswürdiges Finale*. Darin wurde das Verhältnis zwischen den Regierenden der geteilten Stadt Berlin und den Kabarettisten, die sich das Recht zu Kritik an den dortigen Verhältnissen vorbehielten, für das Publikum unmissverständlich zum Ausdruck gebracht:

»Wir sind janz schön abjehärtet – dürfense glooben,
nich nur jegen Hinz und Kunz
nee, janz insbesondre ooch jeden die oben!
Det Vahältnis is so: wir könn die – und die uns!
Aba lieba dürft ich übawintan
als die Brüda in den ... Rücken fallen! [...]«[248]

Schreiner beschrieb die Berliner Kabarettisten als »frische junge Leute, die ihr Herz auf der Zunge trugen«.[249] Neben »Berliner Tempo und Schnauze« besaßen sie einen Improvisationsstil, der »viel offenherziger und frecher« gewesen sei als der der *Kleinen Freiheit* und der Hildebrandt mehr gelegen habe.[250] Eine Präferenz

[244] Budzinski, Klaus: Wer lacht denn da? Kabarett von 1945 bis heute. Braunschweig: Westermann, 1989, S. 61. Da die Stachelschweine anfangs im Ost-West-Konflikt nicht einseitig Stellung bezogen, erreichten die geschlossenen Szenenfolgen, in denen die verschiedenen Sichtweisen herausgestellt wurden, mitunter eine Länge von 20 Minuten. In: Budzinski: Die öffentlichen Spaßmacher. S. 44.

[245] Ulrich, Rolf: Alles sollte ganz anders werden – 40 Jahre Kabarett »Die Stachelschweine«. Frankfurt am Main/Berlin: Ullstein, 1990, S. 12.

[246] Fleischer, Michael: Eine Theorie des Kabaretts. Bochum: Universitätsverlag Brockmeyer, 1989, S. 22.

[247] Die Texter der Stachelschweine waren Rolf Ulrich und Wolfgang Gruner. Zu den Mitgliedern zählten Rolf Ulrich Wolfgang Gruner, Jo Herbst, Günter Pfitzmann, Horst Gabriel, Dorle Hintze, Ilse Margraf, Joachim Teege, Klaus Becker, Ronald Rochow, Inge Wolffberg und Alex Welbat. In: Ebd., S. 22.

[248] N.N.: Liebenswürdiges Finale. In: Ulrich: Alles sollte ganz anders werden. S. 40.

[249] Schreiner: Die Zeit spielt mit. S. 69.

[250] Ebd., S. 69.

für Kabarett-Darbietungen, die von strengen formalen Regelungen abwichen und eine satirische Schärfe aufwiesen, besaß dieser somit schon als Zuschauer. Als Hildebrandt selbst auf der Bühne stand, wurden seine spontan wirkenden Einfälle und improvisiert erscheinenden, angriffslustigen Texte zu seinem Markenzeichen.

Ulrich erinnerte sich 1990 in seinem Rückblick auf die 40-jährige Geschichte der *Stachelschweine* an ein erstes Zusammentreffen mit dem damaligen Studenten Hildebrandt, das am Rande eines Gastspiels in der *Kleinen Freiheit* stattfand.[251] Von 1960 bis 1967 traten die *Stachelschweine* jährlich gemeinsam mit ihm und der *Lach- und Schießgesellschaft* im Deutschen Fernsehen in der Auftaktsendung der Fernsehlotterie für Berliner Ferienkinder mit dem Titel *Ein Platz an der Sonne* auf.[252]

IV.3.5 Werner Finck, der Meister der fragmentarischen Sprechweise

Ein weiteres Vorbild für Hildebrandt war der Kabarettist Werner Finck. Dieser zählte zu den bekanntesten Conférenciers des Kabaretts der 20er-Jahre.[253] Zusammen mit Hans Deppe eröffnete er 1929 in der Bellevuestraße in Berlin die *Katakombe*, für die neben den Gründungsmitgliedern Günter Neumann, Erich Kästner, Kurt Tucholsky und Walter Mehring Texte lieferten.[254] Das Kabarett bot bissige Polit-Satiren, Parodistisches und Literarisches. Schließen musste es auf Anordnung des Propagandaministers Joseph Goebbels 1935, Finck kam für einige Wochen in das Konzentrationslager Esterwegen.[255] Auslöser war letztlich der aufgeführte Sketch *Fragment vom Schneider*.[256] Der Text, laut Finck einer der »Balance-Akte auf dem dünnen Drahtseil des Wortspiels«[257], war eine Anspielung auf die entzogenen Bürgerrechte durch die Nationalsozialisten. Ein

[251] Ulrich: Alles sollte ganz anders werden. S. 32.
[252] Budzinski: Das Kabarett. S. 243.
[253] Neben Fritz Grünbaum, Paul Morgan, Willi Schaeffers, Hellmuth Krüger und Paul Nikolaus. In: Budzinski: Pfeffer ins Getriebe. S. 155ff.
[254] Greul: Bretter, die die Zeit bedeuten. S. 269ff. Budzinski: Das Kabarett. S. 127.
[255] Appignanesi: Das Kabarett. S. 154.
[256] Greul: Bretter, die die Zeit bedeuten. S. 292f.
[257] Finck: Alter Narr – was nun? S. 65.

Schneider nimmt darin bei seinem Kunden, gespielt von Finck, Maß für einen Anzug. Beim Vermessen der Ärmel korrespondieren die Maße mit den Jahreszahlen 1918/19, als infolge der Novemberrevolution Deutschland von einem monarchischen Obrigkeitsstaat zur parlamentarisch-demokratischen Republik wurde, und 1933, dem Jahr der Machtergreifung der Nationalsozialisten:

»Schneider:	*Und jetzt bitte den rechten Arm hoch – mit geschlossener Faust ... 18/19. Und jetzt mit ausgestreckter Hand ... 33 ... Ja, warum nehmen Sie denn den Arm nicht herunter? Was soll denn das heißen?*
Kunde:	*Aufgehobene Rechte ...«*[258]

Nach dem Krieg gründete Finck in München das kabarettistische Theater *Schmunzelkolleg*. Im Kabarett sah er keine effektive Ausdrucksform der politischen Satire mehr, weshalb Finck nun verstärkt humoristische und humanistische Texte verfasste.[259] Bei Hildebrandt hinterließ Finck, ebenfalls gebürtiger Schlesier, einen besonderen Eindruck. So konnte sich Hildebrandt noch 57 Jahre später erinnern, dass Finck 1953 drei Mal über einen Zeitraum von 14 Tagen hinweg bei einem Gastspiel in der *Kleinen Freiheit* aufgetreten sei.[260] Einen Abend, bei dem Hildebrandt das »Glück« gehabt habe, anwesend zu sein, beschrieb er in seinem Buch *Was bleibt mir übrig*:[261]

> *»Ich hatte so etwas noch nie erlebt. Dieser strahlende Eierkopf mit seiner gezielten Schwatzhaftigkeit, mit seiner unglaublichen Fähigkeit, Menschen zu ihrem Besten zu zwingen, zum Lachen über ihre eigene Blödheit, brauchte keine Hilfsmittel, keine Musik, kein Bühnenbild, hielt drei Stunden lang sein Publikum in*

258 Ebd., S. 67. Nach seiner Freilassung soll Finck angeblich Goebbels' Hand bei einem Presseball ergriffen und gefragt haben: »Wollen wir uns nicht wieder vertragen, Herr Minister?« Dieser habe sich daraufhin an seinen Begleiter gewandt mit den Worten: »Wie kann ich mich gegen so etwas schützen?« In: Harttung, Arnold (Hrsg.): Kabarett mit K. Fünfzig Jahre große Kleinkunst. Berlin: Berlin Verlag, 1974, S. 37.

259 Deißner-Jenssen: Die Zehnte Muse. S. 346ff.

260 Treffen mit Dieter Hildebrandt am 16.11.2010 in München/Waldperlach.

261 Hildebrandt: Was bleibt mir übrig. S. 242.

Atem, spielte mit ihm, ließ es mitspielen, blieb keine Antwort schuldig, ohne den Faden zu verlieren, war in dieser Nacht wahrscheinlich in seiner Höchstform.«[262]

Hildebrandt studierte Fincks Kabarettstil, welcher darin bestand, den Satz, der zur Pointe führt, zu sagen und es dem Publikum zu überlassen, wie er endet. »Man verplaudert sich und kommt dadurch zum Wesentlichen. Das hat Werner Finck meisterhaft beherrscht«,[263] urteilte Hildebrandt in einem persönlichen Gespräch über die Technik der fragmentarischen Sprechweise und des schüchternen Stotterns.[264] Indem bei dieser Methode im Kabarett das Elementare ungesagt bleibt, wird beim Publikum der für das Verstehen der Pointe nötige Wissensstand vorausgesetzt. In modifizierter Weise wandte sie Hildebrandt später bei seinen eigenen Auftritten an. Die halben Sätze wurden zu einem Charakteristikum seiner kabarettistischen Darbietungen.

Indem Hildebrandt den Kabarettbetrieb in der *Kleinen Freiheit* direkt miterlebte, lernte er den Unterschied zum Theater sowie die verschiedenen Techniken, die Stilelemente und die Aussagekraft der Kunstform Kabarett kennen. Die für Trude Kolmans Bühne tätigen Texter und Darsteller prägten ihn wesentlich. Von der aufklärerischen Poesie Kästners, der literarischen Schärfe Morlocks, der darstellerischen Komik Hassencamps, dem Improvisationsstil der *Stachelschweine* und der Kunst der halben Sätze Fincks war später auch in Hildebrandts Texten etwas enthalten. Er erkannte und analysierte die Stärken und Schwächen in der Textarbeit der Autoren sowie den darstellerischen Darbietungen der Akteure und entwickelte auf dieser Grundlage eine inhaltlich und stilistisch neue Form des politischen Kabaretts. Seine Nebentätigkeit als Platzanweiser bei der *Kleinen Freiheit* sollte somit den Auslöser für den Beginn seiner Karriere und auch für seinen Erfolg darstellen.

262 Ebd., S. 242.
263 Treffen mit Dieter Hildebrandt am 16.11.2010 in München/Waldperlach.
264 Budzinski: Pfeffer ins Getriebe. S. 169.

V Die ersten Jahre als Kabarettist

V.1 Hildebrandt wird *Namenloser* – »Was kann uns passieren?«

Den entscheidenden Anstoß, selbst Kabarett zu machen, gab Hildebrandt ein Erlebnis auf einer Studentenvollversammlung im Auditorium Maximum, dem größten Hörsaal der Münchner Universität. Als ein Tagesordnungspunkt wurde die Zulassung von schlagenden Studentenverbindungen diskutiert.[1] Die Auseinandersetzung darum hatte 1953 an der Hochschule zwischen Alt- und Jung-Akademikern begonnen.[2] Hintergrund war die historisch belegbare rechtsextreme Gesinnung vieler dieser Studentenvereinigungen. Bei den waffenstudentischen Verbindungen als »Kern« der rechtsorientierten Studentenschaft bis 1928/29 hatte man »schon früh« eine »Mischung aus antidemokratischem Ressentiment und nationalistischer Rhetorik, aus emphatischer Verherrlichung des Frontsoldatentums und antisemitischen Vorurteilen«[3] feststellen können.[4] Demnach waren bereits vor der Machtergreifung etwa die Hälfte der nationalsozialistischen Studenten zugleich Mitglieder von zum Großteil schlagenden Korporationen.[5] Auch nach Kriegsende zeigte sich in deren Reihen die Ausrichtung zum Rechtsextremismus. In München wurde 1953 im Haus der später mit der NPD in Ver-

1 Schreiner: Ins Schwarze geschrieben. S. 197f.

2 Grossherr: Aufbruchzeit. S. 68f.

3 Grüttner, Michael: Studenten im Dritten Reich. Paderborn/München/Wien/Zürich: Schöningh, 1995, S. 32.

4 Hildebrandt, Dieter: »[...] Ich sah zum Beispiel Studentenverbindungen, von denen ich gelesen hatte, dass sie die ersten waren, die in die NS-Studentenbünde eingetreten waren. Sie wurden die ersten Nazis. Es waren die ersten Juristen, die Nazis wurden, es waren die Akademiker, die Nazis wurden. [...]« In: Dieter Hildebrandt im Gespräch mit Günter Gaus. In: Kulturpreis Schlesien des Landes Niedersachsen. Hannover: Niedersächsisches Landesministerium, 2003.

5 Grüttner, Michael: Studenten im Dritten Reich. Paderborn/München/Wien/Zürich: Schöningh, 1995, S. 34.

bindung stehenden Burschenschaft *Danubia* in der Möhlstraße die *Burschenschaftliche Gemeinschaft* gegründet, die völkisch-rassistischen Prinzipien folgte.[6]

Gegen reaktionäre Studentenverbindungen stellten sich der *Sozialistische Deutsche Studentenbund* (SDS) und der *Liberale Studentenbund Deutschlands* (LSD).[7] Protest kam darüber hinaus von dem renommierten Professor Romano Guardini, der seit 1948 den Lehrstuhl für Religionsphilosophie und christliche Weltanschauung an der Münchner Universität innehatte und sonntags Ansprachen in der Ludwigskirche hielt.[8] In seiner Autobiografie heißt es als Tagebuchnotiz zum 6. Dezember 1953:

> *»Heute in St. Ludwig waren viele Mützen zu sehen. Wie ich höre, ist in Bonn entschieden worden, das Farbentragen sei erlaubt. Jetzt kommt wieder eins nach dem anderen. Restauration in allem. Nichts ist gelernt worden.«*[9]

An der Vollversammlung in der Universität nahm neben Hildebrandt auch Klaus Peter Schreiner teil. Seinen Schilderungen zufolge ergriff Hildebrandt bei der Veranstaltung das Wort und teilte den Kommilitonen auf ironische Weise mit, dass er zur Finanzierung seines Studiums regelmäßig zum Blutspenden gehe. Deshalb halte er es für falsch, dass andere Studenten ihr Blut »sinnlos auf dem Paukboden verspritzen«.[10] Schreiner war von Hildebrandts Rede »beeindruckt«.[11] Dieser habe dafür nicht nur Applaus, sondern auch Protest von den Befürwortern der schlagenden Studentenverbindungen erhalten. Wie Hildebrandt berichtete, habe er es dennoch genossen, seine Meinung vor Publikum frei äußern zu können. Um diese Gelegenheit öfter zu erhalten, schlug er kurz darauf einigen Kommilitonen vor, auf dem theaterwissenschaftlichen Faschingsfest politisches Kabarett aufzuführen.[12] Unter dem

6 Grossherr: Aufbruchzeit. S. 68.
7 Ebd., S. 69.
8 Ebd., S. 69.
9 Guardini, Romano: Stationen und Rückblicke. Bericht über mein Leben. Mainz/Paderborn: Mathias Grünewald Verlag/Verlag Ferdinand Schöningh, 1995. Zitiert in: Grossherr: Aufbruchzeit. S. 71.
10 Schreiner: Ins Schwarze geschrieben. S. 198.
11 Ebd., S. 198.
12 Hildebrandt/Schroeder: Ich musste immer lachen. S. 90.

Eindruck der *Kleinen Freiheit* hatte er zu diesem Zeitpunkt bereits Texte für ein ganzes Programm geschrieben.[13]

Seinen Antrieb, Kabarett zu machen, erklärte Hildebrandt 1987 in einem Interview. Nach eigener Angabe handelte es sich dabei um einen »Urzorn«, der aus seinen Erlebnissen im Dritten Reich resultierte.[14] Laut Hildebrandt war dieser Zorn »sehr strapazierfähig« und der »eines wirklich begeisterten Republikaners«: »Gerade weil diese Republik unter solch großen Schmerzen geboren wurde, ist mein Zorn um so größer, wenn ich merke, daß man sie leichtfertig verspielen könnte.«[15] Im Kabarett fand Hildebrandt ein Medium, durch welches er das neu gewonnene Recht der freien Meinungsäußerung ausnutzen und sich für die Wahrung und Festigung der Demokratie in der Bundesrepublik einsetzen konnte.[16]

Am 17. Februar 1955 betraten Hildebrandt, die Theaterwissenschaftler Klaus Peter Schreiner, Gerhard Potyka und Hans-Guido Weber sowie die Buchhandelsgehilfin Susanne Weber[17] auf einem Studentenball eine aus Bierkästen und Brettern konstruierte Bühne.[18] Veranstaltungsort ihres ersten Auftritts, bei dem auch der Theaterprofessor Edgar Hederer anwesend war,[19] war die *Alte Laterne*, ein heruntergekommenes und Hildebrandts Beschreibungen nach »furchtbares Lokal« in der Leopoldstraße (»Da lief ein Hahn auf den Tischen rum, und kein Mensch war zu sehen.«).[20] Seine damaligen Befürchtungen und Hoffnungen, die er in den Auftritt setzte, formulierte er 1986 in seinem Buch *Was bleibt mir übrig*:

> *»Sollten uns übermorgen die gefürchteten Münchner Kritiker von dieser Bühne wegjagen, gehen wir halt zurück ins Seminar, studieren wir halt weiter, werden wir eben auch Kritiker. Wir*

[13] Ebd., S. 91.

[14] Mannheimer Morgen, 29.4.1987, Kammerer, Regina: »Wie kommst du denn zum Schiller-Preis!?«

[15] Ebd.

[16] Hildebrandt bezeichnete an ihn und an Kollegen gerichtete Vorwürfe, Gegner des Staates zu sein, als denkbar »größte Unverschämtheit«. In: Ebd.

[17] Budzinski: Die öffentlichen Spaßmacher. S. 122.

[18] Budzinski: Pfeffer ins Getriebe. S. 290.

[19] Ebd., S. 290.

[20] Hildebrandt/Schroeder: Ich musste immer lachen. S. 90.

haben überhaupt keinen Grund, Angst zu haben. Mir ist ganz schlecht.«[21]

Anlass zum Lampenfieber gaben Hildebrandt nicht nur die Kritiker, sondern auch die Münchner Kabarett-Konkurrenz.[22] Neben der *Kleinen Freiheit* feierten zu diesem Zeitpunkt die *Kleinen Fische* Erfolge in der Landeshauptstadt. Diese traten seit 1953 in der *Künstlerklause* auf, bis sie 1955 in den Keller des *Café Freilinger* am anderen Ende der Leopoldstraße zogen.[23] In seinen angriffslustigen Texten thematisierte das Ensemble bundesdeutsche und regionale[24] Zeiterscheinungen.[25] Zu dem Quintett der ehemaligen Operettensoubrette Therese Angeloff gehörte unter anderem Ingrid van Bergen.[26] Die *Kleinen Fische* besaßen einen besonderen Status[27] in der Münchner Kabarettszene und zogen ein freigeistiges Publikum an.[28]

Ein Jahr nach ihnen hatte in einem Keller in der Brienner Straße das Kabarett *Die Zwiebel* mit »unterhaltsame[n]« und »temperamentvolle[n]«[29] Nummern eröffnet.[30] Leiter und zugleich Autor der meisten Texte, die er zum Teil selbst interpretierte und in denen er oftmals den störrischen »kleinen Mann« spielte,[31] war der gebürtige Münchner Michael Burk.[32] Mit seiner Verkörperung von Wiener, Pariser und bayerischen Typen erhielt er bereits beim Gang auf die Bühne Beifall.[33]

21 Hildebrandt: Was bleibt mir übrig. S. 45.
22 Ebd., S. 45.
23 Budzinski: Die öffentlichen Spaßmacher. S. 109.
24 Ebd., S. 108.
25 Prescher, Hans: Künste im Aufbruch. München in den 50er Jahren. München: Allitera Verlag, 2006, S. 85. Das Kabarett wies zwar interpretatorische Mängel auf, die Akteure überzeugten jedoch durch ihre sympathischen Charaktere und ihre Spielfreude. In: Budzinski: Die öffentlichen Spaßmacher. S. 104/109.
26 Budzinski: Die öffentlichen Spaßmacher. S. 105.
27 Ebd., S. 111.
28 Ebd., S. 104.
29 Prescher: Künste im Aufbruch. S. 88.
30 Budzinski: Die öffentlichen Spaßmacher. S. 113ff.
31 Prescher: Künste im Aufbruch. S. 88.
32 Scharfe Satire verbarg Burk hinter seiner gutmütigen Darstellung. In: Budzinski: Die öffentlichen Spaßmacher. S. 114.
33 Prescher: Künste im Aufbruch. S. 88.

Mit den drei in München bereits bestehenden Kabaretts konnte es das von Hildebrandt initiierte Studentenkabarett »in Stil und Niveau durchaus [...] aufnehmen«,[34] wie Klaus Budzinski resümierte. Im Anfangschanson, geschrieben von Hildebrandt, hieß es jedoch erst einmal zurückhaltend: »Wir haben keinen Namen,/ die Firma kennt man nicht,/wir ham nur, Herrn und Damen,/ ein Allerweltsgesicht [...].«[35] Hildebrandt und Schreiner thematisierten in ihren Texten hauptsächlich lokale Ereignisse, das Universitätsleben,[36] Kultur und Politik.[37] Während Schreiner vor allem literarische Beiträge für die Programme der *Namenlosen* lieferte, zeichnete sich Hildebrandt durch hintersinnige Kommentare zum aktuellen Zeitgeschehen aus. Die Mischung aus Poesie und satirischer Schärfe sowie Hildebrandts »Reaktionsschnelligkeit«[38] in Bezug auf das Tagesgeschehen bildeten die Grundlage des Erfolgs des Studentenkabaretts wie auch bei der späteren *Lach- und Schießgesellschaft*. Schreiner erinnerte sich an eine Satire über den ehemaligen Generalfeldmarschall Ferdinand Schörner, die Hildebrandt kurz vor dem Auftritt verfasst hatte. Schörner gilt als einer der brutalsten Generäle Hitlers und hatte noch in den letzten Kriegstagen Deserteure hinrichten lassen.[39] In den 50er-Jahren wohnte er in Schwabing und stellte kurz vor der Premiere der *Namenlosen* einen Antrag auf Auszahlung seiner Generalspension.[40] Das Thema beleuchtete Hildebrandt in seinem Text mit *»bittere[m] Sarkasmus«*.[41] Ein Reim darin lautete: »Unser Chef ist konsequent: er hängt auf, was rückwärts rennt.«[42]

Gegenstand einer komödiantischen Nummer Hildebrandts im ersten Programm der *Namenlosen* war die Planwirtschaft der

34 Budzinski: Die öffentlichen Spaßmacher. S. 120.

35 Schreiner: Die Zeit spielt mit. S. 78f.

36 Budzinski: Wer lacht denn da? S. 64.

37 Budzinski: Pfeffer ins Getriebe. S. 290.

38 Budzinski: Wer lacht denn da? S. 64.

39 Die Zeit, Nr. 37, 8.9.2005, www.zeit.de/2005/37/A-Sch_9arner_neu, Bert-Oliver Manig: Der Bluthund ist zurück. (Stand: 10.2.2012).

40 Schreiner: Dieter Hildebrandt. In: Deißner-Jenssen: Die Zehnte Muse. S. 426. Vgl. dazu: Der Spiegel, Nr. 17, 25.4.1956, Des Marschalls Richter, S. 16f.

41 Schreiner: Dieter Hildebrandt. In: Deißner-Jenssen: Die Zehnte Muse. S. 427.

42 In: Budzinski: Die öffentlichen Spaßmacher. S. 119.

DDR.[43] Im Wirtschaftsystem nach sowjetischem Muster wurden die Produktion und die Verteilung von Gütern und Dienstleistungen planmäßig und zentral gesteuert. Da die Betriebe ihre Produktionskapazitäten zur Erreichung des Plansolls möglichst niedrig ansetzten, blieb der Anreiz, Gewinne zu erwirtschaften und den Produktionsablauf zu optimieren, gering.[44] 1955 lief der am 1. Januar 1951 in Kraft getretene erste Fünfjahresplan aus, mit dem die SED-Führung den Versuch unternommen hatte, die wirtschaftliche und gesellschaftliche Entwicklung in der DDR zu steuern.[45] Hildebrandt stellte das »organisierte Chaos«[46] in der ironisch-witzigen, teils in Dialekt geschriebenen Nummer *Jauche fahren, aber wie?* mit dem Untertitel *Aus dem Alltagsleben der Arbeiter- und Bauernrepublik*[47] dar. Schauplatz ist darin eine volkseigene Jauchestation, womit Hildebrandt auf die Eingliederung der Landwirtschaft in das sozialistische Wirtschaftssystem durch die im Juli 1952 eingeführten *Landwirtschaftlichen Produktionsgenossenschaften* (LPG) anspielte.[48] In dem Text berichtet ein Radioreporter zum Beweis der Rentabilität der Planwirtschaft vom »Hof der Ackerbrigade Walter Ulbricht«,[49] auf dem »nicht mehr planlos in den Tag hineingearbeitet« werde wie »zu Zeiten des feudal-kapitalistischen Junkertums«.[50] »Genosse Hempel« erläutert gegenüber dem Reporter den Plan, den er und seine Arbeiter aktuell zu erfüllen haben. Dabei bedient er sich der nichtssagenden Floskeln der sozialistischen Führung, wodurch die Reden der Machthaber ins

[43] Ebd., S. 119f.

[44] Pötzsch: Deutsche Geschichte von 1945 bis zur Gegenwart. S. 106. Ciesla, Burghard: Wirtschaftliche Entwicklung und Lebenslage in der DDR. In: Bundeszentrale für politische Bildung (BpB) (Hrsg.): Deutschland in den fünfziger Jahren, Heft 256, 2003, S. 42.

[45] Ziel war es, innerhalb der fünf Jahre die Industrieproduktion von 23 auf 45 Milliarden Mark zu verdoppeln sowie die landwirtschaftliche Erzeugung um 25 Prozent und das Volkseinkommen um 60 Prozent zu erhöhen. Die Arbeitsproduktivität sollte um 72 Prozent ansteigen. In: Pötzsch: Deutsche Geschichte von 1945 bis zur Gegenwart. S. 107.

[46] Budzinski: Die öffentlichen Spaßmacher. S. 119.

[47] Hildebrandt: Was bleibt mir übrig. S. 33–35.

[48] Grosser: Geschichte Deutschlands seit 1945. S. 393. Pötzsch: Deutsche Geschichte von 1945 bis zur Gegenwart. S. 111.

[49] Hildebrandt: Was bleibt mir übrig. S. 33.

[50] Ebd., S. 33.

Lächerliche gezogen werden und der Text seine Komik gewinnt: »Also, der Plan sieht so aus, daß wir alle jemeinsam den janzen Tach über an einen Strick ziehen wollen, weil wir ja alle in einem Boot …«[51] Bis auf ein gemeinsames »Bekenntnis« zu den Zielen des von Ulbricht verkündeten Fünfjahresplans[52] herrscht unter den Arbeitern jedoch Ratlosigkeit in Hinblick auf das im Grunde simple Vorhaben des »Jauche Fahrens«. Dieses scheitert letztlich aus Materialmangel an der praktischen Umsetzung.[53]

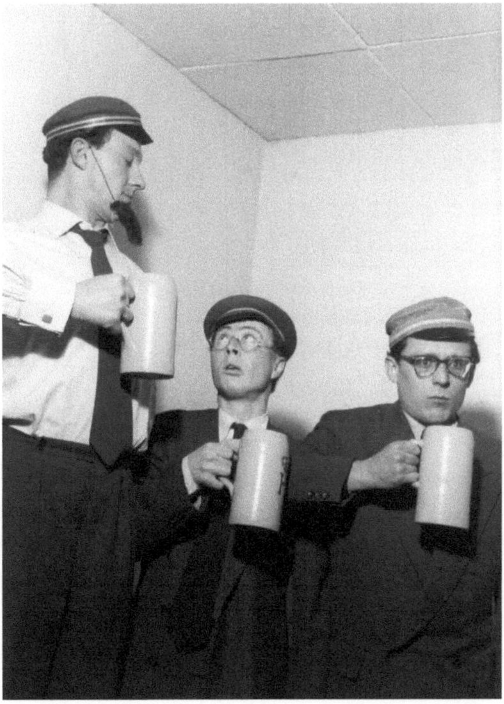

Drei »Namenlose«: Hans-Guido Weber, Gerhard Potyka und Dieter Hildebrandt (v. l.).

[51] Ebd., S. 33.

[52] Ebd., S. 33f.

[53] Angesichts der Ratlosigkeit der Arbeiter bezüglich des beabsichtigten »Jauche Fahrens« fragt der Reporter, ob an dem Plan etwas nicht stimme. Hempel antwortet darauf, das es tatsächlich vielmehr um das »Jauche Pumpen« gehe: »Reporter: Ich denke, Jauche fahren, aber wie?/Hempel: Da ist heute jar nich mehr dran zu denken. Also Jauche pumpen, aber wie?/Erst Jauchewagen pumpen/denn Jauchefaß pumpen/denn Jauche pumpen/denn Jauchepumpe pumpen/und denn Jauche pumpen!« In: Ebd., S. 34.

Auf Bitte Hildebrandts hin trug Schreiner im ersten Programm der *Namenlosen* seinen Text *Das Lied des Superstudenten* vor, der heute Bestandteil seines privaten Archivs ist. Darin verkörperte Schreiner den Typus des aufgrund des vielen Lernens abgemagerten Strebers,[54] dessen Blickfeld trotz seines Bildungsgrads nicht über den Campus der Universität hinausreicht. Hildebrandt war überzeugt vom Erfolg des Textes seines Freundes. 2009 bezeichnet er das Lied auf Nachfrage als »sehr schönes Chanson«:[55]

> *»Ich rauche nicht, ich trinke nicht,*
> *ich brauch' kein Pinke-Pinke nicht*
> *und doch bin ich Student.*
> *Ist das nicht eminent? […]*
>
> *Und neulich hat mir albgeträumt,*
> *ich hätte ein Kolleg versäumt –*
> *da hab' ich mich so geschämt*
> *und war tagelang vergrämt. […]*
>
> *Wird man mir auch im Leben*
> *die besten Noten geben?*
> *Das ist mir ganz egal,*
> *denn das Leben ist so banal. […]«*[56]

Unter dem Titel *Ihr erstes Programm* fand am 25. Februar 1955 die öffentliche Premiere des Studentenkabaretts statt,[57] die aufgrund der zahlreichen eingeladenen Freunde und Bekannten nach Angabe Schreiners »mehr oder weniger ein Familienfest«[58] war. Von einer Mitarbeiterin der Anzeigenannahme der *Abendzeitung* wurde zuvor der Name *Die Namenlosen* gewählt,[59] da das Ensemble ihr gegenüber geäußert hatte, lieber anonym zu bleiben.[60] Selbst die überregionale Presse berichtete über das Debüt der *Namenlosen.*

[54] Budzinski: Die öffentlichen Spaßmacher. S. 119.
[55] Telefonat mit Dieter Hildebrandt am 4.5.2009.
[56] Privates Archiv von Klaus Peter Schreiner.
[57] Budzinski: Pfeffer ins Getriebe. S. 290.
[58] Schreiner: Dieter Hildebrandt. In: Deißner-Jenssen: Die Zehnte Muse. S. 428.
[59] Budzinski: Wer lacht denn da? S. 64.
[60] Budzinski: Die öffentlichen Spaßmacher. S. 120.

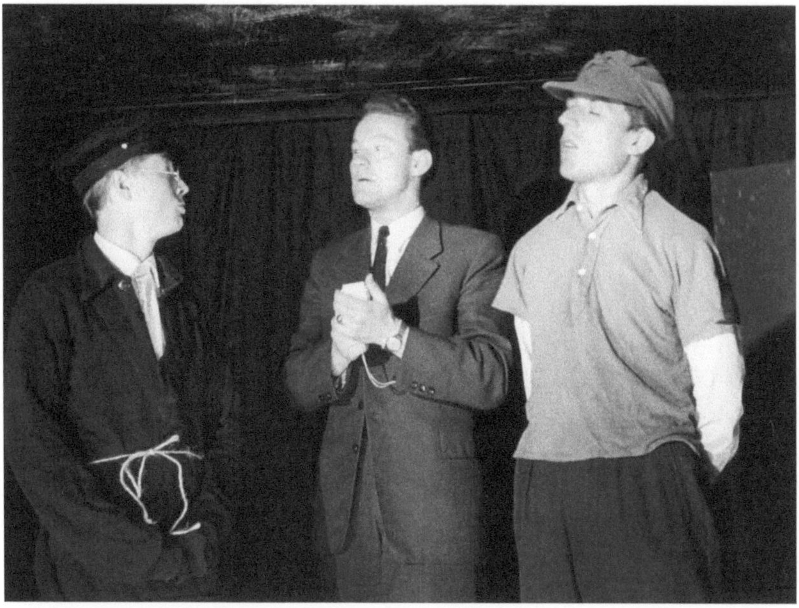

Die »Namenlosen« Gerhard Potyka, Hans-Guido Weber und Dieter Hildebrandt (v. l.) auf der Bühne.

In der *Frankfurter Allgemeinen Zeitung* sprach der Kritiker Wolfgang Drews im März 1955 von den »scharf formuliert[en]« Texten des »echt schwabingerisch[en]« Kabaretts, dessen Mitglieder »vor keinem Mißstand in Ost und West zurückschrecken« würden: »Mit Schwung stürzen sie sich auf das Podium, furios rasen sie Vers und Prosa herunter.«[61] Die *Neue Zürcher Zeitung* bezeichnete die *Namenlosen* als »Münchens Sensation«, da sie als einziges Kabarett in der Landeshauptstadt in der Lage seien, »jede Aktualität sofort aufzugreifen«.[62]

Jeden Abend besuchten Schreiners Erzählungen zufolge »gut zwei Dutzend Zuschauer«[63] die *Alte Laterne*, weshalb die Stu-

[61] Zitiert in: Budzinski: Das Kabarett. S. 183. S. auch: Schreiner: Die Zeit spielt mit. S. 79.

[62] Zitiert in: Schreiner: Die Zeit spielt mit. S. 79.

[63] Schreiner: Dieter Hildebrandt. In: Deißner-Jenssen: Die Zehnte Muse. S. 428.

denten gegen ein warmes Abendessen[64] bald dreimal die Woche aufgetreten seien.[65] Auf die Bitte der *Kleinen Fische* hin, für sie vier Wochen im *Café Freilinger* zu spielen, um ein Gastspielangebot wahrnehmen zu können, sagten Hildebrandt und seine Kollegen zu[66] und konnten damit ihren Bekanntheitsgrad noch einmal erhöhen.

Die Premiere des zweiten Programms mit dem Titel *Es ist so schön, privat zu sein* fand im Juli 1955 auf der Bühne der *Kleinen Fische* in der Leopoldstraße statt. Anstelle der zu diesem Zeitpunkt 16-jährigen Susanne Weber übernahm die Schauspielerin Eva Richter die weibliche Rolle.[67] Die von Hildebrandt und Schreiner verfassten Texte zeichneten sich diesmal im Wesentlichen durch einen pazifistischen Grundtenor aus.[68] In vier der insgesamt 19 Nummern wurde die Wiederbewaffnung Deutschlands thematisiert.[69]

In Westdeutschland waren am 23. Oktober 1954 die umstrittenen *Pariser Verträge* unterzeichnet worden. Sie umfassten den *Deutschlandvertrag*, nach dessen Artikel 1 die Republik »die volle Macht eines souveränen Staates über ihre inneren und äußeren Angelegenheiten« erhielt, sowie die Protokolle über die Beendigung des Besatzungsregimes und den Beitritt der Bundesrepublik in das westliche Verteidigungsbündnis, die NATO.[70] Durch den Bundestag waren die Verträge mit dem Ziel der vollständigen Westintegration Deutschlands[71] am 27. Februar 1955 ratifiziert worden,[72] am 5. Mai 1955 traten sie in Kraft.[73] Geplant

64 Budzinski: Pfeffer ins Getriebe. S. 290.

65 Schreiner: Dieter Hildebrandt. In: Deißner-Jenssen: Die Zehnte Muse. S. 428.

66 Hildebrandt/Schroeder: Ich musste immer lachen. S. 94.

67 Schreiner: Dieter Hildebrandt. In: Deißner-Jenssen: Die Zehnte Muse. S. 430.

68 Ebd., S. 431.

69 Budzinski: Die öffentlichen Spaßmacher. S. 120.

70 Görtemaker: Kleine Geschichte der Bundesrepublik Deutschland. S. 106.

71 Goppold, Uwe u. a.: Was Deutschland bewegte. München: Compact Verlag, 2005, S. 5.

72 Benz: Deutsche Geschichte seit 1945. S. 31.

73 Pötzsch: Deutsche Geschichte von 1945 bis zur Gegenwart. S. 93.

war, bis 1959 zwölf Heeresdivisionen mit rund 400.000 Mann bereitzustellen. Bis 1960 sollte es eine Luftwaffe mit 80.000 und eine Marine mit 20.000 ausgebildeten Soldaten geben.[74] In einer Radioansprache vom 18. Dezember 1949 hatte Adenauer die Behauptung, Deutschlands Wiederaufrüstung würde »mit Hochdruck anlaufe[n]«, noch als »frei erfunden« bezeichnet.[75]

Der Entschluss, einen Verteidigungsbeitrag zu leisten, führte in der Bundesrepublik zu lang anhaltenden Auseinandersetzungen. In der Öffentlichkeit herrschte eine hohe Akzeptanz der »Staatsbürger in Uniform«.[76] Gegen die Wiederbewaffnung stellten sich jedoch die meinungsbildende Presse und vor allem die junge Generation, die pazifistische und neutralistische Ansichten vertrat.[77] Abgelehnt wurde die Remilitarisierung auch von weiten Teilen der SPD und dem Parteivorsitzenden Erich Ollenhauer,[78] der am 23. Januar 1955 in einem Brief an Adenauer unterstellte, dass noch nicht alles versucht worden sei, »auf dem Wege von Viermächteverhandlungen die Einheit Deutschlands in Freiheit wiederherzustellen«, und prophezeite, dass die Annahme der Verträge »zu einer verhängnisvollen Verhärtung der Spaltung Deutschlands« führen würde.[79] In München baten der *Deutsche Gewerkschaftsbund*, die *Internationale der Kriegsdienstgegner* sowie weitere Gruppen der Friedensbewegung an sechzig Ständen und achtzig Litfaßsäulen um Unterschriften gegen die Remilitarisierung und die Allgemeine Wehrpflicht.[80] Unterstützt wurden sie dabei von Schriftstellern, Publizisten und Schauspielern.[81]

[74] Görtemaker: Kleine Geschichte der Bundesrepublik Deutschland. S. 113.

[75] Hildebrandt, Dieter: Politiker-Märchen. Die schönsten Lügen aus 60 Jahren Bundesrepublik. München: Diederichs, 2009. Audio-CD. 1: Konrad Adenauer: Wiederbewaffnung der Bundesrepublik.

[76] Dies unter anderem, da die militärische Führung des Landes streng der politischen untergeordnet wurde. In: Baring, Arnulf/Schöllgen, Gregor: Kanzler, Krisen, Koalitionen. Berlin: Siedler, 2002, S. 58.

[77] Wirsching: Deutsche Geschichte im 20. Jahrhundert. S. 92. Pötzsch: Deutsche Geschichte von 1945 bis zur Gegenwart. S. 87.

[78] Görtemaker: Kleine Geschichte des Bundesrepublik Deutschland. S. 107.

[79] In: Ebd., S. 108.

[80] Grossherr: Aufbruchzeit. S. 94.

[81] Ebd., S. 94.

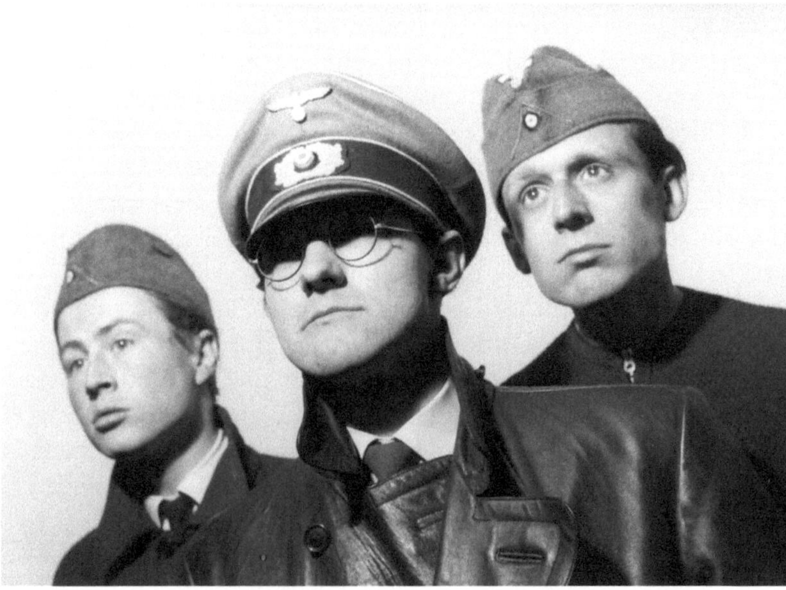

Die »Namenlosen« (Dieter Hildebrandt rechts): Kritik an der Wiederbewaffnung.

Zur Debatte um die Remilitarisierung trug Hildebrandt in dem Programm *Es ist so schön, privat zu sein* das Gedicht *In eigener Sache*[82] bei, das im darauffolgenden Programm im dazugehörigen Heft abgedruckt wurde.[83] Einen zeitlosen Text, in dem sich seine satirische Schärfe in der Tradition Martin Morlocks zeigte, lieferte Hildebrandt mit der Nummer *Sie haben die Wahl.*[84] Darin bezeichnete er Wahlen als »organisierte Denunziation«[85] der Parteien, die sich das »Aufhetzen«[86] der Bürger mit Bestechungsgeldern aus der Wirtschaft finanzieren würden. In ihren Rollen als korrupte Abgeordnete wiesen die Akteure im *»Chor der Parteien«*[87]

82 Hildebrandt, Dieter: In eigener Sache. In: Die Namenlosen, 3. Programm: Die Nullen sind unter uns, 1955, Programmheft, S. 5.
83 Die Namenlosen, 3. Programm: Die Nullen sind unter uns, 1955, Programmheft, S. 5.
84 Hildebrandt: Was bleibt mir übrig. S. 48f.
85 Ebd., S. 48.
86 Ebd., S. 48.
87 Ebd., S. 49.

alle Schuld von sich und warfen stattdessen dem jeweiligen Vertreter der Gegenpartei Bestechlichkeit vor. Diese sei ein Grund für die Wiederbewaffnung, so die Botschaft des Textes:

»Doch er, er kriegt von Krupp und Sohn
pro neue Kanone eine achtel Million!
Korruption,
Korruption, Korruption!
Die wolln wir nicht geschenkt.
Die haben wir schon.«[88]

Das Programm *Es ist so schön, privat zu sein* war an mehreren Abenden ausverkauft und wurde für die *Namenlosen* zu einem Erfolg.[89] Mit 60 Mark erhielt Hildebrandt erstmals eine Gage.[90] Das Ensemble, allen vorweg Hildebrandt, entschloss sich, das Studium aufzugeben und sich auf die Auftritte zu konzentrieren.[91] Diese Entscheidung belegt die Euphorie, die unter den Nachwuchs-Kabarettisten nach zwei erfolgreich absolvierten Programmen herrschte. Die Zuschauerzahlen gingen jedoch im August deutlich zurück. Trotz des ersten Fernseh-Auftritts der Kabarettisten am 25. September 1955 in einer Live-Sendung des *Bayerischen Rundfunks* mit dem Titel *Münchner Brettl-Bummel*, an der auch die Kabaretts *Die kleinen Fische* und die *Zwiebel* mitwirkten,[92] machte sich »Krisenstimmung«[93] breit. Hildebrandt zog in Erwägung, nicht mehr mit seinen bishe-

88 Ebd. S. 49. 1986 kommentierte Hildebrandt in seinem Rückblick »Was bleibt mir übrig« die Remilitarisierung folgendermaßen: »Aus den alten Kriegern, die wieder zu den Fahnen eilen, die noch nicht genäht sind, na ja, genäht vielleicht schon, aber noch nicht gesäumt, werden neue Verteidiger. Es werden keine Kriegs-, sondern Verteidigungsvorbereitungen getroffen. ›Die Lage ist ernst‹, meint der Bundeskanzler, es kann jede Minute eine Verteidigung ausbrechen. Die Ostsee liegt schutzlos dem Feind preisgegeben, natürlich ist auch an eine schlagkräftige Verteidigungs-Marine gedacht.« In: Hildebrandt: Was bleibt mir übrig. S. 44.

89 Schreiner: Dieter Hildebrandt. In: Deißner-Jenssen: Die Zehnte Muse. S. 432.

90 Hildebrandt/Schroeder: Ich musste immer lachen. S. 95.

91 Schreiner: Dieter Hildebrandt. In: Deißner-Jenssen: Die Zehnte Muse. S. 432.

92 Regie führte Rolf Didczuhn, Leiter der Unterhaltungsabteilung beim Hörfunk. Schreiner: Die Zeit spielt mit. S. 87. Hickethier, Knut: Geschichte des deutschen Fernsehens. Stuttgart/Weimar: Metzler, 1998, S. 147.

93 Schreiner: Dieter Hildebrandt. In: Deißner-Jenssen: Die Zehnte Muse. S. 432.

rigen Kollegen weiterzuarbeiten (»Ihn ärgerte, daß er allein Texte schreiben sollte, ihn ärgerte, daß er dafür nicht einen Pfennig mehr bekam, und ihn ärgerte vor allem die hartnäckige Weigerung der anderen, Schreiner als Mitspieler zu akzeptieren.«).[94]

In dieser Zeit übernahm der gebürtige Berliner Sammy Drechsel, der als Journalist und Sportreporter des *Bayerischen Rundfunks* tätig war,[95] die Regie bei den *Namenlosen*. Drechsel erwies sich als kontaktreiches Organisationstalent. Unter seinem Einfluss wurde das Studentenkabarett professionalisiert und die nachfolgende *Lach- und Schießgesellschaft* zu einem der erfolgreichsten Kabaretts Deutschlands. Als Hildebrandt das erste Mal mit ihm zusammentraf, habe er ihn als »unangenehme[n] Typ[en]«[96] und Aufschneider empfunden. Aus ihrer Zusammenarbeit entwickelte sich jedoch eine enge Freundschaft, die Hildebrandt 1986, kurz nach Drechsels Tod, in seinem Buch *Was bleibt mir übrig* beschrieb. Mit Drechsel teilte Hildebrandt seine Leidenschaft für Fußball.[97] 1956 gründeten sie zusammen den Fußballverein *FC Schmiere*, der zu »Deutschlands schillerndste[r] Promi-Elf«[98] wurde und dem neben Mitgliedern der *Lach- und Schießgesellschaft* zeitweise fast alle Fußballer der WM-Elf von 1954 angehörten.[99] Hildebrandt spielte mit der Nummer 7 rechts außen.[100]

Drechsels Regiestil, den das Ensemble der *Namenlosen* in einem

94 Ebd., S. 433.

95 Hildebrandt/Schroeder: Ich musste immer lachen. S. 101.

96 Ebd., S. 102.

97 Hamburger Abendblatt, 24.12.2005, Langmaack, Werner: »Da sträuben sich mir die Nackenhaare«. In: www.abendblatt.de/sport/article779164/Dastrauben-sich-mir-die-Nackenhaare.html (Stand: 12.07.2011).

98 Süddeutsche Zeitung, Nr. 286, 12.12.2006, Becker, Thomas: Die Fußballkomödianten, S. 13.

99 Beim FC Schmiere spielten bis heute u.a.: Rudi Assauer, Rainer Basedow, Roberto Blanco, Paul Breitner, Waldemar Hartmann, Uli Hoeneß, Bruno Jonas, Peter Kraus, Hennes Küppers, Gerd Müller, Helmut Müller, Günter Netzer, Christian Neureuther, Wolfgang Neuss, Helmut Rahn, Toni Sailer, Maximilian Schell, Werner Schneyder, Bubi Scholz, Gerhard Schröder, Uwe Seeler, Fritz von Thurn und Taxis, Hans Jochen Vogel, Fritz Walter und Eckart Witzigmann. In: Ebd. Hildebrandt/Schroeder: Ich musste immer lachen. S. 190.

100 Süddeutsche Zeitung, Nr. 286, 12.12.2006, Becker, Thomas: Die Fußballkomödianten, S. 13.

Programmheft als »Sauna ohne Dusche«[101] beschrieb, zeichnete sich durch eine besondere »Hartnäckigkeit« und Konzentration auf Details aus.[102] Im Lokal *Das Stachelschwein* des Musikers Fred Kassen organisierte Drechsel in der Haimhauser/Ecke Ursulastraße eine Spielstätte, in der die *Lach- und Schießgesellschaft* heute noch ihre Bühne hat. Zuvor führte die Künstlerwirtin *Mutti Bräu* das Lokal, das in den ersten Nachkriegsjahren Schriftsteller, Maler und Schauspieler als Improvisationsbühne nutzen, darunter Gert Fröbe, Axel von Ambesser und Peter Hacks.[103] Als weitere Neuerung ersetzte Drechsel Eva Richter durch Cordy Ritter, die zuvor mit den Berliner *Stachelschweinen* auf der Bühne gestanden war[104] und daher bereits Kabarett-Erfahrung hatte.

Am 3. November 1955 um 21 Uhr feierte das dritte Programm der *Namenlosen* mit dem Titel *Die Nullen sind unter uns*, zu dem erstmals ein Programmheft erschien, Premiere. »[...] die Begeisterung des gutgelaunten Publikums [...] schäumte über«,[105] so das Resümee des Kritikers Budzinski über den Abend. Das Programm bestand aus 20 Nummern, geschrieben wiederum von Hildebrandt und Schreiner.[106]

In *O Sohle mio* verwies Hildebrandt auf seine Herkunft, indem er einen schlesischen Bauern spielte. In dem Text hilft ein vertriebener Landwirt auf der Flucht einem Schuhsohlen-Fabrikanten aus seinem Heimatort. Jahre später ist dieser wieder erfolgreicher Geschäftsmann. Als der ehemalige Bauer ihm durch das Arbeitsamt[107] vermittelt wird, bleibt der einst versprochene Dank aus.[108]

Die Rolle des »kleinen Mannes«[109] übernahm Hildebrandt auch im 16. Auftritt. In seinem Solo *Kleiner Mann am Drücker* verband er das Nummern-Kabarett mit einer Conférence. Er präsentierte sich dem Publikum als Arbeiter, dessen berufliche Aufgabe

101 Die Namenlosen, 4. Programm: Sünder des Olymp, 1956, Programmheft, S. 9.
102 Schreiner: Dieter Hildebrandt. In: Deißner-Jenssen: Die Zehnte Muse. S. 437.
103 Budzinski: Pfeffer ins Getriebe. S. 291.
104 Budzinski: Die öffentlichen Spaßmacher. S. 122.
105 Budzinski: Pfeffer ins Getriebe. S. 291f.
106 Die Namenlosen, 3. Programm: Die Nullen sind unter uns, 1955, Programmheft, S. 6f.
107 Budzinski: Die öffentlichen Spaßmacher. S. 125.
108 Budzinski: Pfeffer ins Getriebe. S. 292. Originaltext nicht auffindbar.
109 Hildebrandt: Was bleibt mir übrig. S. 35.

als »Haupthebelmeister«[110] darin besteht, sicherzustellen, dass die Stadt mit Strom versorgt wird: »Wenn ich will, [...] wird's bei Ihnen finster.«[111] Der Angestellte schafft in seiner Funktion die Voraussetzungen für die moderne Zivilisation[112] und trägt die Verantwortung dafür, dass in dem Ballungsraum kein Chaos ausbricht. Die Verantwortung zu missbrauchen, würde dem pflichtbewussten Arbeiter, dem es »von oben«[113] so aufgetragen wurde, nicht in den Sinn kommen: »Ich sage mir immer: Wenn ich als kleiner Mann nichts tue, bleibt's ja licht.«[114] Deshalb fällt es ihm nicht schwer, seine Entscheidungsgewalt, derer er sich bewusst ist, abzugeben. Er sieht sich nicht als Revolutionär und festigt mit seiner Einstellung seine Rolle des Unterdrückten selbst.[115] Hildebrandt übte mit dem Text »Kritik an der Kritiklosigkeit des Bürgers«[116] und an der gesellschaftlichen Bereitschaft, bedenkenlos auf Mitbestimmung und Handlungsbefugnis zu verzichten. Seine »kabarettistischen Alleingänge«[117] waren von *Die Nullen sind unter uns* an Bestandteil jedes Programms und wurden zu Hildebrandts Markenzeichen. Mit ihnen schuf er sich die Möglichkeit, in einem vorgegebenen Programm auf das Tagesgeschehen eingehen und aktuelle Ereignisse aufgreifen zu können.[118] Seine auf journalistische Weise aufbereiteten Soli, in denen Hildebrandt in wechselnde Rollen schlüpfte, schufen einen völlig neuen Stil im Kabarett der Bundesrepublik und wurden zu einem Charakteristikum der Programme der *Lach- und Schießgesellschaft.*

Eine weitere Nummer im dritten Programm der *Namenlosen* war Hildebrandts Monolog *Ordnung muß sein*,[119] in der Potyka einen Studenten spielte. Die restaurativen Tendenzen in der Gesellschaft wurden darin anhand von Briefen verdeutlicht, die die Familie des Studenten ihm über die letzten zehn Jahre hinweg

[110] Ebd., S. 35.
[111] Ebd., S. 35.
[112] Budzinski: Pfeffer ins Getriebe. S. 292.
[113] Schreiner: Die Zeit spielt mit. S. 92.
[114] In: Hildebrandt: Was bleibt mir übrig. S. 36.
[115] Budzinski: Die öffentlichen Spaßmacher. S. 125.
[116] Treffen mit Klaus Peter Schreiner in München-Schwabing am 20.8.2010.
[117] Budzinski: Pfeffer ins Getriebe. S. 292.
[118] Treffen mit Klaus Peter Schreiner in München-Schwabing am 20.8.2010.
[119] In: Hildebrandt: Was bleibt mir übrig. S. 29ff.

schrieb. Als ehemals hochrangiges Parteimitglied ist der Vater zu erkennen, der, wie Hildebrandts Vater, die auf sich geladene Schuld nach 1945 bewusst verdrängte (»Daß ich einmal General war,/ist vergessen und vorbei [...]«).[120] 1946 schrieb er an seinen Sohn:

»Endlich werden wir neutral sein.
Nie mehr will ich General sein,
und ich will jetzt ganz brutal sein:
Deutschland kann mir ganz egal sein!«[121]

Neun Jahre später schwärmt er jedoch wieder von einem »große[n] Kameradschaftstreffen der Fallschirmjäger«[122] und mahnt seinen Sohn zu Nationalstolz: »Denke an Dein Vaterland.«[123] Dass die junge Generation im Begriff ist, die Fehler der Eltern zu wiederholen, zeigt sich an einem Brief des kleinen Bruders. 1946 wollte er noch Bauer und niemals Soldat werden.[124] 1955, kurz vor Beginn seines Jura-Studiums, freut er sich darauf, bald Mitglied einer studentischen Korporation zu sein (»[...] und dann trag' ich auch bald Farben,/Wichs und tolle Narben [...]«).[125] Nur die Briefe der sorgenden Mutter, bei der Hildebrandt ebenfalls an seine eigene Mutter gedacht haben mag, sind über die Jahre gleich geblieben:

»Lieber Junge, bitte rauch
nicht so viel, das ist nicht gut.
Trägst du noch den grünen Hut?
Morgen schicke ich Dir ein Paket.
Schreibe mir bald, wie's Dir geht.

Im Paket ein Kilo Butter.
Viele Grüße, Deine Mutter.«[126]

[120] Ebd., S. 31.
[121] Ebd., S. 31.
[122] Ebd., S. 32.
[123] Ebd., S. 32.
[124] Ebd., S. 30.
[125] Ebd., S. 31.
[126] Ebd., S. 33.

Ordnung muß sein als einer der ersten Texte Hildebrandts zeichnete sich durch eine Melancholie aus, wie sie auch in Texten Erich Kästners mit Blick auf die Restauration auftrat. Hildebrandt stellte nicht die Vorgänge in der Öffentlichkeit dar, sondern richtete den Fokus auf den privaten, familiären Bereich. Die »klagelose Leisigkeit« des Monologs war kennzeichnend für den »poetischen Nebenfluß von Hildebrandts satirischer Hauptader«,[127] so Budzinski. Die scharfe Satire sollte in Hildebrandts späteren Texten in den Vordergrund rücken.

Der Titel einer bislang unveröffentlichten, als Reserve dienenden ersten Nummer Hildebrandts, deren Text sich im Archiv von Klaus Peter Schreiner befindet, lautet *Dummes, kleines Mädel!*. Darin sollte Gerhard Potyka einen »bei einer angesehenen Zeitung«[128] tätigen Journalisten spielen, der in einem Park auf sein Gewissen, personifiziert von Cordy Ritter, trifft. Dem Medienvertreter wird von jenem vorgeworfen, seine Meinung in einem seiner kürzlich erschienenen Artikel »radikal«[129] geändert zu haben. Als sein Vorgesetzter, gespielt von Hans-Guido Weber, erscheint, »unterdrückt«[130] der Journalist sein Gewissen im wahrsten Sinne des Wortes. Der Chef verlangt von ihm, einen Artikel im Sinne der Wiederbewaffnung zu verfassen, denn die Zeitung könne angesichts der Zeitumstände nun »endlich« den »schon immer geplanten Kurs einschlagen«.[131]

> *»Ich könnte mir Ihren nächsten Leitartikel schon dahingehend vorstellen, bitte notieren Sie: ›Es muß einmal gesagt werden – unser Gewissen verbietet es uns nicht […], daß jedermann in Wehr und Waffen …‹«*

Für den Chef haben die Moralvorstellungen des Einzelnen gegenüber der Staatsmoral in den Hintergrund zu treten: »Das

[127] Budzinski: Die öffentlichen Spaßmacher. S. 125.
[128] Hildebrandt, Dieter: Dummes, kleines Mädel!, 1955, S. 1. Bestandteil des privaten Archivs von Klaus Peter Schreiner.
[129] Ebd., S. 2.
[130] Ebd., S. 2.
[131] Ebd., S. 2.

Gewissen des Staates wird urteilen und nicht Ihr Privatgewissen. Wo kämen wir denn da hin: vierzig Millionen verschiedener Gewissen!«[132] Am Ende macht sich der Journalist ohne sein Gewissen auf den Weg ins Büro, um den von seinem Arbeitgeber gewünschten Artikel zu schreiben.[133] Mit dem an Wortspielen reichen Text lieferte Hildebrandt einen Beitrag gegen die Wiederbewaffnung sowie gegen die Manipulierbarkeit und Staatstreue von Medienvertretern. Die in der Verfassung verankerte Pressefreiheit, um deren Verteidigung sich Hildebrandt bemühte, stellte auch in den kommenden Jahren eines der vorherrschenden Themen in seinen Texten dar.

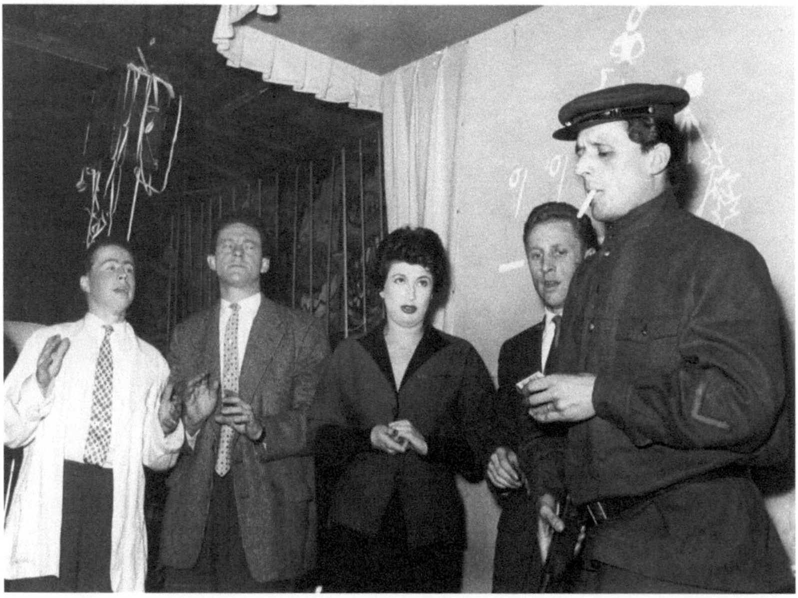

Die »Namenlosen«: Der Beginn der Kabarettkarriere von Dieter Hildebrandt (rechts).

[132] Ebd., S. 3.
[133] Ebd., S. 3.

Das Programm *Die Nullen sind unter uns* behielt Hildebrandt als »passable[n] Erfolg«[134] in Erinnerung. Das darauf folgende mit dem Namen *Sünder des Olymp*, als Anspielung auf die Olympischen Winterspiele in Cortina d'Ampezzo,[135] wurde hingegen von Publikum und Kritikern deutlich schlechter aufgenommen.[136] Die Premiere der 21 Nummern[137] fand am 21. März 1956 statt.[138] »Der Reiz des Neuen schien verflogen«,[139] bilanzierte Schreiner. Nach häufiger Abwesenheit des hauptberuflichen Sportreporters Drechsel bei den Vorbereitungen zu dem Programm beanstandeten die Kritiker außerdem »den fehlenden Rotstift«.[140] Nachdem die *Namenlosen* im Sommer sechs Wochen[141] relativ erfolgreich auf der Bühne der Berliner *Stachelschweine* gastiert hatten,[142] kam es im Herbst 1956 zum Bruch unter den Kabarettisten. Infolge von Meinungsverschiedenheiten stiegen Hildebrandt und Drechsel aus.[143] Zur Finanzierung seines Lebensunterhalts nahm Hildebrandt nach Vermittlung Drechsels kleinere Sprechrollen beim Rundfunk an.[144] Seit 23. Mai 1956 war er mit seiner langjährigen Freundin Irene verheiratet,[145] die er 1951 auf einer Bahnfahrt von Weiden nach München kennengelernt hatte[146] und die ein Kind von ihm erwartete. Mit ihr lebte er in einem Hotelzimmer über dem *Café Freilinger* in der Leopoldstraße. Wie Hildebrandt erzählte, gelang es ihm mithilfe Drechsels und seines Vaters, eine Zwei-Zimmer-Dachgeschosswohnung in einem Hinterhaus in der

[134] Hildebrandt/Schroeder: Ich musste immer lachen. S. 107.
[135] Schreiner: Die Zeit spielt mit. S. 95.
[136] Budzinski: Pfeffer ins Getriebe. S. 292.
[137] Die 17. Nummer stellte Hildebrandts Solo »Bär-linisches« dar, in der er einen Zoowärter spielte. S.: Die Namenlosen, 4. Programm: Sünder des Olymp, 1956, Programmheft. Schreiner: Die Zeit spielt mit. S. 97.
[138] Schreiner: Die Zeit spielt mit. S. 95.
[139] Ebd., S. 95.
[140] Ebd., S. 95.
[141] Ebd., S. 97.
[142] Ebd., S. 96ff. »Die Kritiken in der Berliner Presse waren zwar nicht überschwänglich, aber durchweg gut [...].« In: Ebd., S. 97.
[143] Hildebrandt/Schroeder: Ich musste immer lachen. S. 107ff. Schreiner: Die Zeit spielt mit. S. 97ff.
[144] Hildebrandt/Schroeder: Ich musste immer lachen. S. 113.
[145] Ebd., S. 110.
[146] Ebd., S. 96.

Augustenstraße 90 anzumieten.[147] Sein Vater habe ihm trotz seiner geringen Pension 1000 Mark zur Verfügung gestellt,[148] was eine Annäherung in dem angespannten Vater-Sohn-Verhältnis bedeutete. Drechsel begann derweilen, für Fred Kassens Lokal *Das Stachelschwein* ein neues Kabarettensemble zu formieren, die *Lach- und Schießgesellschaft*.[149]

Hildebrandt konnte als Haupttexter der *Namenlosen* von Beginn seiner Kabarettkarriere an Erfolge feiern. Schon das erste Programm des Studentenkabaretts wurde über die Grenzen Münchens hinaus bekannt. Dabei zeichneten sich Hildebrandts Texte durch ihre stilistische Vielfältigkeit aus. Indem sie teils satirisch, teils poetisch geschrieben waren oder einen ironisch-komödiantischen Grundton aufwiesen, wurde der Einfluss der verschiedenen Autoren der *Kleinen Freiheit* auf Hildebrandt deutlich. Im Vergleich zu den anderen bestehenden Münchner Kabaretts fiel das von ihm gegründete Ensemble aber in erster Linie durch seine Aktualität auf, was entscheidend für dessen steigenden Bekanntheitsgrad war. Durch seine Verbindung von Nummern-Kabarett und Conférence, wie in seinem Solo *Kleiner Mann am Drücker*, verschaffte sich Hildebrandt die Möglichkeit, das Tagesgeschehen in einem vorgefertigten Programm zu kommentieren. Seine Soli, die für das Kabarett in Deutschland eine neue Entwicklung bedeuteten, behielt er auch als Mitglied der *Lach- und Schießgesellschaft* bei. Hildebrandts satirische Angriffe bei den *Namenlosen* waren noch verhältnismäßig zurückhaltend. Themen seiner frühen Auftritte waren vor allem die Remilitarisierung Deutschlands und die sich in der Gesellschaft zeigenden restaurativen Tendenzen. Seinen Antrieb stellten dabei seine Erfahrungen im Dritten Reich dar. Während Hildebrandt als Texter einen eigenen Stil entwickelte, konnte er sich bei dem Amateur-Kabarett durch regelmäßige Auftritte auch als (musikalischer) Darsteller erproben. Dass er gezielt eine Karriere als Kabarettist an-

[147] Ebd., S. 110. Schreiner beschrieb die »42-Quadratmeter-Wohnung«: »Zwei Zimmer mit Kochecke, Badenische und Kleinstflur, aber eine gemütliche Mansarde, vier Treppen hoch, kein Lift.« In: Schreiner: Dieter Hildebrandt. In: Deißner-Jenssen: Die Zehnte Muse. S. 447.

[148] Hildebrandt/Schroeder: Ich musste immer lachen. S. 111.

[149] Budzinski: Pfeffer ins Getriebe. S. 292f.

strebte, wurde deutlich, als er sein Studium bereits nach dem zweiten Programm der *Namenlosen* aufgab. Die Rahmenbedingungen für Hildebrandts Laufbahn schaffte Sammy Drechsel, der ab dem dritten Programm die Regie übernahm und nach der Trennung der *Namenlosen* zusammen mit Hildebrandt das Profi-Kabarett *Lach- und Schießgesellschaft* aufbaute.

V.2 Das erste Programm der Münchner *Lach- und Schießgesellschaft* – *Denn sie müssen nicht was sie tun*

1973 erschien Ursula Herkings Autobiografie *Danke für die Blumen*. Darin berichtete die Kabarettistin von der Anfrage Sammy Drechsels im Jahr 1956, ob sie an der Gründung eines literarisch-politischen Kabaretts in München mitwirken wolle.[150] Für das neue Kabarett sollte Herking als »Zugpferd«[151] fungieren. Zuvor hatte sie in Werner Fincks *Katakombe*, der *Schaubude* und der *Kleinen Freiheit* auf der Bühne gestanden. Überreden konnte Drechsel, den Herking als »Tausendsassa und Spürnase«[152] bezeichnete, sie schließlich mit der Teilnahme Hildebrandts. Drechsel sei ihre »große Schwäche« für Hildebrandts »Art«, Kabarett zu machen, sowie für seine Texte »wohl bewußt« gewesen, erzählte Herking rückblickend.[153] Diese Wertschätzung von einer der nach Ende des Kriegs populärsten Kabarettistinnen Deutschlands zeigt den guten Ruf, den Hildebrandt sich als Texter und Darsteller der *Namenlosen* in der Kabarettszene erarbeitet hatte. Im ersten Programmheft attestierte ihm Herking, dass er zwar aussehe wie die *»Karikatur eines intellektuellen Studenten«*,[154] und den Eindruck erwecke, besonders schüchtern zu sein,[155] es sich dabei aber um einen »Trick«[156]

[150] Herking: Danke für die Blumen. S. 176.
[151] Prescher: Künste im Aufbruch. S. 95.
[152] Herking: Danke für die Blumen. S. 176.
[153] Ebd., S. 176.
[154] Münchner Lach- und Schießgesellschaft, 1. Programm: Denn sie müssen nicht was sie tun, 1956, Programmheft, S. 10.
[155] Ebd., S. 10.
[156] Ebd., S. 10.

handele: »Wenn er die dickgeschliffene Brille abnimmt, sieht er aus wie ein lustiger Spitzbube und seine Schüchternheit ist schiere Träumerei.«[157] Bereits vor Drechsels Anfrage bei Herking hatte er Hildebrandt mit ihrer angeblich schon getätigten Zusage zur Teilnahme an dem Kabarett überredet.[158] Mit dieser Methode konnte Drechsel auch Klaus Havenstein von der *Kleinen Freiheit* und Hans Jürgen Diedrich von dem Reise-Kabarett *Die Amnestierten* gewinnen.[159] Drechsel fragte bei Hildebrandts Vorbild Oliver Hassencamp an, der Mitglied der *Schaubude* und der *Kleinen Freiheit* gewesen war. Hassencamp lehnte bis auf Textbeiträge eine Teilnahme ab, hatte jedoch mit *Münchner Lach- und Schießgesellschaft* als Paragramm auf *Wach- und Schließgesellschaft* die Idee für den Namen des Kabaretts.[160] Dessen musikalische Leitung übernahm Fred Kassen. Sein Schwabinger Lokal *Das Stachelschwein*, in dem schon die *Namenlosen* aufgetreten waren, diente abermals als Spielstätte.

Themen für die *Lach- und Schießgesellschaft* bot in erster Linie die Restauration, gegen die der Protest in der Bevölkerung im Gründungsjahr des Kabaretts unvermindert anhielt. Kritisiert wurden Pensionszahlungen an ehemalige NS-Generäle, die Gründung von Traditionsverbänden der einstigen Wehrmacht und Waffen-SS[161] sowie die Tatsache, dass sich 3.000 frühere Wehrmachtsangehörige unter den ersten 15.000 Offizieren der Bundeswehr befanden.[162] Am 13. Januar 1956 prangerte der Schriftsteller Siegfried Sommer in

[157] Ebd., S. 10.

[158] Herking: Danke für die Blumen. S. 176.

[159] Budzinski: Pfeffer ins Getriebe. S. 293. »Die Amnestierten« waren eines der bekanntesten Nachkriegs-Kabaretts und bestanden von 1947 bis 1961. Gegründet worden waren sie von Studenten der Kieler Universität. Unter den Mitwirkenden waren neben Diedrich auch Joachim Hackethal, Ursula Noack und Walter Kabel, die später ebenfalls Mitglieder der »Lach- und Schießgesellschaft« waren. In: Greul: Bretter, die die Zeit bedeuten. S. 349.

[160] Münchner Lach- und Schießgesellschaft, 1. Programm: Denn sie müssen nicht was sie tun, 1956, Programmheft, S. 3. Hassencamps Vorschlag wurde angenommen, trotz anfänglicher Bedenken hinsichtlich der Länge des Namens und der daraus resultierenden höheren Anzeigenpreise. In: Hofmann, Till (Hrsg.): Verlängert – 50 Jahre Lach- und Schießgesellschaft. München: Karl Blessing Verlag, 2006, S. 12.

[161] Grossherr: Aufbruchzeit. S. 105.

[162] Ebd., S. 106.

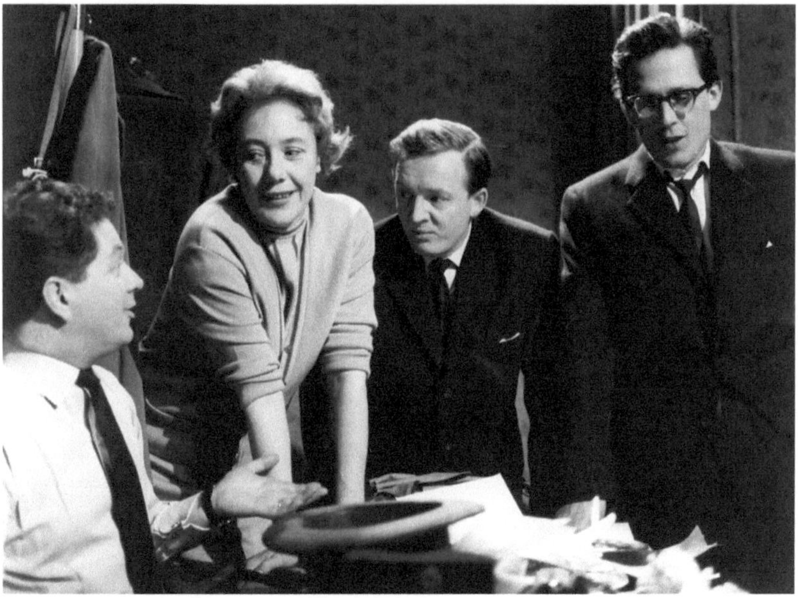

Klaus Havenstein, Ursula Herking, Hans Jürgen Diedrich und Dieter Hildebrandt (v. l.) im Jahr 1956.

einem Artikel mit dem Titel *Um den Schlaf gebracht*,[163] der in der Münchner *Abendzeitung* erschien, die deutsche Bejahung des Militarismus an. Dieser Hang, den Sommer als Krankheit beschrieb, ließe sich nur noch »durch einen radikalen Eingriff von außen« heilen: »Denn er [der Deutsche] hat statt der roten Blutkörperchen Eisenfeilspäne in den Adern und statt des Gehirns ein Gewehrschloss.«[164] Am 1. Mai 1956, einige Monate vor dem ersten Auftritt der *Lach- und Schießgesellschaft*, protestierten auf dem Münchner Königsplatz rund 60.000 Menschen gegen die Wiederaufrüstung und für eine politische Annäherung zwischen BRD und DDR. Ebenfalls im Mai kamen zu diesem Zweck 250 Wissenschaftler und Künstler im Kongresssaal des *Deutschen Museums* zusammen.[165]

[163] Sommer, Siegfried: Um den Schlaf gebracht. Auszug in: ebd., S. 107.

[164] In: Ebd., S. 107. Ein weiteres Beispiel für die restaurativen Tendenzen war die Deutsche Soldatenzeitung, die seit 1951 erschien und in welcher man Bücher militaristischen Inhalts rühmte. In: Ebd., S. 105.

[165] Ebd., S. 105.

1956, als die *Lach- und Schießgesellschaft* ihr Debüt feierte, war an den *Kammerspielen* das Stück *Der Regenmacher* von Richard Nash unter der Regie von Hildebrandts Freund August Everding zu sehen. Auf der anderen großen Theaterbühne Münchens, im *Residenztheater*, inszenierte Fritz Kortner in diesem Jahr Shakespeares *Heinrich IV.* mit Klaus Kinski als Prinz von Wales. Goethes *Faust I* mit Gerd Brüdern in der Hauptrolle feierte im Dezember Premiere.[166] In diesem Monat trat Hildebrandt auf der vergleichsweise kleinen Bühne der *Münchner Lach- und Schießgesellschaft* in der Haimhauser Straße erstmals auf. Am 12. Dezember 1956 war die Premiere des ersten Programms *Denn sie müssen nicht was sie tun*, 15 Tage vor der Geburt der ersten Tochter des Ehepaars Hildebrandt, die den Vornamen ihrer Patin Ursula Herking erhielt.[167] Die Bühne hatte eine Größe von etwa zwei Quadratmetern,[168] was sich auf die Art der Darbietungen auswirkte. Als ein typisches Kennzeichen von Kabarett[169] konnten angesichts des mangelndes Platzes Requisiten nur angedeutet werden. »Die ›Bühne‹ hat die Ausmaße eines mittelgroßen Eßtisches«,[170] schrieb der *Münchner Merkur*. Der Autor des Artikels fügte an, dass es im Zuschauerraum ebenso eng sei, sodass man sich wie in einer »Heringskiste« fühle, lobte aber die »Stimmung« und »Improvisationslust« der Akteure.[171] Laut Schreiner bestand das Publikum größtenteils aus jenen Zuschauern, die bereits die letzten beiden Programm-Premieren der *Namenlosen* besucht hatten.[172] Einen Vergleich zwischen den *Namenlosen* und der *Lach- und Schießgesellschaft* stellte ein Kritiker der *Süddeutschen Zeitung* an. Er kam in seinem Artikel mit dem Titel *Herzstück Herking* zu dem Schluss, dass die Premiere »nicht enttäuschend«, aber »auch nicht zum Jubilieren prächtig« gewesen sei: »Die Namenlosen zeigten, als sie noch keinen Namen hatten, mehr Elan.«[173] Neu sei einzig das »verbindliche Arrangement« gewesen, da sich die meisten Auftritte

[166] Ebd., S. 119.
[167] Schreiner: Dieter Hildebrandt. In: Deißner-Jenssen: Die Zehnte Muse. S. 447.
[168] Kühl, Siegfried: Deutsches Kabarett. Düsseldorf: Droste Verlag, 1962, S. 70.
[169] Henningsen, Jürgen: Theorie des Kabaretts. Ratingen: A. Henn Verlag, 1967, S. 17.
[170] Münchner Merkur, 14.12.1956, MCF: Lachen und Schießen.
[171] Ebd.
[172] Schreiner: Die Zeit spielt mit. S. 109.
[173] Süddeutsche Zeitung, 14.12.1956, Kramberg, K.H.: Herzstück Herking.

»ungezwungen« auseinander entwickelt hätten.[174] Drechsel hatte die Nummern in fließenden Übergängen miteinander verbunden und so das Programm, strukturiert mithilfe von Blackouts, als Ganzes erscheinen lassen.[175] Den Auftritt des »subtile[n]«[176] Hildebrandt, der neben Diedrich, Hassencamp und dem Texter Horst Huckauf den Großteil der Programmnummern geschrieben hatte,[177] sah der Redakteur kritisch. Hildebrandt sei von den anderen Mitwirkenden »temperamentvoll an die Wand gespielt«[178] worden und benötige vor allem Soli: »Gerade, weil seine Mittel sehr fein sind, braucht er zuweilen ein wenig Stille um sich, damit er seine atmosphärischen Pointen setzen kann.«[179] Wie Hildebrandt später in seinem Buch *Was bleibt mir übrig* schilderte, war er angesichts seiner damaligen unscheinbaren Bühnenpräsenz nur wenig enttäuscht. Vielmehr hätte er sich mit seiner Rolle als »Texter, den man mitspielen läßt« zufrieden gegeben und sich zum Ziel gesetzt, von den erfahrenen Ensemblemitgliedern zu lernen.[180] Für das Programm hatte er die Eröffnungsnummer geschrieben, in der er gemeinsam mit Havenstein und Diedrich sang:

> *»[...] Es ist zum Schießen*
> *alles angerichtet*
> *aufgestellt, geprüft, gedichtet.*
>
> *[...] Es ist zum Lachen*
> *alles ausgerichtet*
> *umgestellt, zensiert, gesichtet.«*[181]

Dass die *Kleine Freiheit* als Vorbild diente, zeigte Hildebrandts Vers »Und unser Haus liegt an der Münchner Freiheit/Doch bis

[174] Ebd.
[175] Budzinski: Die öffentlichen Spaßmacher. S. 126.
[176] Süddeutsche Zeitung, 14.12.1956, Kramberg, K.H.: Herzstück Herking.
[177] Münchner Lach- und Schießgesellschaft, 1. Programm: Denn sie müssen nicht was sie tun, 1956, Programmheft, S. 6f.
[178] Süddeutsche Zeitung, 14.12.1956, Kramberg, K.H.: Herzstück Herking.
[179] Ebd.
[180] Hildebrandt: Was bleibt mir übrig. S. 67.
[181] Hildebrandt, Dieter: Opening. In: Münchner Lach- und Schießgesellschaft, 1. Programm: Denn sie müssen nicht was sie tun, 1956, S. 1.

zur Freiheit ist es noch sehr weit.«[182] In Trude Kolmans Kabarett war zum Ausdruck der enttäuschten Hoffnungen in der Regierungszeit Adenauers allabendlich Kästners Resümee »Die große Freiheit ist es nicht geworden, die kleine Freiheit – vielleicht!«[183] gesungen worden. Dass Hildebrandt von den Stärken des neuen Ensembles überzeugt war, brachte er in einer direkten Publikumsansprache zur Erklärung des Programmtitels zum Ausdruck:

»[...] Und tun wir auch[,] was wir nicht lassen können
und müssen wir nicht, was wir tun,
den einen Glauben müssen Sie uns gönnen,
Daß wir es wissen, was wir tun!«[184]

Wie schon bei den *Namenlosen* trat Hildebrandt auch im ersten Programm der *Lach- und Schießgesellschaft* mit einem Solo auf. In der 16. der insgesamt 18 Nummern spielte er in einer Neuauflage seines Textes *Kleiner Mann am Drücker* einen »Haupthebelmeister«, der »seit einem Jahr« auf die Möglichkeit warte, »das Ding mal durchzudrücken«.[185] Die Themen, die Hildebrandt in der Nummer aufgriff, entsprachen weitgehend jenen, die er als Mitglied der *Namenlosen* behandelt hatte. Anspielungen erfolgten auf reaktionäre Studentenverbindungen (»Neulich da ham die Studenten mal son grosses [sic!] Stiftungsfest gehabt – so mit Fahnen und tarramtamtam und die Säbel sooo lang und immer im Dreck ...«)[186] sowie auf die Remilitarisierung (»... die Offiziere sehen ja schon wieder ganz nett aus!«)[187]. Darüber hinaus thematisierte Hildebrandt die Wiedereingliederung ehemaliger NS-Sympathisanten in die Gesellschaft, indem er die Karriere des Theologen und Dogmatikers Michael Schmaus ansprach. Der an der Universität Münster dozierende Pro-

[182] Ebd., S. 1.

[183] Kästner: Die kleine Freiheit. In: Kästner: Werke in neun Bänden. Hrsg: Görtz, Franz-Josef, II. S. 189.

[184] Hildebrandt, Dieter: Opening. In: Münchner Lach- und Schießgesellschaft, 1. Programm: Denn sie müssen nicht was sie tun, 1956, S. 3.

[185] Hildebrandt, Dieter: Kleiner Mann am Drücker. In: Münchner Lach- und Schießgesellschaft, 1. Programm: Denn sie müssen nicht was sie tun, 1956, S. 1.

[186] Ebd., S. 1.

[187] Ebd., S. 2.

fessor hatte sich 1933[188] in einer Propagandaschrift um *Begegnungen zwischen katholischem Christentum und nationalsozialistischer Weltanschauung*[189] bemüht.[190] Ausgehend von dem antiliberalen katholischen Autoritäts- und Ganzheitsdenken[191] schilderte Schmaus darin die Übereinstimmungen, die er zwischen Christentum und Nationalsozialismus sah.[192] Für die Zeit vom 1. September 1951 bis 31. August 1952 war ihm das Universitätsrektorat der Ludwig-Maximilians-Universität München übertragen worden,[193] was Hildebrandt als ehemaliger Student der Universität aufgriff:

> *»Der Professor Schmaus[,] der war ja auch dabei – ja – das ist ein Diener der Jugend … früher mal der Hitlerj… . ham se mal im Kollegium gesagt. Der hat eine Schnulze auf den Hitler verfasst! Naja! Also … Kinder sage ich! er hat ja schwer gebüßt! Ganz klein musste er damals wieder anfangen … als Rektor der Münchner Universität! […]«*[194]

Der Text, der stellenweise einen bitteren Sarkasmus aufwies, bot in Darstellung und Themenwahl nichts grundlegend Neues. In der *Süddeutschen Zeitung* wurde Hildebrandts erstes Solo für die *Lach- und Schießgesellschaft* deshalb nur als »leicht verdünnte[r] zweite[r] Aufguß« bezeichnet.[195]

Die Reintegration ehemaliger NS-Generäle in die Gesellschaft war Gegenstand von Hildebrandts Nummer *Wenn zwei das glei-*

188 Grabner-Haider, Anton/Strasser, Peter: Hitlers mythische Religion. Theologische Denklinien und NS-Ideologie. Wien/Köln/Weimar: Böhlau, 2007, S. 177.

189 Schmaus, Michael: Begegnungen zwischen katholischem Christentum und nationalsozialistischer Weltanschauung. Münster: Aschendorff, 1934.

190 Böckenförde, Ernst Wolfgang: Kirche und christlicher Glaube in den Herausforderungen der Zeit. Beiträge zur politisch-theologischen Verfassungsgeschichte 1957–2002. Berlin: LIT Verlag, 2007, S. 128.

191 Ebd., S. 128.

192 Scherzberg, Lucia: Katholische Dogmatik und Nationalsozialismus. In: Bendel, Rainer (Hrsg.): Die katholische Schuld? Katholizismus im Dritten Reich – Zwischen Arrangement und Widerstand. Münster: LIT Verlag, 2004, S. 181f.

193 http//www.uni-muenchen.de/ueber_die_lmu/personlichkeiten_neu/praesid_rektoren/index.html (Stand: 15.2.2012).

194 Hildebrandt, Dieter: Kleiner Mann am Drücker. In: Münchner Lach- und Schießgesellschaft, 1. Programm: Denn sie müssen nicht was sie tun, 1956, S. 1.

195 Süddeutsche Zeitung, 14.12.1956, Kramberg, K.H.: Herzstück Herking.

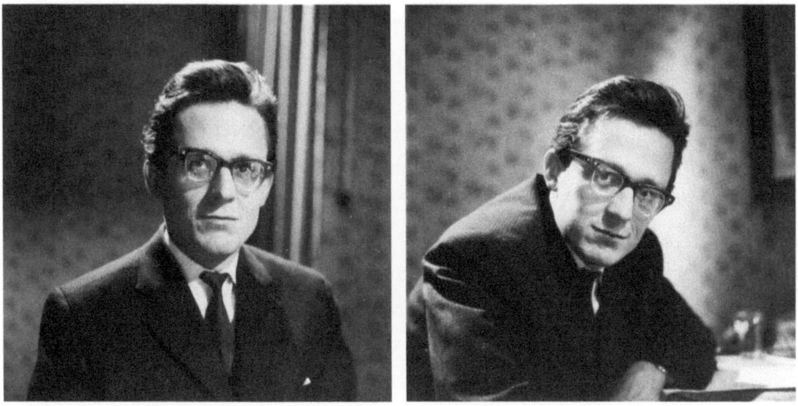

Im Porträt: Dieter Hildebrandt in den 50er-Jahren.

che tun.[196] Darin spielten er und Havenstein die sich unbekannten Herren Wohlzorn und Kreuzer, die sich bei einem Empfang zufällig zu einem Gespräch zusammenfinden. Der »stattliche Herr«[197] Kreuzer, dargestellt von Havenstein, ist ehemaliger Stabsoffizier und trägt stolz sein Ritterkreuz. Die Auszeichnung erhielt er für einen von ihm angeordneten Angriff, bei welchem 80 seiner Soldaten ums Leben kamen.[198] Es stellt sich heraus, dass sein Gegenüber Wohlzorn einen der verstorbenen Soldaten kannte, da er diesem als Rettungsschwimmer einst das Leben gerettet hatte. Auf die Frage Kreuzers, weshalb Wohlzorn seinen Orden nicht trage, erwidert dieser, dass man die Auszeichnung im Allgemeinen nicht zur Schau stelle und sein »Lebensretterorden« außerdem durch den Orden seines Gesprächspartners »gegenstandslos«[199] geworden sei.

Neben Beiträgen zu den restaurativen Tendenzen in der Bundesrepublik verfasste Hildebrandt für das Programm *Denn sie müssen nicht was sie tun* auch literarische Texte. In der Nummer *Nur so privat*[200] spielte Herking eine besorgte Mutter. Diese schreibt einen Brief an ihre

[196] Hildebrandt, Dieter: Wenn zwei das gleiche tun. In: Münchner Lach- und Schießgesellschaft, 1. Programm: Denn sie müssen nicht was sie tun, 1956.

[197] Ebd., S. 1.

[198] Ebd., S. 2.

[199] Ebd., S. 3.

[200] Hildebrandt, Dieter: Nur so privat. In: Münchner Lach- und Schießgesellschaft, 1. Programm: Denn sie müssen nicht was sie tun, 1956.

18-jährige Tochter, die plant, mit ihrem Freund zusammenzuziehen.[201] Die Mutter will ihre *»Kleine«*[202] zur Vorsicht mahnen (»[…] denke doch an dieses schöne Wort ›Drum prüfe, wer sich ewig bindet‹ […])[203], findet jedoch nicht den richtigen Ton. Schließlich seien sie beide »so modern«[204]. Am Ende zerreißt die Mutter den Brief und nimmt sich vor, ihn am nächsten Tag aufzusetzen.[205] In Hildebrandts Text zeigen sich die Hilflosigkeit der Eltern gegenüber den Entscheidungen ihrer erwachsen gewordenen Kinder sowie der unumgängliche Konflikt zwischen den Generationen. Mit der Nummer *Nur so privat* lieferte Hildebrandt somit »etwas fürs Gemüt«.[206]

In einem weiteren Text Hildebrandts mit dem Titel *Schiffchenspielen will gelernt sein*[207] schlüpften Herking und Havenstein in die Rollen zweier Buben. Während der eine einen modernen Spielzeugdampfer besitzt, spielt der andere nur mit einem Stück Holz. Die Fantasie, die das Holzscheit im Spiel anregt, macht es jedoch zum besseren Spielzeug. Der Junge, der anfangs noch stolz auf seinen Dampfer war, möchte ihn letztlich sogar gegen das Stück Holz eintauschen.[208] Die Spielzeug-Perfektion unterliegt damit letztlich den spielerischen Kinderfantasien. »… literarisch wohl das sublimste Stückchen«, urteilte die *Süddeutsche Zeitung*.[209]

Die Texte *Nur so privat* und *Schiffchenspielen will gelernt sein*, die 1986 in Hildebrandts Buch *Was bleibt mir übrig* veröffentlicht wurden, bezeichnete der Kritiker Budzinski als »schaumig-literarische Oasen im Wüstensturm der fallenden Püffe und knallenden Pointen«.[210] Hildebrandt lieferte hier literarische Texte in der Tradition Erich Kästners.

[201] Ebd., S. 3.
[202] Ebd., S. 2.
[203] Ebd., S. 3.
[204] Ebd., S. 5.
[205] Ebd., S. 5.
[206] Münchner Merkur, 14.12.1956, MCF: Lach und Schießen.
[207] Hildebrandt, Dieter: Schiffchenspielen will gelernt sein. In: Münchner Lach- und Schießgesellschaft, 1. Programm: Denn sie müssen nicht was sie tun, 1956.
[208] Ebd., S. 2.
[209] Süddeutsche Zeitung, 14.12.1956, Kramberg, K.H.: Herzstück Herking.
[210] Budzinski: Pfeffer ins Getriebe. S. 293.

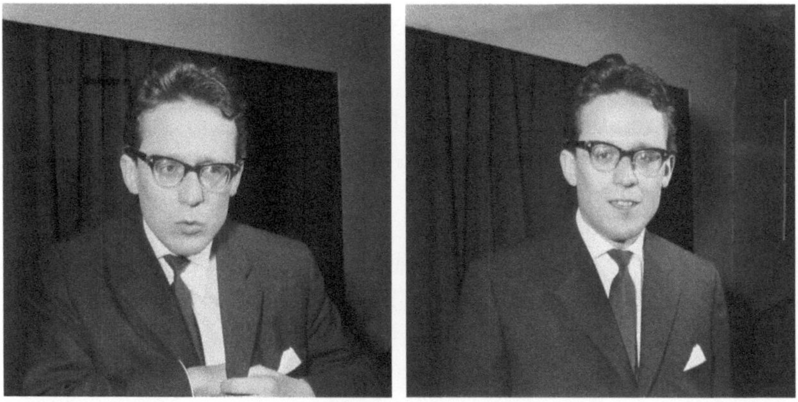

Im Porträt: Dieter Hildebrandt in den 1950er-Jahren.

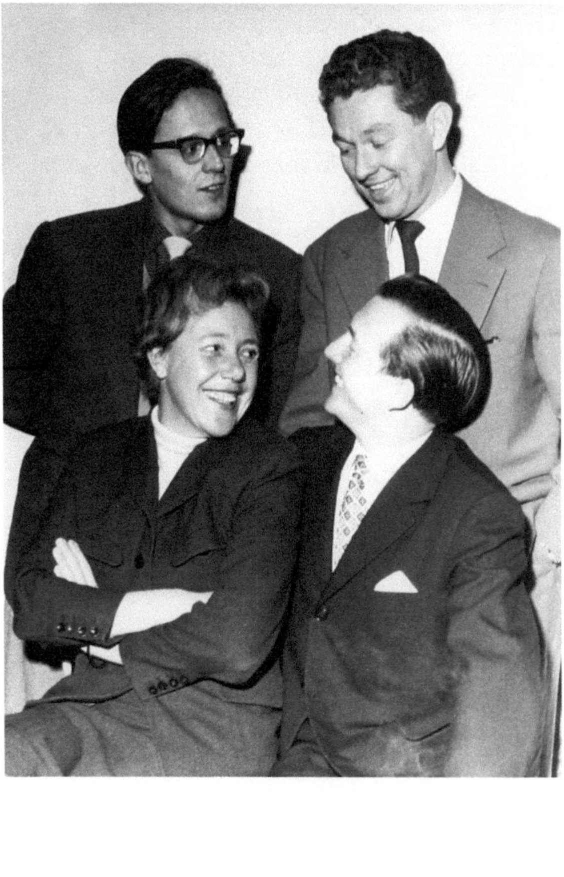

Die Lach- und Schießgesellschaft im Jahr 1956. Hinten: Dieter Hildebrandt und Klaus Havenstein; vorne: Ursula Herking und Hans Jürgen Diedrich.

Der »große Jubel«[211] blieb beim ersten Programm der *Lach- und Schießgesellschaft* aus. Thematisch gab es in den Texten Hildebrandts im Vergleich zu seinen Beiträgen bei den *Namenlosen* keine Überraschungen. Die Solo-Rolle vom *Kleinen Mann am Drücker*, die bei der erstmaligen Aufführung noch einfallsreich gewesen war, wirkte beim zweiten Mal trotz der enthaltenen satirischen Angriffe gegen aktuelle Personen des Zeitgeschehens abgenutzt. Statt Hildebrandts Solo ragten im ersten Programm der *Lach- und Schießgesellschaft* seine literarischen Nummern heraus. Durch ihre Poesie und Originalität gaben sie ihm etwas von der Qualität, die Erich Kästners Texte der *Kleinen Freiheit* verliehen hatten. Auf diese Weise überzeugte Hildebrandt als Texter neben den anderen, erfahreneren Ensemblemitgliedern.

Der bundesweite Durchbruch der *Lach- und Schießgesellschaft* kam mit dem folgenden Programm *Bette sich wer kann*, dessen Premiere am 25. April 1957 stattfand. »Vom Tag dieser Premiere an bis ins Jahr 1972 waren wir immer sechs Wochen im voraus ausverkauft. Warum? Weiß ich nicht«, kommentierte Hildebrandt 2006 den Erfolg des Münchner Kabaretts,[212] zu dem er wesentlich beitrug.

V.3 Der Beginn von Hildebrandts Karriere in der Ära Adenauer – »Es gab so viel zu sagen, es gab eine Menge Stoff«

V.3.1 Gründe für den Aufstieg der *Lach- und Schießgesellschaft*

Während Hildebrandt bis zur Trennung der *Lach- und Schießgesellschaft* 1972 zu ihrer Stammbesetzung gehörte, gab es im Laufe der Jahre einige personelle Veränderungen. Was die weibliche Rolle betraf, löste Ursula Noack, die zuvor zum Ensemble des Kabaretts *Die Amnestierten* gehört hatte,[213] Ende 1957 Ursula Herking ab. 1961 wurde der ehemalige NDR-Fernsehansager und Kabarettist Jürgen Scheller Mitglied des Ensembles.[214]

[211] Schreiner: Die Zeit spielt mit. S. 112.
[212] Hildebrandt/Schroeder: Ich musste immer lachen. S. 122.
[213] Schreiner: Die Zeit spielt mit. S. 119.
[214] Ebd., S. 174ff.

Besondere Bedeutung für das Kabarett hatte Klaus Peter Schreiner, der ab dem zweiten Programm Textbeiträge lieferte und neben Hildebrandt zum Hauptautor der *Lach- und Schießgesellschaft* wurde.[215] Damit führten die beiden ehemaligen Kommilitonen nach ihrer Wiederversöhnung[216] ihre bei den *Namenlosen* begonnene Arbeit als Texter-Gespann weiter. Schreiner mutmaßte 2007 in einem Interview, dass bei der Zusammenführung dieser beiden »ganz unterschiedliche[n] Talente« die »zehnte Muse« ihre Finger im Spiel gehabt haben müsse. Das Ergebnis ihrer Kooperation ist ein »beachtliches Stück Kabarettgeschichte«, das nicht so einfach nachzumachen sei, so Schreiner.[217] Tatsächlich erwies sich die Verbindung aus Schreiners literarischen und Hildebrandts satirisch-improvisatorischen Texten als ideale Mischung. Die Programme waren in Themenwahl, Sprache und Darstellung vielfältig und orientierten sich nicht einseitig an einem bestimmten Publikumsgeschmack.

Bundesweit bekannt wurde die *Lach- und Schießgesellschaft* durch die Übertragung ihrer Programme im Fernsehen. Im März 1957[218] wurde, nachdem Drechsel aufgrund zurückgehender Zuschauerzahlen in der Schwabinger Spielstätte mit dem *Bayerischen Rundfunk* in Verhandlung getreten war, das erste Programm *Denn Sie müssen nicht was Sie tun* im Fernsehen ausgestrahlt.[219] Vom 1. November 1954 an, nachdem die ARD-Anstalten mit ihrem Gemeinschaftsprogramm *Deutsches Fernsehen* begonnen hatten, bis zum Programmstart des *Zweiten Deutschen Fernsehens* am 1. April 1963 etablierte sich das Fernsehen in der Bundesrepublik als Instrument der gesellschaftlichen Modernisierung.[220] Bis 1963 besaßen etwa 35 Prozent der vor allem städtischen Haushalte, quer durch fast alle sozialen Schichten, einen Fernsehapparat.[221] Hildebrandt erzählte, dass es zu Beginn nicht das unbedingte Ziel der *Lach- und Schießgesellschaft* gewesen sei, ihre Auftritte über das neue Medi-

215 Budzinski: Das Kabarett. S. 232.

216 Schreiner: Die Zeit spielt mit. S. 114.

217 Münchner Merkur, Nr.117, 23.5.2007, Ogiermann, Rudolf: Die »fünfte Gewalt«, S. 16.

218 Schreiner: Die Zeit spielt mit. S. 276.

219 Hildebrandt/Schroeder: Ich musste immer lachen. S. 122.

220 Hickethier: Geschichte des deutschen Fernsehens. S. 110.

221 Ebd., S. 112.

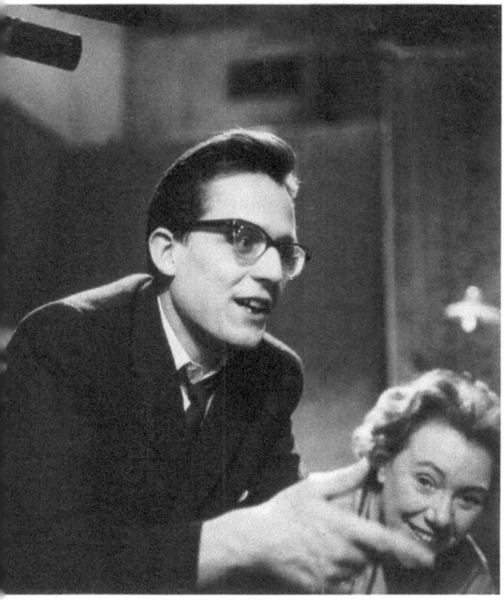

Dieter Hildebrandt mit Ursula Herking, 1956.

um zu verbreiten. Man habe befürchtet, dass sich dies negativ auf die Zuschauerzahlen in der Haimhauser Straße auswirken würde. Die Initiative sei wegen der Mitwirkung der Erfolgsgarantin Ursula Herking mehr vom *Bayerischen Rundfunk* ausgegangen.[222] Die Übertragungen von Kabarettprogrammen direkt von der Bühne waren für das Fernsehen ein Novum. Sie sollten zur »Vielfarbigkeit«[223] des Unterhaltungssegments beitragen,[224] in dem in den 50er-Jahren Rate- und Gewinnspiele[225] sowie die musikalischen *Bunten Abende* dominierten.[226]

Dass durch die Fernsehauftritte im Gegenzug die Popularität der *Lach- und Schießgesellschaft* zunahm, zeigte sich entgegen der anfänglichen Besorgnis der Mitglieder an den ausverkauften Vorstellungen in der Haimhauser Straße. Wie von Drechsel geplant, wurde das Münchner Kabarett zu einem professionellen Betrieb inklusive Gastronomie und mehreren Angestellten.[227] Ab 1962 war das Ensemble auch auf Deutschland-Tournee erfolgreich.[228] Die Einschaltquote der 1962 und 1963 ausgestrahlten Programme lag bei fast 70 Prozent.[229]

[222] Hildebrandt/Schroeder: Ich musste immer lachen. S. 122.
[223] Hickethier: Geschichte des deutschen Fernsehens. S. 148.
[224] Ebd., S. 148.
[225] Ebd., S. 142.
[226] Ebd., S. 145. Durch die Ausstrahlung von Live-Aufführungen vor Publikum, anstelle von Studioproduktionen, sollten die Menschen an den Bildschirmen etwas von dem »Flair« der kleinen Kabaretttheater erleben. In: Ebd., S. 147.
[227] Schreiner: Die Zeit spielt mit. S. 145.
[228] Ebd.. S. 195f.
[229] Hofmann, Till (Hrsg.): Verlängert. S. 27. Schreiner: Die Zeit spielt mit. S. 188.

Der mithilfe des Fernsehens erzielte Massenerfolg bedeutete für das Genre Kabarett, das zuvor eine »intellektuelle Zelle« für »Eingeweihte«[230] dargestellt hatte, eine neue Entwicklung.[231] Es machte den Anschein, als seien die humorvollen und frechen Äußerungen extra für das moderne Medium Fernsehen bestimmt gewesen.[232] Die Natürlichkeit und der improvisatorische Stil der *Lach- und Schießgesellschaft*, die auf Requisiten weitestgehend verzichtete, trugen wesentlich zu ihrem Erfolg bei. Bei den Fernsehzuschauern entstand der Eindruck, als entwickelten die Akteure ihre Gedanken erst auf der Bühne. Die Kritiker sprachen von einem »hemdärmelig lockere[n] Brettl-Stil«.[233] Dieser erinnerte an den Kabarettisten Wolfgang Neuss,[234] der 1951 als »Mann an der Pauke« Berühmtheit erlangt hatte,[235] sowie an die Spontanität von Werner Fincks *Katakombe*.[236] Im Mittelpunkt der Programme standen Hildebrandts Conférencen, die ein »Schnellfeuer von Seitenhieben, Anspielungen und Schnoddrigkeiten«[237] darstellten. Dadurch wich er von den melancholisch-besinnlichen Soli ab, bei denen die Künstler im Kabarett üblicherweise in dezent blaues Licht getaucht worden waren.[238] Hildebrandt personifizierte die »Qualität des Witzes«,[239] wie der Kabarettexperte Heinz Greul 1971 bilanzierte. Seine trocken-komischen Texte setzten beim Publikum gewisse Vorkenntnisse voraus, ihre Grundaussage war jedoch auch ohne Vorwissen für jedermann verständlich.[240]

[230] Buch-Journal, Heft 4, 1986/87, Lerck, Achim: Ein anständiger Deutscher zieht Bilanz. Dieter Hildebrandt über 30 Jahre Leben und Arbeit.
[231] Zivier, Georg/Kotschenreuther, Hellmut/Ludwig, Volker: Kabarett mit K. Fünfzig Jahre große Kleinkunst. Berlin: Berlin Verlag, 1974, S. 135.
[232] Ebd., S. 136.
[233] Ebd., S. 136. Greul: Bretter, die die Zeit bedeuten. S. 386.
[234] Zivier/Kotschenreuther/Ludwig: Kabarett mit K. S. 136.
[235] Vgl. dazu: Kühn, Volker: (Hrsg.): Das Wolfgang Neuss Buch. München: Satire Verlag, 1981. Neuss war bekannt für seinen spitzen Spott, seinen Zynismus sowie durch außerkabarettistische Aktionen ab Mitte der 60er-Jahre. In: Budzinski: Das Kabarett. S. 188ff.
[236] Greul: Bretter, die die Zeit bedeuten. S. 386.
[237] Zivier,/Kotschenreuther/Ludwig: Kabarett mit K. S. 136.
[238] Ebd., S. 135.
[239] Greul: Bretter, die die Zeit bedeuten. S. 387.
[240] Ebd., S. 387.

Durch seine intellektuelle Erscheinung wirkte Hildebrandt auf der Bühne authentisch, mit der Folge, dass auch seine Kommentare zu Themen, die von der Öffentlichkeit zuvor kaum oder gar nicht zur Kenntnis genommen worden waren,[241] beim Publikum ankamen. Äußerungen zum Tagesgeschehen baute er durch Verknüpfen von Conférence und Nummernkabarett ins Programm ein. Auf diese Weise entwickelte Hildebrandt einen eigenen Kabarett-Stil, der als »journalistisches Kabarett« bezeichnet wurde.[242] Zwischen dem »agierenden Autor« Hildebrandt und den anderen Akteuren erwuchs ein »Spannungsfeld von geformtem Witz und ausgelassenem Spiel«, aus welchem das Kabarett »seit eh und je seine Funken schlägt«, wie die Autorin Lisa Appignanesi 1976 in ihrer Analyse des Kabaretts festhielt.[243]

1963 sah ein Kritiker der Zeitschrift *Hör zu* den Grund, weshalb die *Lach- und Schießgesellschaft* »turmhoch« über den anderen Kabaretts stehe, in deren Live-Auftritten. Der Redakteur äußerte sich verwundert, weshalb das die Berliner *Stachelschweine* nicht täten.[244] Diese hatten sich, wie auch das Düsseldorfer *Kom(m)ödchen*, in ihrer Anfangszeit entschieden gegen Remilitarisierung und Restauration gewandt.[245] Während das *Kom(m)ödchen* den Fokus auf die textliche und darstellerische Ästhetik sowie das Literarische richtete,[246] wirkte das Engagement der *Stachelschweine* vor dem Hintergrund ihres wirtschaftlichen Erfolgs immer routinierter und verlor an Glaubhaftigkeit.[247] In den Vordergrund rückte die seichte Unterhaltung,[248] die das Aufklärerische des Berliner Kabaretts verdrängte. Neben den bundesweiten Kabaretts hatte die *Lach- und Schießgesellschaft* auch die lokale Konkurrenz in puncto Beliebtheit überholt. Im *Mannheimer Morgen* stand unter

241 Appignanesi: Das Kabarett. S. 183.

242 Ebd., S. 183.

243 Ebd., S. 183.

244 Hör zu, 14.4.1963, Der Kritiker.

245 Greul: Bretter, die die Zeit bedeuten. S. 367.

246 Appignanesi: Das Kabarett. S. 182.

247 Über die Jahre habe man sich gefragt, »inwieweit die Stachelschweine überhaupt noch hinter ihren Texten stünden.« In: Greul: S. 367.

248 Wie Appignanesi darlegte, wurden die »Thematik vordergründiger« und der »Witz seichter«, »bis hin zur Jubel-Trubel-Heiterkeit Marke Bunter Abend«. In: Appignanesi: Das Kabarett. S. 182.

der Überschrift »Theatergründerzeit in München« 1959 zu lesen, dass sie als Resultat ihrer Textarbeit die *Zwiebel* und die *Kleine Freiheit* überträfe.[249] Die Münchner *Abendzeitung* schrieb über das sechste Programm, dass damit dem einstigen Ruf der Landeshauptstadt als »Brettlstadt« neue Ehre eingetragen worden sei.[250] Ähnlich urteilte 1963 auch ein Kritiker in der *Rheinischen Post*. Seiner Meinung nach bestanden angesichts der zahlreichen reinen Unterhaltungs- und Striptease-Kabaretts in München nur mehr zwei zeitsatirische und literarisch-musikalische Kabaretts: *Die Zwiebel* und die *Lach- und Schießgesellschaft*, in welcher »Münchens kabarettistische Tradition [...] noch in Ehren gewahrt« bliebe.[251] Die *Lach- und Schießgesellschaft* entwickelte sich somit zum »Liebkind der Nation«,[252] obwohl sie nicht nur die Mächtigen, sondern auch den »kleinen Mann« wegen dessen Desinteresse an politischen Entscheidungen und seiner freiwilligen Untertänigkeit kritisierte.

Der Aufstieg Hildebrandts als Kabarettist war eng mit der Popularität der *Lach- und Schießgesellschaft* verbunden, die durch ihre Fernsehauftritte bundesweit bekannt wurde. Hildebrandt, der neben Schreiner Stamm- und Hauptautor war, trug maßgeblich zu dem Erfolg des Ensembles bei. Dieses war bei Publikum und Presse bald beliebter als die bis zu diesem Zeitpunkt führenden deutschen Kabaretts. Wer sich vom Kabarett bis zu diesem Zeitpunkt allein Unterhaltung versprochen hatte, wurde nun Zeuge von dessen Fähigkeit, auf lockere, satirische und journalistische Weise gesellschaftliche Missstände aufzudecken. Dadurch prägte Hildebrandt ein Verständnis von »politischem Kabarett«, das sich bis heute in der Öffentlichkeit gehalten hat.

[249] Mannheimer Morgen, 16.11.1959, K. Schumann: Theatergründerzeit in München.

[250] Abendzeitung, 31.10.1959, H.R.: Der Widerspenstigen Lähmung. Das neue Programm der »Lach- und Schießgesellschaft«.

[251] Rheinische Post, 26.3.1963, Rode, Heinz: Brettl-Dämmerung an der Isar.

[252] Schreiner: Die Zeit spielt mit. S. 188. Ihren Status definitiv festigen konnte die Lach- und Schießgesellschaft Anfang des Jahres 1959 mit dem fünften Programm »Warten auf Niveau«. Das Programm feierte am 7. Januar 1959 Premiere und wurde am 10. Februar im Fernsehen ausgestrahlt. In: Ebd., S. 141.

V.3.2 Grundzüge und Grenzen von Hildebrandts Satire

Der linksbürgerliche Satiriker Kurt Tucholsky[253] lieferte 1919 mit seiner allgemeinen Beschreibung der Aufgaben und Charaktereigenschaften eines Satirikers ein Persönlichkeitsbild, das auch auf Hildebrandt zutrifft. Tucholsky resümierte: »Und wenn einer mit Engelszungen predigte und hätte des Hasses nicht –: er wäre kein Satiriker.«[254] In diesem sah er einen »Landsknecht des Geistes«, der »die Edlen mit Keulenschlägen und mit dem Pfeil, dem Bogen« beschützt.[255] Darüber hinaus apostrophierte Tucholsky ihn als »gekränkte[n] Idealist[en]«,[256] der sich eine gute Welt wünscht und gegen das Schlechte in ihr ankämpft. Auch Hildebrandt stellte sich von Beginn seiner Karriere an auf die Seite der Schwachen in der Gesellschaft und prangerte Machtmissbrauch an. Dabei bediente er sich eines bitteren Sarkasmus'. Die von Tucholsky angesprochene »gute Welt« war für Hildebrandt in erster Linie eine aufgeklärte. Deshalb bemühte er sich in seinen Texten unter Zuhilfenahme des Humors, die Menschen zum Mit- und Nachdenken zu bewegen. Dass sein Antrieb, Texte zu schreiben, in seiner Sorge um sein Heimatland bestand, hielt die *Lach- und Schießgesellschaft* 1957 in einem ihrer Programmhefte fest. Darin wurde Hildebrandt das Motto zugesprochen: »Und wenn die Not am größten ist, gab mir ein Brettl, zu schreiben, was ich leide.«[257]

[253] Der 1890 geborene Berliner Tucholsky war Mitarbeiter sowie kurzzeitiger Herausgeber der 1933 von den Nationalsozialisten verbotenen Zeitschrift »Die Weltbühne« und verfasste in den 20er-Jahren Chansons für das literarisch-politische Kabarett. Darin sowie in seinen Essays, satirischen Zeitungsartikeln und Gedichten verteidigte er die Weimarer Republik und prangerte Nationalismus, Militarismus und die angebliche Passivität der liberalen Presse an. In: Budzinski: Das Kabarett. S. 249ff. Vgl. auch: Hepp, Michael: Kurt Tucholsky. Biographische Annäherungen. Reinbek: Rowohlt Verlag, 1999.

[254] Tucholsky, Kurt: Politische Satire? In: Glodek, Tobias/Haberecht, Christian/v. Ungern-Sternberg, Christoph (Hrsg.): Politisches Kabarett und Satire. Berlin: Wissenschaftlicher Verlag, 2007, S. 24.

[255] Ebd., S. 24.

[256] Tucholsky, Kurt: Was darf Satire? In: Glodek/Haberecht/v. Ungern-Sternberg (Hrsg.): Politisches Kabarett und Satire. S. 21.

[257] Münchner Lach- und Schießgesellschaft, 3. Programm: Im gleichen Schrott und Trott, 1957, Programmheft, S. 14.

Tucholsky leitete aus dem Engagement des Satirikers die Forderung ab, jenen gebührend wertzuschätzen. Denn die Satire eines Künstlers, der für das Gute eintrete, verdiene weder, von den Menschen nicht beachtet zu werden, noch ein »empörte[s] Fauchen«.[258] Hildebrandts Satiren machten ihn in der Ära Adenauer zum bekanntesten und erfolgreichsten Kabarettisten Deutschlands. Jedoch provozierten sie auch, wie von Tucholsky erwähnt, Widerstand. Ab 1958 erhielt die *Lach- und Schießgesellschaft* nach der Fernsehausstrahlung des zweiten Programms *Bette sich wer kann* Beschwerden verschiedener Interessengruppen.[259] Kritik kam vonseiten der Parteien, der Presse und der Zuschauer. Eine entscheidende Rolle spielte die Haltung des *Bayerischen Rundfunks* gegenüber dem Kabarett, da er als Sender der Programme für deren Verbreitung sorgte.

Das Recht der Live-Übertragungen, die eine Zensur verhinderten, habe sich die *Lach- und Schießgesellschaft* in ihrer Anfangszeit mit der Auffassung »entweder live oder gar nicht« sozusagen »ertrotzt«, schrieb 1962 Martin Morlock unter seinem Pseudonym Telemann[260] im *Spiegel*.[261] Druck übten die Fernsehverantwortlichen 1960 auf die Kabarettisten aus. Helmut Oeller, damals stellvertretender Fernsehdirektor des *Bayerischen Rundfunks*, wollte am Tag der Fernsehübertragung Textstreichungen am Programm *Tour de Trance* vornehmen. Da sich das Ensemble weigerte, unter diesen Umständen auf die Bühne zu gehen, gab Oeller letztlich nach.[262] Als während des Programms ein defekter Scheinwerfer zersprang, quittierte Hildebrandt dies mit dem Satz »Jetzt ist der Oeller geplatzt!«, was ihm den Applaus des Publikums einbrachte.[263] Oeller, der von 1964 bis 1987 Fernsehdirektor des Bayerischen Rundfunks war, betonte 1998 im Rückblick auf seine Karriere seine liberale Einstellung. Es sei stets sein Grundsatz gewesen, dass »jedes wichtige Thema« sowie »jede wichtige Meinung in

[258] Tucholsky, Kurt: Was darf Satire? In: Glodek/Haberecht/v. Ungern-Sternberg (Hrsg.): Politisches Kabarett und Satire. S. 21.

[259] Schreiner: Die Zeit spielt mit. S. 140.

[260] Hickethier: Geschichte des deutschen Fernsehens. S. 179.

[261] Der Spiegel, 18.4.1962, Nr.16, Telemann: Front-Theater, S. 93.

[262] Ebd., S. 93.

[263] Schreiner: Die Zeit spielt mit. S. 154.

ihrer Vielfalt« behandelt werden müsse.[264] Differenzpunkte waren seiner Meinung nach in der Diskussion zu erörtern. Zustimmung erfahre alles, wodurch nicht die Verfassung, das Gesetz oder der »gute Geschmack« verletzt werde, so Oeller.[265] Zu einem Höhepunkt in der Auseinandersetzung zwischen ihm und Hildebrandt kam es 1986, als sich der *Bayerische Rundfunk* nach der Vorablektüre eines Manuskripts zu Hildebrandts Sendung *Scheibenwischer* bei dessen Ausstrahlung aus dem ARD-Gemeinschaftsprogramm ausschaltete.[266] Oeller attestierte der Sendung nach der Reaktorkatastrophe von Tschernobyl »Aggressionen[,] die schlechten Stil und schlechten Geschmack zeigen«.[267] Die Abschaltung führte in der Öffentlichkeit zu einem »Proteststurm«.[268]

Nach dem Konflikt mit Oeller im Jahr 1960 führten Äußerungen Hildebrandts über Bundespräsident Heinrich Lübke 1966 zu einer erneuten Diskussion mit dem *Bayerischen Rundfunk*. Programmdirektor Clemens Münster erklärte, die Programme des Schwabinger Ensembles infolge der Kommentare nicht mehr zu übertragen.[269] Bereits 1967 wurde die Silvester-Sendung *Schimpf vor Zwölf* der *Lach- und Schießgesellschaft* jedoch wieder von München aus gesendet.[270] Der Schaden, den sich ein Sender durch eine »Selbstzensur« zugefügt hätte, war letzten Endes bedeutender als die Bedenken gegenüber den in den Kabarettprogrammen getätigten politischen Aussagen.[271] Die Fernsehverantwortlichen

[264] BR Alpha-Forum, 12.10.1998, Prof. Dr. Helmut Oeller, ehemaliger Fernsehdirektor des Bayerischen Rundfunks, im Gespräch mit Dr. Ernst Emrich.

[265] Ebd.

[266] Strobel, Ricarda/Faulstich, Werner: Die deutschen Fernsehstars. Göttingen: Vandenhoeck und Ruprecht, 1998, S. 107.

[267] WDR2, Interview mit Dr. Oeller, 23.5.1986, abgedruckt in: Albertz, Heinrich (Hrsg.): Scheibenwischer – Zensur. Vollständiger Text der Sendung und Dokumentation über die Reaktionen in der Öffentlichkeit. München: Knaur, 1986, S. 97.

[268] Gong, 6.6.1986, Hildebrandt, Dieter: »Einen solchen Proteststurm hätte ich nicht für möglich gehalten!« abgedruckt in: Albertz, Heinrich (Hrsg.): Scheibenwischer – Zensur. Vollständiger Text der Sendung und Dokumentation über die Reaktionen in der Öffentlichkeit. München: Knaur, 1986, S. 110.

[269] Hickethier: Geschichte des deutschen Fernsehens. S. 257.

[270] Schreiner: Die Zeit spielt mit. S. 240.

[271] Hickethier: Geschichte des deutschen Fernsehens. S. 148.

hielten in den 60er-Jahren deshalb zumeist auch bei missliebigen satirischen Äußerungen an den Übertragungen der Programme fest. Gründe dafür waren die Beliebtheit des Kabaretts beim Publikum und der Versuch der Sender, durch die Ausstrahlungen der Kabarettprogramme ihre Unabhängigkeit zu unterstreichen.[272] So waren der *Lach- und Schießgesellschaft* bis auf verbale Beleidigungen, nachweisbare Unwahrheiten oder juristisch »absolut« nicht vertretbare Behauptungen jegliche Äußerungen erlaubt, wie Klaus Peter Schreiner erzählte. In politischen Angelegenheiten werteten die Münchner Kabarettisten den *Bayerischen Rundfunk* als einen der bundesweit »liberalsten Sender«. Dies werde oftmals übersehen, so Schreiner.[273]

Tucholsky hatte 1919 die berühmt gewordene Frage »Was darf die Satire?« aufgeworfen.[274] Da der *Lach- und Schießgesellschaft* vom *Bayerischen Rundfunk* ermöglicht wurde, ihre Programme live im Fernsehen zu zeigen, bestimmten ausschließlich ethische und juristische Grenzen die Satiren Hildebrandts. Darüber hinaus war er in seinen Kommentaren nicht eingeschränkt und hielt sich lediglich an seine persönlichen Tabus.[275] Insofern die Tabus nicht die »eigene[n]« seien und sie aufoktroyiert würden, galt es Hildebrandts Meinung nach »selbstverständlich«, sie ohne Berücksichtigung der sie Vorschreibenden zu »brechen«.[276] Mit der Auffassung, dass überhaupt Grenzen für Satiriker existieren, widersprach er der Ansicht Tucholskys, dass Satire »alles« dürfe.[277]

[272] Ebd., S. 258. Mit »Das jüngste Gericht« von Wolfgang Neuss wurde auch im Dritten Programm N3 eine Kabarettsendung gezeigt. In: Ebd., S. 258.

[273] Schreiner: Die Zeit spielt mit. S. 189. Von einer liberalen Einstellung unter den Entscheidungsträgern des Bayerischen Rundfunks berichtete auch Hildebrandt. In einem Interview im Jahr 2006 erzählte er von seiner Bekanntschaft mit einem dort tätigen »kabarettfreudig[en]« Abteilungsleiter. Dieser sei CSU-Mitglied gewesen und habe dennoch jede Premiere der ersten Programme der Lach- und Schießgesellschaft besucht. In: »Diese Demokratie muss in die Werft« – Gespräch mit Dieter Hildebrandt. In: Hofmann (Hrsg.): Verlängert. S. 121.

[274] Tucholsky: Was darf Satire? In: Glodek/Haberecht/v. Ungern-Sternberg (Hrsg.): Politisches Kabarett und Satire. S. 22.

[275] Hildebrandt: Ausgebucht. S. 83.

[276] Ebd., S. 83.

[277] Tucholsky: Was darf Satire? In: Glodek/Haberecht/v. Ungern-Sternberg (Hrsg.): Politisches Kabarett und Satire. S. 22.

V.3.3 Kritik an der Regierung – »Man sägte dauernd an diesem alten, morschen Ast Adenauer«

Der Beginn der Karriere Hildebrandts als Kabarettist fiel in die zweite Hälfte der Ära Adenauer. Ziel Adenauers war es, so das Resümee Willy Brandts 1989, »seiner politischen Sammelgruppierung das Kleid einer Staatspartei an[zu]passen und eine halbwegs satte Gesellschaft im europäischen Westen – mit amerikanischer Rückendeckung – [zu] verankern.«[278] Die »Kanzlerdemokratie« Adenauers wird heute als der »erfolgreiche Versuch« gewertet, zur Stärkung der politischen Führung die anderen politischen und gesellschaftlichen Machtinhaber »so weit wie nötig« zu involvieren.[279] Wie der Adenauer-Biograf Hans-Peter Schwarz 2004 feststellte, ist »in der historischen Forschung und in der Publizistik […] die frühere Umstrittenheit der Gestalt Adenauers von einer insgesamt respektvollen Bewertung abgelöst worden.«[280]

In der Ära Adenauer übten vor allem die zeitgenössischen linken bis liberal gesinnten Intellektuellen Kritik an der Regierung. Adenauer, der am 15. September 1949 in Bonn zum ersten Bundeskanzler der Bundesrepublik Deutschland gewählt worden war, hatte den Ruf eines autoritären Mannes, dem teils auch diktatorische Züge vorgeworfen wurden.[281] Weder außen- noch innenpolitisch war er ein »Konsens-Politiker«.[282] Er hielt sich zwar an die Regeln des Grundgesetzes, hat sie aber »gedehnt« und »oft hart am Rande des Zulässigen« agiert.[283] Die Politik der Regierung Adenauer war für deren Kritiker durch den Begriff »Restauration« gekennzeichnet, der 1950 in einem in den *Frankfurter Heften* erschienenen Aufsatz

[278] Brandt, Willy: Erinnerungen. Hamburg: Spiegel-Verlag, 2006/2007, S. 47.

[279] Sontheimer, Kurt: Die Adenauer-Ära. Grundlegung der Bundesrepublik. München: dtv, 1996, S. 173f.

[280] Schwarz, Hans-Peter: Anmerkungen zu Adenauer. München: Pantheon, 2007, S. 195. Vgl. ebd., S. 172. 2003 wurde der erste deutsche Bundeskanzler von den Zuschauern einer ZDF-Fernsehshow mit dem Titel »Unsere Besten«, in der nach den »größten Deutschen« gefragt worden war, auf Platz 1 gewählt. In: Schwarz: Anmerkungen zu Adenauer. S. 191.

[281] Ebd., S. 180.

[282] Ebd., S. 210.

[283] Laut Schwarz bedingte jedoch eben diese »Unbedenklichkeit« die Erfolge Adenauers. In: Ebd., S. 212.

von Walter Dirks geprägt wurde.[284] Viele von ihnen empfanden den radikalen staatlichen, gesellschaftlichen und wirtschaftlichen Neuanfang, den sie sich nach dem Krieg erhofft hatten, als missglückt. Ihr Wunsch war eine ungeteilte, entmilitarisierte und neutralisierte Bundesrepublik, die ausgleichend zwischen Ost und West wirken sollte, nun aber in den Ost-West-Konflikt integriert war.[285] Statt sozialer Gerechtigkeit sahen die Staatskritiker die Fortwährung alter hierarchischer Muster und die unzulängliche Realisierung der 1949 in Kraft getretenen Verfassung.[286] Hans Werner Richter, Leiter und Initiator der *Gruppe 47*, nahm enttäuscht zur Kenntnis, dass sich die ältere anstelle der Generation der jungen Kriegsheimkehrer durchsetzte. Die gesellschaftliche und parteipolitische Entwicklung war seiner Ansicht nach eine »Wiederherstellung des Alten«.[287]

Die Regierung Adenauer wurde zu einer »Zielscheibe« Hildebrandts. Als Verteidiger der jungen Demokratie gab es für ihn in dieser Ära »viel zu sagen«,[288] wobei Kabarett aus seiner Sicht eine »Restaurationsbremse« darstellte.[289] »Man sägte dauernd an diesem alten, morschen Ast Adenauer«,[290] so Hildebrandt 1974 in einem Interview. Er berichtete von der Verbitterung der Kabarettisten, dass man dem Bundeskanzler Erfolge[291] nicht absprechen, sondern nur nachweisen

[284] Müller, Helmut L.: Die literarische Republik – Westdeutsche Schriftsteller und die Politik. Weinheim/Basel: Beltz Verlag, 1982, S. 51f.

[285] Ebd., S. 52.

[286] Sontheimer: Die Adenauer-Ära. S. 140.

[287] In: Müller: Die literarische Republik. S. 52.

[288] Hildebrandt/Schroeder: Ich musste immer lachen. S. 130.

[289] Hildebrandt, Dieter, in: Buch-Journal, 1986/87, Heft 4, Lerck, Achim: Ein anständiger Deutscher zieht Bilanz. Dieter Hildebrandt über 30 Jahre Leben und Arbeit.

[290] Playboy, 7/1974, le Viseur, Raimund, Interview mit Dieter Hildebrandt, S. 39.

[291] Mit den Beratungen über das Grundgesetz, dem Beitritt zum Europarat im Juli 1950 und zur Montanunion im darauf folgenden Jahr, der Wiedererlangung der Souveränität und der Aufnahme in die NATO hatte Adenauer grundlegende politische Akzente gesetzt. Zu diesen zählten darüber hinaus die Rückgliederung des Saarlands, die Heimkehr deutscher Soldaten aus sowjetischer Kriegsgefangenschaft, die Einführung der dynamischen Rente als »Solidarvertrag zwischen zwei Generationen« sowie die 1957 von der Bundesregierung unterzeichneten Verträge über die Europäische Wirtschaftsgemeinschaft (EWG) und die Europäische Atomgemeinschaft (Euratom). In: Görtemaker: Kleine Geschichte der Bundesrepublik Deutschland. S. 110/115.

konnte, wenn er das Parlament übergangen oder »starrsinnig [...]«[292] entschieden hatte. Während deutsche Literaten wie Wolfgang Koeppen angesichts der restaurativen Tendenzen in den 50er-Jahren eine »Ohne mich«-Haltung einnahmen[293] und sich infolge der Nichtbeachtung von Staatsseite in eine »politikfremde Literatur«[294] zurückzogen, setzte sich Hildebrandt auf der Kabarettbühne durch angriffslustige Satire mit der Regierungspolitik auseinander.

Seine Eröffnungsnummer *Siegerehrung* im Programm *Im gleichen Schrott und Trott*, das am 21. November 1957 Premiere feierte, war kurz nach den Bundestagswahlen dem »siegreichen Pferd«[295] gewidmet: Auf der Bühne befand sich ein Schaukelpferd mit dem aufgezeichneten Gesicht Adenauers. Der »große [...] Boss«[296] gebe den Kabarettisten nun die Gelegenheit, ihn weiterhin zu kritisieren bzw. auf ihm »herum[zu]reiten«:[297]

Ensemble: *»Durch dich ham wir's zu Geld gebracht,*
du hast uns fett und flott gemacht,
und wir sind die Kassierer ...
Ein Volk – ein Reich –

Hildebrandt: *Ein falscher Fuffziger [...]«*[298]

In dem Text hieß es selbstironisch, dass man sich im Klaren darüber sei, dass das »Pferdchen« Adenauer unter der Kritik der Kabarettisten »nicht zusammen[brechen]« werde.[299] Die Unionsparteien hatten bei den Wahlen 1957 einen deutlichen Wahlerfolg verzeichnet und bei einer Wahlbeteiligung von rund 88 Prozent[300] die absolute Mehrheit erreicht.[301] Von der Regierungspolitik erhoffte sich

[292] Playboy, 7/1974, le Viseur, Raimund, Interview mit Dieter Hildebrandt, S. 39.
[293] Müller: Die literarische Republik. S. 53.
[294] Ebd., S. 63.
[295] Hildebrandt, Dieter: Siegerehrung. In: Münchner Lach- und Schießgesellschaft, 3. Programm: Im gleichen Schrott und Trott, 1957, S. 1.
[296] Ebd., S. 3.
[297] Ebd., S. 1.
[298] Ebd., S. 1f.
[299] Ebd., S. 1.
[300] Baring, Arnulf/Schöllgen, Gregor: Kanzler, Krisen, Koalitionen. Berlin: Siedler, 2002, S. 59.
[301] Görtemaker: Kleine Geschichte des Bundesrepublik Deutschland. S. 114.

die deutsche Bevölkerung, in der Wählen als Staatsbürgerpflicht angesehen wurde,[302] vor allem die Gewährleistung von Wohlstand und materieller Sicherheit sowie ökonomische Leistungen.[303] Der 1938 in die USA emigrierte Schriftsteller Oskar Maria Graf sprach von einer »Nach uns die Sintflut«- und »Hauptsache ist, mir geht's gut«-Mentalität, die er bei seinen Besuchen in dem von Adenauer regierten Deutschland Anfang der 60er-Jahre beobachtet habe.[304] Mit seinem oppositionellen Kabarett übte Hildebrandt somit Kritik an einer Regierung, deren klare Machtposition durch den wirtschaftlichen Aufschwung in Deutschland gefestigt wurde.

Dennoch wies Hildebrandt unablässig auf den seiner Ansicht nach verpassten politischen und gesellschaftlichen Neuanfang in der Regierungszeit Adenauers hin, so auch in seinem Solo *Ein neuer Beruf*, in dem er einen Uhrensteller mimte.[305] Aktueller Aufhänger eines Kommentars zu den restaurativen Tendenzen in der Ära Adenauer war der *Sputnik-Schock*. Wenige Wochen vor der Premiere des Programms hatte die UdSSR als erster Staat, und damit noch vor den USA, einen Satelliten ins All geschickt.[306] Da die neuen Satelliten »schneller [fliegen] als die Zeit«, schlussfolgerte Hildebrandt, dass sie eben diese überholt hätten.[307] Für den Zuschauer unerwartet erfolgte an dieser Stelle der Schwenk auf die Restauration: »Und eins, zwei drei sind wir wieder bei 45!

302 Reichel: Politische Kultur in der Bundesrepublik. S. 141.

303 Umfragen zufolge war in den frühen Fünfzigerjahren nur jeder fünfte bis vierte Bundesbürger politisch interessiert. In: Ebd., S. 113. Was die Einstellung der Deutschen zur Demokratie betraf, richteten sie ihren Blick »mehr auf die Leistungen des Systems [...] als auf seine politisch-gesellschaftlichen Strukturen«. In: Ebd., S. 137.

304 Graf, Oskar Maria: Warum ich nicht nach Deutschland zurückkehre. In: Kesten, Hermann (Hrsg.): Ich lebe nicht in der Bundesrepublik. München: List, 1964, S. 61.

305 Hildebrandt, Dieter: Ein neuer Beruf. In: Münchner Lach- und Schießgesellschaft, 3. Programm: Im gleichen Schrott und Trott, 1957.

306 Die UdSSR hatten am 4. Oktober 1957 gegenüber den USA und Westeuropa mit dem ersten künstlichen Erdsatelliten Sputnik 1 ihre technologische Leistungsfähigkeit demonstriert. Hildebrandt kommentiert dies damit, dass die Uhr des Weißen Hauses nun »stehen geblieben« sei. In: Ebd., S. 3.

307 »[Die Satelliten] sind eher da, als sie ankommen! Die Zeit läuft also rückwärts! Ich stelle die Uhren auf Satellitenzeit!« In: Ebd., S. 4.

Und das ist für uns doch goldrichtig!«[308] Diese Passage zeigt die Technik Hildebrandts, einen Gedanken aus dem nächsten zu entwickeln, um am Ende zu der eigentlichen Aussage zu gelangen. »Aus dem Brettlstudenten wurde ein Brettl-Philosoph«,[309] urteilte die Münchner *Abendzeitung* zum Auftritt Hildebrandts, dessen Texte trotz des auch in der nächsten Wahlperiode prophezeiten »Schrott[s] und Trott[s]« nicht resigniert wirkten.[310]

Vor den 1961 anstehenden Bundestagswahlen präsentierte die *Lach- und Schießgesellschaft* ihr achtes Programm *Wähl den der lügt.*[311] Anstatt des zu erwartenden satirischen Angriffs gegen die Regierungspartei formulierte Hildebrandt in der Titelnummer die ironische »Empfehlung«, für den Abgeordneten zu stimmen, der »am besten« die Unwahrheit sagt. Zu trauen sei ohnehin keinem. Jener Politiker könne sich dann zumindest auch gegenüber seinen Gegnern durchsetzen, so das sarkastische Fazit der poetisch-satirischen Nummer:

»Drum kann uns schließlich keiner mehr erzählen,
es wäre jemand noch als Mensch zu wählen.
Und hörst du jemand unter all den vielen
erklären, er will keine Rolle spielen:

Den nimmste, den nimmste,
das ist bestimmt der Schlimmste.
Das ist bestimmt der beste Mann,
weil der am besten lügen kann.

Weil der die andern auch betrügt,
drum sei gescheit: Wähl den, der lügt!«[312]

308 Ebd., S. 4.

309 Abendzeitung, 22.11.1957, Rumler, F.: Vier Scharfrichter.

310 Der Kritiker Kramberg attestierte der Lach- und Schießgesellschaft, die er unter den Münchner Kabaretts als konkurrenzlos wertete, einen Hang zum »Pessimismus«. Er fügte jedoch an, dass die Kabarettisten sich in den 21 Nummern, von denen acht Hildebrandt beigesteuert hatte, dennoch »niemals grämlich« gezeigt hätten. In: Süddeutsche Zeitung, 23.11.1957; Kramberg, K.H.: Kabarett der Phantasie – Münchner Lach- und Schießgesellschaft.

311 In Anspielung auf das Lustspiel »Weh dem, der lügt« von Franz Grillparzer.

312 Hildebrandt, Dieter: Wähl den der lügt. In: Münchner Lach- und Schießgesellschaft, 8. Programm: Wähl den der lügt, 1961, S. 5.

Trotz Stimmeneinbußen ging die Union schließlich bei einer Wahlbeteiligung von 87,7 Prozent wieder als Sieger hervor.[313] Hildebrandt kritisierte die Regierung daraufhin in einer bissigen Conférence. Darin warf er Adenauer auf satirische Weise vor, ein Gegner einer nationalen Politik der Wiedervereinigung zu sein. Diese Auffassung wurde von einem großen Teil der Literaten und Publizisten, darunter Rudolf Augstein, Paul Sethe, Hans Zehrer und Erich Kuby, vertreten.[314] Aus heutiger Sicht haben die Kritiker die damaligen deutschen Möglichkeiten überschätzt. Der Politikwissenschaftler Kurt Sontheimer gibt Adenauer heute rückblickend Recht, die deutsche Frage als eine weltpolitische behandelt zu haben.[315] Während Adenauers Interesse an der Wiedervereinigung mittlerweile nicht mehr infrage gestellt wird,[316] ist zugleich unumstritten, dass sein erfolgreiches Bemühen um die Westintegration und der Beitrag der Bundesrepublik zur Verteidigung des Westens eine deutsche Wiedervereinigung zunächst unwahrscheinlich gemacht hatten.[317] Hildebrandt lieferte 1962 einen satirischen Beitrag zu der Debatte, indem er die Ostpolitik der Regierung als »ein bisschen pervers«[318] bezeichnete. Sie werde betrieben, indem man »den Blick fest auf den Westen« richte und dem Osten »mit dem freundlichen Angebot: Da könnt ihr uns mal!« das »Hinterteil« entgegenstrecke.[319] Er sagte auf der Bühne somit offen seine Meinung und ließ sich von den deutlichen Wahlergebnissen nicht von seinen scharfen Kommentaren zur Regierungspolitik abbringen.

[313] Goppold u. a.: Was Deutschland bewegte. S. 83.

[314] Schwarz, Hans-Peter: Adenauer. Band 2: Der Staatsmann. 1952–1967. München: dtv, 1994, S. 409.

[315] »Man tat so, als hinge es von der Politik der Bundesrepublik ab, ob Deutschland wiedervereinigt und zwischen West und Ost eine entspanntere Situation herbeigeführt werden könnte. Dies war eine Überschätzung der deutschen Möglichkeiten, zumal das andere Deutschland, die DDR, an einer Wiedervereinigung unter anderen als sozialistischen Vorzeichen überhaupt nicht interessiert war.« In: Sontheimer: Die Adenauer-Ära. S. 167.

[316] Ebd., S. 165.

[317] Ebd., S. 164.

[318] Hildebrandt, Dieter: Ringwechselstube. In: Lach- und Schießgesellschaft, 9. Programm: Überleben Sie mal, 1962, S. 4.

[319] Ebd., S. 4.

Der melancholische Grundtenor, wie er mit der Zeit in den Texten von Hildebrandts Vorbild Erich Kästner offensichtlich geworden war, ist in Hildebrandts Kabaretttexten in der Ära Adenauer nicht zu finden. Er stellte sich auf die Seite der Opposition und leistete beharrlich Aufklärungsarbeit, ohne die Effektivität seiner Äußerungen in Hinblick auf politische Veränderungen zu überschätzen. Sein Ziel war es, die Zuschauer in Zeiten des »Wirtschaftswunders« zur eigenen Analyse der Politik Adenauers zu animieren. Kabarett fungierte bei Hildebrandt aufgrund seiner Improvisationen nicht als »Pflichtvorstellung«. Um die Politik der Regierung zu hinterfragen, trat er bei seinen Auftritten in Interaktion mit dem Publikum, indem er die Zuschauer in sein Programm einbezog und bewusst auf Zwischenrufe reagierte.[320]

V.3.4 Die mangelhafte Vergangenheitsbewältigung – »Man kann eben nicht mit alten Trieben neue Knospen züchten«

Einer der an Adenauer und seine Regierung gerichteten Vorwürfe war, die Auseinandersetzung mit der NS-Vergangenheit zu vernachlässigen. Karl Jaspers bezeichnete das »Fortwirken der alten Nationalsozialisten« in seinem 1966 erschienenen Buch *Wohin treibt die Bundesrepublik?* als ein »Grundgebrechen« deren »innere[r] Verfassung«.[321] Die Strafverfolgung von nationalsozialistischem Unrecht war nach dem Ende der Besatzungszeit nahezu eingestellt wor-

[320] FAZ, 28.12.1967, Hildebrandt, Dieter: Interview mit einem Namensvetter.

[321] Jaspers, Karl: Wohin treibt die Bundesrepublik? München: Piper, 1988, S. 183. Zitiert in: Sontheimer: Die Adenauer-Ära. S. 176. »Die Bundesrepublik bietet das Schauspiel, daß von 159 Blutrichtern Hitlers, die bis 1961 oder 1962 amteten, sechs heute noch Recht sprechen, daß SS-Generäle in Parlamenten sitzen oder Bürgermeister sind, daß die Bundesregierung einen Wolfgang Fraenkel zum Generalbundesanwalt ernennt, der unter der Anklage von Naziverbrechen sogleich zurücktreten muß, daß Bonn einen vormaligen SS-Mann namens Hans Egon Holthusen ans Goethehaus in New York delegiert, in der Stadt, wo Millionen Juden und Neger leben. Die Mehrheit der Diplomanten der Bundesrepublik waren auch die Diplomanten Hitlers. Ich könnte beliebig fortfahren.« In: Kesten, Hermann: Das ewige Exil. In: Kesten, Hermann (Hrsg.): Ich lebe nicht in der Bundesrepublik. München: List, 1964, S. 19.

den.[322] Ehemalige NS-Juristen wurden wiedereingestellt, obwohl sie im Dritten Reich die nationalsozialistische Ideologie aktiv vertreten und Todesurteile ausgesprochen hatten, die den Grundsätzen eines Rechtsstaats widersprachen.[323] Ehemalige Funktionäre, die ihre Posten infolge von Entnazifizierungsverfahren verloren hatten, gelangten 1951 durch ein Gesetz zu Artikel 131 Grundgesetz, dem auch die SPD zugestimmt hatte, wieder in den öffentlichen Dienst.[324] Etwa 150.000 belastete Personen erhielten auf diese Weise ihre Versorgungsansprüche und Arbeitsmöglichkeiten zurück. In der privaten Wirtschaft wurde die Integration durch persönliche Netzwerke ermöglicht.[325] Obgleich der Eindruck, dass »eingefleischte […] Nazis« die »Schlüsselstellungen« in der jungen Bundesrepublik einnahmen oder einstigen NSDAP-Mitgliedern ohne Unterbrechung neue Karrieren gelangen, »freilich auch absurd« sei, blieb die »gewöhnliche« NSDAP-Mitgliedschaft kein »dauernder Makel«, wie der Historiker Wolfgang Benz konstatierte.[326]

Hildebrandt beschäftigte sich in der Regierungszeit Adenauers immer wieder, als *Namenloser* und als Mitglied der *Lach- und Schießgesellschaft*, mit der Eingliederung von Personen mit nationalsozialistischer Vergangenheit in das öffentliche Leben der Bundesrepublik. Dabei wies er wiederholt auf die Situation an den Universitäten hin. Dieses Umfeld hatte er als Student selbst kennengelernt. Die an deutschen Hochschulen dozierende Professorenschaft war nach dem Krieg weitestgehend gleich geblieben. Demokratische Strukturen hatten sich an den hauptsächlich hierarchisch organisierten Einrichtungen nicht durchsetzen können.[327] Wie erwähnt, hatte Hildebrandt bereits in seinem erstem Solo für die *Lach- und Schießgesellschaft* auf eine Propagandaschrift des Professors Michael Schmaus angespielt, die im Sinne des nationalsozialistischen Weltbilds verfasst war.

[322] Hege, Hans: Recht und Justiz. In: Benz (Hrsg.): Die Bundesrepublik Deutschland. Band 1, S. 100.

[323] Ebd., S. 101.

[324] Pötzsch: Deutsche Geschichte von 1945 bis zur Gegenwart. S. 97.

[325] Schildt, Axel: Politische Entscheidungen und Einstellungen. In: Bundeszentrale für politische Bildung (BpB) (Hrsg.): Deutschland in den fünfziger Jahren, Heft 256, 2003, S. 22.

[326] Benz: Die Entstehung der Bundesrepublik. In: Benz (Hrsg.): Die Bundesrepublik Deutschland. Band 1, S. 18.

[327] Sontheimer: Die Adenauer-Ära. S. 152.

Nach dem Krieg war Schmaus Rektor an der Münchner Universität geworden.[328] Von einem fiktiven Universitätsprofessor handelte ein literarischer Text Hildebrandts, den er 1960 für das siebte Programm *Tour de Trance* schrieb.[329] Ursula Noack erschien in der Nummer mit einem Doktorhut auf der Bühne. In ihrer Rolle berichtete sie von ihrer soeben erfolgreich abgeschlossenen Promotion und ihrem Doktorvater Professor Dr. Dr. Glück. Dessen »Tick« sei es, jedes Thema in »drei Phasen« einzuteilen. Der Zuschauer erfährt über den Germanisten, dass er nicht aktiv am Krieg teilgenommen hatte und deshalb jetzt damit prahle, hinsichtlich seiner Vergangenheit niemals gelogen zu haben. Letztlich wird der Professor jedoch als Mitläufer und Drückeberger enttarnt, der darum bemüht ist, den »schönen Schein« des Widerständlers zu wahren. Tatsächlich verkörpert er die Assimilation an die sich ändernden politischen Zeitumstände, indem er sich deren »Phasen« bedenkenlos anpasst. Dabei ordnet er sich stets den Mächtigen unter. Am Ende des Gedichts erfolgt der Hinweis, dass er nun die Regierung Adenauer befürwortet:

»Er war Professor und als solcher literarisch.
Na und wenn's sein muss, war die Dichtung eben arisch.
Wenn auch die Schüler weder Barlach, Brecht noch Kafka lasen,
er teilte Rosen,
er teilte Rosen,
er teilte Rosenberg als Dichter in drei Phasen.

Professor Glück zerdrittelt heute noch die Dichtung,
von der Donau bis zur Elbe und vom Rhein bis hin zum Harz.
Schlachtet weiter in der vorgeschriebenen Richtung,
schlachtet Meinung,
schlachtet Meinung,
schlachtet meinungslos wie immer – diesmal schwarz.«[330]

Unter Adenauer kamen diverse ehemalige Nationalsozialisten in hochrangige Funktionen in Staat und Gesellschaft. Diese reichten

[328] Hildebrandt, Dieter: Kleiner Mann am Drücker. In: Münchner Lach- und Schießgesellschaft, 1. Programm: Denn sie müssen nicht was sie tun, 1956.

[329] Hildebrandt, Dieter: Professor Glücks Geheimnis. In: Lach- und Schießgesellschaft, 7. Programm: Tour de Trance, 1960.

[330] Ebd., S. 2.

von Großkonzernen bis zur politischen Bundesebene. Ein Beispiel ist der verurteilte Kriegsverbrecher und ehemalige Leiter der Fabrik I.G. Farben in Auschwitz-Monowitz, Otto Ambros, der nach seiner Freilassung in den 50er-Jahren Mitglied zahlreicher Aufsichtsräte war.[331] Theodor Maunz, der unter der Nazi-Herrschaft in seiner Schrift *Gestalt und Recht der Polizei* die nationalsozialistische Rechtsideologie vertreten und sich für die Sonderrechte der Gestapo eingesetzt hatte, wurde 1957 bayerischer Kultusminister.[332] Ein anderer Fall war Friedrich Karl Vialon, der von 1962 bis 1966 das Amt des Staatssekretärs im Bundesministerium für Entwicklungshilfe übernahm. In seiner Funktion als Regierungsdirektor und Leiter der Finanzabteilung bei der Behörde des Reichskommissars für das Ostland hatte er »grausame Anweisungen« für die »Vermietung« von Juden als Arbeitskräfte und die Pfändung deren Besitzes erteilt.[333]

Auf die ausbleibende Vergangenheitsbewältigung der Regierung, die sich in den personellen Kontinuitäten äußerte, spielte Hildebrandt im zweiten Programm der *Lach- und Schießgesellschaft* an. In seinem Solo *Etwas zum Aufhängen* im Programm *Bette sich wer kann*[334] präsentierte er sich als beruflichen »Wechsler«.[335] In den Amtszimmern wechsle er mit »Bilder[n]«, »Abzeichen«, »Embleme[n] und »Parteibücher[n]« Gegenstände, die »öfter« mal wechseln würden.[336] Seine Aufgabe bestehe somit darin, die NS-Vergangenheit von Ministern im Deutschen Bundestag zu vertuschen. Ihm verdanken die Abgeordneten ihre »weißen Westen«. Hildebrandt betonte in seiner Rolle, dass er deren Inhalt jedoch nicht wechseln könne.[337] Die Schuld bleibt bestehen, so das Fazit. 1960 schlüpfte Hildebrandt in einem weiteren Solo in die Rolle eines Gärtners, der das Publikum metaphorisch auf die Besetzung hoher Staatsämter durch belastete Personen hinwies. Ein grundlegender demokratischer Neubeginn in Deutschland sei unter diesen Umständen nicht zu erwarten: »Sehn

[331] Grosser: Geschichte Deutschlands seit 1945. S. 318.

[332] Ebd., S. 318.

[333] Ebd., S. 318.

[334] Premiere am 25. April 1957.

[335] Hildebrandt, Dieter: Etwas zum Aufhängen. In: Münchner Lach- und Schießgesellschaft, 2. Programm: Bette sich wer kann, 1957, S. 1.

[336] Ebd., S. 1.

[337] Ebd., S. 1.

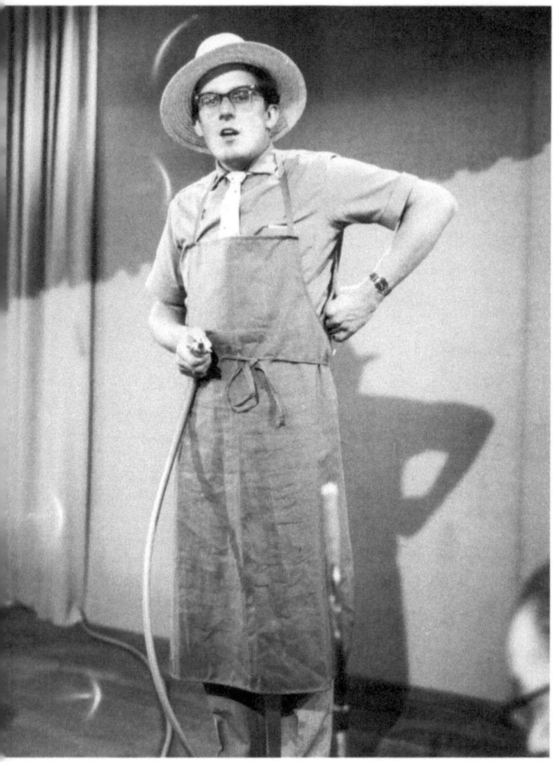

Dieter Hildebrandt in seinem Solo als Gärtner, 1960.

Se mal da, was vor Jahren da mal gesät wurde und was heute aufgeht! Man kann eben nicht mit alten Trieben neue Knospen züchten.«[338]

Wiederholt spielte Hildebrandt auf den Werdegang Hans Globkes an. Globke stellte hinsichtlich des an die Regierung gerichteten Vorwurfs, die Vergangenheit zu verdrängen, den am meisten diskutierten Fall dar.[339] Der Jurist war Kommentator der 1935 auf dem Nürnberger Parteitag verkündeten Rassegesetze gewesen und arbeitete seit 1949 im Bundeskanzleramt. Vier Jahre später wurde er Staatssekretär, was er bis Ende der Regierungszeit Adenauers blieb.[340] Die Sozialdemokraten bezeichneten es als »Schande«, dass Globke im Bundeskanzleramt beschäftigt war. Unterstützung erhielten sie dabei von der FDP.[341] Das Magazin *Der Spiegel*, das den Fall Globke am 4. April 1956 zum Titelthema hatte, warf Adenauer den wiederholten Versuch vor, »seinen Getreuen vor dem Plenum reinzuwaschen«.[342] Globke wurde von Adenauer gegenüber Vor-

[338] Hildebrandt, Dieter: Der Gärtner platzt. In: Lach- und Schießgesellschaft, 7. Programm: Tour de Trance, 1960, S. 2.

[339] Grosser: Geschichte Deutschlands seit 1945. S. 318.

[340] Baring/Schöllgen: Kanzler, Krisen, Koalitionen. S. 53.

[341] Der Spiegel, 4.4.1956, Nr. 14, anonym: Böse Erinnerungen, S. 15ff.

[342] Ebd.

würfen zu seiner Vergangenheit stets verteidigt.[343] Hildebrandt äußerte sich 1962 satirisch zum Fall Globke, indem er zuerst das Wort »Alibi« definierte. Dieses bedeute, so Hildebrandt, dass jemand zum »fraglichen« Zeitpunkt »woanders« war. Ironisch sprach er unter Verwendung eines Wortspiels von einem »glänzende[n] Alibi« Globkes: »Der war damals auch woanders. Nämlich im Irrtum ... befangen. Und das entschuldigt alles.«[344] In seinem Solo *Auf der Bundesschiene* griff Hildebrandt 1963 in einem Kalauer auf, dass Globke für seine Rolle in der NS-Zeit nicht vor Gericht zur Verantwortung gezogen worden war. Er wandte sich an das Publikum mit der Frage, worin sich die *Nürnberger Gesetze* von dem *Nürnberger Prozess* unterscheiden würden. Der Unterschied bestehe darin, so Hildebrandt, »dass Globke bei dem Prozess gefehlt hat«[345].

Obwohl Personen mit nationalsozialistischer Vergangenheit in die Gesellschaft der Bundesrepublik bereits in den 50er-Jahren wieder eingebunden und ihnen selbst hohe Ämter übertragen wurden, war die ideologische Basis des Staates antinationalsozialistisch und antitotalitär.[346] Für viele Deutsche stellte es einen »Akt der Selbstverteidigung« dar, die NS-Vergangenheit »hinter sich zu lassen«.[347] »Erleichtert« wurde dieser durch die Aussicht auf eine Zukunft unter demokratischen Verhältnissen.[348] Das Verdienst der Regierung war die Festigung der Demokratie, wobei die Auseinandersetzung mit der Vergangenheit in den Hintergrund rückte.[349] Für zeitgenössische Regierungskritiker war jedoch noch nicht erkennbar, dass sich die Demokratie in der Bundesrepublik stabilisieren lassen würde. Sie prangerten die Mentalität des »Vergessens« in der Gesellschaft an, da sie davon ausgingen, dass ein grundlegender Neuanfang ohne eine radikale Distanzierung von der NS-Vergangenheit nicht zu verwirklichen sein würde.[350]

343 Grosser: Geschichte Deutschlands seit 1945. S. 319.

344 Hildebrandt, Dieter: Ringwechselstube. In: Lach- und Schießgesellschaft, 9. Programm: Überleben Sie mal, 1962, S. 5.

345 Hildebrandt, Dieter: Auf der Bundesschiene. In: Lach- und Schießgesellschaft, 10. Programm: Halt die Presse, 1963, S. 2.

346 Sontheimer: Die Adenauer-Ära. S. 187.

347 Ebd., S. 187.

348 Ebd., S. 187f.

349 Ebd., S. 188.

350 Ebd., S. 185.

Hildebrandt empfand den Umgang mit der neu gewonnenen Demokratie,[351] zu deren Stabilisierung auch »Staatsdiener«[352] aus der NZ-Zeit herangezogen wurden, als fahrlässig. Der »Zorn«[353], den er deshalb entwickelte, äußerte sich in seinen Satiren. Indem Hildebrandt in seinen Texten wiederholt auf das Bemühen von Beamten und hohen Entscheidungsträgern hinwies, ihre einstige Rolle im Dritten Reich zu vertuschen, setzte er sich für eine moralische Erneuerung der Bundesrepublik ein und trat als Verteidiger der deutschen Verfassung auf. Die Vehemenz, mit der er die Vergangenheitsbewältigung einforderte, resultierte dabei aus seinen eigenen Erfahrungen im Dritten Reich. Im Jugendalter hatte Hildebrandt als Soldat den Zusammenbruch des totalitären Systems miterlebt und die Verstrickungen der Erwachsenen darin erkannt. Das Kabarett wurde in den 50er-Jahren zum Ausdruck seiner Hoffnungen auf einen grundsätzlichen Neubeginn in der Bundesrepublik, den er in der Ära Adenauer nicht realisiert sah.

V.3.5 Die Debatte um die Atomrüstung – »Weil alles halb so wild ist«

Die erste politisch motivierte soziale Bewegung in der Bundesrepublik nach dem Zweiten Weltkrieg war die *Kampf-dem-Atomtod*-Bewegung.[354] Sie entstand, nachdem die Remilitarisierung durchgesetzt worden war, als Bundeskanzler Konrad Adenauer und Verteidigungsminister Franz Josef Strauß forderten, die Bundeswehr mit Trägersystemen für taktische Nuklearwaffen auszurüsten.[355] Die atomare Aufrüstung der NATO diente in Zeiten des Kalten Krieges dem Zweck, die eigene militärische Überlegenheit gegenüber den Staaten des Warschauer Pakts zu demonstrieren.[356]

351 Mannheimer Morgen, 29.4.1987, Kammerer, Regina: »Wie kommst du denn zum Schiller-Preis!?«

352 Sontheimer: Die Adenauer-Ära. S. 176.

353 Mannheimer Morgen, 29.4.1987, Kammerer, Regina: »Wie kommst du denn zum Schiller-Preis!?«

354 Sontheimer: Die Adenauer-Ära. S. 51.

355 Baring/Schöllgen: Kanzler, Krisen, Koalitionen. S. 59. Die Verfügungsgewalt über den Einsatz dieser Waffen sollte bei den USA verbleiben. In: Sontheimer: Die Adenauer-Ära. S. 51.

356 Rupp, Hans Karl: Außerparlamentarische Opposition in der Ära Adenauer:

Adenauer, der die Ausstattung der deutschen Truppen unter dem Aspekt der Modernisierung sah,[357] bezeichnete die atomaren Waffen in einer Erklärung im April 1957 als »Weiterentwicklung der Artillerie«.[358] Gegen diese Verharmlosung der atomaren Rüstung protestierten die *Göttinger 18*, eine Gruppe renommierter Naturwissenschaftler, zu denen die Nobelpreisträger Otto Hahn, Werner Heisenberg, Max von Laue und Max Born zählten.[359] In einer Erklärung wandten sie sich an die Öffentlichkeit und forderten die Bundesregierung zum Verzicht auf Atomwaffen jeglicher Art auf.[360] Sie betonten, dass jede Einzelne dieser taktischen Waffen »eine ähnliche Wirkung wie die erste Atombombe, die Hiroshima zerstört hat«, besitze.[361] Adenauer, dessen Regierung ungeachtet der Debatte im Herbst 1957 bei den Bundestagswahlen die absolute Mehrheit erzielte, verwies auf die politische Unerfahrenheit der Experten.[362] Im März 1958 setzte die konservative Mehrheit im Bundestag die atomare Bewaffnung der Bundeswehr mit amerikanischen Kurzstreckenraketen vom Typ Matador C[363] durch. Im selben Monat rief die von SPD und Deutschem Gewerkschaftsbund organisatorisch unterstützte Kampagne *Kampf dem Atomtod* bundesweit zu Demonstrationen auf.[364] Die von ihr geforderten Volksbefragungen zur Atombewaffnung wurden im Juli 1958 vom Verfassungsgericht als verfassungswidrig erklärt, da das Grundgesetz Plebiszite nicht vorsah.[365]

Der Kampf gegen die Atombewaffnung in den fünfziger Jahren. Köln: Pahl-Rugenstein Verlag, 1970, S. 33ff.

357 Schwarz: Anmerkungen zu Adenauer. S. 157f.

358 Der Spiegel, Nr. 16, 17.4.1957, Daniel, Jens: Atomschreck Bundesrepublik?, S. 8.

359 Der Spiegel, Nr. 17, 24.4.1957, anonym: Die Achtzehn, S. 11f.

360 Forschungsstelle für Zeitgeschichte, Hamburg u.a. (Hrsg): »Kampf dem Atomtod«. Die Protestbewegung 1957/58 in zeithistorischer und gegenwärtiger Perspektive. München/Hamburg: Dölling und Galitz Verlag, 2009, S. 42.

361 Ebd., S. 42. Zugleich betonten die Wissenschaftler die ihrer Ansicht nach wichtige Förderung der friedlichen Nutzung der Atomenergie. In: Ebd., S. 45.

362 Der Kanzler antwortete auf das Urteil der Experten: »Zur Beurteilung dieser Erklärung muß man Kenntnisse haben, die diese Herren nicht besitzen. Denn sie sind nicht zu mir gekommen.« In: Der Spiegel, Nr. 17, 24.4.1957, Die Achtzehn, S. 11.

363 Görtemaker: Kleine Geschichte der Bundesrepublik Deutschland. S. 115.

364 Pötzsch: Deutsche Geschichte von 1945 bis zur Gegenwart. S. 136.

365 Sontheimer: Die Adenauer-Ära. S. 52. In seinem Buch »Was bleibt mir übrig«

In München fand am 18. April 1958 ein Marsch Tausender Atomkraftgegner durch das Zentrum der bayerischen Landeshauptstadt statt, der von Hans Werner Richter angeführt wurde.[366] Bei der anschließenden Kundgebung im *Circus Krone* hielt Erich Kästner den Parlamentariern Ignoranz und undemokratisches Verhalten vor.[367] Hildebrandt unterstützte die Bewegung, indem er sich einem Aufruf der Münchner Zeitschrift *Die Kultur*[368] anschloss. Diese forderte ihre Leser unter dem Motto »Niemals Atomwaffen für Deutschland« dazu auf, gegen den Bundestagsbeschluss Stellung zu beziehen. In dem Appell wurden atomare Waffen als »Selbstmord« bezeichnet. Außerdem kritisierte man, dass durch sie eine Wiedervereinigung Deutschlands verhindert werde.[369] Auf der Titelseite waren unter der Überschrift »Wir protestieren« die Namen der an der Aktion beteiligten Kulturschaffenden aufgeführt, darunter befanden sich neben Hildebrandt auch die anderen Mitwirkenden der *Lach- und Schießgesellschaft.* Zu den Unterzeichnern gehörten die Schriftsteller Erich Kästner, Alfred Andersch, Siegfried Lenz, Ingeborg Bachmann und Martin Walser, der Kabarettist Friedrich Hollaender, der Intendant und Hildebrandts ehemaliger Studienkollege August Everding sowie der Komponist Carl Orff. [370]

Der Diskussion um die atomare Bewaffnung der Bundeswehr war das am 7. Mai 1958 erstmals aufgeführte vierte Programm der *Lach- und Schießgesellschaft* gewidmet, das den Titel *Eine*

thematisierte Hildebrandt den Versuch, 1958 in Hessen eine Volksbefragung zur Atombewaffnung durchzusetzen. Diese scheiterte an einem Beschluss des Bundesverfassungsgerichts mit der Begründung, dass Angelegenheiten der Verteidigung nicht den Ländern obliegen, sondern in den Zuständigkeitsbereich des Bundes fallen. Hildebrandt kritisierte, dass die Politik die Bürger zu wenig über ihre in der Verfassung festgelegten rechtlichen Möglichkeiten aufkläre: »Manchmal habe ich den Eindruck, als glaubten die Gewählten, dieses Gesetz könnte für ihre Wähler zu gut sein, es ginge zu weit in der Gewährung von Rechten.« In: Hildebrandt: Was bleibt mir übrig. S. 90.

366 Grossherr: Aufbruchzeit. S. 159. Der Münchner Stadtrat hatte die Bevölkerung bereits 1957 zur Teilnahme an der »Mobilisierung des Gewissens gegen den Selbstmord der Menschheit [...]« aufgefordert. In: Ebd., S. 122.

367 Hanuschek: »Keiner blickt dir hinter das Gesicht«. S. 401f.

368 Im Untertitel: »Eine unabhängige Zeitung mit internationalen Beiträgen«. In: Grossherr: Aufbruchzeit. S. 152.

369 Ebd., S. 152.

370 Ebd., S. 154f.

kleine Machtmusik trug. Hildebrandt kritisierte in seinem Text *Markenartikel*[371], der sich durch seinen schwarzen Humor auszeichnete, die Politik des CSU-Ministers Franz Josef Strauß. Strauß war 1955/56 Bundesminister für Atomfragen und hatte anschließend den Posten des Bundesverteidigungsministers übernommen, den er bis 1962 innehatte.[372] In der Programmnummer diktiert ein Fabrikleiter seiner Sekretärin einen Brief an den Minister. Darin werden ihm »Erkennungsmarken«[373] mit den Personalien der Bürger angepriesen, die »garantiert strahlensicher«[374] seien. Somit könne man spätere Generationen zumindest noch von der Existenz der Menschen unterrichten, wenn von diesen nach einem Atomkrieg nichts mehr übrig bliebe. Angesichts dieses Szenarios wirbt der Hersteller für sein Produkt, um aus der möglichen Katastrophe Kapital zu schlagen. Hildebrandts Satire galt dem Temperament des Redners Strauß (»[...] wie sich in Gewissensnöten/Ihr asketisches Gesicht/und Ihr schmaler Nacken röten,/(auch das Bayrisch stört mich nicht) [...]«).[375] In Anspielung auf den Propagandaminister des Dritten Reichs betitelte er den Verteidigungsminister als »Herrn Minister für Verteidigung und Propaganda«,[376] womit Hildebrandt seine Auffassung von dessen missbräuchlich ausgeübter Entscheidungsgewalt in der Atomwaffendebatte zum Ausdruck brachte. In dem teils in Versform verfassten Text hieß es, dass Strauß ein »Format« besitze, mit welchem »wie in besten Zeiten« der Weg zu einem »neuen deutschen, starken Staat« geebnet werden könne.[377] Hildebrandt thematisierte den Antikommunismus und die Ignoranz der Regierung gegenüber der kritischen Intelligenz:

371 Hildebrandt, Dieter: Markenartikel. In: Münchner Lach- und Schießgesellschaft, 4. Programm: Eine kleine Machtmusik, 1958.

372 Von Strauß stammte das Zitat: »Irren ist menschlich, aber immer irren ist sozialdemokratisch.« In: Münchner Merkur, Nr.160, 11.7.2008, Eichele, Holger: Die kleinen Geheimnisse des FJS, S. 3.

373 Hildebrandt, Dieter: Markenartikel. In: Münchner Lach- und Schießgesellschaft, 4. Programm: Eine kleine Machtmusik, 1958, S. 2.

374 Ebd., S. 2.

375 Ebd., S. 1.

376 Ebd., S. 1.

377 Ebd., S. 1.

»[…] Grundgefahr ist Bolschewismus
und der müde Rattenschwanz
jener Dichter oder Denker,
Journalisten, Publizisten,
Professoren und Doktoren,
kurz gesagt: derselben Stänker,
die mit stetem Unverstande
fehl am Platz sind und im Lande.«[378]

Auf die Seite der Atomkraftgegner stellte sich Hildebrandt in einem weiteren Text des Programms. Dieser bezog sich mit der Durchsuchung der Wohnung Hans Werner Richters, des Initiators des *Komitees gegen Atomrüstung*, auf ein aktuelles Ereignis. Am 30. April 1958, eine Woche vor der Premiere des vierten Programms der *Lach- und Schießgesellschaft*, waren in Richters Wohnung und im Münchner Gewerkschaftshaus, in welchem sich das Büro des Komitees befand, sowie in der Buchhandlung *Ernst Ludwig* von der Polizei Namenslisten und Spendengelder beschlagnahmt worden.[379] Die Durchsuchung wurde als Versuch der bayerischen Behörden gewertet, die Arbeit des Komitees durch dessen Kriminalisierung zu behindern, was zur Erhöhung der Mitgliederzahlen beitrug.[380] Bei der Mai-Kundgebung auf dem Münchner Königsplatz betonte Richter gegenüber 70.000 Teilnehmern, dass man sich von Hausdurchsuchungen nicht einschüchtern lassen werde.[381] Die Vorgänge bereitete Hildebrandt in dem Text *Staatsbesuch* auf. Darin stellte er die fehlende rechtliche Grundlage der Durchsuchung heraus und wies darauf hin, dass sich der Staatsanwalt als Rechtfertigung der Aktion auf ein Gesetz aus dem Jahr 1934 stützte.[382] In der Nummer durchsuchen ein Kommissar und sein »Schnüffler« aus fadenscheinigen Gründen

378 Ebd., S. 1.

379 Grossherr: Aufbruchzeit. S. 158.

380 Embacher, Erich: Hans Werner Richter. Zum literarischen Werk und zum politisch-publizistischen Wirken eines engagierten deutschen Schriftstellers. Frankfurt am Main/Bern/New York: Lang, 1985, S. 370.

381 Grossherr: Aufbruchzeit. S. 158.

382 Hildebrandt, Dieter: Staatsbesuch. In: Münchner Lach- und Schießgesellschaft, 4. Programm: Eine kleine Machtmusik, 1958, S. 3 Vgl. dazu: Grossherr: Aufbruchzeit. S. 158.

die Wohnung des Dichters »Franz Werner«. Sie stellen dabei Spendengelder sicher, um diese dem Staat zugutekommen zu lassen, und versuchen krampfhaft, Beweise für die »staatsgefährdende«[383] politische Haltung des Intellektuellen zu finden. Dieser weist die Beamten darauf hin, dass sie bei ihrer Untersuchung eines »nicht vergessen« sollten, woraufhin er ihnen eine Ausgabe des Grundgesetzes reicht.[384] Der Text zeigt, dass Hildebrandt bei seiner Themenwahl immer wieder auf Geschehnisse in der Bundesrepublik Bezug nahm, bei welchen er restaurative Tendenzen und Machtmissbrauch erkannte.[385] Er verwies auf die Verfassung der Bundesrepublik Deutschland und forderte mit seiner Satire vehement die Einhaltung von deren Gesetzen und die Gewährleistung der Grundrechte des Bürgers ein.

1961 nahm Hildebrandt eine Broschüre, die angesichts der Abriegelung der DDR und dem Beginn des Baus der Berliner Mauer an alle deutschen Haushalte verteilte wurde, als Vorlage für einen Text zum Thema Atomkrieg. Zur Vorbereitung der Deutschen auf eine mögliche Eskalation des Ost-West-Konflikts auf ihrem Staatsgebiet[386] hatten das Bundesinnenministerium und dessen Minister Gerhard Schröder[387] das Heft *Jeder*

383 Hildebrandt, Dieter: Staatsbesuch. In: Münchner Lach- und Schießgesellschaft, 4. Programm: Eine kleine Machtmusik, 1958, S. 4.

384 Ebd., S. 4.

385 Satirische Spitzen gegen die Atomrüstung formulierte Hildebrandt auch noch 1960, als sich die SPD bereits aus der Bewegung »Kampf dem Atomtod« zurückgezogen hatte. In seinem Solo »Der Gärtner platzt« im 7. Programm der Lach- und Schießgesellschaft lautete die Schlusspointe, dass es nach einem Atomkrieg in der Südsee noch Lebensmöglichkeiten für den Menschen gäbe: »Das trifft sich gut. Da wollte ich sowieso schon immer mal hin. Da soll es Schwarze geben, die damit kein Geld verdienen ... und das will ich sehen.« In: Hildebrandt, Dieter: Der Gärtner platzt. In: Münchner Lach- und Schießgesellschaft, 7. Programm: Tour de Trance, 1960, S. 3.

386 Die Deutschen waren als Angehörige zweier Staaten im Ost-West-Konflikt primär gefährdet und die Bundesrepublik wäre im Falle eines Kriegsausbruchs als Hauptkriegsschauplatz infrage gekommen. In: von Schubert, Klaus: Sicherheitspolitik und Bundeswehr. In: Benz (Hrsg.): Die Bundesrepublik Deutschland, Band 1. S. 300.

387 Gerhard Schröder (* 11. September 1910 in Saarbrücken; † 31. Dezember 1989 in Kampen auf Sylt) war ein deutscher Politiker (CDU). Der Jurist war von

hat eine Chance herausgegeben. Darin wurden, illustriert mit Zeichnungen zum Bevölkerungsschutz, die Überlebensmöglichkeiten bei einem atomaren Angriff erläutert. Ein Ratschlag lautete, man solle sich im Falle einer Atomdetonation »flach auf den Boden«[388] legen sowie »von der Lichterscheinung abwenden und Augen schließen«.[389] Darüber hinaus wurde empfohlen, nach der Detonation noch eine kurze Zeit liegenzubleiben, »bis Hitzestrahlung und Luftdruck nachlassen«,[390] um anschließend »Schutzraum, Keller oder Deckungsgraben auf[zu]suchen«.[391] Weiterhin hieß es, das »Gesicht nicht mit ungewaschenen Händen [zu] berühren«.[392] Hildebrandt reagierte in der Eröffnungsnummer des im Februar 1962 erstmals aufgeführten neunten Programms der *Lach- und Schießgesellschaft* mit dem Titel *Überleben Sie mal* mit Ironie auf die Ratschläge des Bundesinnenministeriums. Die Krater, die die Bomben reißen würden, könne man mit der umgekehrten Zugspitze »dübeln«.[393] Schützen solle die Deutschen jedoch die »Broschüre«, die »Aktentasche« über dem Kopf und ihr »Selbstvertrauen«.[394] Der Text ist ein Beispiel für das »journalistische Kabarett« Hildebrandts. Auf der Bühne präsentierte er die Forschungsergebnisse von Atomwissenschaftlern und stellte sie den Empfehlungen des Bundesinnenministeriums gegenüber. Auf diese Weise klärte er das Publikum darüber auf, dass eine Wasserstoffbombe nach Expertenmeinung eine Verseuchung von 20.000 Quadratkilometern bewirkt, während das Ministerium davon ausging, dass die Anfangsstrahlung »etwa 60 Sekunden« dauere und nicht weiter als »3–5 Kilometer vom Explosionspunkt« reiche.[395] In

1953 bis 1961 Bundesminister des Innern, von 1961 bis 1966 Bundesminister des Auswärtigen und von 1966 bis 1969 Bundesminister der Verteidigung.

388 Bundesamt für zivilen Bevölkerungsschutz, Bad Godesberg (Hrsg.), i. A. des Bundesministers des Innern, Broschüre: Jeder hat eine Chance, 1961, S. 16.

389 Ebd., S. 16.

390 Ebd., S. 17.

391 Ebd., S. 17.

392 Ebd., S. 17.

393 Hildebrandt, Dieter: Überleben Sie mal. In: Münchner Lach- und Schießgesellschaft, 9. Programm: Überleben Sie mal, 1962, S. 6.

394 Ebd., S. 6.

395 Ebd., S. 5.

die Titelnummer legte Hildebrandt »seine ganze Liebe für Gerhard Schröder«[396], wie der Journalist und Kritiker Fred Hepp von der *Süddeutschen Zeitung* ironisch feststellte. Hildebrandt hob nicht nur Schröders Verharmlosung eines möglichen atomaren Bombardements Deutschlands hervor (»Weil alles halb so wild ist,/wenn man nur recht im Bild ist,/weil man nur angeschmiert ist,/wenn man nicht informiert ist [...]«),[397] sondern sprach Schröder, der nach dem Amt des Innenministers das des Außenministers übernommen hatte, auf sarkastische Weise seine Sachkompetenz ab:

> *»Hildebrandt: [...] Wer hat denn eigentlich diese Broschüre verfasst?*
> *Diedrich: Herausgegeben im Auftrage des Bundesministers des Innern. [...]*
> *Noack: Was ist denn der Schröder heute?*
> *Diedrich: Außenminister.*
> *Hildebrandt: Genügt das als Schlusspointe?«*[398]

Bei der Frage nach dem politischen Standpunkt der *Lach- und Schießgesellschaft* kam die Münchner *Abendzeitung* nach der Premiere zu dem Schluss, dass deren Mitglieder im Grunde »Aufklärer« seien.[399] Die aufklärerische Tendenz wurde in Hildebrandts Eröffnungsnummer deutlich, indem er Beschönigungen der Bundesregierung zum Einsatz von atomaren Waffen anhand von wissenschaftlich belegten Zahlen enttarnte. Er forderte die Zuschauer durch seine Ironisierung des Schreckensszenarios Atomkrieg auf humorvolle Weise dazu auf, die Aussagen der Politiker zu hinterfragen. Der Appell »Mensch, denk mit!«,[400] wie die Überschrift des Artikels der *Abendzeitung* zum neunten Programm lautete, kam in Hildebrandts pazifistischem Text klar zum Ausdruck, was

[396] Süddeutsche Zeitung, 23.2.1962, Hepp, Fred: Frommer Wunsch: »Überleben Sie mal«.

[397] Hildebrandt, Dieter: Überleben Sie mal. In: Münchner Lach- und Schießgesellschaft, 9. Programm: Überleben Sie mal, 1962, S. 1.

[398] Ebd., S. 6.

[399] Abendzeitung, 23.2.1962, F.R.: Mensch, denk mit!

[400] Ebd.

seinen Kabarettstil deutlich vom reinen Amüsierkabarett unterschied. Die Nummer *Überleben Sie mal*, deren Ziel der Erkenntnisgewinn beim Publikum war, zeichnete sich dabei dennoch durch ihre Komik aus, die sich mit literarischem Chanson und faktenbezogener politischer Satire verband.

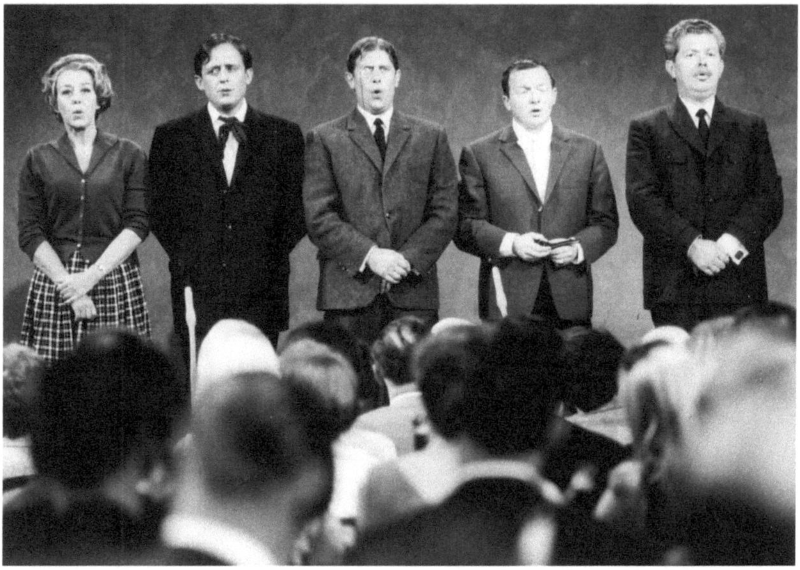

Ursula Noack, Dieter Hildebrandt, Jürgen Scheller, Hans Jürgen Diedrich und Klaus Havenstein bei einer Aufführung des Programms Überleben Sie mal, *1962.*

Die Aufmerksamkeit und Anerkennung, die Hildebrandt und die anderen Mitglieder der *Lach- und Schießgesellschaft* zu diesem Zeitpunkt auch von erfahrenen Kollegen erhielten, zeigen Telegramme, die Bestandteil des Archivs des Münchner Kabaretts sind. Anlässlich der Premiere von *Überleben Sie mal* sandte Hildebrandts Vorbild Werner Finck ein Telegramm mit den Worten »Viel Dingsda zum heutigen Abend, Euer Einzelgänger«. Oliver Hassencamp, den Hildebrandt während seiner Zeit als Platzanweiser bei der *Kleinen Freiheit* bewundert hatte und der sich nun selbst als »Kabarentner« bezeichnete, wünschte »Toi toi toi«.

Den Münchner Kabarettisten riet er in Anlehnung an den Titel des Programms: »Übertreiben Sie mal«.[401]

V.3.6 Das Solo *Der Scharfmacher*

Große Resonanz von politischer Seite, Presse und Zuschauern rief Ende 1959 Hildebrandts Solo *Der Scharfmacher* hervor. Grund war, dass Hildebrandt in seinem Auftritt, der am 14. Dezember im Fernsehen gesendet wurde, in seiner Rolle als »Fernsehbildeinsteller« den Einfluss der Politik auf eben jenes Medium zum Gegenstand seiner Satire nahm.[402]

Eine landespolitische Entscheidung, auf die Hildebrandt anspielte, betraf den *Bayerischen Rundfunk*. In der ersten Hälfte des Jahres 1959[403] hatte sich der kulturpolitische Ausschuss des Landtags ausführlich mit einem Gesetzesentwurf von Walter Becher, dem Fraktionsvorsitzenden der Partei *Gesamtdeutscher Block/Bund der Heimatvertriebenen und Entrechteten* (GB/BHE), befasst.[404] Er sah die Novellierung des Rundfunkgesetzes vor, hinter der die Auffassung Bechers stand, dass der Rundfunk der Regierung zur Erziehung des Volkes dienen sollte.[405] Das Ergebnis der Sitzungen war, dass der

[401] Beide Telegramme gehören zum Bestand des Archivs der Münchner Lach- und Schießgesellschaft.

[402] Mit Blick auf die Anfänge seiner Kabarettkarriere wies Hildebrandt 2006 darauf hin, dass die Macht des Fernsehens von den politischen Parteien Mitte der 50er-Jahre noch nicht erkannt worden war. Zunutze machten sich das »Instrument« Rundfunk erstmals die Christsozialen: »Die haben sich das Fernsehen praktisch gekauft. [...] Und die andern haben es nicht gemerkt. Ob die SPD das heute gemerkt hat, weiß ich nicht (lacht).« In: Hofmann (Hrsg.): Verlängert. S. 121.

[403] Maaßen, Ludwig: Der Kampf um den Rundfunk in Bayern. Berlin: Verlag Volker Spiess, 1979, S. 50.

[404] Im Vorfeld des Gesetzentwurfs hatte es Auseinandersetzungen um mehrere Sendungen gegeben. Dazu zählten Kommentare von Chefredakteur Walter von Cube und Walter Maria Guggenheimer, Beiträge der Hörfunk Redaktion Politik von Walter Kröpelin, des Zeitfunks unter der Leitung von Helmut Hammerschmidt und der Sendung Nachtstudio von Gerhard Szczesny. In: Grossherr: Aufbruchzeit. S. 166.

[405] Maaßen: Der Kampf um den Rundfunk in Bayern. S. 62. Diese grundsätzliche Zielrichtung teilten auch CSU, SPD und FDP, obgleich durch sie Bechers Entwurf entschärft wurde. In: Ebd., S. 125.

Rundfunkrat, dessen Mehrheit unter dem Vorsitz des Staatsministers Alois Hundhammer der CSU angehörte,[406] ab 1. Januar 1960[407] mehr Mitbestimmung hinsichtlich des Programms und der Personalpolitik erhielt.[408] Die Abgeordneten stellten im Rundfunkrat infolge der Neuerungen 25 Prozent des Plenums, zuvor waren es 15 Prozent gewesen.[409] Der Intendant wurde graduell entmachtet, während sich der Einfluss des Rundfunkrats vergrößerte.[410] Der Politologe Ludwig Maaßen resümiert in seiner Dissertation über den »Kampf um den Rundfunk in Bayern«, dass die Parlamentarier, obgleich sie »relativ maßvoll« gewesen seien, den *Bayerischen Rundfunk* trotzdem »um ein großes Stück« dem Landtag angenähert hätten.[411]

Am 30. September 1959, einen Monat vor der Premiere des sechsten Programms der *Lach- und Schießgesellschaft*[412], hatte auch die Bundesregierung einen Rundfunkgesetz-Entwurf beschlossen. Der Bund plante eine öffentlich-rechtliche Anstalt als bundeseigenes Fernsehen.[413] Den Entwurf lehnte der Bundesrat im November 1959 aus »verfassungsrechtlichen und staatspolitischen Gründen« einstimmig ab.[414] Dennoch ließ Adenauer im Juli 1960 die Gründung der *Deutschland Fernsehen GmbH* notariell beurkunden,[415] woraufhin die SPD-regierten Länder Klage einreichten. Im Febru-

406 Grossherr: Aufbruchzeit. S. 169.

407 Maaßen: Der Kampf um den Rundfunk in Bayern. S. 60.

408 Ebd., S. 60f.

409 Ebd., S. 60.

410 Bevor der Intendant Direktoren und seinen Stellvertreter ernennen konnte, hatte er die Zustimmung des Rundfunkrats einzuholen. In: Ebd., S. 122.

411 Ebd. S. 60. Die Presse stand der Novellierung des Rundfunkgesetzes mehrheitlich ablehnend gegenüber. Die Resonanz der Öffentlichkeit bezüglich der Neuerungen war insgesamt gering. Maaßen erklärte dies mit dem vermittelten Eindruck, dass die Angelegenheit im Landtag angemessen diskutiert werde, sowie mit der Langwierigkeit der Verhandlungen, die sich über einen Zeitraum von acht Jahren erstreckten. In: Ebd., S. 60, S. 127. Es blieb bei einzelnen Protesten, wie dem der Rundfunkräte Ernst Müller-Meiningen von der Süddeutschen Zeitung und Robert Geisendörfer, dem Direktor des Evangelischen Presseverbandes in Bayern. In: Grossherr: Aufbruchzeit. S. 169.

412 Münchner Lach- und Schießgesellschaft, 6. Programm: Der Widerspenstigen Lähmung, 1959.

413 Herrmann, Günter: Rundfunkrecht. Fernsehen und Hörfunk mit neuen Medien. München: Beck, 1994, S. 77.

414 Ebd., S. 77.

415 Ebd., S. 77.

ar 1961 verkündete das Bundesverfassungsgericht das *Erste Fernsehurteil* und verbot darin das *Deutschland Fernsehen* mit Verweis auf die im Grundgesetz verankerte »Freiheit der Berichterstattung durch Rundfunk und Film«.[416]

Für die Einhaltung dieser Freiheit setzte sich Hildebrandt 1959 in seinem Solo ein. Seine Kritik richtete sich dabei gegen die Politik wie auch gegen den Rundfunk selbst. Hildebrandt wies auf das Rundfunkgesetz hin, auf dessen Grundlage eine staatliche Vereinnahmung des Rundfunks ausgeschlossen sein sollte. Die Intendanten stellte er als Befehlsempfänger dar, die es versäumt hatten, den Rundfunk als »vierte Gewalt« zu etablieren und dessen Unabhängigkeit zu bewahren:[417]

> *»Als das Rundfunkgesetz mal gemacht wurde, haben die Macher gesagt: Der geringste Widerstand gegen Übergriffe des Bundes ist immer noch besser als gar keiner, und wenn heute einer sagt, die Fernseh-Stationsvorsteher leisten nicht den geringsten Widerstand, dann ist das falsch: Sie leisten den geringsten! … Widerstand.«*[418]

Seine Meinung, dass das einzige Ziel der Gesetzesentwürfe die Erhöhung des politischen Einflusses auf die öffentliche Meinungsbildung sei, drückte Hildebrandt in der doppeldeutigen Beschreibung seiner Rolle des »Fernsehbildeinstellers« aus. Dessen Aufgabe bestehe darin, sich um die »Einstellung« der Bürger zu kümmern, wenn damit »etwas nicht in Ordnung« sei,[419] was im Sinne von »nicht systemkonform« zu interpretieren war. Geändert habe er bereits die Meinungen einiger Rundfunkräte, die nun nur noch »kuppeln und bremsen« würden.[420] Die Sendung *Wort zum Sonntag* betitelte Hildebrandt in Anspielung auf den angestrebten Einfluss Adenauers auf das Fernsehen als »Wort … zum Munde des Alten«.[421] Gleichzeitig machte er sein Publikum auf den Ein-

416 Ebd., S. 78f.

417 Vgl. hierzu: Martens: »Ich möchte keine tragische Figur sein.« S. 42.

418 Hildebrandt, Dieter: Der Scharfmacher. In: Münchner Lach- und Schießgesellschaft, 6. Programm: Der Widerspenstigen Lähmung, 1959, S. 5.

419 Ebd., S. 1.

420 Ebd., S. 1.

421 Ebd., S. 3.

fluss der Regierung und der katholischen Kirche auf den *Bayerischen Rundfunk* aufmerksam. Dessen Programmkoordinator sei ein »Linienkreuzer«, welcher »die Linie München-Bonn-Rom und zurück« befahre. Dabei wisse er nie, wie er den Weg bewältigen solle: »Entweder er fährt Rad oder er fliegt.«[422]

In *Der Scharfmacher* gab Hildebrandt kurzzeitig seine Rolle als »Fernsehbildeinsteller« auf, um sein Kabarettpublikum als Privatperson direkt anzusprechen. Er machte seine Auffassung deutlich, dass in der Gesellschaft eine ablehnende Haltung gegenüber Regierungskritikern vorherrsche, indem er hervorhob, dass er die Bezeichnung der Rundfunkräte als »Schwarzseher«, in Anspielung auf ihre Nähe zur Regierungspartei, besser unterlasse.[423] Seine Tochter gehe bald zur Schule und solle »keinen Namen dorthin tragen, den sich die Lehrer so schnell merken«[424]. Sein Bruder leide noch heute unter ihm.[425] Hildebrandt berichtete an dieser Stelle als episches Element von seiner Familie.

Mit den unterschiedlichen Rollen eines Kabarettisten beschäftigte sich Ende der 60er-Jahre der deutsche Sprachwissenschaftler und Philosoph Jürgen Henningsen. Er resümierte, dass ein Kabarettist auf der Bühne insgesamt drei Rollen zu spielen hat: Die eine Rolle ist die Rahmenrolle, in der er einen Typus verkörpert, der oder dessen Aufgabe dem Publikum weitestgehend bekannt ist und der nicht durch viel Information erklärt werden muss.[426] Diese Rolle dient als Mittel, um zur eigentlichen Aussage zu gelangen. Die zweite Rolle, die der Kabarettist übernimmt, ist die des mutigen Oppositionellen, der für seine öffentlichen Äußerungen selbst ein polizeiliches Verbot in Kauf nehmen würde.[427] Henningsen unterstrich, dass der Kabarettist die Rolle des »Kabarettisten« jedoch nur spielen und nicht wie ein »Märtyrer«[428] wirken dürfe. Ansonsten irritiere er das Publikum, das weder bevormundet

[422] Ebd., S. 4.
[423] Ebd., S. 1.
[424] Ebd., S. 1f.
[425] Ebd., S. 2.
[426] Henningsen: Theorie des Kabaretts. S. 19.
[427] Ebd., S. 20.
[428] Ebd., S. 20.

noch belehrt oder ermahnt werden möchte.[429] Die Verbindung von Widerstand und Ungezwungenheit beherrscht nur der »kabarettistische Könner«, wie Henningsen feststellte.[430] Die dritte Rolle, die er dem Kabarettisten zuschrieb, ist die des modernen »Stars«, die dem Verlangen der Massengesellschaft nach prominenten Namen gerecht werden will.[431]

Diese drei Rollen übernahm Hildebrandt in seinem Solo *Der Scharfmacher.* Er trat als »Fernsehbildeinsteller« auf, dessen Aufgabe er den Zuschauern nicht ausschweifend erklären musste, die jedoch von Beginn des Textes an auf die Zielrichtung seiner Satire hindeutete. Den Kabarettisten, der für seine Aussagen das Risiko eingeht, von der Gesellschaft scharf kritisiert zu werden, spielte Hildebrandt, indem er die möglichen Konsequenzen für seine Familie verdeutlichte. Anstatt auf ernsthafte Weise, wie es den Befürchtungen tatsächlich angemessen wäre, tat er dies auf humorvolle und ironische Art, um durch diese Abschwächung das Publikum zum Nachdenken anzuregen. Des Weiteren war Hildebrandt, der schon Ende der 50er-Jahre im deutschen Fernsehen vor einem Millionenpublikum auftrat, bereits damals der von Henningsen angesprochene »Star«. Für Hildebrandts Arbeit ergab sich aus der Erwartungshaltung der Kabarett-Zuschauer, die aus der Verbindung von Dargestelltem und Darsteller resultiert,[432] eine ständige »Konkurrenz von Qualifikation und Legitimation«.[433] Um vom Publikum ernstgenommen zu werden, erschien er in Bezug auf den Gegenstand seiner Satire und mithilfe von Ironie reserviert. Henningsen zufolge lässt sich beim Auditorium Engagement nur bewirken, indem der Kabarettist gegenüber diesem den Eindruck erweckt, Distanz zu einer Sache zu wahren, und als deren »Anwalt«[434] auftritt. Er verzichtet auf die Verantwortung für seine Äußerungen und übergibt sie stattdessen an die Zuschauer. »Nonchalance ist Pathos in homöopathischer Verpackung«,[435] so

[429] Ebd., S. 21.
[430] Ebd., S. 21.
[431] Ebd., S. 21.
[432] Ebd., S. 22.
[433] Ebd., S. 23.
[434] Ebd., S. 23.
[435] Ebd., S. 23.

das Fazit Henningsens. Diese Zwanglosigkeit und Unbekümmertheit zeichnete Hildebrandts Solo als »Fernsehbildeinsteller« trotz des darin enthaltenen schwerwiegenden Vorwurfs der politischen Einschränkung der Presse- und Meinungsfreiheit aus. Die Ironie, in welche Hildebrandt seine »schlagende[n] Pointe[n]«[436] einkleidete, sollte ihm dabei nutzen, die Aufmerksamkeit der Zuschauer zu gewinnen und diese zum Mitdenken zu animieren.

Anerkennung für seinen Text erhielt Hildebrandt von der Presse. Das *8-Uhr-Blatt* attestierte ihm für seine Äußerungen den Mut, »aus Leidenschaft« gegebenenfalls die Verärgerung eines »gut zahlenden Auftraggeber[s]« hinzunehmen.[437] Ein Redakteur des *Vorwärts* fühlte sich angesichts eines ansonsten »dünnblütig[en]« Deutschen Fernsehens »geradezu verpflichtet«, die Fernsehübertragung des Programms *Der Widerspenstigen Lähmung* hervorzuheben. Durch die Live-Übertragung seien die Zuschauer in den »Genuß« politischer Satire gekommen, bei welcher sich keine deutsche Fernsehanstalt getraut hätte, sie in eigener Produktion zu senden.[438] Als Kritiker des *Spiegel* zitierte Hildebrandts einstiges Vorbild Martin Morlock ganze Passagen aus seinem Solo. Morlock bezeichnete es als »kühne[n] Alleingang«, in dem Hildebrandt mehrfach gegen die Regeln verstoßen habe, die ein »Fernseh-Spaßmacher« »angeblich« berücksichtigen müsse. Dazu gehöre auch die Unterlassung des Wortes »Klerus«[439] im *Bayerischen Rundfunk*. Hildebrandt hatte in seinem Text auf den Glauben des Katholiken Adenauer angespielt, der vor jeder seiner Entscheidungen um »geistigen Zuspruch« bitte und dabei flehe »Klerus, Klerus, gib mir meine Lektionen wieder!«[440] Kritik an dem Kabarettprogramm, in dem Hildebrandt in einer weiteren Nummer seine »Spezialität«[441], das Vertriebenenproblem und die Forderungen nach der Rückgabe der Ostgebiete, satirisch behandelt hatte,[442]

436 Schreiner: Die Zeit spielt mit. S. 146.

437 8-Uhr-Blatt, 31.10.1959, K.B.: »Der Widerspenstigen Lähmung«.

438 Vorwärts, 18.12.1959, anonym: Kabarett.

439 Der Spiegel, 23.12.1959, Telemann: Sagekunst.

440 Hildebrandt, Dieter: Der Scharfmacher. In: Münchner Lach- und Schießgesellschaft, 6. Programm: Der Widerspenstigen Lähmung, 1959, S. 3.

441 Schreiner: Die Zeit spielt mit. S. 148.

442 In dem Solo Soldat Schweyk jr., das Hildebrandt für Havenstein geschrieben hatte, hieß es: »Ich hab a mal ein gekannt, das war ein Weiser … ein Budweiser.

übte Walter Becher. Der BHE-Fraktionsvorsitzende im Bayerischen Landtag verglich die *Lach- und Schießgesellschaft* mit einem »SED-Kabarett«[443] und beschwerte sich im Rundfunkrat über die Ausstrahlung. Wie Morlock im *Spiegel* berichtete, hatte Clemens Münster, Fernsehdirektor des *Bayerischen Rundfunks* und zu diesem Zeitpunkt zugleich Koordinator des Deutschen Fernsehens, im Publikum »besonders herzlich« gelacht.[444] Verteidigt wurde die Sendung von der Mehrheit des Rundfunkrates und Intendant Franz Stadelmayer. Wie sich Klaus Peter Schreiner später erinnerte, hatte dieser erklärt, dass politisches Kabarett nicht auf eine »Marianische Kongregation« abziele.[445] Unterstützt wurde Stadelmayer vom DGB-Landesbezirksvorsitzenden von Bayern, Ludwig Linsert, der ihn aufforderte, nicht »weich« zu werden, »auch wenn noch so viele BHEs und Bechers daran rütteln wollen«[446]. Mehr als acht Millionen Deutsche hatten das Programm der *Lach- und Schießgesellschaft* im Fernsehen verfolgt.[447] Von 91 Prozent der Fernsehzuschauer erfuhr es Zustimmung.[448] Dass die Sendung für den Großteil des Publikums »ungewohnt« war und ein »Übermaß an Zivilcourage« darstellte,[449] lag neben den satirischen Angriffen auch daran, dass Kabarett zu diesem Zeitpunkt für die Mehrheit der Bundesbürger noch ein Novum war. Als Beispiel für die Ablehnung, die die Sendung bei Regierungsanhängern erfuhr, veröffentlichte die Münchner *Abendzeitung* den Kommentar einer Zuschauerin: »Ich schäme mich, eine Deutsche zu sein, wenn deutsche Menschen sich über sich selbst lustig machen! – Es lebe

Der hat immer alles fier an Spaß g'halten. Das war erst ein Österreicher. Als die Tschechen kamen, is er ein Böhm worden, als die Deitschen kamen, ein Deitscher, als die Nazis kamen, da war er ein Nazi. Dann kamen die Neger. Da hat er gesagt: Alles kann man nicht mitmachen … und hat sich nach Deitschland vertrieben. Heit ist er ein Schwarzer. Es braucht eben alles seine Zeit.« In: Hildebrandt, Dieter: Soldat Schweyk jr. In: Münchner Lach- und Schießgesellschaft, 6. Programm: Der Widerspenstigen Lähmung, 1959, S. 1f.

443 Der Spiegel, Nr. 1, 6.1.1960, anonym: Ludwig Linsert, S. 79.

444 Der Spiegel, 23.12.1959, Telemann: Sagekunst. Vgl. dazu: Schreiner: Die Zeit spielt mit. S. 147.

445 Schreiner: Die Zeit spielt mit. S. 148.

446 Der Spiegel, Nr. 1, 6.1.1960, anonym: Ludwig Linsert, S. 79.

447 Der Kurier, 15.12.1959, J.R.: »Politisches« Kabarett.

448 Schreiner: Die Zeit spielt mit. S. 147.

449 Ebd., S. 148.

unser Adenauer, der es soo gut mit uns meint und uns die Freiheit erhalten will.«[450]

1965 gab der Journalist Peter Grubbe Adenauer eine »erhebliche Mitschuld« daran, dass das Charakteristikum »nicht regierungstreu« von vielen Bürgern beinahe mit »staatsgefährdend« gleichgesetzt werde.[451] Grubbe konstatierte, dass die Opposition in Presse, Rundfunk und Fernsehen der Bundesrepublik während anderthalb Jahrzehnten CDU-Regierung immer zurückhaltender geworden sei.[452] Indem er Demokratie als »Möglichkeit einer politischen Alternative«[453] definierte, legte er die Notwendigkeit dar, dem Bundesbürger sowohl die Regierungspolitik als auch die »politische Alternative« zu erläutern. Dies solle nicht nur durch Politiker, sondern darüber hinaus auch durch »Interpreten« erfolgen.[454] Hier erkannte Grubbe einen Mangel in Deutschland, dem Hildebrandt mit seinem Kabarettstil entgegenwirkte. Über das Medium Fernsehen erklärte er den Deutschen in seinem Solo *Der Scharfmacher* auf unterhaltsame Weise staatliche Einwirkungsversuche auf die öffentliche Meinungsbildung oder machte sie auf diese überhaupt erst aufmerksam. Über ein Jahr, bevor das Bundesverfassungsgericht das von der Regierung Adenauer vorgesehene *Deutschland Fernsehen* mit Verweis auf Art. 5 GG verbot, wies Hildebrandt sein Publikum darauf hin, dass die Pläne im Falle ihrer Umsetzung gegen die Verfassung verstoßen würden. Kritik an seinen Äußerungen, die infolge des Programms *Der Widerspenstigen Lähmung* vor allem vonseiten der Politik kam, nahm Hildebrandt bei seinen Bemühungen um die »Horizonterweiterung« der Zuschauerschaft in Kauf. Sein Ziel war der mündige Bürger, weshalb er nicht davor zurückschreckte, Regierung und Fernsehmacher in den Live-Übertragungen vor Millionen von Zuschauern satirisch zu attackieren. Hildebrandts Kommentare zum Zeitgeschehen wurden zum Gesprächsstoff der breiten Öffentlichkeit und seine liberalen Sichtweisen nicht nur von der

[450] In: Abendzeitung, 16./17.1.1960, anonym: Der lieben Lach- und Schießgesellschaft.

[451] Der Spiegel, 21.4.1965, Nr. 17, Grubbe, Peter: Links immer leiser?, S. 141.

[452] Ebd., S. 136.

[453] Ebd., S. 145.

[454] Ebd., S. 145.

kritischen Intelligenz des Landes diskutiert. Die große Aufmerksamkeit für Hildebrandts Kabarett, die sich an den zahlreichen Presseberichten und der Zuschauerquote zeigte, belegt die Analyse Grubbes, der einen Mangel an nonkonformistischen Stimmen in der Gesellschaft der Ära Adenauer feststellte. Seine Aussage, dass die Kritik am Vaterland ihren Ursprung »sehr oft« in einer »tieferen, heißeren, schmerzlicheren Liebe« zu diesem hat, anders als die »widerspruchslose Befolgung der Regierungspolitik«,[455] wird gestützt durch Hildebrandts nicht nur für damalige Zeiten mutigen Einsatz zur Festigung der Demokratie in Deutschland.

Das Programm *Der Widerspenstigen Lähmung*, in dem Hildebrandt als *Der Scharfmacher* auftrat, spielte im Titel auf das *Gesetz zur Neuordnung des zivilrechtlichen Persönlichkeits- und Ehrenschutzes* an. Dieses sollte ins *Bürgerliche Gesetzbuch* aufgenommen werden und war als Gesetzesentwurf von Bundesjustizminister Fritz Schäffer von der CSU eingebracht worden. Das Gesetz, das letztlich nicht verabschiedet wurde, sollte das Grundrecht der Meinungsfreiheit neu regeln. Dessen Schranken aus Art. 5 II GG decken sich mit jenen der Pressefreiheit.[456] Der neue Entwurf von 1959 enthielt als § 12 die Generalklausel: »Wer widerrechtlich einen anderen in seiner Persönlichkeit beeinträchtigt, ist ihm zur Beseitigung der Beeinträchtigung verpflichtet.«[457] Derjenige, dessen Ehre verletzt wird, sollte Anspruch auf Schmerzensgeld und zudem das Recht haben, Schadensersatz für durch Ehrverletzungen entstandene Vermögensschäden zu fordern, ohne den Schaden nachweisen zu müssen.[458] Im Falle der Verabschiedung des Gesetzesentwurfs wäre es der Presse nicht mehr möglich gewesen, einen Minister »unfähig« oder einen Schriftsteller »geistlos« zu nennen, ohne mit einer Schadensersatzklage rechnen zu müssen,[459] so die

[455] Ebd., S. 141.

[456] Schröder, Thomas: Zu den rechtlichen Freiheiten und Schranken der Satire. In: Glodek/Haberecht/v. Ungern-Sternberg (Hrsg.): Politisches Kabarett und Satire. S. 148.

[457] Der Spiegel, Nr. 44, 29.10.1958, anonym: Lex Soraya für jedermann, S. 23.

[458] Der Spiegel, Nr. 15, 9.4.1958, anonym: Maulkorb, neues Modell. S. 14. Vgl. dazu: BGB, § 823 [Schadensersatzpflicht].

[459] Der Spiegel, Nr. 15, 9.4.1958, anonym: Maulkorb, neues Modell. S. 16.

Schlussfolgerung des Nachrichtenmagazins *Spiegel*, das das Gesetz als »Maulkorb« bezeichnete.[460] Auch die Arbeit der Kabarettisten hätten die neuen Paragrafen, die einen allgemeinen zivilrechtlichen Indiskretionsschutz vorsahen, betroffen.[461] Das Thema wurde im Programm *Der Widerspenstigen Lähmung* in der gleichnamigen Titelnummer von Schreiner behandelt.[462] Hildebrandt hatte den Gesetzesentwurf Schäffers im vorhergehenden Programm *Warten auf Niveau*, mit dem die *Lach- und Schießgesellschaft* am 7. Januar 1959 Premiere gefeiert hatte, als Aktualität in seinem Solo aufgegriffen. In *Warten auf den Zug* spielte er einen »Schrankenwärter«, der am Gleis die Ankunft der »Bundesregierungsbahn« erwartet.[463] Da er eine Zeitung für Bahnwärter herausgeben möchte, soll das Gesetz über die unbeschränkte Pressefreiheit »aus dem Zug [geworfen]«[464] werden, womit Hildebrandt bildhaft auf die geplanten Einschränkungen anspielte. Die Schlusspointe der Nummer bestand ebenfalls in einem Wortspiel. Hildebrandt erzählte, dass der Zug schließlich an der Station vorbeigefahren sei. Das Gesetz zur Pressefreiheit habe sich nicht darin befunden, sondern liege stattdessen »in den letzten Zügen«.[465] Wie in dem Text *Der Scharfmacher* wandte sich Hildebrandt somit auch hier gegen

[460] Ebd., S. 14.

[461] »Denn wen, wenn nicht sie [die Kabarettisten], würden die geplanten Paragraphen am ehesten treffen?« In: Schreiner: Die Zeit spielt mit. S. 147.

[462] Schreiner, Klaus Peter: Der Widerspenstigen Lähmung. In: Münchner Lach- und Schießgesellschaft, 6. Programm: Der Widerspenstigen Lähmung, 1959. Als roter Faden in dem Programm vermerkten die Kabarettisten die Pointen, die von dem Gesetz betroffen sein würden, durch Kreidestriche auf einer Tafel. Ein Strich stand dabei für einen Tag Gefängnis, was die Tafel bis zum Ende des Programms füllte. In: Schreiner: Die Zeit spielt mit. S. 147.

[463] Hildebrandt, Dieter: Warten auf den Zug. In: Münchner Lach- und Schießgesellschaft, 5. Programm: Warten auf Niveau, 1959, S. 1.

[464] Ebd., S. 2.

[465] Ebd., S. 5. Hildebrandt legte in seinem Solo seine Auffassung hinsichtlich der Vorgehensweise des dem dritten Kabinett Adenauers angehörigen Münchners Schäffer dar, der kurzzeitig aus der CSU ausgetreten war. Nach Hildebrandts Meinung war dessen Vorgehen ein taktischer Versuch, gegenüber dem Bundeskanzler positiv in Erscheinung zu treten: »Der Schäffner … der Schaffner, der Fritz, der hat Angst, dass er unterwegs abgesetzt wird, weil er mal in den falschen Zug gestiegen ist, drum schmeißt er jetzt die Türen besonders laut zu, damit der Alte merkt, dass er jetzt nach seinem Rat fährt.« In: Ebd., S. 4.

Eingriffe des Bundes in das Grundrecht der freien Meinungsäußerung. Hildebrandt, den der *Münchner Merkur* als »Schrankenreiter des scheinbaren Stegreifs«[466] betitelte, machte seine Zuschauer auf die Einwirkungsversuche mit Ironie sowie unter Verwendung von Wortspielen und Verbildlichungen aufmerksam.

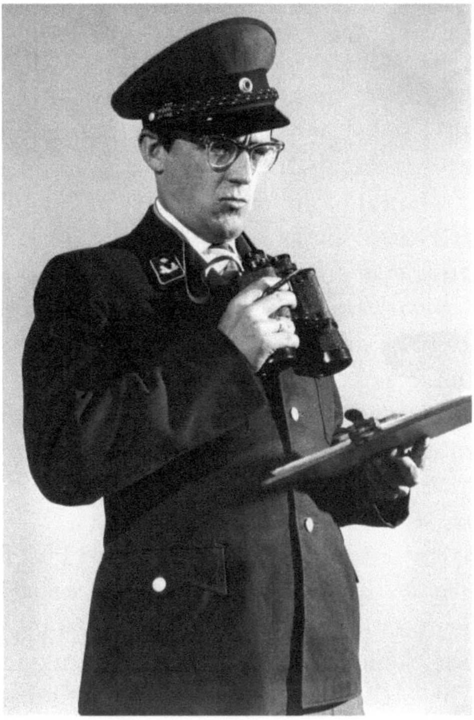

Dieter Hildebrandt als »Schrankenwärter« im Programm Warten auf den Zug, *1961.*

V.3.7 Kritik an der SPD – »Es kann eben keiner mit der Faust auf'n Tisch schlagen, wenn er seine Finger überall irgendwo drin hat!«

Im Gegensatz zur CDU/CSU-Regierung unter Adenauer, die sich am gesellschaftlichen Mainstream orientierte, konzentrierte sich die SPD vor allem auf ihre interne Parteiorganisation. Die Konsequenz waren die Ergebnisse der Bundestagswahlen von 1953 und 1957, bei denen die Union den Abstand zur SPD vergrößerte.[467] Die SPD, die nach dem Krieg an ihren ehemaligen Funktionären

[466] Münchner Merkur, 9.1.1959, Drews, Wolfgang: Lachen und Schießen im eigenen Haus.

[467] Walter, Franz: Die SPD. Vom Proletariat zur Neuen Mitte. Berlin: Alexander Fest Verlag, 2002, S. 138f.

der 20er-Jahre[468] sowie den ideologischen Grundpositionen einer sozialistischen Weltanschauungspartei[469] festgehalten hatte, befand sich in einer »traditionslastigen Erstarrung«.[470] Nach dem Wahldebakel der SPD bei der Bundestagswahl 1957, bei der die Union mehr als fünfzig Prozent der Stimmen erhielt und damit fast zwanzig Prozentpunkte vor der SPD lag,[471] drängte deren Parteivorsitzender Erich Ollenhauer auf ein Grundsatzprogramm zur Erneuerung der Partei.[472] Mit dem *Godesberger Programm*[473] demonstrierte die Spitze der SPD Ende des Jahres 1959 ihre Bereitschaft, sich von einer klassenkämpferischen Arbeiterpartei hin zu einer Volkspartei zu entwickeln.[474] In dem in Godesberg angenommenen Programmentwurf bekannte sie sich zu »Freiheit, Gerechtigkeit und Solidarität« als Grundwerte des »demokratische[n] Sozialismus«[475] sowie zu christlicher Ethik, Humanismus und klassischer Philosophie als dessen Wurzeln.[476] Was die Wirtschaftspolitik betraf, hob das neue Programm die Bedeutung des freien Wettbewerbs und der Unternehmerinitiative hervor,[477] der Begriff »Sozialisierung« wurde nicht mehr verwendet.[478]

Viele deutsche Intellektuelle, die in den 50er-Jahren eine »Ohne mich«-Haltung gegenüber dem politischen Geschehen in Deutsch-

468 Ebd., S. 125.

469 Pötzsch: Deutsche Geschichte von 1945 bis zur Gegenwart. S. 132.

470 Walter: Die SPD. S. 147.

471 Ebd., S. 143.

472 Pötzsch: Deutsche Geschichte von 1945 bis zur Gegenwart. S. 132. Potthoff, Heinrich/Miller, Susanne: Kleine Geschichte der SPD, 1848–2002. Bonn: Dietz, 2002, S. 209f.

473 Benannt nach dem außerordentlichen Parteitag vom 13. bis 15. November 1959 in Bad Godesberg. Potthoff/Miller: Kleine Geschichte der SPD. S. 211.

474 Ebd., S. 212.

475 Grundsatzprogramm der Sozialdemokratischen Partei Deutschlands (gekürzt), Godesberg, 13.–15. November 1959. In: Ebd., S. 493.

476 Ebd., S. 493.

477 Ebd., S. 496.

478 Das Programm besagte dennoch, dass »Gemeineigentum« als »legitime Form der öffentlichen Kontrolle« dort als »zweckmäßig und notwendig« zu erachten sei, »wo mit anderen Mitteln eine gesunde Ordnung der wirtschaftlichen Machtverhältnisse nicht gewährleistet werden kann.« In: Ebd., S. 212. S. auch: Grundsatzprogramm der Sozialdemokratischen Partei Deutschlands (gekürzt), Godesberg, 13.–15. November 1959. In: Ebd., S. 492–503.

land eingenommen hatten,[479] wandten sich in den 60er-Jahren der Republik zu, indem sie sich positiv engagierten.[480] Obgleich die SPD unter dem Vorsitz Ollenhauers weder Intellektuelle noch Künstler in besonderem Maße anziehen konnte,[481] sahen viele von ihnen in der Partei die einzig mögliche Alternative zur Politik Adenauers. Im Wahljahr 1961 veröffentlichte Martin Walser als »Versuch zur Gewissensbildung«[482] ein Taschenbuch mit dem Titel *Die Alternative oder Brauchen wir eine neue Regierung?*. 20 Intellektuelle äußerten darin aus »Besorgnis über den Bestand der Demokratie«[483] den Wunsch nach einer sozialdemokratischen Führung für die Bundesrepublik. Heinrich Maria Ledig-Rowohlt zufolge war der Band 1961 das bis zu diesem Zeitpunkt erfolgreichste Taschenbuch der *rororo*-Reihe.[484] Für die SPD als »kleineres Übel« sprach sich darin der wie Hildebrandt im Jahr 1927 geborene Schriftsteller Siegfried Lenz aus. Er merkte an, dass sich die SPD als Oppositionspartei in manchen Themenbereichen »in eine[r] schon ironisch anmutende[n] Nähe zur Regierungspolitik« befinde.[485] Dennoch plädierte er für eine SPD-Regierung aufgrund des Gerechtigkeitsempfindens, das er einigen nicht namentlich genannten führenden SPD-Mitgliedern zuschrieb. Darüber hinaus wünschte sich Lenz eine Neubesetzung des Postens des Verteidigungsministers, den Franz Josef Strauß innehatte.[486] »Prinzipiell«, so Lenz, unterstütze er aber die SPD, da er »in der Politik weniges für so wünschenswert« halte wie einen Regierungswechsel.[487] Als ein weiterer der in dem Buch vertretenen Autoren formulierte Heinz von Cramer die seiner Meinung nach

[479] Müller: Die literarische Republik. S. 53.

[480] Ebd., S. 67.

[481] Mörchen, Helmut: Sozialdemokratie und Intellektuelle seit 1945. In: von Alemann u.a. (Hrsg.): Intellektuelle und Sozialdemokratie. S. 139.

[482] Walser, Martin (Hrsg.): Die Alternative oder Brauchen wir eine neue Regierung? Reinbek: Rowohlt, 1961, S. 1.

[483] Ebd., S. 1.

[484] In: Cofalla, Sabine: Die »Gruppe 47« und die SPD. In: von Alemann u.a. (Hrsg.): Intellektuelle und Sozialdemokratie. S. 156.

[485] Lenz, Siegfried: Die Politik der Entmutigung. In: Walser (Hrsg.): Die Alternative oder Brauchen wir eine neue Regierung? S. 135.

[486] Ebd., S. 136.

[487] Ebd., S. 136.

von einer neuen Regierung zu bewältigenden zentralen Aufgaben. Neben der Abwendung von Kaltem Krieg und Militarismus nannte er die entschiedene Auseinandersetzung mit der Vergangenheit, die Restriktion der Einflussnahme der Wirtschaftsvereinigungen und der katholischen Kirche auf die Gesellschaft[488] sowie die Wahrung der bürgerlichen Freiheiten.[489] Cramer stellte infrage, dass die SPD mutig genug sei, »als Regierungspartei [...] unpopuläre Maßnahmen zu beschließen und durchsetzen«.[490] Er prognostizierte ihr nach einem Wahlsieg eine »innenpolitische Zerreißprobe«[491] und sah trotzdem keine Alternative zur SPD, in der Hoffnung, dass sich mit ihr die »Vernunft« wieder in der Politik durchsetze.[492]

Während die deutschen Intellektuellen ihre politische »Abseitsstellung«[493] in den 60er-Jahren nach und nach aufgaben, hatte sich Hildebrandt mit seinem politischen Kabarett von Anfang an in das Tagesgeschehen der Bundesrepublik eingemischt. Dabei kam seine Sympathie für die Sozialdemokratie zum Ausdruck, die ihm nach eigenem Bekunden stets »näher« war als »die Meinung eines Liberalen oder gar die eines CDU-Mannes«.[494] Im Laufe seiner Karriere wurde ihm als SPD-Sympathisant immer wieder politische Einseitigkeit angelastet.[495] 2009 bezeichnete ihn der Kabarettist Mathias Richling bei einem Titelstreit um die Kabarettsendung *Scheibenwischer* als SPD-Kabarettisten.[496] »Da

[488] Von Cramer, Heinz: Es ist so spät wie es schon einmal war. In: Walser (Hrsg.): Die Alternative oder Brauchen wir eine neue Regierung? S. 89.

[489] Ebd., S. 95. Vgl. dazu: Cofalla, Sabine: Die »Gruppe 47« und die SPD. In: von Alemann u. a. (Hrsg.): Intellektuelle und Sozialdemokratie. S. 155.

[490] Von Cramer, Heinz: Es ist so spät wie es schon einmal war. In: Walser (Hrsg.): Die Alternative oder Brauchen wir eine neue Regierung? S. 93.

[491] Ebd., S. 94.

[492] Ebd., S. 95. Heinz von Cramer bezeichnete es als »Dilemma« der SPD, dass sie die Macht nur erringen könne, indem sie ihre geistigen Grundlagen verleugne. In: Ebd., S. 92f.

[493] Müller: Die literarische Republik. S. 67.

[494] Hildebrandt/Schroeder: Ich musste immer lachen. S. 135.

[495] Hildebrandt hat es nach eigener Aussage »nie gestört«, wenn ihm gesagt worden sei, dass er politisch »einseitig« wäre. In: Ebd., S. 134.

[496] Hildebrandt untersagte Richling die weitere Verwendung des Titels »Scheibenwischer«, nachdem jener angekündigt hatte, in der Sendung, die Hildebrandt 1980 ins Leben gerufen hatte, künftig Kabarett und Comedy miteinander verbinden zu wollen. S. Süddeutsche Zeitung, Nr. 65, 19.3.2009,

sitzt er ja, der rote Heini« lautete schon 1974 die Überschrift eines *Spiegel*-Artikels als Verweis auf Reaktionen der Öffentlichkeit gegenüber Hildebrandt.[497] Mitglied der SPD war er niemals. Anfang der 80er-Jahre erzählte er in einem Interview, dass er »nie« in die SPD eintreten würde, schließlich müsse er »dann [...] ja irgendwann wieder austreten«.[498] Außer Acht gelassen wurde bei den an Hildebrandt gerichteten Vorwürfen, Parteikabarett zu machen, dass er trotz seiner politischen Vorlieben von Beginn seiner Karriere an aufzeigte, was ihm an der SPD »nicht gefiel«.[499] Kritik an der Sozialdemokratischen Partei übte er seit der Gründung der *Lach- und Schießgesellschaft*.

Im Wahljahr 1957 thematisierte er in seinem Text *Parade der Domestiken* die Schwäche der Opposition angesichts des erneuten Stimmenzuwachses der Regierung Adenauer. In einer Unterhaltung zwischen Hildebrandt, Noack und Diedrich in der Rolle von Zuschauern bei einer »Parade der Wahlhelfer«[500] wurde das Führungsgremium der SPD als »größte Wahlhilfe«[501] Adenauers bezeichnet. Der Pressechef trage »ein Buch mit sieben Siegeln« mit dem Titel »Mein Wahlkampf«.[502] Gemeint war hier Fritz Heine, der seinen Kritikern, die eine Reform der SPD anstrebten, als unzeitgemäßer Funktionär mit einer altmodischen Propagandatechnik erschien.[503] Hildebrandt wies mit der Äußerung, dass die »Genossen« trotz ihrer Niederlage »viele Prozente gekriegt« hätten, ironisch auf Heines Beschönigung des Wahlausgangs hin.[504] Die SPD hatte bei der Wahl 1957 immerhin drei Prozentpunkte

Mayer, Christian: »Scheibenkleister«, S. 15. Abendzeitung München, 16.3.2009, Dullinger, Angie: Wo bleibt da der Humor?, S. 15.

497 Spiegel, Nr. 22, 27.5.1974, Rumler, Fritz: »Da sitzt er ja, der rote Heini«, S. 140.

498 Stuttgarter Nachrichten, 30.10.1982, Harms, Klaus B.: Seit wann sollte es nichts mehr zu lachen geben? – Ein Gespräch mit dem Kabarettisten und Satiriker Dieter Hildebrandt über den Bonner Wechsel und seine Folgen.

499 Hildebrandt/Schroeder: Ich musste immer lachen. S. 134.

500 Hildebrandt, Dieter: Parade der Domestiken, In: Münchner Lach- und Schießgesellschaft, 3. Programm: Im gleichen Schrott und Trott, 1957, S. 1.

501 Ebd., S. 3.

502 Ebd., S. 3.

503 Walter: Die SPD. S. 148f.

504 Hildebrandt, Dieter: Parade der Domestiken, In: Münchner Lach- und Schießgesellschaft, 3. Programm: Im gleichen Schrott und Trott, 1957, S. 3.

hinzugewonnen, lag jedoch mit 31,8 Prozent der Stimmen weit hinter der CDU/CSU, die mit 50,2 Prozent die absolute Mehrheit erzielte.[505]

Anfang 1959 griff Hildebrandt die Position der SPD zur Bundeswehr in der Nummer *Auf Bundesposten* auf, die er zusammen mit Klaus Havenstein aufführte. Hildebrandt bezeichnete es als »Trick« der SPD, »alles genauso [zu] machen wie die Gegner, nur alles 'n bisschen später«.[506] Wie in dem im November 1959 beschlossenen *Godesberger Programm* festgehalten wurde, befürwortete die SPD die Landesverteidigung, während sie zugleich ein Verbot von Massenvernichtungswaffen in Deutschland forderte.[507] Es grenze »schon hart an Verrat«, dass die SPD vor allem in der Diskussion um den Aufbau der Bundeswehr »so radikal« die Zielsetzung der Regierung Adenauer übernommen hatte, wie der Schriftsteller Wolfdietrich Schnurre im von Walser herausgegebenen Taschenbuch bemerkte.[508] Auch im Hinblick auf die NATO und die Marktwirtschaft griff die SPD in der ersten Hälfte der 60er-Jahre verstärkt die Kernbotschaften der Union auf und versuchte gegenüber den Wählern als deren »bessere Ausgabe« zu erscheinen.[509] Dass sich die SPD dem Kurs der Regierungspartei anpasste,

[505] Potthoff/Miller: Kleine Geschichte der SPD. S. 448. Gründe für die geringe Zustimmung sah man in dem schnellen Rückzug der SPD aus der Anti-Atomkampagne sowie beim Parteivorstand. Diesem wurde zur Last gelegt, keine die Wähler anziehenden Persönlichkeiten für die Position des Kanzlers und die Regierungsmannschaft gefunden zu haben. In: Ebd., S. 209.

[506] Hildebrandt, Dieter: Auf Bundesposten, In: Münchner Lach- und Schießgesellschaft, 5. Programm: Warten auf Niveau, 1959, S. 2f.

[507] »Die Sozialdemokratische Partei Deutschlands [...] bejaht die Landesverteidigung. Die Landesverteidigung muß der politischen und geographischen Lage Deutschlands gemäß sein und daher die Grenzen wahren, die zur Schaffung der Voraussetzungen für eine internationale Entspannung, für eine wirksame kontrollierte Abrüstung und für die Wiedervereinigung Deutschlands eingehalten werden müssen. Der Schutz der Zivilbevölkerung ist wesentlicher Bestandteil der Verteidigung des Landes. [...]« In: Grundsatzprogramm der Sozialdemokratischen Partei Deutschlands (gekürzt), Godesberg, 13.–15. November 1959. In: Potthoff/Miller: Kleine Geschichte der SPD. S. 495.

[508] Schnurre, Wolfdietrich: Das falsche Gleis. In: Walser (Hrsg.): Die Alternative oder Brauchen wir eine neue Regierung? S. 71.

[509] Walter: Die SPD. S. 160.

kritisierte Hildebrandt bereits 1959 in seinem Solo *Warten auf den Zug*, indem er erklärte, dass sich die konservative Hälfte der SPD »schon mit im Zug« der Regierung befände.[510] Von einem Überfall auf die »Bundesregierungsbahn« riet er der »linke[n] Hälfte« der SPD unter Verweis auf die Überlegenheit Adenauers ironisch ab: »Die wollen wohl den Zug überfallen? Nicht doch, Genossen! Der Alte hat euch schon 'n paarmal überfahren! Ihr habt schon so viele wunde Punkte. Wartet lieber, bis ihr dran seid.«[511] Hildebrandt warf den SPD-Abgeordneten politische Zurückhaltung und angesichts ihrer Verbindungen zu Wirtschaftsunternehmen Profitstreben vor:

> *»Sehn Se, sie ziehen ihren Kopf ein ... nee, ham se nich, sie ziehn ihre Beiträge weiter ein und stellen sich an. Hinten. Und gehn in die Wirtschaft. Es kann eben keiner mit der Faust auf'n Tisch schlagen, wenn er seine Finger überall irgendwo drin hat! Aber diese Korruptionen! Na, hören Sie! Bei der SPD wäre das nie ... nie, nie rausgekommen.«*[512]

Seine Ansicht, dass sich das Engagement der Sozialdemokraten mehr durch kapitalistisches Gewinndenken als durch angewandten Sozialismus auszeichne, legte Hildebrandt 1959 in der Satire *Die zwei Verschworenen* dar. In der Nummer engagieren zwei SPD-Funktionäre einen südamerikanischen »Revolutionsfachmann« namens Don Chaos, um »endlich«[513] an die Regierung zu kommen. Der gewaltsame Protest des Linksradikalen gegen den kapitalistischen Staat wirkt sich jedoch negativ für die SPD aus. In der Schlusspointe wird aufgedeckt, dass die Kaufhäuser, die der Revolutionär in der Innenstadt in die Luft gesprengt hat, den Sozialdemokraten gehörten.[514]

[510] Hildebrandt, Dieter: Warten auf den Zug. In: Münchner Lach- und Schießgesellschaft, 5. Programm: Warten auf Niveau, 1959, S. 5.

[511] Ebd., S. 5.

[512] Ebd., S. 5.

[513] Hildebrandt, Dieter: Die zwei Verschworenen, In: Münchner Lach- und Schießgesellschaft, 6. Programm: Der Widerspenstigen Lähmung, 1959, S. 2.

[514] Ebd., S. 4.

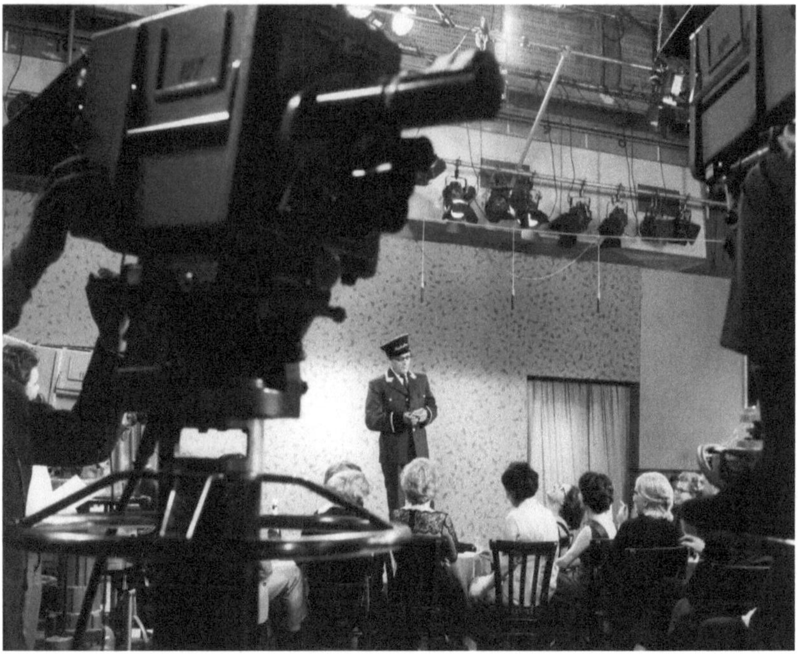

Dieter Hildebrandt während einer TV-Aufzeichnung.

Die *Lach- und Schießgesellschaft* kritisierte die Oppositionspartei SPD »von links aus«, wie Hildebrandts Texter-Kollege Schreiner resümierte.[515] Die Kabarettisten machten ihr die Hinwendung zur politischen Mitte, ihren »spießergerechten Anspruch«, eine Volkspartei darzustellen, sowie die »Anbiederung an alle, die ihr zur Mehrheit verhelfen könnten«, zum Vorwurf.[516] Nach Hildebrandts Vorstellung, der sich mit seiner Satire für ein solidarisches Miteinander einsetzte, sollte die SPD eine »Partei der Schwachen und Unterdrückten« sein.[517] Die konsequente Unterstützung der Unterlegenen traute er einer Partei mehr aus der Opposition, nicht aber aus der Regierung heraus zu.[518] Dass seiner Auffassung nach

515 Schreiner: Die Zeit spielt mit. S. 253.

516 Ebd., S. 253.

517 Zitat Dieter Hildebrandt in: Zeitmagazin, 28.5.1993, Röckenhaus, Freddie/Strauss, Goggi: Der Abschied vom Wort.

518 Für Hildebrandt bewies »gerade Helmut Schmidt [...], daß man, wenn man regiert, kein Sozialdemokrat sein kann«. In: Ebd.

Machtausübung und aus Gerechtigkeitsliebe resultierendes Engagement in Widerspruch zueinander stehen, drückte Hildebrandt Ende der 50er-Jahre in seinen Texten zur SPD aus, die als »optimistisch und staatsmännisch« und nicht mehr als Oppositionspartei wirken wollte.[519] Dennoch sah er, ebenso wie die zahlreichen Intellektuellen, die sich an dem 1961 von Martin Walser herausgegebenen Taschenbuch *Die Alternative oder Brauchen wir eine neue Regierung?* beteiligten, keine andere Alternative zur Adenauer-Regierung als die Sozialdemokraten. Gemeinsam mit den 20 Schriftstellern war ihm das »Unbehagen an einer satt gewordenen Demokratie«, der es an »Selbstprüfung« und »Selbstreinigung« mangelte.[520] Er trat jedoch nicht als »Gewissen der Nation« auf, als das sich die Literaten empfanden,[521] sondern als Systemkritiker, der auf aufklärerische Weise Angriffspunkte der politischen Opposition herausstellte.

519 Walter: Die SPD. S. 160.
520 Walser (Hrsg.): Die Alternative oder Brauchen wir eine neue Regierung? S. 1.
521 Ebd., S. 1.

VI Hildebrandts Kabarett etabliert sich

VI.1 Der »Star« Hildebrandt

Kabarett war für Hildebrandt nach eigener Angabe nie ein »Traum«.[1] Stattdessen war es eine »Realität«, die auf ihn »einbrach«.[2] Mit der Münchner *Lach- und Schießgesellschaft* wurde er berühmt. Die kritische Kommentierung der politischen und gesellschaftlichen Geschehnisse in der Ära Adenauer machte das Kabarett über die Grenzen Münchens und Deutschlands hinaus bekannt. So erschien in der New Yorker Zeitschrift *Theatre Arts* im April 1960 ein Artikel, dessen Autor die Doppelsinnigkeit der Mitglieder herausstellte.[3] Der Redakteur hob die Arbeit der beiden nicht namentlich erwähnten und irrtümlich als Berliner deklarierten Autoren Hildebrandt und Schreiner hervor, die vor keinem Deutschland betreffenden Thema zurückschrecken würden.[4]

> *»The playlets and songs are mostly the work of a group of Berlin authors now living in Munich garrets. Their themes pull no punches in treating every aspect of life in Germany, the foibles of Adenauer, the inhumanities in the Soviet zone, the antics of the newly rich, the shallowness of the reconstituted middle class.«*[5]

1 Hildebrandt, Dieter: Notfalls auch Steuermann. In: Der Spiegel Special, Nr. 7, 2008, »Kindische Hoffnung«, S. 124.

2 Ebd., S. 124.

3 »[...] the ensemble [Lach und Schiessgesellschaft] consists of three young, rather unsightly Berlinese actors and a fading blonde from the Rhineland, all of whom are expert at ›double-entendre‹.« In: Theatre Arts, New York, April 1960, anonym. Bestand des Archivs der Lach- und Schießgesellschaft, München.

4 1948 beanstandete der Kritiker Werner Schumann eine mangelnde Angriffslust des deutschen Kabaretts auf aktuelle Probleme in der Bundesrepublik: »Kein geringer Teil unserer Conférenciers meint, die nazistischen Rudimente in einem wenig anspruchsvollen Durchschnittspublikum ansprechen und beharrlich von der gestrigen Terminologie zehren zu müssen. Die gute, alte Zeit, ach ja!« In: Schumann, Werner: Unsterbliches Kabarett. Hannover: Richard Beeck Verlag, 1948, S. 96.

5 Theatre Arts, New York, April 1960. Bestand des Archivs der Lach- und Schießgesellschaft, München.

Mit Blick auf die zu diesem Zeitpunkt vier bekanntesten Münchner Kabaretts rechnete der Verfasser des Artikels insbesondere der *Lach- und Schießgesellschaft* ihren Einsatz gegen Militarismus und Nationalismus an:

> *»Though Munich literary cabarets can be justly accused of directing their barbed wit against anything and everything, all four – especially the Lach und Schiessgesellschaft – stanchly wage a relentless, uncompromising fight against the rebirth of Prussian militarism and the dregs of Nazism.«*[6]

Die *Lach- und Schießgesellschaft* konnte in den 60er-Jahren nach dem Ende der Ära Adenauer ihren Status als eines der erfolgreichsten deutschen Kabaretts festigen. Verbreitet wurden die Programme über das Fernsehen, außerdem waren sie als Langspielplatten im Handel erhältlich.[7] Zusammen mit den Berliner *Stachelschweinen* entstanden ab 1961 fünf von NDR und SFB produzierte Gemeinschaftsprogramme unter dem Titel *Berlin ist einen Freiplatz* wert,[8] mit denen die Fernsehlotterie *Ein Platz an der Sonne* eröffnet wurde.[9] Das *Bayerische Fernsehen*, das die »regulären« Programme des Münchner Kabaretts übertrug, engagierte es außerdem für den unterhaltenden Teil des Silvesterprogramms. Ab 1963 trat die *Lach- und Schießgesellschaft* alle zwei Jahre zum Jahreswechsel mit einem Programm unter dem Titel *Schimpf vor Zwölf* auf, das zum »Straßenfeger«[10] wurde.[11]

Hildebrandt, der einer der beiden Hauptautoren war und zugleich auf der Bühne stand, galt als »Säule« der *Lach- und Schießgesellschaft.*[12] Er wurde in der Regierungszeit Adenauers vom Platzanweiser in der *Kleinen Freiheit* zum deutschen Kabarett-Fernsehstar

6 Ebd.

7 Hofmann (Hrsg.): Verlängert. S. 32.

8 Sendungen am 3. September 1961, 9. September 1962, 7. September 1963, 5. September 1964 und 2. September 1967.

9 Hofmann (Hrsg.): Verlängert. S. 33.

10 Hans-Jürgen Diedrich in: Baltes/Schröder: Nie wieder achtzig! – Dieter Hildebrandt, ARD, 2007.

11 Schreiner: Dieter Hildebrandt. In: Deißner-Jenssen: Die Zehnte Muse. S. 453.

12 Hör zu, Heft 5, 1968, Bobsin, Jörg: Zu Hause bin ich ein Langweiler.

und zum Garant dafür, als »zeitkritische[r] ›Alleingänger‹«[13] die Deutschen mit seinen schüchtern wirkenden und pointenreichen Improvisationen aus ihrer »Lethargie« zu holen.[14] In seinen Soli, in denen Hildebrandt vor allem die Innenpolitik der BRD thematisierte, übernahm er Rollen, die ihn in seinen Äußerungsmöglichkeiten nicht einschränkten. Die Programme der *Lach- und Schießgesellschaft*, die oft auf eine Laufzeit von mehr als einem Jahr angelegt waren, erhielten auf diese Weise ihren »brandaktuellen«[15] Charakter. Ebenso obligatorisch wie Hildebrandts Soloauftritte wurden in den Programmen die Dialoge zwischen ihm und Hans Jürgen Diedrich.[16] Darin bewies Hildebrandt, dass sein Talent nicht nur in den politischen Texten, die ihn berühmt machten, sondern auch in der komischen Improvisation lag. Die beiden Kabarettisten überboten sich in ihren Dialogen jeweils an Gegenpointen. 2007 bezeichnete Diedrich seinen damaligen Kollegen Hildebrandt als »Idealfall als Partner«.[17]

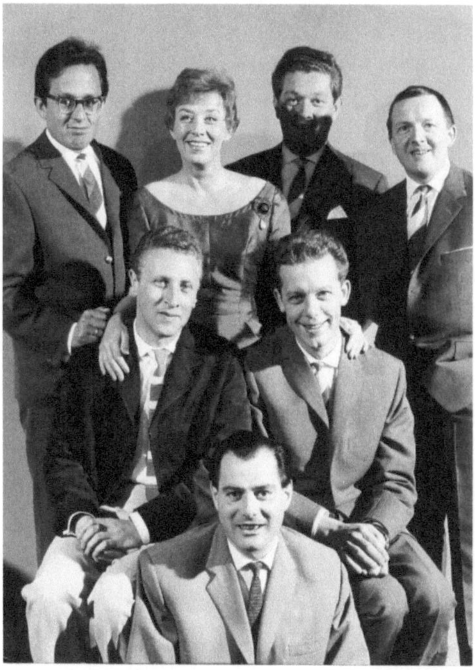

Die Lach- und Schießgesellschaft im Jahr 1959. Hinten: Dieter Hildebrandt, Ursula Noack, Klaus Havenstein, Hans Jürgen Diedrich; Mitte: Klaus Peter Schreiner, Walter Kabel, Unten: Sammy Drechsel

[13] Stuttgarter Nachrichten, 7.5.1968, Engelmann, Bernt: Dieter Hildebrandt.
[14] Funk-Uhr, 10.–16.7.1966, Dortmund, anonym: Nicht einer stammt aus München.
[15] Schreiner: Dieter Hildebrandt. In: Deißner-Jenssen: Die Zehnte Muse. S. 454.
[16] Ebd., S. 452.
[17] Baltes/Schröder: Nie wieder achtzig! – Dieter Hildebrandt, ARD, 2007.

Mit seinem zunehmenden Erfolg und Bekanntheitsgrad interessierte sich die Presse in den 60er-Jahren verstärkt für das Privatleben des Prominenten Hildebrandt. 1966 stellte ihn die Zeitschrift *Funk-Uhr* in einem Porträt als »Paradepferd« der *Lach- und Schießgesellschaft* vor und berichtete von seinen Hobbys,[18] die in »Lesen politischer Literatur«, »Sammeln antiquarischer Bücher«, »Skifahren«, »Fußballspielen« und »Tennis« bestünden.[19] Die Leser erfuhren, dass Hildebrandt seine Frau Irene, die früher chemische Laborantin gewesen war, in einem D-Zug nach München zu einem Schlesiertreffen kennengelernt und mit ihr zwei Töchter hatte.[20] 1960 war Hildebrandts zweite Tochter Jutta geboren worden. Seit diesem Jahr lebte die Familie im Stadtteil Trudering in einer Dreieinhalb-Zimmer-Wohnung mit Gartenanteil zur Miete.[21] Nachdem Hildebrandt durch die Gagen aus der Tournee mit dem Programm *Überleben Sie mal* einen Bankkredit erhalten hatte, erwarb er 1962 im Münchner Vorort Waldperlach ein Reihenhaus.[22] Dort lebte er bis zu seinem Tod Ende 2013. Hildebrandt sagte einmal, das Haus sei »nicht besonders groß«, doch mehr brauche man nicht.[23]

Während Hildebrandts Mutter bei Fernsehauftritten ihres Sohnes oft im Publikum saß,[24] reagierte der Vater mit Unverständnis auf dessen Karriere. Walter Hildebrandt hatte in Schöllnach bei Hengersberg in Niederbayern[25] wieder einen alten Bauern-

[18] Funk-Uhr, 10.–16.7.1966, Dortmund, anonym: Nicht einer stammt aus München.

[19] Ebd.

[20] Ebd.

[21] Abendzeitung, 4./5.11.1961, Ströhle, Helga: Abendfüllende Nachtarbeit – Dieter Hildebrandt schreibt seine Kabarett-Texte zwischen Mitternacht und Morgengrauen.

[22] Hildebrandt/Schroeder: Ich musste immer lachen. S. 147ff. www.dieterhildebrandt.com (Stand: 10.3.2012)

[23] Hildebrandt/Schroeder: Ich musste immer lachen. S. 150.

[24] »Mein Vater hat sie [Gertrud Hildebrandt] immer verspottet und gesagt: ›Gehst du wieder zum Kaufmann und erzählst, daß dein Sohn wieder eine Sendung gemacht hat.‹ Sie sagte dann, ›nein, natürlich nicht.‹ Aber sie hat es doch gemacht, sie hat mit mir immer etwas aufgeschnitten. Wenn eine Pointe etwas gröber war, hat sie immer erschrocken ihre Hand vor den Mund gehalten.« In: Ebd., S. 152.

[25] Ebd., S. 155.

hof erworben.[26] Wie Hildebrandt berichtete, konnte es sein Vater nicht nachvollziehen, dass es seinem Sohn möglich war, mit dem »Unsinn«, den er den Leuten erzählte, Geld zu verdienen.[27] Die Anerkennung seines Vaters, die Hildebrandt schon als Kind und Jugendlicher nicht erfahren hatte, blieb ihm somit auch später, als er zum deutschen Fernsehstar avanciert war, versagt.

VI.2 Die satirische Behandlung der Presse

Einer der thematischen Schwerpunkte in den Texten Hildebrandts war die Unabhängigkeit der Medien, für die er sich seit seinen Anfängen als Kabarettist einsetzte. Im Zuge des Wirtschaftsaufschwungs der 50er-Jahre wuchs die bundesdeutsche Presselandschaft. Der steigende Zeitungskonsum zeigte sich auf dem Illustrierten- und (Fach-)Zeitschriftenmarkt wie auch bei den Tageszeitungen, deren täglich verkaufte Auflage zwischen 1954 und 1964 von 13,4 auf 17,3 Millionen Exemplare stieg.[28] Charakteristisch für die Entwicklung des deutschen Pressewesens war die »Entpolitisierung«, da die Aufgabe, eine politische Öffentlichkeit zu schaffen, in den Hintergrund rückte. Ein weiteres Kennzeichen war die »Konzentration«.[29] Diese wurde in der Bundesrepublik nur langsam als Problem erkannt. Am Beginn der Diskussion stand 1963 ein Artikel von Walter J. Schütz in der kommunikationswissenschaftlichen Fachzeitschrift *Publizistik* mit dem Titel *Wettbewerbsbedingungen und Konzentrationstendenzen der deutschen Tageszeitungen*.[30] Die Konzentration des Pressewesens kam daran zum Ausdruck, dass die Anzahl der Zeitungstitel zurückging und kleine »überlebende«[31] Zeitungen nicht mehr unabhängig berichteten. Stattdessen druckten sie, ohne ihre Leser darauf hinzuwei-

[26] Hildebrandt: Denkzettel. S. 214.

[27] Hildebrandt: Nie wieder achtzig! S. 238.

[28] Frei, Norbert: Presse. In: Benz (Hrsg.): Die Bundesrepublik Deutschland, Band 3. S. 298.

[29] Grosser: Geschichte Deutschlands seit 1945. S. 355.

[30] Frei, Norbert: Presse. In: Benz (Hrsg.): Die Bundesrepublik Deutschland, Band 3. S. 301.

[31] Grosser: Geschichte Deutschlands seit 1945. S. 355.

sen, von Agenturen gelieferte Artikel.[32] Im Fokus der Debatte um die wirtschaftliche Konzentration der Presse und die damit einhergehenden Manipulationsmöglichkeiten stand Axel Springer als Verleger der polemisierenden *Bild-Zeitung*.[33] Im zweiten Jahr nach ihrer Gründung im Juni 1952 war sie zur größten deutschen Tageszeitung aufgestiegen.[34] Zur Publizistik in der Massengesellschaft und zur Einflussnahme auf jene äußerten sich 1964 17 Autoren in dem von dem Schriftsteller und Maler Paul Hübner herausgegebenen Rowohlt-Band *Information oder Herrschen die Souffleure?*.[35] Der Publizist Erich Kuby legte darin seine Auffassung dar, dass die Wahrheit für die deutsche Bevölkerung ebenso wenig von Bedeutung sei wie für die nationale Presse.[36] Die Presse verfasse ihre Artikel nur noch im Sinne von Machtinhabern: »Wer schreibt sozusagen nicht für den Inseratenteil? Wer nicht für den Bischof, für die Versicherungsgesellschaft oder für andere Autorität unserer Gesellschaft?«[37] Eine korrumpierende Berichterstattung durch Presse und Rundfunk beanstandete auch der SPD-Politiker Carlo Schmid. Den Grund für die Abhängigkeit der Medienvertreter, deren eigentliche Aufgabe darin bestehen sollte, Informationen unabhängig, auf »redlich[e]« Weise und im kontextualen Zusam-

[32] Ebd., S. 355.

[33] Ebd., S. 356f.

[34] Wie Frei bilanzierte, war die Bild-Zeitung »geschaffen für Wiederaufbau-Streß und Wohlstands-Hektik«, da sie Informationen »kurz und bündig, optimistisch, freiheitlich, fortschrittsgläubig, marktwirtschaftlich-konsumorientiert, dazu spannend, leicht verdaulich und im antikommunistischen Grobstrickmuster« aufbereitete. Außerdem habe sie als erste Tageszeitung »Rat in allen Lebenslagen« gegeben. In: Frei, Norbert: Presse. In: Benz (Hrsg.): Die Bundesrepublik Deutschland, Band 3. S. 296.

[35] Hübner, Paul (Hrsg.): Information oder Herrschen die Souffleure? 17 Untersuchungen. Reinbek: Rowohlt, 1964.

[36] Kuby, Erich: Das Volk ist seine Presse wert. In: Ebd., S. 91. Kuby verwies auf die Spiegel-Affäre und Adenauers Vorwurf des »Landesverrats«: »Da gibt es eine ›Spiegel‹-Affäre. Sie ist älter als ein Jahr. Es hat den Anschein, sie sei hundert Jahre alt, vergreist, ausgetrocknet, eigentlich schon eine Leiche. Dabei stinkt der Kadaver zum Himmel. Wen stört der Gestank? Schreit die Öffentliche Meinung, die vor einem Jahr immerhin einmal ein dreifaches Pieps hören ließ, dem abgetretenen Bundeskanzler nach, was denn nun sei mit seinem Abgrund von Landesverrat?« In: Ebd., S. 92.

[37] Ebd., S. 93.

menhang auszuwerten, sah Schmid in einem »intellektuelle[n]« und »moralische[n]« Bildungsproblem.[38] Er bezeichnete die »politische Stimmungsmache«,[39] die vor allem Zeitungen mit hohen Auflagen durch ihre Manipulation von Nachrichten betrieben, als »schwere[n] Verstoß gegen die Fundamente der Demokratie«.[40]

Für die zukünftige Rolle der Presse als vierte Macht im Staat wurde die Öffentlichkeit 1962 durch die *Spiegel-Affäre*[41] sensibilisiert. Auslöser war die regierungskritische Berichterstattung des Nachrichtenmagazins, gegen das am 26. Oktober polizeilich vorgegangen wurde.[42] In Anspielung auf die nachfolgende Kabinettskrise[43] schrieb Hildebrandt für das 1963 aufgeführte zehnte Programm[44] der *Lach- und Schießgesellschaft* die Nummer *Presse*

[38] Schmid, Carlo: Bemerkungen zum Grundrecht der Informationsfreiheit. In: Ebd., S. 76.

[39] Ebd., S. 77.

[40] Ebd., S. 77.

[41] Frei, Norbert: Presse. In: Benz (Hrsg.): Die Bundesrepublik Deutschland, Band 3. S. 301.

[42] Als Reaktion auf den Artikel »Bedingt abwehrbereit« des Nachrichtenredakteurs Conrad Ahlers durchsuchten Polizeibeamte die Redaktionsräume des Magazins. S.: Der Spiegel, 10.10.1962, Nr. 41, Ahlers, Conrad: Bedingt abwehrbereit, S. 32–53. Adenauer bezeichnete den Artikel, der die Verteidigung der Bundesrepublik im Falle eines Angriffs des Warschauer Pakts infrage stellte, als einen »Abgrund von Landesverrat«. Es folgten eine 103-tägige Untersuchungshaft für Spiegel-Herausgeber Rudolf Augstein, die illegale Verhaftung von Ahlers in Spanien, eine vierwöchige Besetzung der Spiegel-Redaktion durch die Bundesanwaltschaft sowie eine Koalitionskrise in Bonn. Juristisch blieb die Affäre für die Beteiligten ohne Folgen, da nicht rechtskräftig geklärt wurde, ob eine Veröffentlichung von Staatsgeheimnissen durch den Spiegel stattgefunden hatte. In: Frei, Norbert: Presse. In: Benz (Hrsg.): Die Bundesrepublik Deutschland, Band 3. S. 300. Die Vorgänge im Parlament griff Hildebrandt 2007 in seinem Buch »Nie wieder achtzig!« auf. Darin wies er auf die Ankündigung des damaligen Innenministers Hermann Höcherl hin, dass die Ereignisse in Spanien aufgeklärt werden würden, was jedoch nicht geschah: »Ein hoher spanischer Regierungsbeamter sei bereits unterwegs und würde in Kürze im Parlament eintreffen. Der Beamte traf nie ein. Er ist vermutlich heute noch unterwegs. Höcherl trat nicht zurück. Der Bundeskanzler auch nicht. Das ist Bonn, dachte ich mir und bekam eine ganz kleine Gänsehaut.« In: Hildebrandt: Nie wieder achtzig! S. 114.

[43] Vgl. Budzinski: Die öffentlichen Spaßmacher. S. 138.

[44] Münchner Lach- und Schießgesellschaft, 10. Programm: Halt die Presse, 1963.

unter sich. In dieser übernahm er die Rolle eines *Spiegel*-Redakteurs, der zusammen mit einer *Bild*-Redakteurin, gespielt von Ursula Noack, und einem Redakteur der *Frankfurter Allgemeinen Zeitung*, in Person von Jürgen Scheller, vor verschlossener Tür auf das Ende einer Generalversammlung der Union wartet, um zu fotografieren. Beim Warten spekulieren sie über den Anlass der Versammlung, der in Reformbemühungen vermutet wird.[45] Seitenhiebe erfolgen in der Nummer auf Verteidigungsminister Franz Josef Strauß, der infolge der *Spiegel-Affäre* von seinem Amt zurückgetreten war. Er blieb in der Politik und wurde 1963 Vorsitzender der CSU-Landesgruppe im Deutschen Bundestag.[46] Zentraler Kritikpunkt des Textes war jedoch die Abhängigkeit der Berichterstattung der Presse. Auf die Frage, für welche Zeitung er schreibe, antwortet der *FAZ*-Journalist: »Überparteilich, unabhängig«, woraufhin der Redakteur des *Spiegel* erwidert: »Ach, Sie sind gar nicht von einer Zeitung?«[47] Der Auftritt endet mit den Berichten, die die Pressevertreter nach dem Ende der Sitzung trotz keinerlei stichhaltiger Informationen ihren Redaktionen per Telefon durchgeben. Umständlich sowie ohne erkennbaren politischen Standpunkt und Aussage formuliert der Vertreter der *FAZ* seinen Artikel. Die *Frankfurter Allgemeine Zeitung*, die intellektuell und politisch nicht mehr den Rang der *Frankfurter Zeitung* vor 1933 erreichen konnte, zeichnete sich nach inneren Krisen durch vorsichtigen Journalismus aus,[48] was in Hildebrandts Text satirisch umgesetzt wurde:

»Hat es nun eine Reform der Christ-Demokraten gegeben oder nicht? Stellen wir uns auf den Standpunkt, dass es sie nicht gegeben hat, müssen wir uns fragen: Musste es denn eine geben? Und sind wir der Meinung, dass es eine geben musste, drängt sich einerseits die Frage auf, warum? Und aber andererseits auch die Frage: war-

[45] Hildebrandt, Dieter: Presse unter sich. In: Münchner Lach- und Schießgesellschaft, 10. Programm: Halt die Presse, 1963, S. 2.

[46] In Hildebrandts Text beobachten die Journalisten, wie er kurz den Saal verlässt, um von seinen Parteikollegen »zurückgeholt« zu werden. Da dies nicht geschieht, kommt er letztlich »von selbst« wieder zurück. In: Ebd., S. 3.

[47] Hildebrandt, Dieter: Presse unter sich. In: Münchner Lach- und Schießgesellschaft, 10. Programm: Halt die Presse, 1963, S. 1.

[48] Grosser: Geschichte Deutschlands seit 1945. S. 356.

um nicht? Beide Fragen können wir leicht mit Ja beantworten. Die Bilanz ziehen wir mit Genugtuung. Sie ist also positiv.«[49]

Die tendenziöse Berichterstattung der *Bild-Zeitung*, geprägt von plumpen Behauptungen, unbegründeten Informationen und einem aggressiven Stil mit dem Ziel, kollektive Emotionen hervorzurufen,[50] demonstriert das Resümee Ursula Noacks in ihrer Rolle als Redakteurin der Boulevardzeitung:

»Junger Wein in alten Schläuchen! Im Namen von 5 Millionen Bild-Lesern stellen wir fest: So haut es hin! Vor 5 Tagen haben wir noch an dieser Stelle geschrieben: So haut es nicht hin! Wir müssen und berichtigen: So haut es hin! [...] Da hält der Innenminister einen flammenden Vortrag, bei dem es die ganze Partei von den Stühlen treibt. Das ist Dampf auf die Mühlen von 7 Millionen Bild-Lesern, so will Bild es haben. Recht so, Kameraden! [...]«[51]

Die Schlusspointe formulierte Hildebrandt als *Spiegel*-Journalist. Das Nachrichtenmagazin, dessen Druckauflage 1963 bei 574.000 Exemplaren pro Ausgabe lag,[52] hatte durch das Aufdecken von Skandalen und Widersprüchen den Ruf einer außerkonstitutionellen Institution[53] und galt als Musterbeispiel für Pressefreiheit. Zum Vorwurf gemacht wurden dem *Spiegel* sein Negativismus und das häufige Fehlen konstruktiver Kommentare.[54] Im Gegensatz zu den »Berichten« seiner Kollegen gab Hildebrandt in seiner Rolle nur die knappe Information an die *Spiegel*-Redaktion weiter: »Spiegel?! Ja! – Ich habe Material über Bild.«[55] Das tatsächliche Ergebnis der Generalversammlung ist letztlich für keinen der drei Journalisten von wirklichem Interesse. Statt um investigativen Journalismus geht es ihnen allein um die Fortsetzung der vorgeschriebenen (politischen) Linie der jeweiligen Zeitung, bei der sie beschäftigt sind. Ziel der Satire war die Aufforderung der

49 Hildebrandt, Dieter: Presse unter sich. In: Münchner Lach- und Schießgesellschaft, 10. Programm: Halt die Presse, 1963, S. 4.

50 Grosser: Geschichte Deutschlands seit 1945. S. 357.

51 Hildebrandt, Dieter: Presse unter sich. In: Münchner Lach- und Schießgesellschaft, 10. Programm: Halt die Presse, 1963, S. 5.

52 Grosser: Geschichte Deutschlands seit 1945. S. 358.

53 Ebd., S. 358.

54 Ebd., S. 359.

55 Hildebrandt, Dieter: Presse unter sich. In: Münchner Lach- und Schießgesellschaft, 10. Programm: Halt die Presse, 1963, S. 5.

Zuschauer, die Berichterstattung der Presse kritisch zu hinterfragen und so zu erkennen, wann jene nicht objektiv ist oder nicht auf gründlich recherchierten Informationen basiert.

In der ebenfalls von Hildebrandt stammenden Programmnummer *Die Anzeige* stand er mit Diedrich auf der Bühne. Hier kritisierte Hildebrandt, dass linksorientierte Meinungen in der Presse nicht beachtet würden, sowie die Abhängigkeit der Zeitungen von ihren Inseratenkunden. Gleichzeitig stellt der Text ein Plädoyer für die Meinungsfreiheit dar. Hildebrandt übernahm in der Nummer die Rolle eines Kunden, der bei dem Angestellten einer Zeitung eine Annonce aufgeben möchte. Deren Text soll lauten »Nie wieder Krieg!«,[56] weshalb ihm die Schaltung der Anzeige nicht gestattet wird. Der Angestellte hat Bedenken, die Inserenten damit abzuschrecken.[57] Er weist den Kunden auf den daraus resultierenden »Skandal« in dessen persönlichem Umfeld hin und unterstellt ihm, ein »Kommunist« oder etwas ähnlich »Verbotenes« zu sein.[58] Auf den Vorschlag hin, es mit dem Inserat bei der »Konkurrenzzeitung«[59] zu versuchen, enttarnt sich der Kunde als deren Chefredakteur. Er habe das Bedürfnis gehabt, einmal in einer Zeitung seine Meinung zu äußern, da es ihm schon bei der eigenen nicht gelinge.[60]

Hildebrandt war 1963 einer der ersten, der auf die Abhängigkeit der Presse, die damit einhergehende Einschränkung der Pressefreiheit und die Auswirkung auf die gesellschaftliche Meinungsbildung aufmerksam machte. Bereits ein Jahr vor Erscheinen des Taschenbuchs von Paul Hübner, in dem der Philosoph Karl Jaspers die Frage aufwarf, ob die Gesellschaft »richtig informiert« werde,[61] trat Hildebrandt mit seinen Satiren zum Pressewesen als demokratischer Aufklärer auf. Kritisiert wurde Hildebrandt dafür von der *Bayerischen Staatszeitung*. Der Nummer *Die Anzeige* attes-

56 Hildebrandt, Dieter: Die Anzeige. In: Münchner Lach- und Schießgesellschaft, 10. Programm: Halt die Presse, 1963, S. 3.

57 Ebd., S. 4.

58 Ebd., S. 4.

59 Ebd., S. 4.

60 Ebd., S. 4.

61 Jaspers, Karl: Werden wir richtig informiert? In: Hübner (Hrsg.): Information oder Herrschen die Souffleure? S. 22–34.

tierte sie zwar hinsichtlich der Reaktion des Annoncenleiters auf den Inserierungswunsch »überwältigende[n] Hintersinn«, fügte jedoch hinzu, dass die Schlusspointe zur Meinungsfreiheit »wohl etwas allzu dick aufgetragen« sei.[62] Die *Nürnberger Nachrichten* betonten, die *Lach- und Schießgesellschaft* hätte im Grunde keinen Anlass für Kritik an den Medien, denn alle zehn Programme seien »unzensiert« vom Rundfunk übertragen sowie von den Zeitungen »immer höchst freundlich aufgenommen« worden.[63] Die Schlussfolgerung des Redakteurs lautete, dass es demnach doch nicht »so schlimm« mit der »bundesdeutschen Obrigkeit und den Publikationsorganen« sein könne, wie dies Hildebrandt und Schreiner in ihren Texten dargelegt hätten.[64] Entgegen dieser Meinung sollte drei Jahre später die Schwere der Problematik zum Ausdruck kommen, als die öffentliche Beunruhigung über die Fokussierung der Pressemacht auf einzelne Verlagsunternehmen deutschlandweit zu Unruhen und Protesten der Außerparlamentarischen Opposition führte. *Bild*-Herausgeber Axel Springer, der bei den Tages- und Sonntagszeitungen einen Marktanteil von 38,2 Prozent besaß,[65] wurde zum Feindbild. Seine Marktmacht bei den Publikumszeitschriften baute Springer unter anderem durch den Kauf des Münchner Zeitschriftenverlags Kindler&Schiermeyer im Jahr 1965 aus. Was das Eintreten für die Unabhängigkeit der Presse betrifft, war Hildebrandt in der Bundesrepublik somit ein Vorreiter.

1963 erhielten er und die *Lach- und Schießgesellschaft*, abgesehen von einzelnen Pressestimmen, überwiegend positive Rückmeldungen zu ihrem Programm.[66] Von einer »demokratische[n] Hirnmassage« sprach das *8-Uhr-Blatt*.[67] Die sozialdemokratische Zeitung *Vorwärts*

[62] Bayerische Staatszeitung, 22.3.1963, München, hs: Halt die Presse.

[63] Nürnberger Nachrichten, 21.3.1963, Rode, Heinz: Brettl-Dämmerung an der Isar.

[64] Ebd.

[65] Frei, Norbert: Presse. In: Benz (Hrsg.): Die Bundesrepublik Deutschland, Band 3. S. 303. Der Konzentrationsprozess bei den Tageszeitungen verstärkte sich 1966/1967 durch die Rezession. In: Ebd., S. 302.

[66] In der Augsburger Allgemeinen stand zu lesen, dass der »deutschen ›Freiheit‹« durch die Kabarettisten eine »Gasse« gebahnt worden und Satire zum »Sinnbild« geworden sei. In: Augsburger Allgemeine, 5.4.1963. In: Bayerischer Rundfunk, Presse Echo, 2.5.1963.

[67] 8-Uhr-Blatt, 2.3.1963, r.k.: Demokratische Hirnmassage.

pries die »blitzgescheite[n] und böse[n] Pointen« in Hildebrandts Text *Presse unter sich.*[68] Der *Münchner Merkur* lobte Hildebrandts »studierte Improvisation« und bemerkte, dass seine Leistung »schon einen Abend wert« gewesen sei.[69] Die Zuschauerbeteiligung lag bei der Fernsehübertragung bei 72,4 Prozent, die absolute Zustimmung betrug 96 Prozent.[70] Das zehnte Programm *Halt die Presse*[71] wurde laut *Infratest* von den Zuschauern, ebenso wie bei »fast allen« Programmen zuvor, häufig mit »ausgesprochener Begeisterung«[72] aufgenommen. Man würdigte dessen Schärfe, die »beißende Ironie« und den Mut der Kabarettisten, »die Wahrheit zu sagen«.[73]

VI.3 Die Verfilmung von *Doktor Murkes gesammeltes Schweigen* – »Das war für mich eine einschneidende Sache«

VI.3.1 Das Fernsehen und die Bildung

Das Fernsehen wurde in den 60er-Jahren zum »Allgemeingut«.[74] Anfang des Jahres 1963 besaßen knapp sechs Millionen Haushalte ein Fernsehgerät, bis 1969 betrugen die Zuwachsraten jährlich 1,1 bis 1,4 Millionen Zuschauer.[75] Die öffentlich-rechtlichen Rundfunkanstalten hatten den bis heute geltenden Auftrag erhalten, das Programmangebot an der Trias Information, Bildung und Unterhaltung auszurichten.[76] Viel diskutiert wurde, auf welche Art und Weise Bildung zu vermitteln war.[77] Zu dieser sollten die Zuschauer

68 Vorwärts, 20.3.1963, R.G.: Überaus perfekt.

69 Münchner Merkur, 2.3.1963, Drews, Wolfgang: Halt die Presse!.

70 Bayerischer Rundfunk, Presse Echo, 2.5.1963.

71 Premiere am 28. Februar 1963.

72 Infratest GmbH, München, 27.3.1963, S. 28.

73 Ebd., S. 29.

74 Hickethier: Geschichte des deutschen Fernsehens. S. 200.

75 Ebd. S. 200.

76 Herrmann: Rundfunkrecht. S. 256ff.

77 Angesichts knapper werdender Ressourcen an Studienplätzen und des Lehrermangels wurde Bildungsfernsehen zu einem großen Teil durch Schul- und Universitätssendungen umgesetzt. In: Schneider, Irmela: Passiv und gebildet, aktiv und diszipliniert. Diskurse über das Zuschauen und den Zuschauer. In:

aus Sicht von Programmgestaltern mithilfe des Fernsehens »diszipliniert« werden.[78] Ein kulturell anspruchsvolles Programm zeigten vor allem die *Dritten Programme*, die regionalen Fernsehangebote der Landesrundfunkanstalten.[79] Für den *Hessischen Rundfunk* wurde 1963 die Satire *Doktor Murkes gesammeltes Schweigen* verfilmt.[80] Dabei handelt es sich um eine der zahlreichen Literaturadaptionen, deren Anteil an den Fernsehspielproduktionen der 60er-Jahre durchschnittlich 65,8 Prozent betrug.[81] Hildebrandt schrieb das Drehbuch zu der Erzählung von Heinrich Böll. Das Ziel der Produzenten des Fernsehspiels sei es gewesen, das Publikum zu bilden und den »kulturellen« und »theatralischen Auftrag« wahrzunehmen, so Hildebrandt.[82] 2003 wies er in einem Interview darauf hin, dass sie schlichtweg »ein gutes Fernsehspiel« machen wollten, was damals, im Vergleich zum heutigen Fernsehen, »auf jeden Fall besser« gewesen sei.[83] Nachdem das Fernsehspiel als neue Kunstform und »literarisch-mediale Vermittlungsinstanz«[84] Anfang der 50er-Jahre entstanden war, erlebte es im darauffolgenden Jahrzehnt quantitativ und, angesichts der Entwicklung inno-

Schneider, Irmela/Hahn, Torsten/Bartz, Christina (Hrsg.): Medienkultur der 60er Jahre. Diskursgeschichte der Medien nach 1945. Band 2. Wiesbaden: Westdeutscher Verlag, 2003, S. 83.

78 Ebd., S. 84.

79 Hickethier: Geschichte des deutschen Fernsehens. S. 225ff.

80 Süddeutsche Zeitung, 22.7.1985, K.W.: Die Hierarchen und das höhere Wesen – Bölls Zensur-Satire »Dr. Murkes gesammeltes Schweigen«.

81 In den 50er-Jahren waren es noch 81,4 Prozent. Vgl.: Hickethier, Knut: Das Fernsehspiel. In: Fischer, Ludwig (Hrsg.): Literatur in der Bundesrepublik Deutschland bis 1967. München: Hanser Verlag, 1986, S. 586. Gründe für die anhaltende Dominanz der Literaturadaptionen stellten die geringen Honorare für die Autoren und ihre fehlende Kenntnis der Fernsehspielproduktion dar. Darüber hinaus war unter den kulturellen Eliten eine fernsehfeindliche Einstellung gegenüber dem Medium Fernsehen auch in den 60er-Jahren noch verbreitet. Vgl. ebd., S. 587. Vgl. dazu auch: Hickethier: Geschichte des deutschen Fernsehens. S. 225.

82 Kullmann, Monika: Interview mit Dieter Hildebrandt. In: Böll, Heinrich: Doktor Murkes gesammeltes Schweigen/Doktor Murkes gesammelte Nachrufe. Drehbuch: Dieter Hildebrandt. Regie: Rolf Hädrich. Frankfurt: hrMEDIA, 2003. DVD.

83 Ebd.

84 Hickethier: Das Fernsehspiel. In: Fischer (Hrsg.): Literatur in der Bundesrepublik Deutschland bis 1967. S. 585.

vativer ästhetischer Formen, auch qualitativ seine »Blütezeit«.[85]

Im Programmheft zum elften Programm der *Lach- und Schießgesellschaft* kommentierten Hildebrandts Kollegen seine Tätigkeit als Drehbuchautor ironisch. Hildebrandt werde wegen seiner Bearbeitung der Böllschen Erzählung aus dem Jahr 1955[86] von der »deutsche[n] Feuilletonjustiz« unter dem »dringenden Verdacht einer schweren Autorenmißhandlung« gesucht. Heinrich Böll sehe jedoch seiner »baldigen Genesung« entgegen.[87] In Wahrheit setzte Hildebrandt als Drehbuchschreiber und Hauptdarsteller die Erzählung Bölls erfolgreich und den Wünschen des Autors entsprechend um.

VI.3.2 Hildebrandt als Drehbuchschreiber und Hauptdarsteller

Das Nachrichtenmagazin *Spiegel* rechnete die Satire *Doktor Murkes gesammeltes Schweigen* 1961 zu einer der besten Arbeiten Bölls.[88] Hildebrandt bezeichnete sie als die »schönste Geschichte«, die jemals »über die inneren Verhältnisse eines Rundfunksenders« geschrieben worden sei.[89] Wie er berichtete, hatte Böll nach selbstkritischer Bewertung seiner Fähigkeiten als Verfasser von Dialogen abgelehnt, das Drehbuch selbst zu entwerfen.[90] Bölls Theaterstück *Ein Schluck Erde* hatte 1961 am Düsseldorfer Schauspielhaus beim Publikum keinen Erfolg erzielt und war nach drei Vorstellungen wieder abgesetzt worden.[91] Die mit der Produktion von *Doktor Murkes gesammeltes Schweigen* beauftragte Fernseh-

85 Hickethier: Geschichte des deutschen Fernsehens. S. 242. Durch die veränderten Produktionsmittel (Film, MAZ) verdrängten die filmischen die Live-Produktionen der 50er-Jahre und die naturalistisch-realistische Spielweise setzte sich nach einer Phase bewusster ästhetischer Stilisierung der Darstellung durch. Vgl.: Hickethier: Das Fernsehspiel. In: Fischer (Hrsg.): Literatur in der Bundesrepublik Deutschland bis 1967. S. 589.

86 Vgl. Böll, Viktor/Schubert, Jochen: Heinrich Böll. München: dtv, 2002, S. 95.

87 Münchner Lach- und Schießgesellschaft, 11. Programm: Krisen-Slalom, 1964, Programmheft, S. 12.

88 Der Spiegel, Nr. 50, 6.12.1961, anonym: »Böll – Brot und Boden«, S. 78.

89 Kullmann: Interview mit Dieter Hildebrandt. In: Böll: Doktor Murkes gesammeltes Schweigen/Doktor Murkes gesammelte Nachrufe. DVD.

90 Ebd.

91 Böll/Schubert: Heinrich Böll. S. 100.

firma wandte sich nach Absprache mit Böll an Hildebrandt.[92] Er sollte für das Drehbuch zuständig sein und darüber hinaus die Hauptrolle des Doktor Murke übernehmen. Hildebrandt achtete den Schriftsteller Böll, der für ihn neben Grass und Lenz »natürlich der größte Dichter aller Zeiten« war.[93] Das Projekt war für Hildebrandt eine »einschneidende Sache« und der »Beginn einer anderen Dimension«.[94] Die Vorlage des Drehbuchs bei Heinrich Böll empfand er wie die (erfolgreiche) Präsentation einer »Klassenarbeit« bei einem »Studienrat«:[95] Bei einer Besprechung im Frankfurter Sender[96] hatte er Böll den Entwurf zu lesen gegeben und seine Zustimmung erhalten.

Die Regie der knapp 45-minütigen Fernsehproduktion führte 1963 Rolf Hädrich. Der Rundfunk setzte sich darin mit sich selbst auseinander, Dokumentation und Fiktion wurden miteinander verbunden.[97] Im Jahr 1964 zeichnete das Internationale Fernseh-Festival in Cannes das Fernsehspiel mit dem Grand Prix aus.[98] Die Kritiker überzeugte es »durch witzige Wortspielereien, durch Situationskomik, durch die feine Ironie und die satirische Brechung des Zensur-Begriffs«.[99] Hildebrandt zeigte sich stolz, da die Jury angemerkt habe, dass die Deutschen mit dem Film erstmals »einen Akt von Selbstkritik« ablieferten.[100] Seine schauspielerische Leistung bewertete er kritisch, seine Rolle empfand er als »falsch besetzt«.[101] Dennoch sagte er zu, 1964 in der Fortsetzung *Doktor Murkes gesammelte Nachrufe*, Bölls erstem originärem

[92] Hildebrandt/Schroeder: Ich musste immer lachen. S. 212.

[93] Kullmann: Interview mit Dieter Hildebrandt. In: Böll: Doktor Murkes gesammeltes Schweigen/Doktor Murkes gesammelte Nachrufe. DVD.

[94] Ebd.

[95] Ebd.

[96] Hildebrandt/Schroeder: Ich musste immer lachen. S. 212.

[97] Hickethier: Geschichte des deutschen Fernsehens. S. 249f.

[98] Grand Prix für die beste Regie. In: Süddeutsche Zeitung, 22.7.1985, K.W.: Die Hierarchen und das höhere Wesen – Bölls Zensur-Satire »Dr. Murkes gesammeltes Schweigen«. Vgl. auch: Hannoversche Allgemeine, w/r: Gott geschnitten – »Doktor Murkes gesammeltes Schweigen«, 22.7.1985.

[99] Süddeutsche Zeitung, 22.7.1985, K.W.: Die Hierarchen und das höhere Wesen – Bölls Zensur-Satire »Dr. Murkes gesammeltes Schweigen«.

[100] Hildebrandt/Schroeder: Ich musste immer lachen. S. 214.

[101] Ebd. Vgl. dazu: Abendzeitung, 22.7.1985, K.W.: Hildebrandt als Dr. Murke.

Fernsehspiel,[102] erneut die Rolle des Rundfunkmitarbeiters Murke zu übernehmen und gemeinsam mit Rolf Hädrich das Drehbuch zu schreiben. Es gelang jedoch nicht, an den Erfolg von *Doktor Murkes gesammeltes Schweigen* anzuknüpfen.[103]

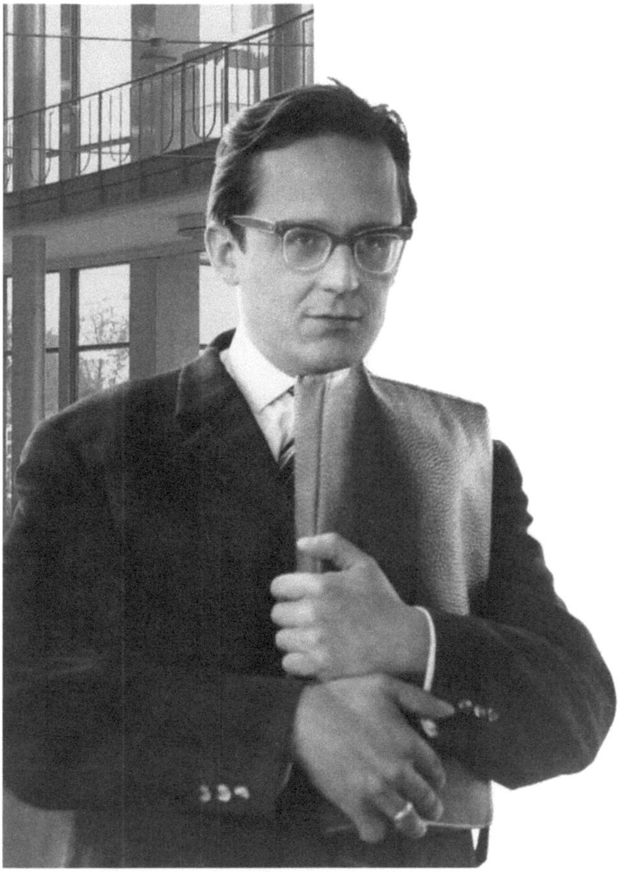

Dieter Hildebrandt als Doktor Murke, 1963.

[102] Der Spiegel, Nr. 40, 29.9.1965, anonym: Fall X, I. Böll-Fernsehspiel, S. 147f.
[103] Kullmann: Interview mit Dieter Hildebrandt. In: Böll: Doktor Murkes gesammeltes Schweigen/Doktor Murkes gesammelte Nachrufe. DVD.

VI.3.3 Der Moralist Heinrich Böll

Wie Hildebrandt begriff auch der 1917 in Köln geborene Schriftsteller und Zeitkritiker Böll das Ende des Zweiten Weltkriegs als »Stunde Null«, sah sich jedoch enttäuscht, als der Neuanfang in der Ära Adenauer ausblieb. Für Böll waren die Wiederaufrüstung und, wie er selbst sagte, der »sehr gnädig[e]« Umgang »mit alten Nazis und regelrechten Kriegsverbrechern«, Anlass für die Entwicklung und Verschärfung seines politischen Engagements.[104] Seine humanistische Grundhaltung sowie seine Hoffnung, dass sich in der Bundesrepublik, auch mithilfe seiner Literatur, eine demokratische, mitmenschliche Kultur entwickeln könne, motivierten ihn zu seiner Arbeit.[105] Indem er seinen politischen Standpunkt in seinem schriftstellerischen Werk zum Ausdruck brachte, entwickelte er sich zu einem Sprachrohr der gesellschaftlichen Außenseiter und wurde zu einer moralischen Instanz.[106] Das politische Tagesgeschehen rückte ab Ende der 1960er-Jahre verstärkt in das Blickfeld des Autors. Er trat als unbestechlicher Kritiker auf, der sich ausschließlich gegenüber seinem Gewissen zu verantworten hat, und führte der Gesellschaft ihre Fehler vor Augen.[107] Das Individuum verteidigte Böll gegen jegliche Form institutionalisierter Machtausübung vonseiten des Staates. Er begriff sich selbst als Gegenspieler der Machtinhaber sowie als Anwalt der Schwachen.[108] Böll setzte der Vernunft der politischen Macht eine »poetische Vernunft« entgegen.[109] Sein individuelles Engagement basierte, im Gegensatz zu Grass und dessen Einsatz für die SPD, nicht auf seiner Identifizierung mit einer Partei.[110] Böll präferierte den »Stand des Ungedeckten und Einsamen« gegenüber dem »jubelnden Einverständnis«, wie Theodor W. Adorno feststellte.[111]

[104] Böll/Schubert: Heinrich Böll. S. 88.

[105] Vormweg, Heinrich: Der andere Deutsche. Heinrich Böll. Eine Biographie. Köln: Kiepenheuer & Witsch, 2002, S. 23f.

[106] Müller: Die literarische Republik. S. 269.

[107] Ebd., S. 269.

[108] Ebd., S. 276.

[109] Ebd., S. 276f.

[110] Ebd., S. 280.

[111] Adorno, Theodor W.: Keine Würdigung. In: Reich-Ranicki, Marcel: In Sachen Böll – Ansichten und Einsichten. München: dtv, 1971, S. 7.

In den 50er-Jahren veröffentlichte Böll mehr als fünfzig Erzählungen und Kurzgeschichten, darunter die Satire *Doktor Murkes gesammeltes Schweigen* (1955) sowie die Romane *Wo warst du, Adam?* (1951), *Und sagte kein einziges Wort* (1953), *Haus ohne Hüter* (1954), *Das Brot der frühen Jahre* (1955) und *Billard um halb zehn* (1959).[112] Von 1956 an trat Böll für politische Protestresolutionen ein, hielt öffentliche Ansprachen und nahm an Debatten politischer Gruppen teil.[113] Er zählte zum *Grünwalder Kreis*, den Hans Werner Richter im Februar 1956 als politisches Gegenstück zur literarischen *Gruppe 47* gegründet hatte. Richter verfolgte damit das Ziel, den restaurativen Tendenzen und der in den 50er-Jahren vorherrschenden Abseitsstellung der kritischen Intelligenz gegenüber dem politischen Geschehen entgegenzuwirken.[114] In Grünwald bei München verständigten sich Böll und etwa 50 weitere Schriftsteller, Politiker aus unterschiedlichen Parteien, Wissenschaftler und Publizisten über den Schutz der Demokratie vor rechtem wie linkem Totalitarismus.[115]

Böll und Hildebrandt galten in der Ära Adenauer beide als kritische Beobachter der politischen Macht. Als Humanisten, Moralisten und Anwälte der »kleinen Leute« setzten sie sich für eine freiheitlich-demokratische Ordnung ein. Ihre Meinung äußerten sie parteiunabhängig und provokativ,[116] ohne Rücksicht auf mögliche Konsequenzen. Hildebrandt bot sich deshalb 1963 bei der Suche nach einem Drehbuchautor und Hauptdarsteller für die Verfilmung einer Böllschen Satire an, um den literarischen Stoff nach Wunsch des Schriftstellers umzusetzen. Mit seiner intellektuellen Erscheinung entsprach Hildebrandt nicht nur optisch dem Akademiker Murke in der Erzählung,[117] sondern verlieh durch seine kabarettistische Nonkonformität der Figur des Widerständlers Authentizität.

[112] Vormweg: Der andere Deutsche. S. 234.
[113] Böll/Schubert: Heinrich Böll. S. 91.
[114] Müller: Die literarische Republik. S. 62.
[115] Böll/Schubert: Heinrich Böll. S. 91f.
[116] Vgl. Müller: Die literarische Republik. S. 279.
[117] Murke wird darin von dem Intendanten als »intellektuelle Bestie« empfunden. S.: Böll, Heinrich: Doktor Murkes gesammeltes Schweigen. Köln: Kiepenheuer & Witsch, 2000, S. 12.

VI.3.4 Inhalt der Satire

Der Protagonist der Erzählung *Doktor Murkes gesammeltes Schweigen* ist ein »jung[er], intelligent[er] und liebenswürdig[er]«[118] Mitarbeiter der Abteilung Kulturwort einer Rundfunkanstalt. Auf Wunsch des Intendanten soll er Korrekturen an zwei[119] auf Band aufgezeichneten Vorträgen, die das Wesen der Kunst zum Thema haben, vornehmen. Diese wurden von dem Kultur-Manager Bur-Malottke verfasst, der als Autor »zahlreiche[r] Bücher essayistisch-philosophisch-religiös-kulturgeschichtlichen Inhalts«[120], Redakteur von »drei Zeitschriften und zwei Zeitungen«[121] und »Cheflektor des größten Verlages«[122] der Star unter den Kommentatoren des Senders ist. Bur-Malottke wendet sich mit der Bitte an den Intendanten, das Wort »Gott«, das mehrfach in seinen beiden Reden vorkommt, durch die Formel »jenes höhere Wesen, das wir verehren« zu ersetzen.[123] Seinen Entschluss begründet er mit »religiöse[n] Bedenken«, die er »über Nacht« bekommen und aufgrund derer er sich auf einmal »angeklagt gefühlt« habe, eine Mitschuld an der »religiösen Überlagerung des Rundfunks« zu besitzen.[124] Der Leser erfährt, dass Bur-Malottke »in der religiösen Begeisterung des Jahres 1945« konvertierte und die neu gewählte Formulierung mehr der »Mentalität« entspricht, die er »vor 1945« besaß.[125] Murke soll »Gott« aus den fertigen Tonaufnahmen herausschneiden und durch die Umschreibung des Kultur-Managers ersetzen. Als Tonbandschnipsel findet Bur-Malottkes »Gott« in einer anderen Sendung als Antwort auf die Frage eines Atheisten, auf die zuerst nur Schweigen vorgesehen war, Verwendung.[126] Was übrig bleibt, sind Schnipsel mit reinem Schweigen, die von Murke mit Leidenschaft gesammelt werden.

[118] Böll: Doktor Murkes gesammeltes Schweigen. S. 10.
[119] Ebd., S. 10.
[120] Ebd., S. 11.
[121] Ebd., S. 11.
[122] Ebd., S. 11.
[123] Ebd., S. 11.
[124] Ebd., S. 10f.
[125] Ebd., S. 10f.
[126] Ebd., S. 38ff.

VI.3.5 Interpretationsansätze

Im Mittelpunkt der Satire steht ein mehrmaliger Tausch.[127] Eine Basis für Vertrauen existiert nicht, da Meinungen geändert und getroffene Entscheidungen rückgängig gemacht werden.[128] Indem Bur-Malottke von seinen bereits aufgezeichneten Vorträgen und damit von Gott, der durch das Herausschneiden der Tonbandschnipsel zu einer sinnleeren Floskel degradiert wird,[129] Abstand nimmt, personifiziert er die Anpassung. Diese setzt ihn mit dem vermeintlich atheistischen Hörspielautor gleich, der diese Tonbandschnipsel erneut verwendet.[130] Durch seinen Hochmut und seine Prahlerei, hinter der sich nichts weiter als hohle Phrasen verbergen, wird Bur-Malottke als Zeiterscheinung entlarvt, die sich vorbehaltlos dem gesellschaftlichen Wandel ergibt.[131] Er ergibt sich vorbehaltlos dem gesellschaftlichen Wandel. Der Intendant als Repräsentant des Funkhauses sichert dem Kultur-Manager angesichts dessen Machtposition ohne Umschweife zu, die Änderungen zu veranlassen. Die Bedenken, die ihm »Schweißtropfen auf [die] Stirn«[132] treiben, sind nicht theologischer Art. Vielmehr beunruhigt ihn die zusätzliche Arbeit.[133] Auch der Rundfunk ist folglich dazu bereit, sich bedingungslos und umgehend neuen Entwicklungen anzupassen.[134]

[127] Zimmer, Dieter E.: Doktor Murkes gesammeltes Schweigen. In: Reich-Ranicki, Marcel: In Sachen Böll. Ansichten und Einsichten. München: dtv, 1977, S. 206.

[128] Ebd., S. 207.

[129] Friedrichsmeyer, Erhard: »Doktor Murkes gesammeltes Schweigen«: Paradigmatische Linien. In: Friedrichsmeyer, Erhard: Die satirische Kurzprosa Heinrich Bölls. The University of North Carolina Press, 1981, S. 9.

[130] Zimmermann, Werner: Heinrich Böll, Doktor Murkes gesammeltes Schweigen. In: Zimmermann, Werner: Deutsche Prosadichtungen unseres Jahrhunderts. Interpretationen für Lehrende und Lernende. Band 2. Düsseldorf: Pädagogischer Verlag Schwann, 1970, S. 246f.

[131] Friedrichsmeyer: »Doktor Murkes gesammeltes Schweigen«. In: Friedrichsmeyer: Die satirische Kurzprosa Heinrich Bölls. S. 9.

[132] Böll: Doktor Murkes gesammeltes Schweigen. S. 31.

[133] »Der Intendant schwieg, hüstelte nur leicht, und kleine, sehr helle Schweißtröpfchen zeigten sich auf seiner Stirn: es fiel ihm ein, daß Bur-Malottke seit 1945 jeden Monat mindestens eine Stunde gesprochen hatte, und er rechnete flink, während Bur-Malottke weitersprach: zwölf Stunden mal zehn waren einhundertzwanzig Stunden gesprochenen Bur-Malottkes.« In: Ebd., S. 30.

[134] Zimmermann: Heinrich Böll, Doktor Murkes gesammeltes Schweigen. In: Zimmermann: Deutsche Prosadichtungen unseres Jahrhunderts. S. 247.

Im Machtgefüge des Funkhauses wird ausschließlich zwischen herrschenden Führungspersonen und unterlegenen Mitarbeitern unterschieden. An der Spitze der Hierarchie befindet sich das Publikum.[135] Demgegenüber bilden das Menschliche und Göttliche eine »Gegen-Hierarchie«[136], personifiziert durch die Kantinenkellnerin Wulla, Murkes Freundin Rina und seine Mutter. Sie schenkt Murke ein Herz-Jesu-Bild mit der Aufschrift: »Ich betete für Dich in Sankt Jacobi.«[137]

VI.3.6 Hildebrandts Drehbuch

VI.3.6.1 Die restaurativen Tendenzen im Rundfunkbetrieb

In den 60er-Jahren setzte sich das Fernsehen kritisch mit den aktuellen gesellschaftlichen Gegebenheiten in der Bundesrepublik[138] und, nach dem Eichmann-Prozess in Jerusalem und dem Auschwitz-Prozess in Frankfurt, mit der nationalsozialistischen Vergangenheit auseinander.[139] In die Reihe der politisierenden Fernsehproduktio-

[135] Friedrichsmeyer: »Doktor Murkes gesammeltes Schweigen«. In: Friedrichsmeyer: Die satirische Kurzprosa Heinrich Bölls. S. 11.

[136] Ebd., S. 11.

[137] Böll: Doktor Murkes gesammeltes Schweigen. S. 20.

[138] Unter Egon Monk, dem Leiter der Hauptabteilung Fernsehspiel des NDR und führendem Vertreter des Fernsehspiels der 60er-Jahre, sollte Fernsehen zwischen 1960 und 1968 eine moralische Institution sein und Aufklärung bieten. Vgl.: Hickethier: Geschichte des deutschen Fernsehens. S. 242. Satiren über das deutsche Wirtschaftswunder waren die Fernsehspiele von Horst Lommer und Peter Beauvais, die für den NDR von 1962 bis 1967 jährlich eines inszenierten. Vgl.: Hickethier, Knut: Das Fernsehspiel. In: Fischer, Ludwig (Hrsg.): Literatur in der Bundesrepublik Deutschland bis 1967. München: Hanser Verlag, 1986, S. 594.

[139] Hickethier: Geschichte des deutschen Fernsehens. S. 244f. Darin: »Mit ganz unterschiedlichen Stücken wie beispielsweise ›Geliebt in Rom‹ (BR 1963) oder ›Die Geschichte des Joel Brand‹ (WDR 1964), ›Die Gegenprobe‹ (RB 1965) und ›Über den Gehorsam‹ (NDR 1968) wurde versucht, die Frage nach der Schuld, nach Verfolgung und Widerstand auszuloten und den Zuschauern nahezubringen. [...] Das Fernsehspiel arbeitete [...] immer wieder gegen das Verdrängen und Vergessen der deutschen Vergangenheit an. Ob es ihm im Rahmen des Angebotsflusses ganz unterschiedlicher Erzählungen und Darstellungen tatsächlich gelang, kann vielleicht bezweifelt werden, zumindest hielt das Fernsehspiel damit die Frage nach den unbewältigten Problemen offen, indem es immer wieder die Erinnerung daran aufrührte.«

nen ist auch *Doktor Murkes gesammeltes Schweigen* einzuordnen. Hildebrandt richtete mit seinem Drehbuch den Fokus auf die Kritik an der Restauration. 2003 schilderte er in einem Interview aus seiner Sicht die Intention Bölls hinter der 1958 veröffentlichten Satire:

»Es war der falsche Anfang. [...] Er [Böll] sieht diese Adenauer-Administration; er sieht die nicht vorhandene Entnazifizierung [...]; überall sieht er die alten Nationalsozialisten Orden bekommen und ausgezeichnet werden; er sieht die ganze Industrie voller ehemaliger Nazi-Bonzen und SS-Führer – und das ist das Anliegen in diesem Stück.«[140]

Die restaurativen Tendenzen spiegeln sich in Hildebrandts Drehbuch in allen Hierarchieebenen des Rundfunksenders wie auch in der Zuhörerschaft wider. Auf die Nazivergangenheit der Vorgesetzten spielte er mit dem Hinweis an, dass Bur-Malottke, dargestellt von Robert Meyn, und Murkes Vorgesetzter Humkoke sich »seit 39« und damit seit Kriegsbeginn kennen.[141] Weiterhin wird der Zuschauer Zeuge eines Gesprächs von Rundfunkmitarbeiterinnen, bei welchen es sich anscheinend um Sekretärinnen handelt, bei Tisch. Sie kritisieren die mangelhaften Führungskompetenzen junger Vorgesetzter. Das deutet darauf hin, dass moderne demokratische Firmenstrukturen von den Angestellten abgelehnt werden. Ihr Ideal ist eine klare hierarchische Ordnung im Berufsalltag. Eine Kollegin merkt an, dass sie mit ihrem Chef, der »von der alten Garde«[142] sei, Glück gehabt habe. In einer anderen Szene wird der gesellschaftliche Unwille zur Auseinandersetzung mit der nationalsozialistischen Vergangenheit deutlich, als der Intendant, gespielt von Dieter Borsche, einen Beschwerdebrief eines Hörers liest. Dieser kritisiert darin eine geplante Sendung zur deutschen Geschichte mit dem Titel *War Deutschland je ein Reich?*. In dem Brief heißt es, der Rundfunk solle sich »schämen«, über dieses Thema eine Sendung vorzubereiten.[143] Der Kommentar erweckt den Eindruck, als beklage sich der Hörer über die Vertuschung der nationalsozialistischen Vergangenheit durch die Pro-

[140] Kullmann: Interview mit Dieter Hildebrandt. In: Böll: Doktor Murkes gesammeltes Schweigen/Doktor Murkes gesammelte Nachrufe. DVD.
[141] Böll: Doktor Murkes gesammeltes Schweigen. DVD.
[142] Ebd.
[143] Ebd.

grammmacher. Um sich in die Tradition des Heiligen Römischen Reichs Deutscher Nation von 962 bis 1806 und des Deutschen Kaiserreichs von 1871 bis 1918 zu stellen, hatten die Nationalsozialisten 1933 ihren Staat propagandistisch Drittes Reich genannt.[144] Am Ende dieser Szene enttarnt sich der Hörer jedoch als »aufrechter Deutscher«, der seinerseits keine Infragestellung duldet:

> *»[Intendant liest für sich] [...] Allein die Unverfrorenheit, mit der es jemand unternimmt, diese Frage zu stellen, und der Zynismus, der in der Absicht, diese Sendung zu machen, schon enthalten ist, lässt mich und viele aufrechte Deutsche ...*
> *[Die Sekretärin des Intendanten und Bur-Malottke treten ins Zimmer.]*
> *Bur-Malottke [tritt ein]: So, da bin ich wieder.«*[145]

Dass Bur-Malottke als komisches Element gerade an dieser Stelle im Büro des Intendanten erscheint, als hätte er auf sein Stichwort gewartet, verweist auf seine Nazivergangenheit. Hildebrandt wich in der Szene von der Vorlage Bölls ab und gestaltete die Botschaft und die Kritik an den restaurativen Tendenzen offenkundiger als in der Erzählung. Dort beschwert sich eine Dame über die »Vernachlässigung« der »Hundeseele« im Rundfunk und betont, dass Hitler trotz seiner »Nachteile« ein »Herz für Hunde« gehabt habe,[146] wodurch Böll satirisch die Verharmlosung und Beschönigung der Naziverbrechen unterstrich.

VI.3.6.2. Murkes passiver Widerstand

Hildebrandt nahm in sein Drehbuch Bölls Schilderung der allmorgendlichen Fahrt Murkes im Paternoster des Rundfunkhauses auf,[147] welcher den Auf- und Abstieg im dortigen Herrschaftssys-

[144] Bereits 1923 hatte der konservative Autor Arthur Moeller van den Bruck in seinem gleichnamigen Buch ein Drittes Reich beschrieben, das an die beiden Vorgängersysteme anknüpfen sollte.

[145] Böll: Doktor Murkes gesammeltes Schweigen. DVD.

[146] »Hitler hatte bestimmt seine Nachteile: wenn man alles glauben kann, was man so hört, war er ein garstiger Mensch, aber eins hatt' er: er hatte ein Herz für Hunde und tat etwas für sie. Wann kommt der Hund endlich im deutschen Rundfunk wieder zu seinem Recht?« In: Böll: Doktor Murkes gesammeltes Schweigen. S. 26f.

[147] Ebd., S. 9f.

tem symbolisiert.[148] Als Nervenkitzel fährt Murke zuerst mit dem Aufzug ganz nach oben, zur »einzige[n] unverputzte[n] Stelle des Funkhauses«,[149] wie in Bölls Erzählung angemerkt wird. Im übertragenen Sinn erreicht Murke so den Höhepunkt der Macht, an dem die Einsamkeit am größten ist.[150] Dass darauf sogleich sein Abstieg folgen wird, symbolisiert das anschließende Abwärtsfahren des Paternosters. Die letztendliche Niederlage Murkes, der dem Mechanismus des Senders als dessen Angestellter unterworfen ist, wird hier vorweggenommen.[151] Murke spielt an anderer Stelle des Films noch einmal auf sein tägliches Ritual an. Als Murkes Chef Humkoke zum Intendanten zitiert wird, um die Aufgabe zu erhalten, Bur-Malottkes Rede zu bearbeiten, kommentiert dies Murke mit den Worten: »Was dem einen sein Paternoster, ist dem anderen sein Intendant.«[152] Beide holen jene, die im Aufstieg begriffen sind, wieder »zurück auf den Boden«.

Im Gegensatz zu Bölls Satire beginnt Hildebrandts Fernsehspiel nicht mit der Szene im Aufzug, sondern mit Murkes Gedanken auf seinem Arbeitsweg. Der Zuschauer erhält hier einen Einblick in die Gefühlswelt des »kleinen Mannes«. Murke, der die hierarchischen Strukturen des Funkhauses und dessen Scheinprofessionalität durchblickt,[153] legt die Strecke ins Büro mit dem Fahrrad zurück, wodurch sein niedriger Status im Sender zum Ausdruck gebracht wird. In Hildebrandts Anfangsszene reflektiert er im Stillen seine Rolle als Rundfunkangestellter und überlegt, ob er sich an diesem Tag krank melden soll. Daran hindern ihn letztlich sein Pflichtbewusstsein und die Angst vor dem Verlust seines Arbeitsplatzes.[154] Die willkürlich erscheinenden Richtlinien des

[148] Friedrichsmeyer: »Doktor Murkes gesammeltes Schweigen«. In: Friedrichsmeyer: Die satirische Kurzprosa Heinrich Bölls. S. 15.

[149] Böll: Doktor Murkes gesammeltes Schweigen. S. 9.

[150] Friedrichsmeyer: »Doktor Murkes gesammeltes Schweigen«. In: Friedrichsmeyer: Die satirische Kurzprosa Heinrich Bölls. S. 15.

[151] Ebd., S. 15.

[152] Böll: Doktor Murkes gesammeltes Schweigen. DVD.

[153] Vgl. Friedrichsmeyer: »Doktor Murkes gesammeltes Schweigen«. In: Friedrichsmeyer: Die satirische Kurzprosa Heinrich Bölls. S. 12.

[154] Böll: Doktor Murkes gesammeltes Schweigen. DVD. Darin: »Am liebsten würde ich jetzt umdrehen und mich krank melden. Ja, wenn einen nur nicht immer der Glaube an die eigene Unentbehrlichkeit an den gesündesten Ent-

Rundfunkhauses spiegeln sich für Murke bereits an dessen Eingang wider. Das wird durch seinen Hinweis auf die auf den ersten Blick banal erscheinende Tatsache deutlich, dass die Angestellten prinzipiell den Osteingang nicht benutzen dürfen, obgleich dieser der kürzeste Weg zu den Büros ist.[155]

Das Rundfunkhaus versinnbildlicht eine inhumane Gesellschaft, in der das Individuum bedeutungslos ist. Selbstvertrauen, von Murke ironisch als »Selbstüberschätzung«[156] bezeichnet, wird den einzelnen Mitarbeitern beim Gang durch die endlos wirkenden Flure des Rundfunkhauses und angesichts der zahlreichen Büros genommen. Man begreife schnell, dass man zu dem ganzen »Salat«, der dort fabriziert werde, »höchstenfalls das Würstchen« ist, so Hildebrandt alias Doktor Murke.[157] Hildebrandts Einfluss auf das Drehbuch wird an dieser Stelle durch die Verwendung von Assoziationen ersichtlich, die für seine Satire typisch ist. Sein Wörtlichnehmen von Wortinhalten, das die eigentliche Botschaft zwischen den Zeilen vermittelt, zeigt sich zu Beginn des Films in einer weiteren Szene, in der Hildebrandt von der literarischen Vorlage abwich. Als Murke das Rundfunkhaus betritt, soll er sich am Empfang als Mitarbeiter des Hauses ausweisen. Auf die Äußerung des Pförtners, dass schließlich jeder sagen könne, dass er hier arbeite, gibt Murke die doppeldeutige Antwort: »Nein, das kann hier nicht jeder sagen.« Die Bemerkung stellt sich im späteren Handlungsverlauf als vorgegriffener Hinweis auf die mangelhafte Arbeitsmoral Bur-Malottkes heraus.[158]

Dass die schlechten Vorahnungen, die Murke an diesem Morgen hat, in Zusammenhang mit seinem ausnahmsweise pünktlichen Erscheinen im Büro und damit seiner Anpassung an das System

schlüssen hindern würde. Oder ist es vielleicht die Angst, dass sich die Entbehrlichkeit herausstellt?«

155 Ebd. Darin: »Ja, da drüben ist mein Büro. Ich könnte ja .... ja, ich kann aber nicht. Da ist zwar ein Eingang, aber ein Osteingang. Und da darf keiner rein, weil ... weil eben keiner rein darf.«

156 Ebd.

157 Ebd.

158 Ebd. Darin: »Pförtner: Hallo, Sie! Wohin wollen Sie denn? Murke: Ich arbeite hier. Pförtner: Das kann jeder sagen. Murke: Nein, das kann hier nicht jeder sagen. Pförtner: Seit wann wollen Sie denn hier arbeiten? Murke: Das ist wieder eine ganz andere Frage.«

des Rundfunkhauses stehen, unterstreicht Bölls und Hildebrandts Darstellung Murkes als »Typ des kleinen Diversanten«.[159] Er verkörpert den passiven, sich versteckt äußernden Widerstand.[160] Dieser manifestiert sich in Murkes Provokationen gegenüber Bur-Malottke, dem mächtigsten Mann im Funkhaus. Mit Hinweis auf *den* »kasuale[n] Bezug« bittet Murke Bur-Malottke, die Formel »jenes höhere Wesen, das wir verehren« bei der Aufzeichnung im Tonstudio fünfunddreißig Mal statt der benötigten siebenundzwanzig Mal zu sprechen, um »beim Kleben« eine »gewisse Reserve« zu haben.[161] Mit der Begründung, das Tonband sei defekt, lässt er ihn die Nominative wiederholen. Den Affront treibt Murke beim Vokativ auf den Höhepunkt, als er den verärgerten Bur-Malottke, der bereits im Verlassen des Studios begriffen ist, noch einmal zurückruft, um ihn jenen erneut sprechen zu lassen.[162] Murke hat damit für sich einen Weg des Widerstands gegen das unumstößliche System[163] gefunden und etabliert sich als »Störfaktor«,[164] was ihn dem Leser und Zuschauer sympathisch macht. Er enttarnt die Insuffizienz des Rundfunkbetriebs, der es versäumt, seine eigentliche Aufgabe, die Bildungsfunktion für die Gesellschaft, wahrzunehmen.[165] Murkes Protest geschieht im Verborgenen oder aus dem Hinterhalt. In den Tonbandschnipseln manifestiert sich sein wortloser Widerstand gegenüber den herrschenden Verhältnissen im Rundfunkhaus. Angesichts der dortigen unerträglichen Gegebenheiten ist die Art und Weise von Murkes Aufbegehren

159 Zimmer: Doktor Murkes gesammeltes Schweigen. In: Reich-Ranicki: In Sachen Böll. S. 208.

160 Ebd., S. 209.

161 Böll: Doktor Murkes gesammeltes Schweigen. S. 14.

162 »›Herr Professor, Sie haben den Vokativ vergessen.‹ Bur-Malottke warf ihm einen hasserfüllten Blick zu und sprach ins Mikrofon: ›O du höheres Wesen, das wir verehren!‹ Als er hinausgehen wollte, rief ihn abermals Murkes Stimme zurück. Murke sagte: ›Verzeihen Sie, Herr Professor, aber in dieser Weise gesprochen, ist der Satz unbrauchbar.‹ ›Um Gottes willen‹, flüsterte ihm der Techniker zu, ›übertreiben Sie's nicht.‹« In: Ebd., S. 18.

163 Zimmermann: Heinrich Böll, Doktor Murkes gesammeltes Schweigen. In: Zimmermann: Deutsche Prosadichtungen unseres Jahrhunderts. S. 243.

164 Zimmer: Doktor Murkes gesammeltes Schweigen. In: Reich-Ranicki: In Sachen Böll. S. 208.

165 Friedrichsmeyer: »Doktor Murkes gesammeltes Schweigen«. In: Friedrichsmeyer: Die satirische Kurzprosa Heinrich Bölls. S. 12.

jedoch fragwürdig. Vor dem Hintergrund der Ernsthaftigkeit der Situation ist seine Taktik des Schweigen-Sammelns sinnlos und in Hinblick auf das eigentliche Ziel verfehlt.[166] Letztlich drückt es nur seine Schwäche aus. Er ist kein Revolutionär und kann das Machtgefüge des Senders aus eigener Kraft nicht elementar verändern. Damit erinnert Murke in diesem Punkt an den »Kleinen Mann am Drücker«, den Hildebrandt in seinem ersten Solo dargestellt hatte. Dieser verzichtet ebenfalls auf seine Einflussmöglichkeiten.

Um das Schweigen-Sammeln wirkungsvoller zu gestalten, ergänzte Hildebrandt das Drehbuch um eine Szene und verwies darin in Kabarettmanier auf aktuelle Personen des damaligen Zeitgeschehens. Im Film präsentiert Murke die Tonbandreste seinem Vorgesetzten Humkoke. Dass Murke gerade das Schweigen des Philosophen Karl Jaspers sowie des Publizisten Erich Kuby als Vertreter der kritischen Intelligenz gesammelt hat, betont seinen oppositionellen Standpunkt. Dazu trägt auch ein »langes« Tonbandschnipsel aus einem Vortrag des nicht namentlich erwähnten Bundespräsidenten Heinrich Lübke bei, womit auf dessen mangelhafte politische Kompetenz angespielt wird:

»*Murke:* *Das sind Reste, ich sammle Reste. Also (...) absolutes Schweigen. (...) Hier zum Beispiel – ein Atemzug von Karl Jaspers. [Hält sehr langes Tonbandschnipsel empor.]*
Humkoke: *Das ist aber sehr langatmig.*
Murke: *Und darauf bin ich besonders stolz – das ist die Pause, wo der Bundespräsident gerade sein Konzept umblättert [langes Tonbandschnipsel] ... und hier macht sich Erich Kuby Gedanken [sehr kurzes Tonbandschnipsel] – Gedankenblitz.*«[167]

Die sich im Schweigen-Sammeln manifestierende Handlungsinsuffizienz Murkes kommt auf satirische Weise am Ende des Films zum Ausdruck. Die in Bölls Erzählung enthaltene überzogene Einschätzung des Intendanten, dass es einem Selbstmord gleichkäme,

[166] Ebd., S. 13.
[167] Böll: Doktor Murkes gesammeltes Schweigen. DVD.

wenn man dem Kulturmanager widerspräche,[168] griff Hildebrandt in seinem Drehbuch auf. Angesichts der Ankündigung seines Vorgesetzten, die Aufzeichnung Bur-Malottkes wegen der entstandenen Überlänge noch einmal kürzen zu müssen, betritt Murke entschlossen in Anwesenheit des entsetzten Humkoke den Balkon des Hauses. Der Zuschauer erhält durch das Verhalten beider den Eindruck, als wolle Murke sich das Leben nehmen. In Wirklichkeit schockiert Humkoke, dass es noch nie zuvor ein Mitarbeiter gewagt hat, den Balkon aufzusuchen. Das erwecke den »Eindruck des Nichtbeschäftigt-Seins« und sei deshalb während der Arbeitszeit durch ein »ungeschriebenes Gesetz« des Funks verboten.[169] Die Komik der Szene besteht in der Diskrepanz zwischen der tatsächlichen Tragweite der Handlung Murkes und deren Auslegung.

Der Versuch Humkokes, seinen Angestellten mit der Aussicht auf einen gesicherten Arbeitsplatz zu beruhigen, da er nun sämtliche Reden Bur-Malottkes seit 1945 abändern solle, gipfelt in Murkes Ausruf »Allmächtiger!«.[170] Auf diese Weise wird dem Namen Gottes lediglich am Ende des Films und nur durch den »kleinen Mann« Murke, den Saboteur im Funkhaus, Respekt entgegengebracht. Gleichzeitig kommt in dieser Szene einmal mehr die Unfähigkeit Murkes zum Ausdruck, auf die Missstände im Sender angemessen zu reagieren. Obgleich im Film darauf hingewiesen wird, dass er seinem Vorgesetzten Humkoke häufiger »Ärger macht«[171], bleibt Murke im Fernsehspiel wie in der Erzählung der Diversant im Verborgenen.

Bei der Szenenfolge hielt sich Hildebrandt mit seinem Drehbuch weitgehend an die literarische Vorlage von Böll. Den Schwerpunkt legte er auf die Darstellung der Hierarchien und Machtstrukturen in der Rundfunkanstalt. Den von Böll beschriebenen Bereich des Menschlichen außerhalb des Rundfunkgebäudes, personifiziert durch Murkes Mutter, die ihm das Herz-Jesu-Bildchen schenkt,[172]

[168] Böll: Doktor Murkes gesammeltes Schweigen. S. 12.

[169] Böll: Doktor Murkes gesammeltes Schweigen. DVD.

[170] Ebd.

[171] Humkoke zu Murke: »Ich muss zum Intendanten – haben Sie mir schon wieder Ärger gemacht?« In: Böll: Doktor Murkes gesammeltes Schweigen. DVD.

[172] Böll: Doktor Murkes gesammeltes Schweigen. S. 20.

und seine Freundin Rina, die von Murke in der Erzählung gebeten wird, ein Band zu »beschweigen«,[173] sparte Hildebrandt aus. In den Vordergrund rückte er stattdessen die sich im Sender abzeichnende Restauration. Diese wird durch die Verschleierungsbemühungen Bur-Malottkes, unterstützt vom Intendanten, aber auch in Äußerungen von Angestellten und einem Hörerbrief deutlich. Das Fernsehspiel demonstriert, dass die restaurativen Tendenzen alle Gesellschaftsschichten der Bundesrepublik der Adenauerzeit betrafen.

Murkes Verwendung von Assoziationen und seine Bildsprache sowie sein Wörtlichnehmen von Wortinhalten zeigen Parallelen zu den Kabaretttexten Hildebrandts. Ins Drehbuch brachte er pointiert kritische Verweise auf zeitgenössische Persönlichkeiten, etwa den Bundespräsidenten Heinrich Lübke, ein. In seiner Rolle des Oppositionellen wirkte Hildebrandt authentisch und ließ Bölls Erzählung durch gezielt eingesetzte Ironie filmische Wirklichkeit werden.

VI.3.7 Die Fortsetzung *Doktor Murkes gesammelte Nachrufe*

Auch die Rundfunksatire *Doktor Murkes gesammelte Nachrufe*, die 1965 erstmals im Fernsehen ausgestrahlt wurde, beginnt mit dem morgendlichen Arbeitsweg Murkes. Dass er in der Fortsetzung von *Doktor Murkes gesammeltes Schweigen* nicht mit dem Fahrrad, sondern in einem Cabriolet zum Büro fährt, demonstriert seinen beruflichen Aufstieg. Murke ist infolge seiner Bearbeitung der Tonbänder Bur-Malottkes zum Fernsehen befördert worden und dort jetzt als Leiter der Abteilung *Pro Memoria* tätig.[174] In

[173] Ebd., S. 36f.

[174] Böll: Doktor Murkes gesammelte Nachrufe. DVD./Darin Hildebrandt alias Doktor Murke: »Erinnern Sie sich? Ich litt einmal unter Gewissenskonflikten. Nein, nicht unter meinen – sondern unter denen von Professor Bur-Malottke. Als verantwortlicher Redakteur musste ich damals seine Anstrengungen teilen, den lieben Gott zu ersetzen durch »jenes höhere Wesen, das wir alle so verehren«. Ich muss dabei wohl wieder irgendetwas Dummes angestellt haben, denn plötzlich wurde ich befördert...hinaus.... äh.....hinaufbefördert – zum Fernsehen. Da gerade keine passende Planstelle frei war, gründete man einfach eine neue Abteilung – für mich eine neue Abteilung. Was habe ich nun? Ich habe den Verstorbenen nachzurufen. Ich

dieser werden Nachrufe auf noch lebende Personen erstellt, damit sie nach deren Tod zeitnah ausgestrahlt werden können.[175] Gerade ist Murke mit dem Nachruf auf den berühmten und jüngst verstorbenen Gelehrten Johann August-Wilhelm Jores befasst. Der Zuschauer erfährt, dass Jores nach dem Krieg seine Nazivergangenheit vertuschte.[176] Zu dem für seinen Nachruf recherchierten Filmmaterial gehört auch ein Ausschnitt aus einer Rede, die er im Dritten Reich vor Mitgliedern der Hitlerjugend gehalten hatte. In dieser prognostizierte er das Bevorstehen einer »neuen, [...] großen Zeit« und gab sich »hoffnungsfroh«.[177]

Um Jores´ Rolle im Dritten Reich auch noch nach seinem Tod zu verheimlichen, folgt, wie schon in *Doktor Murkes gesammeltes Schweigen*, ein Austausch. Dieser wird erneut von dem Kulturmanager Bur-Malottke vorangetrieben. Nach einem Gespräch mit dem Intendanten enthält er dessen Zustimmung, den Nachruf abzuändern, damit das Ansehen von Jores gewahrt bleibt. Die Bilder der Hitlerjugend lässt Bur-Malottke durch Aufnahmen von Dominikanern auf einem Kirchentag ersetzen. Als Murke die Manipulation des Materials bemerkt, fügt er der Sendung heimlich den Kommentar bei, dass die »wahre Bedeutung« der Rede »erst nach 45 erkannt« worden sei.[178] Außerdem kritisiert er öffentlich, im Gegensatz zu seinem Verhalten in *Doktor Murkes gesammeltes Schweigen*, die Vertuschungspraxis des Senders. Gegenüber Bur-Malottke, dem Intendanten sowie einer Gruppe Landtagsabgeordneter, die an diesem Tag zu Gast in der Fernsehanstalt ist, zitiert Murke aus dem

bin sozusagen der Totengräber des deutschen Fernsehens. Und schon Hauptabteilungsleiter.«

[175] Böll: Doktor Murkes gesammelte Nachrufe. DVD./Vgl. dazu: Der Spiegel, Nr. 40, 29.9.1965, Fall X,I. Böll-Fernsehspiel, S. 147.

[176] Für Murke ergibt sich »politisch gesehen« in Bezug auf Jores' Lebensjahre eine Aufteilung, die dessen nationalsozialistische Vergangenheit deutlich macht: »55 nationalistische Jahre, 20 demokratische Jahre. Das ergibt, umgerechnet in Sendezeit: 22 Minuten Nationalismus, sieben Minuten Demokratie, plus eine Minute für An- und Absage...das sind die Jahre 45 bis 47, als er für die Militärregierung tätig war.« In: Ebd.

[177] »Aus euren gläubigen, jungen Gesichtern leuchtet der Beginn einer neuen, einer großen Zeit – die Morgenröte des urewigen Abendlandes. Wenn ich vor euren Scharen sprechen darf, weidet sich mein Herz hoffnungsfroh.« In: Ebd.

[178] Ebd.

Rundfunkgesetz, das er stets »unter dem Arm« trage. Er weist darauf hin, dass die Berichterstattung laut Artikel 3, Absatz 4, »wahrheitsgetreu und sachlich« zu sein hat und Zweifel an der Richtigkeit »auszudrücken« sind[179] (»Auszudrücken, Herr Intendant! Nicht zu unterdrücken!«[180]). Nach Ansicht des Intendanten hat Murke das Fernsehen »noch nicht begriffen«.[181] Anders als in *Doktor Murkes gesammeltes Schweigen* zieht Murke am Ende des Films die Konsequenz und räumt seinen Arbeitsplatz.

Murke scheitert in *Doktor Murkes gesammelte Nachrufe* abermals an Bur-Malottke[182] und damit an den Verschleierungsbemühungen im Zuge des restaurativen Trends in der Bundesrepublik. Während die Kritik daran im Vorgänger-Film subtil zum Ausdruck kommt, wird sie in *Doktor Murkes gesammelte Nachrufe* offenkundiger dargelegt. So verharmlost und verherrlicht Bur-Malottke die Zeit des Dritten Reichs als »Tage, in denen wir alle kleine Rollen in jenem großen Drama der Geschichte zu spielen hatten« und verweist auf das Verantwortungsgefühl, aus welchem man seinen »Platz« nicht verlassen und »der großen Katharsis gelassen entgegen [ge]sehen« habe. In seiner Auffassung wird Bur-Malottke vom Intendanten unterstützt, der dessen Worte als »schön und mutig« honoriert.[183]

Während der Name »Gott« im Vorgänger-Film von Bur-Malottke sinnentleert wird, geschieht dies in der Fortsetzung mit der Konfession. Jores, der die Haltung der Anpassung personifiziert, konvertierte vor seinem Tod, nachdem er in der NS-Zeit bekenntnislos war. Seinen Entschluss, sich taufen zu lassen, begründete Jores mit den Worten, dass man nie wisse, »was drüben ist«.[184]

Hildebrandt bezeichnete Bölls Idee, Murke in einer Nachrufabteilung arbeiten zu lassen, als »wunderbar«.[185] Auch in *Doktor Murkes gesammelte Nachrufe* übernahm er die Hauptrolle.

179 Gesetz über den Hessischen Rundfunk vom 2. Oktober 1948.

180 Böll: Doktor Murkes gesammelte Nachrufe. DVD.

181 Ebd. Vgl. dazu: Der Spiegel, Nr. 40, 29.9.1965, anonym: Fall X, I. Böll-Fernsehspiel, S. 148.

182 Vgl. Der Spiegel, Nr. 40, 29.9.1965, anonym: Fall X, I. Böll-Fernsehspiel, S. 147.

183 Böll: Doktor Murkes gesammelte Nachrufe. DVD.

184 Ebd.

185 Kullmann: Interview mit Dieter Hildebrandt. In: Böll: Doktor Murkes gesammeltes Schweigen/Doktor Murkes gesammelte Nachrufe. DVD.

Authentizität verlieh Hildebrandt besonders jener Stelle des Films, an der er in seiner Rolle als Murke aus dem Rundfunkgesetz zitiert und sich für die Einhaltung der Verfassung einsetzt.

Die Thematik des Austausches und der Verschleierung war zu sehr abgegriffen, als dass der Film hätte großes Aufsehen erregen können. Die Fortsetzung, mit 85 Minuten fast doppelt so lang wie *Doktor Murkes gesammeltes Schweigen*, ist im Vergleich zum Vorgänger weniger originell und anspruchsvoll. Im Vordergrund steht stattdessen der Klamauk, mit welchem sich der Film an das Unterhaltungspublikum wandte. Publikumswirksam war auch das Mitwirken der bekannten Schlagersängerinnengruppe *Jacob-Sisters*, die in dem Fernsehspiel eine Nebenrolle erhalten hatte. Sein Witz macht den Film trotzdem noch heute sehenswert.

VI.4 Gegen Restauration und Militarismus – »Damit kann man bei uns keinen treffen«

Nach zehn Programmen der *Lach- und Schießgesellschaft* hatte sich in Form und Stilistik der Auftritte Routine eingestellt. Obligatorisch für die Programme waren das musikalische Opening zur Erklärung des Programmtitels, komödiantische Nummern vor und nach der Pause, fünf Solonummern sowie die musikalisch-heitere Schlussnummer.[186]

Eine Kontinuität zeigte sich auch an den Themen, die Hildebrandt in seinen Texten aufgriff und denen er besonderes Gewicht verlieh. Dazu zählte die zögerliche Auseinandersetzung der Deutschen mit ihrer jüngsten Geschichte. Diese wurde von Hildebrandt nach Ende der Ära Adenauer unvermindert fokussiert und kritisiert. 1964 schrieb er für Hans-Jürgen Diedrich ein literarisches Solo mit dem Titel *Schramm drüber*, in dem er auf einen umstrittenen Aufsatz des Mediävisten Percy Ernst Schramm anspielte. Der Historiker, der im Zweiten Weltkrieg das Kriegstagebuch des Oberkommandos der Wehrmacht geführt hatte,[187] hatte 1964 in

[186] Schreiner: Dieter Hildebrandt. In: Deißner-Jenssen: Die Zehnte Muse. S. 451f.

[187] Greiner, Helmuth/Schramm, Percy Ernst (Hrsg.): Kriegstagebuch des

der Einleitung zur zweiten Auflage von Henry Pickers *Hitlers Tischgespräche im Führerhauptquartier* Charakterzüge Hitlers herausgestellt, wie seine Liebe zu Kindern und Blumen, und vor dessen Dämonisierung gewarnt.[188] Schramms Ausführungen spalteten die kritische Intelligenz der Bundesrepublik. Während der Publizist Paul Sethe das Schreckliche an Hitler hinreichend dargestellt sah,[189] kritisierten der Publizistikwissenschaftler Harry Pross und Thomas Manns Sohn Golo Mann das gezeichnete Persönlichkeitsbild als biedermännisch. *Spiegel*-Herausgeber Rudolf Augstein, der Schramms Aufsatz in Fortsetzungen abdruckte, wies die an sein Magazin und Schramm gerichteten Vorwürfe wiederum als »routinehafte Empfindlichkeit« zurück.[190]

Mit seiner Nummer *Schramm drüber* bezog Hildebrandt in der Debatte Stellung. Wie bereits im Titel des Textes deutlich wird, vertrat Hildebrandt die Auffassung, dass das Herausstellen positiver Charakterzüge Hitlers von ehemaligen Mitläufern zur Rechtfertigung ihres damaligen Verhaltens genutzt werden könnte. In der Nummer stand Diedrich mit einer Pistole auf der Bühne und dichtete:

»Es werden viele damals nicht geschossen haben
und dennoch jetzt gewiss erleichtert sein,
dass sie sich einem Willensriesen einst ergaben
und nicht nur einem rücksichtslosen Schwein.«[191]

Oberkommandos der Wehrmacht (Wehrmachtführungsstab). Frankfurt am Main: Bernard & Graefe, 4 Bände, 1961–1969.

188 Die Zeit, Nr. 14, 3.4.1964, anonym: Streit um Schramm. Der Spiegel, Nr. 47, 16.11.1970, anonym: Percy Ernst Schramm, S. 262.

189 Die Zeit, Nr. 10, 6.3.1964, Sethe, Paul: So war der wirkliche Hitler.

190 Augstein, Rudolf: »Routinehafte Empfindlichkeit gehört dazu, in Schramms Arbeit das Bild ›des netten Herrn Hitler‹ (Harry Pross), das Bild eines ›entzückenden Menschen‹ (Golo Mann), ›Hitlers gar liebliches SPIEGEL-Bild‹ (Albert Wucher) zu erblicken.« In: Der Spiegel, Nr. 13, 25.3.1964, Augstein, Rudolf: Lieber Spiegel-Leser!, S. 17.

191 Hildebrandt, Dieter: Schramm drüber. In: Münchner Lach- und Schießgesellschaft, 11. Programm: Krisen-Slalom, 1964, S. 2.

Am Ende des Auftritts zielte Diedrich mit der Pistole ins Publikum, um dieses jedoch sogleich zu beruhigen. Es brauche »keine Angst« zu haben, da man damit »keinen treffen« könne.[192] Durch den Schrecken, der in den Zuschauerreihen provoziert wurde, trieb Hildebrandt die direkte Hinwendung zum Publikum auf die Spitze. Zugleich kam in der Szene seine Sensibilität im Hinblick auf Verharmlosungen der Naziherrschaft zum Ausdruck. Ob das bei Schramms Aufsatz der Fall war, wurde bei den deutschen Intellektuellen kontrovers diskutiert. In der Schlusspointe, die aus einem Wortspiel besteht, zeigte sich Hildebrandts Einsicht in die eingeschränkten Wirkungsmöglichkeiten des Kabaretts. Seine Erkenntnis, dass man einstige Mitläufer mit Vorwürfen nicht dazu bewegen würde, sich mit ihrer Schuld auseinanderzusetzen, ließ ihn dennoch nicht resignieren. Im Programmheft zu *Krisen-Slalom* wurde Hildebrandt in einem Porträt, in dem man einige Stationen im Werdegang des »rüstige[n] Mittdreißiger[s]«[193] aufführte,[194] scherzhaft als naiv charakterisiert. Er sei noch immer der Auffassung, »daß die Menschen das hören wollen«, was die Kabarettisten zu sagen hätten. Da er »eine äußerst sensible Natur« sei, habe man jedoch beschlossen, ihn später »aufzuklären«.[195] Der Idealist, als den seine Kollegen Hildebrandt beschrieben, stand zum Zeitpunkt der Premiere des elften Programms seit neun Jahren auf der Kabarettbühne. Dabei wurde er nicht müde, an sein Publikum zu appellieren, sich mit der NS-Geschichte auseinanderzusetzen.

Dass Hildebrandts Warnung vor den restaurativen Tendenzen in der Gesellschaft berechtigt war, bewies eine im Jahr 1968 durchgeführte Befragung zur Einstellungen der Deutschen gegenüber der Demokratie. Sie ergab, dass mehr als die Hälfte der Befragten den Nationalsozialismus als »gute Idee« ansahen, die »lediglich

[192] Ebd., S. 2.

[193] Münchner Lach- und Schießgesellschaft, 11. Programm: Krisen-Slalom, 1964, Programmheft, S. 12.

[194] »Schüler – Flakhelfer – Gefreiter – Befreiter – PX-Kistenkuli – Student – Papierfabrikhilfsarbeiter – Limonadeabfüller – Babysitter – Platzanweiser – Kabaretthilfsautor – Studentenkabarettist – Kabarettist.« In: Ebd., S. 12.

[195] Ebd., S. 12.

schlecht ausgeführt« worden sei.[196] Ein ebenso hoher Prozentsatz war der Meinung, dass man Kritik von Ausländern an seinem Vaterland nicht tolerieren sollte.[197] Die Ergebnisse der Umfrage, die auch unter nicht-akademischen Jugendlichen zwischen 18 und 25 Jahren und unter Studenten durchgeführt worden war,[198] deuteten nur bei den befragten Akademikern auf eine »überwiegend liberal-progressiv[e]« Haltung hin.[199] Dass der Nationalsozialismus eine gute und nur schlecht ausgeführte Idee gewesen sei, bejahten 43 von 100 der befragten Jugendlichen, aber weniger als 10 von 100 der befragten Studenten.[200]

Vor dem Hintergrund, dass bei einem großen Teil der Bevölkerung Bemühungen deutscher Gerichte, nationalsozialistische Gewaltverbrechen aufzuarbeiten, auf Ablehnung stießen,[201] kam es 1965 in Deutschland zu weitreichenden Diskussionen. Zwanzig Jahre nach Ende des Dritten Reichs stand gemäß deutschem Strafrecht die Verjährung von Kapitalverbrechen, die vor 1945 verübt worden waren, bevor.[202] Ob die Verjährungsfrist aufzuheben oder zu verlängern sei, wurde am 10. und 13. März 1965 im Bundestag von den Abgeordneten, unabhängig von ihrer Parteizugehörigkeit, debattiert.[203]

[196] Reichel: Politische Kultur in der Bundesrepublik. S. 138.

[197] Ebd., S. 138.

[198] Ebd., S. 137.

[199] Ebd., S. 138.

[200] Ebd., S. 138.

[201] Benz, Wolfgang: Die Bundesrepublik Deutschland 1949–1989. In: Weidenfeld, Werner/Zimmermann, Hartmut (Hrsg.): Deutschland-Handbuch. Eine doppelte Bilanz 1949–1989. Bonn: Bundeszentrale für politische Bildung, 1989, S. 57.

[202] Borowsky, Peter: Das Ende der »Ära Adenauer«. In: Bundeszentrale für politische Bildung (BpB) (Hrsg.): Zeiten des Wandels – Deutschland 1961–1974, Heft 258, 1. Quartal 1998, S. 6. Um vor Ablauf der Frist eventuelle Verfahren einzuleiten, bat die Bundesregierung die betroffenen Staaten, die DDR ausgenommen, um die Bereitstellung ihrer Unterlagen über Naziverbrechen. In: Ebd., S. 6. Die Sowjetunion forderte die Bundesrepublik zu einer Gesetzesänderung auf, um die Frist zu verlängern. In: Goppold u.a.: Was Deutschland bewegte. S. 108.

[203] Borowsky, Peter: Das Ende der »Ära Adenauer«. In: Bundeszentrale für politische Bildung (BpB) (Hrsg.): Zeiten des Wandels – Deutschland 1961–1974, Heft 258, 1. Quartal 1998, S. 6. Als einer der Redner widersprach der CDU-Politiker Ernst Benda der Meinung eines Kollegen, dass man »um der Ehre der Nation willen« jene Prozesse einstellen solle. Stattdessen forderte er, zur

Beschlossen wurde, den Zeitraum der Besetzung Deutschlands bei Berechnung der Frist nicht einzubeziehen, wodurch die Verjährung erst ab 1. Januar 1970 in Kraft treten sollte.[204] Als sich 1969 die Debatte über die Verjährungsfrist wiederholte, entschied der Bundestag im Juni des Jahres, die Verjährungsfrist für Völkermord aufzuheben. Zehn Jahre später folgte die gänzliche Aufhebung der Verjährungsfrist für Mord.[205] Historiker werten heute die Verjährungsdebatte und den Ausschwitz-Prozess, der am 20. Dezember 1963 in Frankfurt am Main gegen zwanzig ehemalige Aufseher des Vernichtungslagers begonnen hatte,[206] als Demonstration des Willens zur Auseinandersetzung mit der NS-Geschichte, »zumindest der kulturellen und politischen Eliten der Bundesrepublik«.[207]

Im Programmheft zum zwölften Programm *Schuld abladen verboten*, das am 25. März 1965 Premiere hatte, sprach die *Lach- und Schießgesellschaft* das Ergebnis einer Umfrage der Tübinger Wickert-Institute an. Diese hatte ergeben, dass sich 63 Prozent der Männer und 76 Prozent der Frauen in Deutschland dafür aussprachen, Nazi-Verbrechen nicht mehr zu verfolgen.[208] Die kurz vor der Premiere im Bundestag geführte Diskussion um die Verjährungsfrist griff Hildebrandt in seiner Eröffnungsnummer auf. Darin hieß es, dass »die schwache Mehrheit des Volkes« in dieser Angelegenheit genauso denke wie die »starke Minderheit des Bundestages«:[209] Man verweise auf die Schuld anderer Völker, wolle die Vergangenheit hinter sich lassen und habe sich somit seit dem Dritten Reich nicht geändert.

Erhaltung der nationalen Ehre alles gegen die Verbrechen zu unternehmen, was möglich ist: »Das gehört für mich zur Ehre der Nation, daß der, wie ich weiß, unvollkommen bleibende, aber redliche Versuch unternommen wird, das zu tun, daß man von sich sagen kann: Man hat das, was möglich ist, getan. […]« Auszug in: ebd., S. 6.

204 Ebd., S. 7. Goppold u. a.: Was Deutschland bewegte. S. 108.

205 Borowsky, Peter: Das Ende der »Ära Adenauer«. In: Bundeszentrale für politische Bildung (BpB) (Hrsg.): Zeiten des Wandels – Deutschland 1961–1974, Heft 258, 1. Quartal 1998, S. 7.

206 Ebd., S. 5.

207 Ebd., S. 9.

208 Münchner Lach- und Schießgesellschaft, 12. Programm: Schuld abladen verboten, 1965, Programmheft, S. 3.

209 Hildebrandt, Dieter: Schuld abladen verboten. In: Münchner Lach- und Schießgesellschaft, 12. Programm: Schuld abladen verboten, 1965, S. 3.

Havenstein: *... endlich mal aufhören damit ...*
Scheller: *... mal Schluss-Strich ziehen können ... [...]*
Noack: *... Andre auch!!*
Havenstein: *... Burenkriege ...*
Scheller: *... schlecht zu den Negern ...*
Noack: *... Andre auch! [...]*

Wir dürften, wie gesagt, bequem vergessen
wie wir gewesen damals – hirnverbrannt und blind.
Doch eines dürfen wir auf keinen Fall vergessen:
Wie wir noch heute sind![210]

In seinem Solo *Darf man eintreten* reagierte Hildebrandt in seiner Rolle als »Befrager und Statistiker«[211] mit Ironie auf die Feststellung des damaligen Bundesinnenministers Hermann Höcherl, dass der Rechtsradikalismus in der Bundesrepublik »keine Gefahr mehr« darstelle und nur noch bei einem Prozent läge: »Das heißt also, jeder 579.000. wäre ein Rechtsradikaler. Das kann gar nicht stimmen. Ich kenne in München allein schon 10. Das wird sich doch hier nicht wieder ballen?«[212] Dass der Rechtsradikalismus in Deutschland wieder Zulauf hatte, wurde offensichtlich, als nach Gründung der Nationaldemokratischen Partei Deutschlands (NPD) im Jahr 1964 NPD-Abgeordnete in mehrere Landtage einzogen.[213] Die Zahl der Parteimitglieder der NPD, die 1967 ein Parteiprogramm mit klar nationalistischem und revisionistischem Inhalt verabschiedete,[214] stieg von etwa

[210] Ebd., S. 3f. S. auch: Hildebrandt: Was bleibt mir übrig. S. 163ff.

[211] Hildebrandt, Dieter: Darf man eintreten. In: Münchner Lach- und Schießgesellschaft, 12. Programm: Schuld abladen verboten, 1965, S. 1.

[212] Ebd., S. 2.

[213] Nach Erfolgen bei Kommunalwahlen in Mittelfranken und Schleswig-Holstein führte die NPD 1966 bei den Landtagswahlen in Hessen (7,9 Prozent) und Bayern (7,4 Prozent) ihre Erfolgsserie fort, die 1968 bei den Landtagswahlen in Baden-Württemberg (9,8 Prozent) an ihrem Höhepunkt war. In: Borowsky, Peter: Das Ende der »Ära Adenauer«. In: Bundeszentrale für politische Bildung (BpB) (Hrsg.): Zeiten des Wandels – Deutschland 1961–1974, Heft 258, 1. Quartal 1998, S. 9.

[214] »Die NPD erhob Anspruch ›auf die Gebiete, in denen das deutsche Volk seit Jahrhunderten gewachsen ist‹, rief zum Kampf gegen den Kommunismus

3.000 Mitgliedern im Jahr 1964 über rund 18.000 im Jahr 1966 auf 50.000 im Jahr 1969 an.[215] Nachdem die NPD 1969 bei den Bundestagswahlen mit 4,3 Prozent der Stimmen die Fünfprozenthürde verpasste, verschwand sie jedoch wieder weitestgehend aus der Politik.[216]

In seinem Solo kritisierte Hildebrandt 1965 neben dem wiederaufkommenden Rechtsradikalismus in der Bundesrepublik auch die Bundeswehr. Durch sarkastische Kommentare brachte er seine antimilitaristische Haltung zum Ausdruck: »Ja, und dann, jeder 5. deutsche Bundeswehrsoldat hat Plattfüße. [...] Die jungen Leute haben zu viel im Kopf, das drückt.« Deutschland brauche demnach erneut »eine Armee von leichtfüßigen Idioten«[217], so Hildebrandt. Für seine wiederholte Kritik an der Bundeswehr war er ein Jahr zuvor von der rechtsextremen *Deutschen Wochen-Zeitung*[218] verbal attackiert worden. In dem Artikel *Mit Nagold leben!* wurde an die Leser appelliert, dass eine Armee »Liebe und Vertrauen« brauche. Stattdessen sei die Bundeswehr »längst zum Schuhabstreifer aller intellektuellen Halbstarken und für den staatsbürgerlich unverantwortlichen, politischen Anarchismus« geworden, der in der Bundesrepublik den Alltag bestimme. Dies habe ein im Fernsehen übertragenes Programm der *Lach- und Schießgesellschaft* bewiesen. Für den »linksgetrimmten Dieter Hildebrand [sic!]« und die »stark ausgereifte Ursula Naok [sic!]« habe die Bundeswehr darin als »ergiebiges Feld kabarettistischer Anpöbeleien« gedient.[219] Der Redakteur verurteilte, dass die Soldaten als »gedrillte Idioten« und als »Meckerer« gezeigt worden seien. Weiterhin beschwerte er sich über die öffentliche Darstellung der Bundeswehr als »Hort übelster Reaktion«. Im Mittelpunkt der Kritik stand Hildebrandt, der persönlich angegriffen wurde:

und ›Amerikanismus‹ auf und griff den ›Monopolanspruch‹ der ›Bonner Parteien‹ und ihre ›Verzichtspolitik‹ an.« In: Ebd., S. 9.

215 Ebd., S. 9.

216 Ebd., S. 9. Benz: Die Bundesrepublik Deutschland 1949–1989. In: Weidenfeld/Zimmermann (Hrsg.): Deutschland-Handbuch. S. 57.

217 Hildebrandt, Dieter: Darf man eintreten. In: Münchner Lach- und Schießgesellschaft, 12. Programm: Schuld abladen verboten, 1965, S. 2.

218 Im Untertitel: »Für nationale Politik, Kultur und Wirtschaft.«

219 Deutsche Wochen-Zeitung – Für nationale Politik, Kultur und Wirtschaft, 7.5.1964, ek.: Mit Nagold leben!, S. 10.

»Besonders regte sich Dieter Hildebrand [sic!] darüber auf, daß ›hier jeder ein Kamerad ist‹, denn er will offensichtlich keinem ein Kamerad sein, was bei ihm allerdings vollauf verständlich ist.«[220]

In dem von der *Deutschen Wochen-Zeitung* angesprochenen und von Hildebrandt geschriebenen Text *Bürger in Uniform* übernahm Noack die Rolle einer Fernsehjournalistin, die einen Hauptmann zur Ausbildung bei der Bundeswehr interviewt. Für diesen, gespielt von Jürgen Scheller, sind junge Soldaten lediglich »Material«[221], das es zu »bearbeiten«[222] gilt. Damit alle den »Bildungsstand des Ausbilders«[223] erreichen, bildet man Jungen mit »Vorbildung« auf das Niveau ihres Vorgesetzten »zurück«.[224] Hildebrandt spielte in der Nummer einen Rekruten, der dem Ausbilder intellektuell überlegen ist und sich über den geistigen Horizont der Vorgesetzten bei der Bundeswehr lustig macht. Dass der Ausbilder ihm sein Abitur nicht glaubt, mache ihm nichts aus: »Der Herr Ausbilder behauptet auch immer, ein Nonkonformist wäre einer, der nicht konfirmiert ist, und das will ich ihm auch nicht glauben.«[225] Weiterhin wies Hildebrandt bei seinem Auftritt darauf hin, dass der Soldat offiziell vor allem seinem Gewissen zu folgen hat, bei genauerem Hinsehen sei es jedoch vielmehr der Vorgesetzte.[226] Hildebrandt stellte die Bundeswehr auf lächerliche Weise als Armee dar, die sich hohler Phrasen der NS-Propaganda bedient und die nationalistische Ideologie vertritt. Auf die Frage der Journalistin, wie er zu der »jüngeren Vergangenheit« stehe, antwortete Havenstein in seiner Rolle als Ausbilder:[227]

»Na ja, woll'n mal sagen, die ganze Welt hat Angst gehabt vor uns, und der deutsche Soldat war der beste und überhaupt hätten

[220] Ebd., S. 10.
[221] Hildebrandt, Dieter: Bürger in Uniform. In: Münchner Lach- und Schießgesellschaft, 11. Programm: Krisen-Slalom, 1964, S. 1.
[222] Ebd., S. 2.
[223] Ebd., S. 2.
[224] Ebd., S. 2.
[225] Ebd., S. 3.
[226] Ebd., S. 4.
[227] Ebd., S. 4.

wir den Krieg gewonnen, aber die Heimat hat uns verraten und die Kommunisten und die Verräter und die Spießbürger ...«[228]

Die harsche Reaktion der rechtsextremen Presse auf Hildebrandts Satire unterstrich deren Schärfe und Aktualität. Sie widersprach der Tendenz zur Harmlosigkeit, die der Kritiker Klaus Budzinski Hildebrandt 1966 attestierte. Laut Budzinski wirkte er trotz seiner »bravouröse[n] Attacken gegen das als Gefahr Erkannte« stets wie ein »große[r] Junge«, den man dennoch »gern haben« müsse.[229] Die Reaktionen, die Hildebrandt mit seinem Kabarett bei seinen »Gegnern« provozierte, zeigten jedoch, dass er ungeachtet seiner »Sonnigkeit«[230] eine Wirkung erzielte: Sein Kabarett fand Aufmerksamkeit und wurde kontrovers diskutiert. In der *Süddeutschen Zeitung* lobte Fred Hepp 1964 das »hinreißende Interview mit getrimmten und ungetrimmten Bundeswehrsoldaten«,[231] mit dem der ehemalige Soldat Hildebrandt einmal mehr seine Ablehnung gegenüber dem Militär zum Ausdruck brachte.

VI.5 Lübke und Erhard – das »Tabu« und der »Dasch-Kanzler«

1964 schrieb Fred Hepp über Hildebrandt, dass dieser die Tendenz habe, »mit Nachdruck in die bundesdeutschen Fettnäpfchen« zu treten und »in gerissener Unschuld« Tabuthemen zu brechen.[232] Dazu gehörte Heinrich Lübke, der 1959 das Amt des Bundespräsidenten übernommen hatte. Seit 1963 berichtete die Presse ausführlich über rhetorische Ungeschicklichkeiten in seinen Reden,[233] die Lübke zum »Opfer« der deutschen Kabarettisten machten.[234] In

[228] Ebd., S. 5.

[229] Budzinski: Die öffentlichen Spaßmacher. S. 134.

[230] Ebd., S. 134.

[231] Süddeutsche Zeitung, 9.4.1964, Hepp, Fred: Eine Goldmedaille im Krisenslalom.

[232] Ebd.

[233] Baring: Machtwechsel. S. 37.

[234] Hildebrandt/Schroeder: Ich musste immer lachen. S. 140. »Heinrich Lübke wurde des deutschen Kabaretts liebstes Kind und mußte sich, allen Tabus zum Trotz, die sein Amt ihm gewährte, aus vollen Rohren anschießen lassen.« In: Schreiner: Die Zeit spielt mit. S. 216.

seiner Funktion als parteiunabhängiger Staatsmann hat der Bundespräsident das Ansehen seines Amtes zu wahren und kann sich deshalb gegen satirische Angriffe nicht zur Wehr setzen, worauf Hildebrandt von dem SPD-Politiker Carlo Schmid hingewiesen wurde.[235] Wie Hildebrandt anmerkte, schloss er sich Schmids Auffassung an und hielt sich mit seiner Kritik zurück, als der öffentliche Spott über Lübkes Person zu viel wurde.[236] »Bösartig«[237] sei er jedoch geworden, als er von Absprachen zwischen dem SPD-Politiker Herbert Wehner und Lübke erfuhr, die auf ihre gegenseitige Unterstützung bei der nächsten Bundespräsidentenwahl und die Bildung einer Großen Koalition abzielten.[238] Angesichts der wahltaktischen Vereinbarungen ließ sich Hildebrandt 1964 trotz der zu erwartenden Kritik nicht davon abbringen, sich öffentlich zu Lübke zu äußern.[239] Über dessen mangelhafte rhetorische Fähigkeit kalauerte Hildebrandt, dass Lübke »fließend und munter« sage, »was er auf dem Herzen ... also was er auf dem Zettel hat ...«.[240] Weiterhin sprach er die Maxime an, den Bundespräsidenten in der Öffentlichkeit nicht zu kritisieren. Er habe »gehört«, dass Lübke ein »Tabu« sei, doch »ein Tabu als Präsident« sei ihm »zu wenig«.[241] Die Bemerkungen zu Lübke brachten Hildebrandt und der *Lach- und Schießgesellschaft* nach eigener Angabe »viel Ärger«[242] ein. Die Presse bescheinigte dem Kabarett hingegen ein

235 Hildebrandt/Schroeder: Ich musste immer lachen. S. 140.

236 Ebd., S. 140.

237 Ebd., S. 140.

238 Ebd., S. 140. »Herbert Wehner hatte [...] dem Bundespräsidenten immer wieder seine ehrerbietige Aufwartung gemacht, Lübke gehegt und gepflegt, ihn liebenswürdig umgarnt, ja eingewickelt, ihm nämlich mündlich und schriftlich dick geschmeichelt. Die Wiederwahl 1964 war, wie Friedrich Karl Fromme im Rückblick gesagt hat, ›ein von Wehner klug eingefädeltes Fädchen für das Netzwerk der Großen Koalition.‹« In: Baring: Die Präsidentschaft Heinrich Lübkes und die Krise der Union. In: Baring: Machtwechsel. S. 36.

239 In seinem Buch »Ausgebucht« berichtete Hildebrandt, dass man ihm damals »dringend« angeraten habe, Lübke »als Tabu zu behandeln«. Das Aussprechen von Verboten zur Etablierung von Tabus habe für ihn jedoch stets eine »Aufforderung« dargestellt, diese zu »verletzen«. In: Hildebrandt: Ausgebucht. S. 83.

240 In: Schreiner: Die Zeit spielt mit. S. 216f.

241 Ebd., S. 217.

242 Der Spiegel, Nr. 42, 9.10.1972, »In Bonn sind wir geköpft worden« – Sammy

»ungewöhnliche[s] Maß« an Courage.[243] Hildebrandts »scheinbar unkontrolliertes verhaspeltes Geschwätz« gebe sich zwar harmlos, doch für die »Hellhörigen« wimmele es darin von »scharfzüngigen und bitterbösen Anspielungen«,[244] so ein Redakteur der *Neuen Zürcher Zeitung*.

Die Angriffsflächen für Hildebrandts Satire wurden mit dem Ende der Ära Adenauer weniger. Auf Adenauers konfrontative Politik folgte das demokratisch-populistische »Volkskanzlertum«[245] Ludwig Erhards, das sich als Zeit des Übergangs erwies.[246] Erhard, der als Symbol des deutschen Wiederaufstiegs nach 1945 galt, trat 1963 gegen den Widerstand Adenauers[247] dessen Nachfolge als Bundeskanzler an. Für die CDU/CSU sollte er als »Wahllokomotive«[248] die Wählerstimmen sichern. Doch Erhard, dessen politischer Stil auf Harmonie und Verständigung abzielte, war nicht die integrierende Führungsfigur[249] wie sein Vorgänger Konrad Adenauer in der Partei. Die Union verweigerte ihm die Unterstützung und brachte seinen modernen Vorstellungen von der Entwicklung der Gesellschaft[250] keine Akzeptanz entgegen.[251] Nach einem Abschwung in der Wirtschaftsentwicklung[252] endete

Drechsel und Dieter Hildebrandt über das Ende der »Lach- und Schießgesellschaft«, S. 169.

243 Darüber hinaus wurde gewürdigt, dass die Kabarettisten in ihren Äußerungen weder vor einer staatlichen Institution noch vor Persönlichkeiten aus Politik und Kultur zurückschreckten. In: Neue Zürcher Zeitung, 19.4.1964, Z.F.: Die Münchner Lach- und Schießgesellschaft.

244 Ebd.

245 Görtemaker: Kleine Geschichte des Bundesrepublik Deutschland. S. 122.

246 Benz: Die Bundesrepublik Deutschland 1949–1989. In: Weidenfeld/Zimmermann (Hrsg.): Deutschland-Handbuch. S. 56.

247 Dedring: Adenauer – Erhard – Kiesinger. S. 265.

248 Ebd., S. 266.

249 Ebd., S. 237.

250 Erhard hatte die Idee einer »Formierten Gesellschaft«, welche nicht mehr aus Klassen und Gruppen mit einander ausschließenden Zielen bestehen, sondern »auf dem Zusammenwirken aller Gruppen« beruhen sollte. In: Pötzsch: Deutsche Geschichte von 1945 bis zur Gegenwart. S. 142f.

251 Dedring: Adenauer – Erhard – Kiesinger. S. 222.

252 Am 9. Juli 1965 sagte Erhard in einer Rede vor dem Wirtschaftstag der CDU/CSU angesichts der Preissteigerung, dass es »gar keinen Grund« gäbe, »in Pessimismus zu verfallen«. In: Erhard, Ludwig: »Eine gesunde Wirtschaft dient allen – heute und in der Zukunft«, Rede am 9.7.1965 vor dem Wirt-

Erhards Kanzlerschaft im Jahr 1966.[253] Der Politikwissenschaftler Alfred Grosser sprach angesichts dessen Sturzes von einer »Undankbarkeit« der CDU gegenüber ihrem einstigen »Helden«, die selbst in der Politik in dieser Dimension »selten« sei.[254]

Hildebrandt konzentrierte sich mit seiner Satire in erster Linie auf Erhards Entschlusslosigkeit und Führungsschwäche[255] (»Wenn der Bundeskanzler zu einer Entscheidung ... wenn man ihm also sagt ... wenn es sich jetzt rumspricht und er hört das dann auch und er müsste jetzt endlich mal ... [...].«[256]). Ausführlich ging er auf eine Serie von Anzeigen ein, in denen sich Erhard 1965 in fast 500 westdeutschen Tageszeitungen mit Werbetexten[257] präsentierte. Hildebrandt bezeichnete ihn in Anspielung auf den Namen eines Waschmittels als »Dasch-Kanzler«:[258] Er wasche sich mithilfe von

schaftstag der CDU/CSU in Düsseldorf, Auszug. In: Wilharm, Irmgard: Deutsche Geschichte 1962–1983, Dokumente in zwei Bänden, Band 1, Frankfurt am Main: Fischer, 1985, S. 96.

253 Benz: Die Bundesrepublik Deutschland 1949–1989. In: Weidenfeld/Zimmermann (Hrsg.): Deutschland-Handbuch. S. 56f. Die Arbeitslosenquote sank von 1,3 Prozent im Jahr 1960 auf 0,7 Prozent 1965. Im selben Zeitraum ging jedoch die Rate des jährlichen Wirtschaftswachstums von 9 auf 5,7 Prozent zurück. In: Borowsky, Peter: Das Ende der »Ära Adenauer«. In: Bundeszentrale für politische Bildung (BpB) (Hrsg.): Zeiten des Wandels – Deutschland 1961–1974, Heft 258, 1. Quartal 1998, S. 9.

254 Grosser: Geschichte Deutschlands seit 1945. S. 179. »Der ›Dicke‹ schwimmt«, schrieb Hildebrandt in seinem Buch »Was bleibt mir übrig«: »Seine Parteifreunde lassen ihn schwimmen. Sie sehen auch kein Land, aber sie winken vom Ufer. Zumindest glauben sie, es zu tun.« In: Hildebrandt: Was bleibt mir übrig. S. 152. Als sich die FDP 1966 aus der Koalition zurückzog, wurde Erhard zum Chef eines Minderheitskabinetts. Als Konsequenz der innen- und wirtschaftspolitischen Lage wie auch aufgrund von Stimmenverlusten in den Landtagswahlen begab sich seine Partei auf die Suche nach einem neuen Kanzler. In: Benz: Die Bundesrepublik Deutschland 1949–1989. In: Weidenfeld/Zimmermann (Hrsg.): Deutschland-Handbuch. S. 57.

255 Görtemaker: Kleine Geschichte des Bundesrepublik Deutschland. S. 128.

256 Hildebrandt, Dieter: Darf man eintreten. In: Münchner Lach- und Schießgesellschaft, 12. Programm: Schuld abladen verboten, 1965, S. 1.

257 Eine Annonce Erhards lautete: »Unser Lebensstandard wird weiter steigen und unsere D-Mark wird stabil bleiben, wenn Sie sich selbst und mir vertrauen.« In: Der Spiegel, Nr. 27, 30.06.1965, anonym: Führen und folgen, S. 22.

258 Hildebrandt, Dieter: Darf man eintreten. In: Münchner Lach- und Schießgesellschaft, 12. Programm: Schuld abladen verboten, 1965, S. 1.

Annoncen »rein«, da es ihm anders nicht gelinge, das Parlament zu »überzeugen«.[259] Umstritten waren diese Anzeigen aufgrund ihrer Finanzierung aus öffentlichen Mitteln, was Hildebrandt in einem Artikel mit dem Titel *Der Etat bin ich* aufgriff, der im Juni 1965 in der Zeitung *Münchner Merkur* erschien. Darin nahm er auf eine Erklärung des Bundespresseamts Bezug. Demnach sollten die Annoncen nicht der Wahlwerbung, sondern der Information dienen, womit man versuchte, die Ausgaben zu rechtfertigen. Hildebrandt reagierte in seinem Text mit der ironischen Frage, ob es sich in der Bundesrepublik noch nicht »herumgesprochen« habe, dass Erhard »der Größte« ist. So machte er den parteipolitischen Zweck der Werbekampagne deutlich:

> *»Die bis vor Wochen völlig ahnungslosen deutschen Wähler müßten dann allerdings schleunigst davon verständigt werden, was sie für einen hervorragenden Bundeskanzler haben. Was hilft es, wenn man einen hat, und man weiß nichts davon!«*[260]

Durch seine Anmerkung, dass in der Haushaltskasse des Bundes insgesamt »155,4 Millionen DM« für das Bundeskanzleramt veranschlagt sind,[261] kam erneut der für Hildebrandt typische journalistische Kabarettstil zum Ausdruck. Wie hochaktuell seine Satire war, zeigte sich im darauffolgenden Jahr in einem Urteil des Bundesverfassungsgerichts zur Parteienfinanzierung. Entschieden wurde, dass nicht-spezifizierte Zuschüsse des Staates[262] für die politische Meinungs- und Willensbildung der Parteien der Verfassung widersprechen. Aus Haushaltsmitteln sollten den Parteien nur die Kosten eines »angemessenen Wahlkampfes« erstattet wer-

[259] Ebd., S. 1.

[260] Münchner Merkur, 12./13.6.1965, Hildebrandt, Dieter: Der Etat bin ich.

[261] Ebd.

[262] »1965 erhielt die SPD insgesamt 19,7 Millionen DM aus öffentlichen Kassen, die CDU 18,1 Millionen DM, die CSU 5,8 Millionen DM und die FDP 7,4 Millionen DM. Die Parteien verwandten diese Mittel für Wahlkämpfe, die politische Bildungsarbeit und nicht zuletzt zur Deckung der laufenden Kosten für hauptamtliche Mitarbeiter, Büromieten und dergleichen.« In: Borowsky, Peter: Große Koalition und Außerparlamentarische Opposition. In: Bundeszentrale für politische Bildung (BpB) (Hrsg.): Zeiten des Wandels – Deutschland 1961–1974, Heft 258, 1. Quartal 1998, S. 13.

den.[263] Rückblickend trat Hildebrandt somit 1965 bei seiner Thematisierung der Werbekampagne des Bundeskanzlers ein weiteres Mal als Verfechter des Grundgesetzes auf, der seine Zuschauer berechtigterweise dazu animierte, sich mit der Verwendung ihrer Steuergelder auseinanderzusetzen.

Hildebrandts Kalauer über den Bundeskanzler erschienen teils platt und wenig hintersinnig. Sie eigneten sich jedoch dazu, die Aufmerksamkeit des Publikums zu gewinnen, das vom Kabarett nicht zuletzt Unterhaltung erwartete. In einem seiner Soli wandte sich Hildebrandt mit der Frage an die Zuschauer, weshalb ein »Fußballtrainer mehr Geld verdien[e] als ein Bundeskanzler«: »Da habe ich gesagt, dass das sehr gerecht ist, weil ein Fußballtrainer auch sofort gehen muss, wenn er Mist macht.«[264] Zugleich gab er sich an dieser Stelle desillusioniert bezüglich seiner Möglichkeiten als Kabarettist, die Zuschauer mit seinen Äußerungen in ihrem Wahlverhalten beeinflussen zu können. Hildebrandt prognostizierte, dass, obwohl das Publikum ihm nun applaudiere, es Erhard letztlich dennoch wieder wählen würde,[265] womit er angesichts des Ausgangs der Bundestagwahlen von 1965 Recht behalten sollte.[266] Die Szene wies auf den Zweck von Hildebrandts Satire hin, über die Regierungspolitik und ihre Mängel aufzuklären. Andererseits »enttarnte« Hildebrandt damit den Wunsch weiter Teile seiner Zuschauerschaft, sich im Kabarett zu amüsieren, ohne mit der politischen Meinung des Darbietenden konform gehen zu müssen. Durch die direkte Ansprache des Publikums wurde es unterschwellig dazu aufgefordert, sich darüber klarzuwerden, welche persönlichen Erwartungen es an einen Kabarettabend stelle.

Als das Programm *Schuld abladen verboten* am 29. Mai 1965 im Fernsehen gezeigt wurde, lag die Zuschauerbeteiligung bei 69,4 Prozent. Bei einer Umfrage äußerten sich 96 Prozent der Befrag-

[263] Ebd., S. 13.

[264] Hildebrandt, Dieter: Darf man eintreten. In: Münchner Lach- und Schießgesellschaft, 12. Programm: Schuld abladen verboten, 1965, S. 6.

[265] Ebd., S. 6.

[266] Hildebrandts Voraussage des Wahlausgangs bewahrheitete sich bei den Bundestagswahlen im September 1965, bei denen die Union 47,6 Prozent der Stimmen erzielte, was gegenüber 1961 einen Anstieg um 2,3 Prozent bedeutete. In: Pötzsch: Deutsche Geschichte von 1945 bis zur Gegenwart. S. 145.

ten zustimmend zu dem Programm.[267] »Die kabarettistischen Qualitäten der Alleingänge von Dieter Hildebrandt sind nach wie vor unbestreitbar«, lobte die *Frankfurter Rundschau*.[268] Die *Westdeutsche Allgemeine* betonte, dass Hildebrandt »wie immer« als »geistige[r] Mentor des Ensembles« brillierte.[269] Die inhaltliche Brisanz seiner Solo-Darbietungen war für sie trotz großer komödiantischer Anteile kennzeichnend. Im Hinblick auf Wortspiele, unvollendete Sätze und direkte Publikumsansprachen hatte Hildebrandt seine Soli im Laufe der Jahre immer weiter perfektioniert. In den 60er-Jahren war er gefordert, an seine Erfolge, die er in den ersten zehn Programmen der *Lach- und Schießgesellschaft* erzielt hatte, anzuknüpfen und die Erwartungen der Zuschauer zu erfüllen. Gerade von seinen aufklärerischen »Alleingängen«, die den Programmen ihren tagesaktuellen Charakter verliehen, erwartete man stets etwas Besonderes und eine »Sensation«.[270] Dass für Hildebrandt keine politischen Tabuthemen existierten, zeigte er durch seine Kommentare zu Bundespräsident Lübke, die ihm »über alle Parteigrenzen hinweg«[271] Kritik von Abgeordneten einbrachten. Thematisch lieferte die Regierungszeit Ludwig Erhards nicht mehr die zahlreichen Angriffsflächen für politische Satire, die die Ära Adenauer geboten hatte. Das erklärt die Zunahme der komödiantischen Anteile in Hildebrandts Texten. Diese änderten nichts an seiner Intention, Verfassungsverstöße oder (befürchteten) Machtmissbrauch satirisch herauszustellen, was er Mitte der 60er-Jahre auf der Kabarettbühne wie auch in Zeitungsbeiträgen tat. Zustimmung erfuhr er 1964 und 1965 als »Star« der *Lach- und Schießgesellschaft* vonseiten seines Publikums und von weiten Teilen der Presse. Unterdessen deuteten Artikelüberschriften wie »Ein Hauch von Resignation« (*Handelsblatt*)[272] und »Mokant, aber des Zornes müde« *(Die Welt)*[273] auf die sich ab 1964 verstär-

[267] Bayerischer Rundfunk, Presse-Echo, 1.7.1965, S. 8.
[268] Frankfurter Rundschau, 2.6.1965. In: Bayerischer Rundfunk, Presse-Echo, 1.7.1965, S. 3.
[269] Westdeutsche Allgemeine, 31.5.1965, HJ: 1. Programm. In: Bayerischer Rundfunk, Presse-Echo, 1.7.1965, S. 7.
[270] Schreiner: Dieter Hildebrandt. In: Deißner-Jenssen: Die Zehnte Muse. S. 455.
[271] Schreiner: Die Zeit spielt mit. S. 217.
[272] Handelsblatt, 15.4.1965, Schütze, Christian: Ein Hauch von Resignation.
[273] Die Welt, 5.4.1965, Kramberg, K.H.: Mokant, aber des Zornes müde.

kende öffentliche Kritik an der *Lach- und Schießgesellschaft* hin, die sich im deutschen Unterhaltungsbereich zu einer Institution entwickelt hatte.

VI.6 Die Etablierung als »Deutschlands Kabarett-Ensemble Nr. 1« – »Ein gewisses Zeichen von Erfolglosigkeit«

Hildebrandts Auftreten als Fürsprecher der Schwachen in der Gesellschaft stand die Beliebtheit der *Lach- und Schießgesellschaft* bei der deutschen Prominenz entgegen. Hildebrandt äußerte sich 1995 zu der Tatsache, dass im Publikum »die beste Münchner Gesellschaft« und damit ihre »Gegner« saßen.[274] Er merkte an, dass sich die Zuschauer »tot[lachten]«, obwohl sie selbst zugaben, mit der Meinung der Kabarettisten nicht übereinzustimmen. Dass das »ein gewisses Zeichen von Erfolglosigkeit« war, gestand Hildebrandt ein.[275] Auch der von ihm kritisierte Ludwig Erhard war (als einziger Bundeskanzler) einmal zu Gast bei einer Vorstellung der *Lach- und Schießgesellschaft*.[276] Dies unterstrich, dass selbst für hochrangige Politiker der Besuch bei dem Münchner Kabarett in den 60er-Jahren zu einer Prestigefrage[277] geworden war.

Verstärkt wurde dieser Eindruck dadurch, dass Erhard als prinzipieller »Gegner von Geist und Kultur«[278] galt. Grund dafür war seine Reaktion auf Äußerungen von Schriftstellern zu wirtschaftspolitischen Fragen.[279] In einer im Juli 1965 gehaltenen Rede stellte der Bundeskanzler die Einmischung von Dichtern in die Politik als Modeerscheinung dar und betitelte die Literaten als »Banausen

[274] Martens: »Ich möchte keine tragische Figur sein.« S. 19.

[275] Ebd., S. 20.

[276] Hildebrandt/Schroeder: Ich musste immer lachen. S. 136.

[277] Vgl.: Schreiner: Die Zeit spielt mit. S. 225.

[278] Baring/Schöllgen: Kanzler, Krisen, Koalitionen. S. 90.

[279] Die Historiker Arnulf Baring und Gregor Schöllgen sahen den Grund für Erhards vehemente Zurückweisung der Kritik in seiner Kränkung, da er im Grunde ein »Freund« des kulturellen Milieus gewesen sei. Darauf deuteten Gesprächsrunden im Kanzleramt hin, zu welchen Journalisten, Verleger, Schriftsteller und Wissenschaftler eingeladen wurden. In: Ebd., S. 90.

und Nichtskönner«, die Urteile über Dinge fällen würden, »von denen sie einfach nichts verstehen«.[280] Erhard nannte namentlich den Schriftsteller Rolf Hochhuth, der im Vorfeld der Bundestagswahl die Soziale Marktwirtschaft grundsätzlich auf den Prüfstand stellte.[281] Hochhuth beteiligte sich mit einem Beitrag am von Hans Werner Richter im Juni 1965 herausgegebenen Sammelband *Plädoyer für eine neue Regierung oder Keine Alternative*[282], der sich auf das Buch *Die Alternative oder Brauchen wir eine neue Regierung?*[283] aus dem Jahr 1961 bezog. Die damalige Frage wurde 1965 in ein ausdrückliches Votum umgewandelt. Die Intellektuellen, darunter Günter Grass, Peter Rühmkorf, Siegfried Lenz und Rudolf Augstein, setzten sich, indem sie ein neues politisches Personal forderten, diesmal deutlicher für die SPD ein.[284]

Auf die Äußerungen der *Lach- und Schießgesellschaft* reagierte Erhard, wie angesichts seines Auftretens gegenüber den deutschen Literaten zu erwarten gewesen wäre, jedoch nicht mit öffentlicher Kritik. Dass er stattdessen sogar bei einem ihrer Programme zu Gast war, warf Mitte der 60er-Jahre erstmals Fragen nach der Ernsthaftigkeit der Systemkritik des Ensembles auf. Gestützt wurden die Zweifel, als die *Lach- und Schießgesellschaft* einer Einladung des Bundeskanzlers folgte und ihn am 27. April 1964 im Palais Schaumburg besuchte.[285] Wie sich Klaus Peter Schreiner erinnerte, hielt sich die Konversation mit dem Kanzler »in den Grenzen des Schicklichen« und sei »dementsprechend zäh« gewesen.[286] Angesprochen worden sei die Wiederbewaffnung der Bundesrepublik. Hildebrandt habe Erhard auf scherzhafte Weise gefragt, weshalb er an einer Streitmacht festhalte.[287] Laut Schreiner hielt sich der

280 Erhard, Ludwig: »Eine gesunde Wirtschaft dient allen – heute und in der Zukunft«, Rede am 9.7.1965 vor dem Wirtschaftstag der CDU/CSU in Düsseldorf, Auszug. In: Wilharm, Irmgard: Deutsche Geschichte 1962–1983. Band 1. S. 100.

281 Baring/Schöllgen: Kanzler, Krisen, Koalitionen. S. 90.

282 Hochhuth, Rolf: Klassenkampf. In: Richter: Plädoyer für eine neue Regierung oder Keine Alternative. S. 65–87.

283 Walser (Hrsg.): Die Alternative oder Brauchen wir eine neue Regierung?

284 Müller: Die literarische Republik. S. 86f.

285 Schreiner: Die Zeit spielt mit. S. 214f.

286 Ebd., S. 215.

287 »›Herr Bundeskanzler‹, fragte Hildebrandt, ›ich nehme an, daß Sie das Buch

Humor des Bundeskanzlers »in Grenzen«.[288] Für die Kabarettisten wie offenbar auch für Erhard sei der einstündige Besuch »vertane Zeit« gewesen,[289] seine Folgen für den Ruf des Münchner Kabaretts waren jedoch weitreichend. Von dem Treffen der *Lach- und Schießgesellschaft* mit dem Bundeskanzler ging das Signal aus, dass sich das ehemals systemkritische Ensemble zu einem systemimmanenten Kabarett gewandelt habe. Im Programmheft zum zwölften Programm stand 1965 unter der Überschrift »Wir dementieren« die ironische und trotzig erscheinende Rechtfertigung der Kabarettisten zu lesen, dass das Gerücht, dass sie »zum Tee« beim Bundeskanzler gewesen seien, nicht stimme. Stattdessen habe es Whisky gegeben.[290] Damit wandten sich die Ensemblemitglieder an jene Kritiker, die ihnen den Besuch beim Bundeskanzler vorwarfen. Anschuldigungen, ihre satirischen Angriffe seien harmlos geworden, kamen vonseiten der Presse. Die Zeitung *Die Welt* honorierte 1965 zwar, dass die »künstlerische Kompromißlosigkeit« von keinem anderen zeitgenössischen westdeutschen Kabarett derart »ausdauernd verfochten« worden sei.[291] Jedoch sei die *Lach- und Schießgesellschaft*, für die Hildebrandt noch immer einen Großteil der Texte schrieb, mit sich und dem Publikum »zufrieden« geworden. Sie übe Satire noch mit »Kunst und Geschmack« aus, habe jedoch nicht mehr den Antrieb, ein »öffentliches Ärgernis« zu sein.[292] Der Autor des Artikels bemängelte, dass es an einem Nachwuchsautor[293] sowie dem Bezug zu den Schwierigkeiten einer Generation fehle, die nicht mehr die »Schuld- und Reuekomplexe« der zu diesem Zeit-

›Der Mensch ist gut‹ von Leonhard Frank gelesen haben – warum sind Sie dann immer noch von der Notwendigkeit einer Streitmacht überzeugt?‹ Er sei gewiß kein Banause, meinte der Kanzler, aber das Buch kenne er nicht. ›Ach so‹, entgegnete Hildebrandt, ›ich dachte, weil Sie Franke sind…‹« In: Ebd., S. 215.

[288] Ebd., S. 215.

[289] Ebd., S. 215.

[290] Münchner Lach- und Schießgesellschaft, 12. Programm: Schuld abladen verboten, 1965, Programmheft, S. 13.

[291] Die Welt, 4.4.1965, Kramberg, K.H.: Mokant, aber des Zornes müde.

[292] Ebd.

[293] Ebd.

punkt Vierzigjährigen besitze.[294] Neben den Journalisten äußerten sich auch Kabarettexperten kritisch. Friedrich Luft sprach von einem »Staatskabarett«[295] und Klaus Budzinski sah den Grund für die geringere kabarettistische Schärfe in den Bemühungen Drechsels um »gute bis erträgliche Beziehungen mit den Mächtigen aus Staat, Politik, Sport und Wirtschaft«.[296] Budzinski lastete Hildebrandt 1966 an, dass er in seinen Soli und Sketchen seit Anfang der 60er-Jahre das Komische höher werte als den »geistigen Angriff« und deshalb »das Lachen über das Schießen« stelle.[297] Kritik kam auch von Kabarettkollegen, die nicht im Fernsehen auftraten. Sie werteten das Treffen der *Lach- und Schießgesellschaft* mit dem Bundeskanzler als Verrat am Kabarett.[298] Der Leiter der Münchner *Zwiebel*, Michael Burk, thematisierte seine Konkurrenz in einer eigenen Programmnummer. Darin führte er ein imaginäres Pferd namens »Kabarett« vor, das symbolisch für die *Lach- und Schießgesellschaft* stehen sollte.[299] In dem Text hieß es, dass man als »allgemeine[r] Betrachter« annehme, dass es »sehr scharf zubeißen« könne.[300] Die Fachleute wüssten jedoch, dass es im Grunde »ganz zahm« sei und »niemande[m] weh« tue, da es befürchte, dann nicht mehr vom Bundeskanzler »zum Zucker« eingeladen zu werden. Das »Pferdchen« wurde in dem Auftritt außerdem als »eitel« bezeichnet. Es sei »stolz«, wenn »der Gerstenmaier, der Mende, der Erler, ja, selbst der Strauß auf ihm herumreiten«, bis es »keine Luft« mehr bekomme.[301] Burks Anspielung galt

[294] Ebd.

[295] Zitiert in: Handelsblatt, 15.4.1965, Schütze, Christian: Ein Hauch von Resignation – Die »Lach- und Schießgesellschaft« hält nichts von »hartem Kabarett«.

[296] Budzinski: Pfeffer ins Getriebe. S. 298.

[297] Budzinski: Die öffentlichen Spaßmacher. S. 134.

[298] »Seit die ›Münchner Lach- und Schießgesellschaft‹ bei Bundeskanzler Erhard zum Tee war und zusammen mit dem Düsseldorfer ›Kommödchen‹ zu den ›Staatskabaretts‹ gezählt wird, gilt sie den unrasierten Kellerkindern der kritischen Muse, auf die nie ein Strahl der Fernsehscheinwerfer fällt, als Symbol des Verrats einer guten Sache für schlechtes Geld.« In: Christ und Welt, 2.4.1965, Stuttgart, anonym: »Bestatten Sie?« – Neues Programm der »Lach- und Schießgesellschaft«.

[299] In: Budzinski: Die öffentlichen Spaßmacher. 116f.

[300] In: Ebd., S. 116.

[301] In: Ebd., S. 117.

einer im April 1964[302] ausgestrahlten Fernsehdiskussionsrunde mit dem Titel *Journalisten fragen – Politiker antworten*, moderiert von Reinhard Appel,[303] welche die These von der »politische[n] Unbefangenheit«[304] (Klaus Budzinski) der *Lach- und Schießgesellschaft* stützte. An der Sendung nahmen Hildebrandt, Drechsel und Schreiner teil, ihre Diskussionspartner waren Eugen Gerstenmaier (CDU), Erich Mende (FDP), Fritz Erler (SPD) und Franz Josef Strauß (CSU). Drechsel, der den Besuch der Fernsehsendung vorgeschlagen hatte, erwartete laut Hildebrandt einen »frechfröhlichen Schlagabtausch«.[305] Statt mit der von den Mitgliedern der *Lach- und Schießgesellschaft* erwünschten Kritik reagierten die Abgeordneten jedoch mit (taktischem) Wohlwollen auf die Kabarettisten.[306] Dass diese hierzu nichts Geistreiches zu erwidern wussten, diente Kritikern wie Michael Burk als Beweis für ihre »Ungefährlichkeit«. 1986 bezeichnete Hildebrandt den Auftritt angesichts seiner verbalen Unterlegenheit im direkten Aufeinandertreffen mit den politischen Machtinhabern als »größte Niederlage« seines Lebens.[307]

Während die *Lach- und Schießgesellschaft* in der Regierungszeit Ludwig Erhards in puncto Zuschauerbeliebtheit ihren Rang als »Deutschlands Kabarett-Ensemble Nr. 1«[308] festigte, wurde von 1964 an vor allem vonseiten der Kabarettexperten und -kollegen Kritik laut. Diese warfen ihr die Entwicklung zu einem »harmlosen« Unterhaltungskabarett vor, da sie die breite Masse begeisterte und auch ihre politischen Gegner anzog. Der *Lach- und Schießgesellschaft* unter dem Management von Sammy Drechsel wurde unterstellt, dass Profitstreben ihre Bereitschaft, mithilfe von Satire Kritik an den Mächtigen zu üben, in den Hintergrund dränge.[309]

302 Schreiner: Die Zeit spielt mit. S. 213.

303 Hildebrandt: Was bleibt mir übrig. S. 160.

304 Budzinski: Die öffentlichen Spaßmacher. S. 138.

305 Hildebrandt: Was bleibt mir übrig. S. 160.

306 Eugen Gerstenmaier erklärte zu Beginn der Sendung, dass man die Lach- und Schießgesellschaft erfinden müsse, wenn es sie nicht schon gäbe. In: Ebd., S. 161.

307 Martens: »Ich möchte keine tragische Figur sein.« S. 24.

308 Westdeutsche Allgemeine, 31.5.1965, HJ: 1. Programm. In: Bayerischer Rundfunk, Presse-Echo, 1.7.1965, S. 7.

309 »Das Hauptproblem der ›Münchner Lach- und Schießgesellschaft‹ heißt

Hildebrandt, neben Schreiner noch immer Hauptautor der *Lach- und Schießgesellschaft*, wurde in der Diskussion um die Etablierung des Münchner Kabaretts häufig als Ausnahme bezeichnet. In der Presse ging man in den Jahren 1964 und 1965 vor allem auf die politische Satire in Hildebrandts Soli ein. Heinz Greul sprach 1971 in seiner *Kulturgeschichte des Kabaretts* von »gelegentliche[n] ›Wiedergutmachungsauftritte[n]‹« Hildebrandts wegen ihrer »ungewohnte[n] Schärfe«.[310] Letztlich änderten der Besuch beim Bundeskanzler, die auch für Hildebrandt enttäuschende Teilnahme an der Fernsehsendung *Journalisten fragen – Politiker antworten* und die öffentliche Kritik von Kabarettexperten und -kollegen an der *Lach- und Schießgesellschaft* nichts am Ruf Hildebrandts, ein Moralist zu sein. Für die deutsche Öffentlichkeit verkörperte er weiterhin das aufklärerische politische Kabarett, was den Druck auf ihn und seine kabarettistische Leistung im Laufe der Jahre erhöhte.

denn auch Sammy Drechsel. Ein Manager mit dem Drang zum großen Geld und infolgedessen zum guten Einvernehmen mit allen, die ihm nützen oder schaden könnten, ist, sowenig diese Eigenschaften im Showgeschäft zu beanstanden sein mögen, nun einmal nicht der rechte Leiter eines Kabaretts, das für sich das Prädikat ›zeitkritisch‹ in Anspruch nimmt. Wirkliche Satire muß die Hände frei haben.« In: Budzinski: Die öffentlichen Spaßmacher. S. 138.

310 Greul: Bretter, die die Zeit bedeuten. S. 481.

VII. Hildebrandts Satire und die Neue Linke

VII.1 »Opas Kabarett« unter Rechtfertigungsdruck – »Wir sind zweiundsiebzig noch dran!«

Das Jahr 1966 war für die Bundesrepublik in politischer Sicht eine Wende. Im Dezember bildete die SPD nach 17 Jahren in der Opposition eine Große Koalition mit CDU/CSU und konnte damit ihre Regierungsfähigkeit unter Beweis zu stellen. Im Kabinett unter Bundeskanzler Kurt Georg Kiesinger (CDU) war Willy Brandt (SPD) Vizekanzler und Außenminister. Karl Schiller (SPD) übernahm das Amt des Wirtschaftsministers und Franz-Josef-Strauß (CSU) das des Finanzministers.[1] Als parlamentarische Opposition zählte die FDP im Bundestag lediglich 49 Abgeordnete, während die Koalitionsparteien mit 447 Abgeordneten vertreten waren.[2] Kritik an dem Bündnis zwischen Union und SPD übten die deutschen Intellektuellen. Günter Grass bezeichnete die Große Koalition in einem offenen Brief an Willy Brandt als »miese Ehe« und prognostizierte als Folge die Radikalisierung der Jugend »nach links und rechts«.[3] Er prangerte an, dass Franz-Josef Strauß in der neuen Regierung ein Ministeramt erhalten hatte[4] und Kiesinger, ehemals Mitglied der NSDAP und von 1940 bis 1945 stellvertretender Leiter der Rundfunkpropaganda im Auswärti-

1 Pötzsch: Deutsche Geschichte von 1945 bis zur Gegenwart. S. 148.

2 Borowsky, Peter: Große Koalition und Außerparlamentarische Opposition. In: Bundeszentrale für politische Bildung (BpB) (Hrsg.): Zeiten des Wandels – Deutschland 1961–1974, Heft 258, 1. Quartal 1998, S. 11.

3 Brief an Willy Brandt, abgedruckt am 2.12.1966 in: Die Zeit. In: Grass, Günter: Über das Selbstverständliche. Reden, Aufsätze, Offene Briefe, Kommentare. Neuwied/Berlin: Luchterhand Verlag, 1968, S. 120.

4 Ebd., S. 123. Infolge der Spiegel-Affäre wurden Strauß als »nicht demokratiefähig« und die Sozialdemokraten für ihre Zusammenarbeit mit dem CSU-Politiker von den Gegnern der Großen Koalition kritisiert. In: Korte, Hermann: Eine Gesellschaft im Aufbruch. Die Bundesrepublik Deutschland in den sechziger Jahren. Frankfurt: Suhrkamp, 1987, S. 34.

gen Amt,[5] Bundeskanzler geworden war.[6] Heinrich Böll erklärte im Herbst 1966 angesichts der Koalitionsverhandlungen,[7] dass er anstelle des Staates nur »einige verfaulende Reste von Macht« erblicke.[8]

An einem »Wendepunkt« befand sich 1966 nicht nur die Politik, sondern auch das Kabarett in der Bundesrepublik.[9] Hintergrund war ein gesellschaftlicher Generationenkonflikt, der in der Entstehung und Festigung der Außerparlamentarischen Opposition (APO) deutlich wurde, in der die Studentenbewegung einen »dynamische[n] Kern«[10] bildete. Während sich deren Kritik gegen das parlamentarische System und die »etablierten« Parteien richtete,[11] stand nun auch das populäre traditionelle Kabarett im Fokus der Jugend. Nach Auffassung von Kabarettisten wie zum Beispiel Franz Josef Degenhardt, dessen Ziel die Bildung eines sozialistischen Bewusstseins war,[12] behinderte das Lachen als Resultat der lustigen Satire den Wunsch nach aktiver Veränderung.[13] Neue Kabarettensembles wurden gegründet, bei denen das Komische

[5] Baring/Schöllgen: Kanzler, Krisen, Koalitionen. S. 95f.

[6] Brief an Willy Brandt, abgedruckt am 2.12.1966 in: Die Zeit. In: Grass: Über das Selbstverständliche. S. 126. Über die NSDAP-Mitgliedschaft Kiesingers schrieb Hildebrandt 1986 ironisch: »Er war damals noch so jung. Stimmt, er war so um die Dreißig, hatte gerade seine Rechtsanwaltspraxis in Berlin gegründet, als Erich Kästners Bücher verbrannt wurden, aber man kann mit Sicherheit annehmen, daß er dabei nicht zugeschaut hat. Später muß er irgendwas mit dem Reichspropagandaministerium zu tun gehabt haben, Genaues weiß man nicht.« In: Hildebrandt: Was bleibt mir übrig. S. 181.

[7] Anlass der Rede Die Freiheit der Kunst war die Eröffnung des Wuppertaler Schauspielhauses.

[8] Böll, Heinrich: »[...] und diese offenbar kostbaren Rudimente von Fäulnis werden mit rattenhafter Wut verteidigt. Schweigen wir also vom Staat, bis er sich wieder blicken lässt.« Auszug in: Böll/Schubert: Heinrich Böll. S. 109f. Vgl dazu: Spiegel, Nr. 41, 3.10.1966, anonym: Fäulnis und Verfall. Heinrich Böll und Martin Walser über Bonn und Vietnam, S. 162.

[9] Schreiner: Die Zeit spielt mit. S. 237.

[10] Korte: Eine Gesellschaft im Aufbruch. S. 35.

[11] Borowsky, Peter: Große Koalition und Außerparlamentarische Opposition. In: Bundeszentrale für politische Bildung (BpB) (Hrsg.): Zeiten des Wandels – Deutschland 1961–1974, Heft 258, 1. Quartal 1998, S. 14.

[12] Appignanesi: Das Kabarett. S. 185.

[13] Ebd., S. 184.

fast gänzlich hinter der Kritik zurücktrat.[14] Zu den sogenannten APO-Kabaretts zählten das Berliner *Reichskabarett*, das Münchner *Rationaltheater* und das Kölner Ensemble *Floh de Cologne*.[15] Vier Studenten der Theaterwissenschaften boten hier im Gegensatz zum konventionellen Kabarett eine Mischung aus Zitat und Kommentar sowie Prosa und Vers. Vorgetragen wurden die Texte von Sprechchören mit Solo-Einlagen, hervorgehoben wurden sie durch Beats.[16] Die jungen Kabarettisten verwendeten darüber hinaus Dia- und Tonbanddokumente und gliederten die Programme durch eine teils akrobatische Choreografie.[17] Unter den jugendlichen Zuschauern war man »hingerissen« von dem neuen »Agitationskabarett«.[18] Unterdessen wurde »Opas Kabarett«, vertreten nicht zuletzt durch die seit zehn Jahren bestehende *Lach- und Schießgesellschaft*, für »tot« erklärt.[19] Im Vergleich zu den teils derben Äußerungen der Nachwuchskabarettisten wirkten die Satiren des Münchner Ensembles decouragiert. Das Kabarett *Floh de Cologne* kommentierte die Große Koalition mit beißendem Spott, indem es die »Deutschen Parteie[n]« mit »Präservative[n]« verglich: »Preis verschieden, Verpackung verschieden,/Inhalt verschieden durchsichtig,/aufgeblasen sehn alle gleich aus,/und alle verhindern, daß was bei rauskommt.«[20] Demgegenüber erschien selbst die Metaphorik Hildebrandts, der für seine satirische Schärfe bekannt war, harmlos. 1967 stand er als *Ritter Ajax* mit einer Lanze in der Hand auf der Bühne, um diese für die Große Koalition »zu brechen«.[21] Dass ihm das nicht gelinge, läge am »Stil«, so die doppeldeutige Bemerkung Hildebrandts zu

[14] Zehrer: Aufklärungssatire versus Aufklärung: über Kabarett und Satire in der BRD. In: Glodek/Haberecht/v. Ungern-Sternberg (Hrsg.): Politisches Kabarett und Satire. S. 94.

[15] Zehrer: Aufklärungssatire versus Aufklärung: über Kabarett und Satire in der BRD. In: Glodek/Haberecht/v. Ungern-Sternberg (Hrsg.): Politisches Kabarett und Satire. S. 93f.

[16] Budzinski: Pfeffer ins Getriebe. S. 338.

[17] Ebd., S. 338.

[18] Schreiner: Die Zeit spielt mit. S. 237.

[19] Ebd., S. 237.

[20] In: Budzinski: Pfeffer ins Getriebe. S. 339.

[21] Hildebrandt, Dieter: Der Schmutzengel. Zitiert in: Die Weltbühne, Berlin, 2.5.1967, Reifferscheid, H.M.: Kabarett in Schwabing, S. 568.

dem politischen Bündnis.[22] Kritik kam nun von links: Die Zeitung *Die Tat* kritisierte Hildebrandt und seine Kollegen 1966 als »die besten Public-Relations Leute der Regierung« sowie als »kabarettistische Institution«, wobei Kabaretts dieser Art »weltanschaulich gefährlich« seien.[23] Angesichts dessen, dass die *Lach- und Schießgesellschaft* ihre Form, die von den Kritikern einst gelobt worden war, über die Jahre hinweg überwiegend beibehalten hatte,[24] demonstriert dieses Urteil die sich verändernde Zeitstimmung. Weite Teile der deutschen Gesellschaft befanden sich Ende der 60er-Jahre »im Aufbruch«.[25]

Das Münchner Ensemble bot ab Mitte der 60er-Jahre nach wie vor Unterhaltungskabarett. Die Mehrheit des Kabarettpublikums nahm dies, im Gegensatz zu vielen Kritikern und Nachwuchskabarettisten, weiterhin positiv auf. Das Programm *Die Pharisäer proben den Notstand*,[26] das am 13. Juli 1966 im Fernsehen gezeigt wurde, erhielt vom Publikum nur deshalb eine schlechtere Bewertung als die vorhergehenden Programme, da es »zu viel Politik« enthalten habe und darin »zu schnell gesprochen« worden sei.[27] Dem 14. Programm *Kleiner machen Leute* wurde 1967 hingegen wieder der »frühere Charme« attestiert. Grund war, dass es das Publikum als »weniger scharf und weniger politisch« empfand.[28] Diese Bewertungen gaben jenen Kritikern Recht, die der *Lach- und Schießgesellschaft* vorwarfen, auf komödiantische Weise Erfolge

[22] Ebd., S. 568.

[23] Die Tat, Frankfurt am Main, 23.7.1966, J.M.: Es wird scharf geschossen.

[24] »Einige ›Lach- und Schießer‹, vor allem aber die beiden Autoren, empfanden […] schon seit einiger Zeit ein beträchtliches Mißbehagen darüber, daß sich ihnen formal kaum mehr neue Möglichkeiten boten. Das Programm stand, noch ehe mit dem Schreiben begonnen wurde, schon beinahe fest.« In: Schreiner: Dieter Hildebrandt. In: Deißner-Jenssen: Die Zehnte Muse. S. 451.

[25] Korte: Eine Gesellschaft im Aufbruch.

[26] Der Name des Programms war eine Anspielung auf die geplanten Notstandsgesetze und Günter Grass' soeben uraufgeführtes Theaterstück Die Plebejer proben den Aufstand.

[27] Der ermittelte Indexwert lag bei »Die Pharisäer proben den Notstand« bei +4, im Gegensatz zu +6 bei »Schuld abladen verboten« und +7 bei »Krisenslalom«. In: Infratest GmbH München, 21.5.1967, S. 49.

[28] Ebd., S. 51.

beim Publikum erzielen zu wollen. Die Tendenz, die humoristischen Elemente zu betonen, resultierte jedoch nicht zuletzt daraus, dass mit Ende der Ära Adenauer die publikumswirksame Personifikation politischer Missstände für die Kabarettisten schwieriger geworden war. Hildebrandt berichtete 1972 von den damaligen Bemühungen des Ensembles, seine Arbeit umzustellen. Ab 1966 sei versucht worden, satirisch die »Schaltstellen« aufzugreifen, ohne dabei eine »pädagogisierende Langeweile« entstehen zu lassen. Dabei habe man in Kauf genommen, »unbeschriebene Gesichter« zu behandeln. Die Konsequenz dieser Anonymität war, dass die Kabarettisten »ein bißchen ins Blaue« schossen,[29] wie Hildebrandt es formulierte.

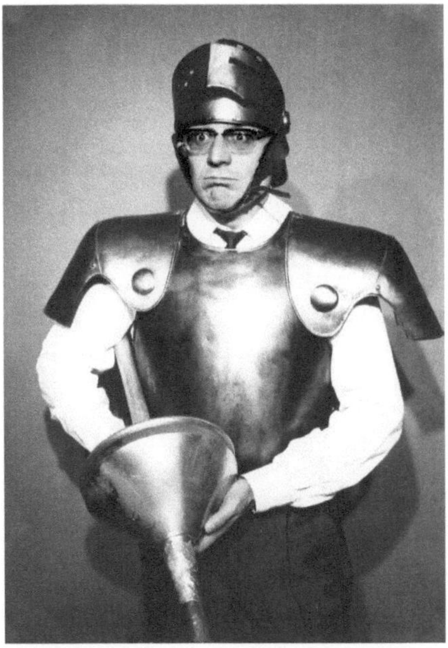

Dieter Hildebrandt als Ritter Ajax, 1967.

1966 und 1967 führte er seinen Stil hinsichtlich Themenwahl, Form und Darbietung der Texte fort. Auf den Ruf der *Lach- und Schießgesellschaft* als erfolgreichstes deutsches Kabarett ging Hildebrandt 1966 selbstironisch in der Nummer *Wenn Sie mal nach München kommen* ein. Diese war ein satirischer Ausblick auf die geplanten Olympischen Sommerspiele in München. In seiner Rolle als Berliner Olympiamanager gab Diedrich in einem Telefonat einem Fremden den Ratschlag, 1972 nach Schwabing zu gehen, wenn er »unbedingt wat für die Unterhaltung haben wolle«:

[29] Der Spiegel, Nr. 42, 9.10.1972, »In Bonn sind wir geköpft worden« – Sammy Drechsel und Dieter Hildebrandt über das Ende der »Lach- und Schießgesellschaft«, S. 167/169.

»[...] da is son junget Kabarettensemble, die sind immer unjeheuer aktuell, aber bestelln Se jetzt schon Karten, denn wenn nich vorher ausverkauft is, denn spieln die vielleicht jar nich!«[30]

Hildebrandt wandte sich mit der Szene an jene Kritiker, die der *Lach- und Schießgesellschaft* vorwarfen, veraltetes Unterhaltungskabarett zu zeigen und profitgierig zu sein. Trotzig wirkte in dem Text die Ankündigung der Kabarettisten, verkleidet mit Bärten und Stock,[31] auch noch 1972 Kabarett machen zu wollen (»Ja – wir sind noch die Alten,/wir halten die Stellung/mit Zornesfalten./Ja – wir sind zweiundsiebzig,/wir sind zweiundsiebzig noch dran!«[32]).

Entgegen der Modernisierungstendenzen im deutschen Kabarett vermittelte Hildebrandt seine ernsthaften Botschaften weiterhin auf komödiantische Weise. Für das 13. Programm schrieb er die Nummer *Der doppelte Mittwoch*, eine Bestandsaufnahme des gesellschaftlichen Klimas der Bundesrepublik. Zentrales Thema war Mitte der 60er-Jahre die öffentliche Diskussion um die Notstandsgesetze. Eine Einschränkung der Grundrechte wurde debattiert, da das Grundgesetz bis zu diesem Zeitpunkt keine Regelungen für den Verteidigungsfall sowie im Falle innerer Unruhen und Katastrophen enthielt.[33] Regierung und Opposition diskutierten unter anderem die vorgesehene Pressezensur, die Kontrolle des Brief- und Telefonverkehrs, die arbeitsrechtliche Stellung von Dienstverpflichteten und die Weisungsbefugnis der Bundesregierung gegenüber den Bundesländern bei einem Notstand.[34] Vehementen Widerstand gegen die Notstandsgesetze leis-

[30] Hildebrandt, Dieter: Wenn Sie mal nach München kommen. In: Münchner Lach- und Schießgesellschaft, 13. Programm: Die Pharisäer proben den Notstand, 1966, S. 9.

[31] Dabei sang das Ensemble zur Melodie der »Leichten Kavallerie« des Komponisten Franz von Suppé. In: Schreiner: Die Zeit spielt mit. S. 247.

[32] Hildebrandt, Dieter: Wenn Sie mal nach München kommen. In: Münchner Lach- und Schießgesellschaft, 13. Programm: Die Pharisäer proben den Notstand, 1966, S. 10.

[33] Pötzsch: Deutsche Geschichte von 1945 bis zur Gegenwart. S. 150.

[34] Borowsky, Peter: Große Koalition und Außerparlamentarische Opposition. In: Bundeszentrale für politische Bildung (BpB) (Hrsg.): Zeiten des Wandels – Deutschland 1961–1974, Heft 258, 1. Quartal 1998, S. 18. Die Gewerkschaften kritisierten, dass die neuen Bestimmungen zur Unterdrückung von

teten die westdeutschen Schriftsteller,[35] die die Entstehung einer neuen Diktatur befürchteten.[36]

Im Vergleich zu den heftigen Einwänden der literarischen Intelligenz war Hildebrandts Kritik an den geplanten Notstandsgesetzen gemäßigt. Mit seiner Nummer *Der doppelte Mittwoch*, in der er gemeinsam mit Diedrich eine »Ballade für Brotmaschine und Hundepfeife«[37] darbot, lieferte er einen allgemeinen Beitrag zur Diskussion, indem er die Grundzüge einer Diktatur satirisch behandelte. Später schilderte Hildebrandt seine damalige Intention, einen auf »Nonsens« aufgebauten Text zu schreiben, um die Möglichkeit einer diktatorischen Führung aufzuzeigen, die Menschen von einem Irrtum zu überzeugen.[38] Der teils gesungene und gereimte Text handelt von der Verordnung eines Kaisers, die besagt, dass der gestrige Mittwoch wiederholt und somit der Donnerstag zum Mittwoch werden soll. Rundfunk und Presse folgen dem Beschluss. Am Ende gibt es nur noch wenige, die sich widersetzen und auf den Donnerstag bestehen. Aber die-

Streiks missbraucht werden könnten. Von Befürwortern der Großen Koalition wurde die Notwendigkeit einer Notstandgesetzgebung als das zentrale Argument für das Bündnis aus SPD und CDU/CSU angeführt. In: Pötzsch: Deutsche Geschichte von 1945 bis zur Gegenwart. S. 150f.

35 Müller: Die literarische Republik. S. 94.

36 Am 30.10.1966 begann die Kampagne »Notstand der Demokratie«, die sich gegen die Verabschiedung der Notstandsgesetze wandte. In: Benz: Deutschland seit 1945. S. 50. Der Schriftsteller Hans Magnus Enzensberger hielt an diesem Tag bei der Abschlusskundgebung des Kongresses gegen die Notstandsgesetzgebung auf dem Frankfurter Römerberg eine Rede, in der er die berühmt gewordene Frage »Leben wir in einer Bananen-Republik?« aufwarf. Enzensberger bezeichnete die Notstandsgesetze als »Ermächtigungsgesetze« und sprach von der Bonner Regierung als einer »Schar von traurigen Grossisten«. Diese würden aus Angst die »Abschaffung der Demokratie« proben, weshalb Enzensberger die Bevölkerung zur Gegenwehr aufrief. Auszug in: Spiegel, Nr. 46, 7.11.1966, Was das im Bunker sitzt, das schlottert ja. – Hans Magnus Enzensberger auf dem Frankfurter Kongreß »Notstand der Demokratie«, S. 78.

37 Hildebrandt, Dieter: Der doppelte Mittwoch. In: Münchner Lach- und Schießgesellschaft, 13. Programm: Die Pharisäer proben den Notstand, 1966, S. 1.

38 Playboy, 7/1974, le Viseur, Raimund, Interview mit Dieter Hildebrandt, S. 42.

se »vereinzelt[en] Querulanten« gäbe es schließlich »immer«.[39] Erst in der Schlusspointe erfolgte die Hinwendung zur Politik in der Bundesrepublik, ohne dass die Notstandsgesetze explizit genannt wurden:

»Hildebrandt: Sie schwören sicher Stein und Bein,
dies Land kann doch nur Deutschland sein!
Diedrich: Die Antwort ist nicht richtig?
Hildebrandt: Nein!
Diedrich: Wie lautet sie?
Hildebrandt: Muss Deutschland sein!«[40]

Die Kritik an gesellschaftlichen Mitläufern war für Hildebrandts Satire kennzeichnend und bot thematisch nichts Neues. Die Nummer fiel jedoch durch ihren geistreichen Witz auf, mit dem die Zuschauer auf die staatlichen Einflussmöglichkeiten auf die Bürger hingewiesen wurden. Die Gesellschaftskritik, die darin bestand, dass staatliche Manipulationsversuche von vielen Menschen nicht hinterfragt oder erkannt werden, verbarg sich hinter der Komik des Textes. Dieser wurde von Hildebrandt und Diedrich auf improvisatorische Weise vorgetragen. Der Kritiker Karlheinz Kramberg sprach 1966 von einem »Hauch von Poesie« in Hildebrandts Beitrag. Darin sei es ihm gelungen, »seinen Wortwitz in eine gleichsam frei schwebende, mehr als nur parodistische Form des sprachlichen Phantasierens zu steigern.«[41] Ein Redakteur der *Stuttgarter Zeitung* nannte den *Doppelten Mittwoch* eine »fernsehfeste Nummer«. »Selbst ein showderhafter Regisseur« wüsste diese »nicht umzubringen«,[42] so der beigefügte Seitenhieb

[39] Hildebrandt, Dieter: Der doppelte Mittwoch. In: Münchner Lach- und Schießgesellschaft, 13. Programm: Die Pharisäer proben den Notstand, 1966, S. 3.

[40] Ebd., S. 3.

[41] »Er [Hildebrandt] erlöste das satirische Wort, die Waffe des Kabarettisten, aus seiner quasi militanten Zweckhaftigkeit, gab ihm Sinn und Ausdruck dessen, was das Fremdwort Esprit ungefähr und die deutsche Vokabel geistreich gröblich andeutet.« In: Der Kulturspiegel, 25.5.1966, 21.45–22.15 Uhr, 1. Programm, Abschrift, Kramberg, Karlheinz: Münchner Lach- und Schießgesellschaft. Die Pharisäer proben den Notstand.

[42] Stuttgarter Zeitung, 2.6.1966, Skasa-Weiß, Ruprecht: Notstandesgemäß. Die Lach- und Schießgesellschaft macht die Probe aufs Projekt.

auf Sammy Drechsel. Auch die *Süddeutsche Zeitung* wertete die Nummer als »glänzende[n] Text von Hildebrandt«.[43]

Gesellschaftkritische Beiträge, in denen das Komödiantische hinter der Aussage zurücktrat, verfasste Hildebrandt 1967 für das Programm *Kleiner machen Leute.* Mit seinem pazifistischen Text *Good Fight Boys* zum Krieg in Vietnam[44] lieferte er erneut einen Text gegen Militarismus. Darin legte Hildebrandt den Fokus auf die Werbekampagnen der USA mit dem Ziel, Freiwillige als Soldaten anzuwerben. Im Chor sangen Hildebrandt, Diedrich, Havenstein, Noack und Scheller, dass man die »Humanitätsdussel« ruhig »meckern« lassen solle. Ein Mann müsse sich »wann mal mit Kriegsruhm bekleckern«, um nicht zu den »mutlosen – blutlosen Feigen« zu gehören.[45] Die Antwort auf die Frage, weshalb sie den Krieg führen, bräuchten die »Jungs« nicht kennen. »Wer stirbt muss nicht wissen wofür!«, lautete das sarkastische Fazit.[46]

Für das Programm schrieb Hildebrandt außerdem ein poetisches Solo für Ursula Noack. In der Nummer *Blechschaden* warf sie die Frage auf, weshalb das Tragen des *Ritterkreuzes* Ehrensache sei, während das des *Mutterkreuzes* zur »Belohnung für Kriegsver-

[43] Süddeutsche Zeitung, München, 26.5.1966, Schütze, Christian: Die Pharisäer proben den Notstand.

[44] In den Vietnamkrieg hatten die USA 1965 im Kampf gegen den Kommunismus zur Unterstützung Südvietnams gegen den Norden des Landes militärisch eingegriffen. Bereits Mitte des darauf folgenden Jahres waren über Vietnam mehr Bomben abgeworfen worden als während des gesamten Zweiten Weltkriegs. International folgten Proteste gegen die Vietnampolitik der Vereinigten Staaten sowie gegen Folterungen, Gefangenenmorde, den Einsatz von Napalm-Bomben, Giftchemikalien und neuen Vernichtungswaffen gegen die Zivilbevölkerung. In: Korte: Eine Gesellschaft im Aufbruch. S. 44. Während sich in Deutschland vor allem Studenten im Rahmen von Protestaktionen gegen den Vietnamkrieg wandten, erhöhte die deutsche Regierung in der Zeit der Großen Koalition die humanitäre Hilfe für Südvietnam um das Dreifache und bot den USA im Bereich der Wirtschafts- und Währungspolitik Unterstützung. In: Baring/Schöllgen: Kanzler, Krisen, Koalitionen. S. 112.

[45] Hildebrandt, Dieter: Good Fight Boys. In: Münchner Lach- und Schießgesellschaft, 14. Programm: Kleiner machen Leute, 1967, S. 5.

[46] Ebd., S. 5.

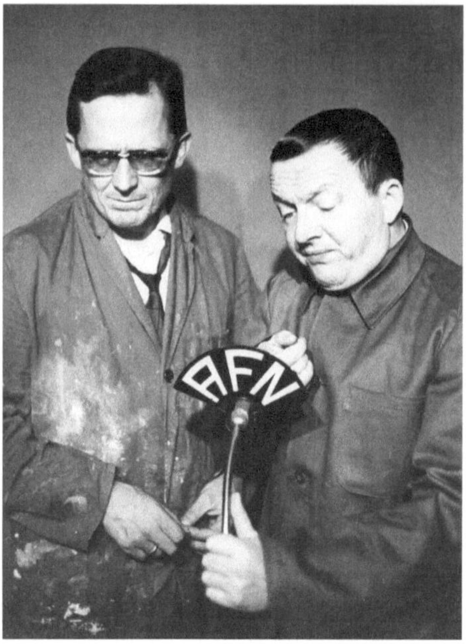

Dieter Hildebrandt und Hans Jürgen Diedrich in Good Fight Boys *(Programm* Kleiner machen Leute*), 1967.*

dienste in der Wohnung« gesetzlich untersagt werde.[47] Bis kurz vor Ende des Auftritts machte es den Anschein, als kritisiere Noack in ihrer Rolle, dass die deutschen Mütter für ihre »Leistung« für das Bevölkerungswachstum unter nationalsozialistischer Herrschaft keine Anerkennung erhielten. Erst in der siebten Strophe wird das eigentliche Anliegen des Textes deutlich, mit dem Hildebrandt die Wertschätzung beider Naziauszeichnungen anprangerte: »Es ist erlaubt,/die Herren mit dem Kreuz zu fragen,/da wir ja beiderseits im Irrtum lagen,/warum sind beide Kreuze nicht verboten?«[48] Hildebrandts kritische Beiträge zum Dritten Reich stießen noch Ende der 60er-Jahre auf vehementen Widerstand. Das bewies die infolge des Solos an Noack gerichtete Zuschauerpost, in der sie als »Schandfleck im Kreis der deutschen Schauspieler« beschimpft wurde.[49]

In den Jahren 1966 und 1967 legte Hildebrandt den Schwerpunkt in seinen Texten somit weiterhin auf Kritik an Militarismus, Untertanengeist und Restauration. Eine weitere Kontinuität zeigte sich, als Hildebrandt 1966, wie schon zwei Jahre

[47] Hildebrandt, Dieter: Blechschaden. In: Münchner Lach- und Schießgesellschaft, 14. Programm: Kleiner machen Leute, 1967, S. 1.

[48] Ebd., S. 2.

[49] Schreiner, Klaus Peter: Die Zeit spielt mit. Die Geschichte der Lach- und Schießgesellschaft. München: Kindler, 1976, S. 192.

zuvor, Bundespräsident Heinrich Lübke thematisierte und dessen Insuffizienz als Redner herausstellte. In der Nummer *Wenn Sie mal nach München kommen* hieß es ironisch, dass Lübke bei der Eröffnungsfeier der Olympischen Spiele besser nicht die Ansprache halten solle: »Der braucht immer so lange, bis er merkt, wo er is, det sich alle Termine verschieben und denn fällt die Schlussfeier uffn Montach!«[50] In seinem Solo *Schwierige Auskunft* nahm Hildebrandt auch Bezug auf Lübkes Eröffnungsrede beim 17. Internationalen Milchwirtschaftskongress in München, der wenige Tage vor der Fernsehübertragung des 13. Programms begonnen hatte. Dabei zog er Parallelen zwischen Lübke und Hindenburg. Der zweite Reichspräsident der Weimarer Republik hatte Hitler 1933 zum Reichskanzler ernannt und damit die nationalsozialistische Diktatur eingeleitet. »In entscheidenden Momenten unserer Geschichte haben wir immer Pech mit unseren Staatsoberhäuptern. Damals ein Militär, heute ein Milchwissenschaftler«,[51] so Hildebrandt in seinem Auftritt. Seine satirischen Kommentare über den Bundespräsidenten sowie Äußerungen zu Papst Paul VI.[52] in der Live-Sendung führten erneut zu einem Fernsehstreit.[53] Der *Bayerische Rundfunk* erklärte, die Programme der *Lach- und Schießgesellschaft* fortan nicht mehr senden zu wollen, weshalb das Ensemble für die Übertragung des 14. Programms zum *Süddeutschen Rundfunk* in Stuttgart wechselte.[54] Bereits 1967 wurden die

[50] Hildebrandt, Dieter: Wenn Sie mal nach München kommen. In: Münchner Lach- und Schießgesellschaft, 13. Programm: Die Pharisäer proben den Notstand, 1966, S. 5.

[51] Zitiert in: Spiegel, Nr. 44, 24.10.1966, anonym: Lübke: Immer Pech., S. 61.

[52] Budzinski: Pfeffer ins Getriebe. S. 299. Vgl. auch: Abendzeitung, München, 14.2.1967, AZ: Lach- und Schießgesellschaft doch im Bayerischen Fernsehen?

[53] Beschwerden kamen von Fernsehdirektor Clemens Münster vom Bayerischen Rundfunk und Kirchenrat Gerhard Hildmann, Vorsitzender des Fernseh- und Richtlinienausschusses im bayerischen Rundfunkrat. Infolge der Fernsehausstrahlung vom 13. Juli 1966 trat Hildmann dafür ein, eine Verbreitung von Sendungen des Münchner Ensembles nur noch auf Band zu gestatten. In: Spiegel, Nr. 44, 24.10.1966, anonym: Lübke – Immer Pech., S. 62.

[54] Wie Schreiner rückblickend erzählte, habe man dort zugesagt, live zu senden sowie von Einflussversuchen auf das Programm abzusehen. In: Schreiner: Die Zeit spielt mit. S. 239. Laut der Beurteilung des Kabarettfachmanns Bud-

Silvester-Sendung *Schimpf vor Zwölf* sowie alle darauffolgenden Programme jedoch wieder vom *Bayerischen Rundfunk* gezeigt, was die große Bedeutung der *Lach- und Schießgesellschaft* für den Unterhaltungsbereich des Senders demonstrierte.[55]

Die Debatte um Hildebrandts Äußerungen bewies dessen Entschlossenheit, sich jeglichen Versuchen, seine Texte zu zensieren, zu widersetzen. Während die Diskussionen um die TV-Übertragungen der *Lach- und Schießgesellschaft* noch im Gang waren, kritisierte er auf Tournee abermals den Bundespräsidenten und sprach die Einflussversuche auf das Kabarett direkt an. Als aktuellen Aufhänger für einen satirischen Kommentar, der vom Nachrichtenmagazin *Spiegel* im Wortlaut abgedruckt wurde, nahm Hildebrandt das Wembley-Tor im WM-Endspiel zwischen der englischen und der deutschen Fußballnationalmannschaft am 30. Juli 1966. Ob der Ball »drin« war oder nicht, habe außer dem Bundespräsidenten keiner gesehen. »Mit den Augen scheint's bei ihm zu stimmen«, stellte Hildebrandt bissig fest. Er fügte hinzu, dass derartige Bemerkungen nicht mehr live geäußert werden dürften, und bekräftigte zugleich, sich nicht an dieses Verbot zu halten. Hildebrandt forderte »gleiches Recht für alle«, da man Lübke »schon lange« nicht mehr hätte live reden lassen sollen.[56]

Obgleich Hildebrandt wegen der komödiantischen Anteile in seinen Texten nicht dem »feuerspeiende[n] Beat-Kabarett«[57] der Nachwuchskabarettisten gleichkam, blieb er auch in der Regierungszeit Ludwig Erhards unangepasst. Er brach weiterhin gesellschaftliche Regeln und Tabus, wie der Streit um die Fernsehübertragungen 1966 deutlich machte. Der Vorwurf, systemimmanent

zinski in Bezug auf den Senderwechsel vermochte der »etwas liberalere [...] CDU-Intendant« des Süddeutschen Rundfunks angesichts stabiler Machtverhältnisse den »Nutzen öffentlich geduldeter Hofnarren gegenüber ein paar unangenehmen Wahrheiten« besser einzuschätzen als der Bayerische Rundfunk. In: Budzinski: Pfeffer ins Getriebe. S. 299.

55 Der Streit sei vonseiten des Bayerischen Rundfunks, für den die Lach- und Schießgesellschaft sein »Renommierkabarett« darstellte, letztlich »nicht so ernst gemeint gewesen«, so Schreiner. In: Schreiner: Die Zeit spielt mit. S. 240.

56 Zitiert in: Spiegel, Nr. 44, 24.10.1966, anonym: Lübke: Immer Pech, S. 62.

57 Süddeutsche Zeitung, München, 20.5.1966, Schütze, Christian: Die Pharisäer proben den Notstand.

zu sein, war mit Blick auf Hildebrandts Satire ungerechtfertigt. »Etabliert« war sie jedoch, was Form und Inhalte betraf. Hildebrandt, der innerhalb der ersten zehn Jahre nach Gründung des Schwabinger Ensembles zum bundesdeutschen Botschafter des politischen Kabaretts avanciert war, trat nach Adenauers Rücktritt auch weiterhin für eine demokratische und antimilitaristische Haltung ein. Einförmig wirkte seine Kritik angesichts sich wiederholender Aussagen deshalb nicht, da sie stets unter »Kunstvorbehalt«[58] geschah und sich durch ihre Originalität, poetische und selbstironische Elemente auszeichnete.

VII.2 *Der Moor ist uns noch was schuldig*

VII.2.1 Hildebrandt und die Studentenrevolte – »Der Hochmut dieser Revoluzzer aus besseren Kreisen macht mich immer wieder zornig«

1967 setzte in der Bundesrepublik ein wirtschaftlicher Aufschwung ein, die Rezession ging in einen Boom über.[59] Unterdessen befand sich Deutschland angesichts von Protestrevolten der akademischen Jugend in einer Krise.[60] Der Aufstand, der auf antifaschistischem, antikapitalistischem und neo-marxistischem Gedankengut basierte,[61] richtete sich gegen die bestehende Gesellschaftsordnung, das »Establishment« und den »Konsumterror«.[62] Die Proteste, die zu einer Fundamentalliberalisierung des Alltags-

[58] Ebd.

[59] Borowsky, Peter: Große Koalition und Außerparlamentarische Opposition. In: Bundeszentrale für politische Bildung (BpB) (Hrsg.): Zeiten des Wandels – Deutschland 1961–1974, Heft 258, 1. Quartal 1998, S. 13. Das Bruttosozialprodukt stieg 1968 um 7,1 Prozent und 1969 wiederum um 8,2 Prozent an, die Arbeitslosenquote sank von 2,2 Prozent (1967) über 1,5 Prozent (1968) auf 0,8 Prozent (1969).

[60] Zu den Forderungen gehörte eine Reform der Hochschulen, weiterhin demonstrierten die Studenten gegen die Kriegsführung der USA in Vietnam. In: Ebd., S. 14.

[61] Wirsching: Deutsche Geschichte im 20. Jahrhundert. S. 106.

[62] Pötzsch: Deutsche Geschichte von 1945 bis zur Gegenwart. S. 152.

lebens beitragen sollten,[63] gingen von einer Bewegung mit keinem klar definierten politischen Programm aus. Einig waren sich deren Anhänger darin, dass sie den gesellschaftlichen Status quo ablehnten. Politische Ziele und Methoden blieben hingegen unklar.[64] Den linken Studenten und kritischen Intellektuellen gelang es mit ihren theoriebeladenen Forderungen, die auf die Abkehr vom gesellschaftlichen Leistungsprinzip und die Hinwendung zum Lustprinzip abzielten, nicht, eine gemeinsame Kommunikationsbasis mit der Arbeiterschaft zu finden und diese auf ihre Seite zu ziehen.[65] Ein langfristiger innovativer Einfluss auf die Gesellschaft war außerdem aufgrund eskalierender Demonstrationsformen nicht möglich. Diese fanden in Gewalt gegen Personen und Sachen ihren Ausdruck.[66] Nach einem friedlichen Beginn der Proteste folgten nach dem Tod des Germanistikstudenten Benno Ohnesorg, der von einem Polizisten bei einer Demonstration gegen den Besuch des Schahs von Persien in Berlin erschossen worden war, Ausschreitungen in zahlreichen Städten des Bundesgebiets.[67]

63 Kleinert, Hubert: Mythos 1968. In: bpb: Aus Politik und Zeitgeschichte, 14–15/2008, 31. März 2008, S. 11.

64 »Die Protestbewegung war also in erster Linie eine negative Gemeinschaft unter weitgehender Führung des SDS, der wiederum selbst über kein klar umrissenes politisches Programm verfügte.« In: Langguth, Gerd: Die Protestbewegung in der Bundesrepublik Deutschland 1968–1976. Köln: Verlag Wissenschaft und Politik, 1976, S. 323. Die deutsche Regierung zeigte Schwächen in der differenzierten Auseinandersetzung mit der Ideologie der Linken und der Rechtfertigung des eigenen, auf demokratischen Grundwerten beruhenden Systems. (In: Ebd., S. 324.) In seinem Buch »Was bleibt mir übrig« schilderte Hildebrandt seine Auffassung von der unverhältnismäßigen Reaktion der Politiker auf die Proteste der jungen Generation sowie dem Durchgreifen der Polizei: »Sie [die Politiker] wehren sich kläglich, sind verwirrt, beleidigt und setzen, in Ermangelung von Argumenten, Polizei ein. Wasserwerfer, Knüppel und Tränengas sind die Antwort auf nie verstandene Fragen.« In: Hildebrandt: Was bleibt mir übrig. S. 189f.

65 Korte: Eine Gesellschaft im Aufbruch. S. 50.

66 Ebd., S. 54.

67 In Berlin führten die Konfrontationen zwischen Studentenbewegung und Polizei zum Rücktritt des Polizeipräsidenten, des Innensenators sowie des Regierenden Bürgermeisters und evangelischen Theologen Heinrich Albertz. In: Borowsky, Peter: Große Koalition und Außerparlamentarische Opposition. In: Bundeszentrale für politische Bildung (BpB) (Hrsg.): Zeiten des Wandels – Deutschland 1961–1974, Heft 258, 1. Quartal 1998, S. 17.

Den Anlass für die schwersten Unruhen in Deutschland seit der Endphase der Weimarer Republik bildete am Gründonnerstag 1968 das Attentat auf Rudi Dutschke, den bekanntesten Wortführer des Sozialistischen Deutschen Studentenbunds (SDS). Die Bilanz waren zwei Tote und Hunderte von Verletzten.[68]

In der Regierungszeit Erhards hatten die »junge[n] Menschen« die Ideen der Kabarettisten aufgenommen und »zielgerecht« in die Politik eingebracht, wie Hildebrandt 1974 in einem Interview bemerkte. Die Satiriker seien auf diese Weise »links überholt« worden, worüber sich Hildebrandt »gar nicht traurig« zeigte.[69] Einer der Ursprünge der APO war die Ostermarsch-Bewegung der Atomwaffengegner,[70] die auch die Mitglieder der *Lach- und Schießgesellschaft* unterstützt hatten. Zu den gemeinsamen Kritikpunkten gehörten das Einvernehmen in der Großen Koalition, die relative Bedeutungslosigkeit der parlamentarischen Opposition, der damit verbundene Funktionsverlust des Parlaments und die Notstandsgesetze.[71] Weiterhin sprachen sich die Kabarettisten wie auch die Studenten für eine gerechtere Umverteilung des volkswirtschaftlichen Gesamtvermögens auf wirtschaftlich schlechter gestellte Bevölkerungsgruppen aus.[72] Die Neue Linke und Hildebrandt verband in erster Linie ihre Verurteilung der passiven Haltung der älteren Generation in der NS-Zeit sowie der Verdrängung der kollektiven Mitschuld nach Kriegsende.[73]

Hildebrandt und seine Kollegen der *Lach- und Schießgesellschaft* waren jedoch »absolute Gegner«[74] der 1968er-Generation.

[68] Ebd., S. 17. Pötzsch: Deutsche Geschichte von 1945 bis zur Gegenwart. S. 153.

[69] Playboy, 7/1974, le Viseur, Raimund, Interview mit Dieter Hildebrandt, S. 39.

[70] Borowsky, Peter: Große Koalition und Außerparlamentarische Opposition. In: Bundeszentrale für politische Bildung (BpB) (Hrsg.): Zeiten des Wandels – Deutschland 1961–1974, Heft 258, 1. Quartal 1998, S. 14.

[71] Ebd. S. 14. S. Spernol, Boris: Notstand der Demokratie. Der Protest gegen die Notstandsgesetze und die Frage der NS-Vergangenheit. Essen: Klartext Verlag, 2008.

[72] Korte: Eine Gesellschaft im Aufbruch. S. 50.

[73] Kleinert, Hubert: Mythos 1968. In: bpb: Aus Politik und Zeitgeschichte, 14–15/2008, 31. März 2008, S. 10. Wirsching: Deutsche Geschichte im 20. Jahrhundert. S. 106.

[74] Hildebrandt/Schroeder: Ich musste immer lachen. S. 162.

Hildebrandt zufolge erachtete das Ensemble Fragen der jungen Leute nach den Gründen für die Hitler-Gefolgschaft der Elterngeneration und die restaurativen Tendenzen als »richtig und notwendig«.[75] Kritik übten die Kabarettisten aber, als fehlende demokratische Perspektiven sowie eine »allgemeine Ratlosigkeit« unter der jungen Generation deutlich wurden und Demagogen wie Horst Mahler »gefährlichen Unsinn« vertraten, so Hildebrandt.[76] Der Anwalt, der die Rote Armee Fraktion (RAF) mitgründete, engagierte sich seit Mitte der 60er-Jahre für die Außerparlamentarische Opposition (APO).[77] In einem 1968 verfassten Thesenpapier plädierte Mahler dafür, alle Institutionen der demokratischen Gesellschaft zu zerstören.[78] Hildebrandt, der mit seiner Satire stets an die Vernunft appellierte und für besonnene Reformen sowie die Wahrung der demokratischen Grundwerte eintrat, verurteilte die eskalierenden Proteste. In seinem Buch *Was bleibt mir übrig* betonte er rückblickend, dass er »keine Steine […] auf Poli-

[75] Hildebrandt, Dieter: Laudatio auf Klaus Peter Schreiner (Bayerischer Kabarettpreis für das Lebenswerk 2007), S. 2. In: www.roland-forster.de (Stand: 15.4.2012).

[76] Ebd., S. 2.

[77] Mahler, geboren am 23. Januar 1936 in Haynau, war als Anwalt unter anderem für Mitglieder der Kommune I und Beate Klarsfeld tätig, die Bundeskanzler Kiesinger für seine frühere Mitgliedschaft in der NSDAP öffentlich geohrfeigt hatte. Von 2000 bis 2003 war Mahler Mitglied der NPD. In: Jander, Martin: Horst Mahler. In: Kraushaar, Wolfgang (Hrsg.): Die RAF und der linke Terrorismus. Hamburg: Hamburger Edition HIS Verlagsges. mbH, 2006, S. 378ff.

[78] Ebd., S. 380. »Die in antagonistische Klassen gespaltene spätkapitalistische Gesellschaft wird durch die Kanalisierung und Verdrängung des sozialen Konflikts, durch die ideologische Verschleierung des sozialen Gegensatzes mit Hilfe zurechtgeschneiderter Pluralismustheorien in die spätkapitalistische, bürgerliche Ordnung integriert. Die Kanalisierung und Verschleierung wird vermittelt durch die Institutionen, insbesondere durch die Sozialdemokratische Partei und die Gewerkschaften. Die Desintegration der spätkapitalistischen Gesellschaft, die die notwendige Voraussetzung eines erfolgreichen Klassenkampfes ist, setzt daher die Destruktion dieser Institutionen voraus. Die Institutionen sind gegen äußere Einwirkungen verhältnismäßig stabil. Der Widerstand ist daher in ihnen selbst zu entfalten und mit den Aktionen von außen zu koordinieren.« In: Mahler, Horst: Die »Krise« der Außerparlamentarischen Opposition im Sommer 1968 – und wie man sie überwindet. (Mitte Juni 1968). Auszug in: ebd., S. 381.

zisten [schmeißen]« wolle, »die es vielleicht deswegen geworden sind, weil sie keine Möglichkeit hatten zu studieren«.[79] »Zornig« machte Hildebrandt, der sich in seinen Kabarettprogrammen für die Schwachen in der Gesellschaft einsetzte, der »Hochmut«[80] der Protestbewegung, sofern diese nicht aus Armut oder sozialer Diskriminierung resultierte. Bei ihren Anhängern handelte es sich mehrheitlich um Angehörige des Bildungsbürgertums und der gesellschaftlichen Mittelschicht,[81] die Hildebrandt geringschätzig als »Revoluzzer aus besseren Kreisen« bezeichnete.[82] Damit verdeutlichte er die Diskrepanz zwischen den revolutionären Bestrebungen der 1968er-Generation, deren Veränderungserwartungen vor allem sozialpsychologisch zu erklären sind,[83] da sie auf keine politische oder wirtschaftliche Notsituation trafen,[84] und seiner Hoffnung auf Reformen. Hildebrandt kritisierte die mangelhafte Verwirklichung rechts- und sozialstaatlicher Normen des Grundgesetzes,[85] was ihn mit Teilen der Studentenbewegung verband. Vor dem Hintergrund seiner Erfahrungen aus dem Dritten Reich lehnte er jedoch gewaltsame und unreflektierte Versuche, auf die Gesellschaft Einfluss zu nehmen, ab.[86]

[79] Hildebrandt: Was bleibt mir übrig. S. 189.

[80] Ebd., S. 189.

[81] Görtemaker: Kleine Geschichte des Bundesrepublik Deutschland. S. 153.

[82] Hildebrandt: Was bleibt mir übrig. S. 189.

[83] Langguth: Die Protestbewegung in der Bundesrepublik Deutschland 1968–1976. S. 35.

[84] Görtemaker: Kleine Geschichte des Bundesrepublik Deutschland. S. 162.

[85] Borowsky, Peter: Große Koalition und Außerparlamentarische Opposition. In: Bundeszentrale für politische Bildung (BpB) (Hrsg.): Zeiten des Wandels – Deutschland 1961–1974, Heft 258, 1. Quartal 1998, S. 16.

[86] Angesichts der Radikalisierung der Studentenrevolte sprach der Philosoph und Soziologe Jürgen Habermas 1967 von einem »linken Faschismus«. In: Görtemaker: Kleine Geschichte des Bundesrepublik Deutschland. S. 162. 2008 legte der Historiker Wolfgang Kraushaar eine kritische Bilanz zur 68er-Generation vor, in der er der Bewegung in politischer Hinsicht drei Erfolge zusprach: 1. einen Teilerfolg in der Antinotstandsbewegung, 2. einen Erfolg in der Bekämpfung der NPD, welcher bislang »fast vollständig ignoriert« worden sei, und 3. einen maßgeblichen Beitrag zu einer parlamentarischen Mehrheit für die Bildung einer sozialliberalen Koalition, wodurch die Grundlage für Reformen in der Innen- sowie der Außenpolitik geschaffen wurde. In: Kraushaar, Wolfgang: Achtundsechzig. Eine Bilanz. Berlin: Ullstein, 2008, S. 286.

VII.2.2 Abkehr vom komödiantischen Nummernkabarett

Das 15. Programm *Der Moor ist uns noch was schuldig*, das am 28. September 1968 in Erlangen Premiere feierte,[87] wurde im Programmheft als »6. Akt« zu Friedrich Schillers Drama *Die Räuber* präsentiert.[88] In der Phase der gewalttätigen Auseinandersetzungen in der Bundesrepublik appellierten die Kabarettisten darin an die politische Vernunft und traten für eine demokratische Haltung ein. Hildebrandt bewertete das Programm als »das beste« der *Lach- und Schießgesellschaft* überhaupt.[89] Es markierte eine Zäsur in der Geschichte des Ensembles, da sich die Kabarettisten damit vom traditionellen Nummernkabarett, in dem die einzelnen Szenen größtenteils beziehungslos aufeinanderfolgen, abwandten.[90] Erstmals führten sie ein kabarettistisches Theaterstück auf, das sich durch seinen Anspruch auszeichnete und in dem die humorvolle Unterhaltung von untergeordnetem Stellenwert war. In der *Münchner Lehrerzeitung* wurde das Programm aufgrund seines hohen Niveaus als »Erlebnis« bezeichnet und die *Lach- und Schießgesellschaft* den Pädagogen von einem Kollegen augenzwinkernd als »Fortbildungsinstitut für politische Bildung« empfohlen.[91] Im Gegensatz dazu standen die Beurteilungen der Münchner Tageszeitungen. Ein Kritiker der *Abendzeitung* bemängelte das Fehlen verständlicher »Kalauer[n]« in *Der Moor ist uns noch was schuldig* und stellte fest, dass das Publikum »ratlos« gewesen sei.[92] Auch ein Redakteur des *Münchner Merkur* bezeichnete das Programm hinsichtlich seiner Komik als »flau«.[93]

87 Der Grund dafür, die Premiere in Erlangen zu feiern, war der Wunsch, diesmal ein anderes als das Münchner Premieren-Publikum anzuziehen. In: Hildebrandt/Schroeder: Ich musste immer lachen. S. 164.

88 Münchner Lach- und Schießgesellschaft, 15. Programm: Der Moor ist uns noch was schuldig, 1968, Programmheft, S. 16.

89 Hildebrandt/Schroeder: Ich musste immer lachen. S. 162.

90 Abendzeitung, 30.8.1968, von Behm, Christopher: Die Münchner »Lach- und Schießgesellschaft« bleibt zusammen: Freiheit ist eine Kunst.

91 Münchner Lehrerzeitung, Januar 1969 (Bestandteil des Archivs der Münchner Lach- und Schießgesellschaft).

92 Abendzeitung, 26.11.1968, von Behm, Christopher: Gestern abend in der »Lach- und Schieß« – Cheese-in.

93 Münchner Merkur, 27.11.1968, Ulrich, Jörg: Neues Programm der Lach- und Schießgesellschaft – Die fordern kein Jahrhundert in die Schranken.

Fred Hepp attestierte dem Ensemble in der *Süddeutschen Zeitung* fundamentale Mängel in der Methodik, da es in dem Programm den »breitenwirksamen Schalk« mit aufklärendem Anspruch vermischt habe.[94] Trotz schlechter Pressekritiken ergab eine Zuschauerbefragung nach der Fernsehübertragung, dass 96,9 Prozent der Zuschauer das Programm zustimmend aufgenommen hatten.[95] Dies bewies die anhaltende Beliebtheit der *Lach- und Schießgesellschaft* beim Publikum, ungeachtet ihres Form- und Stilwechsels.

VII.2.3 Inhalt des Programms

In *Der Moor ist uns noch was schuldig* erobern Karl Moor und seine Räuberbande die erdachte Stadt »Einheim«. Sie wird mit einer eigenen Verfassung versehen, gemäß deren Artikel 1 jeder leben kann »wo – mit wem – und wie er will«.[96]»Einheim« soll eine »wunderschöne Stadt« sein, in der es keine Soldaten gibt und »kein Mensch mehr Lebensangst« zu haben braucht.[97] Das Experiment scheitert jedoch an einem Heer rechtskonservativer Publizisten, die die Stadt einnehmen.[98] Hinzu kommt, dass sich die Räuber Spiegelberg und Schufterle, gespielt von Hildebrandt und Diedrich, als rechtsgerichtete Reaktionäre erweisen. Sie gründen eine GmbH & Co. KG und streben damit das Ziel an, auf legalem Weg Kapital aus der Gesellschaft zu schlagen.[99] Schufterle wirft

[94] »Es ist schwer, die Sackgasse zu vermeiden, wenn man den bösen Ernst mit dem breitenwirksamen Schalk, Fraktur mit Filigran, Reflexion mit Plattheiten mischt, wenn man also Kabarett und Gesellschaft mit einem Augenzwinkern ändern und missionieren will.« In: Süddeutsche Zeitung, 27.11.1968, Hepp, Fred: Zwischen Stirn- und Schenkelschlagen. Hauspremiere bei der Münchner Lach- und Schießgesellschaft.

[95] Davon waren 86,6 Prozent absolute Zustimmung und 10,3 Prozent Zustimmung mit Einschränkung. In: Bayerischer Rundfunk, Presse-Echo, 13.1.1969, S. 9.

[96] »Artikel 2: Es werden Schulen für Erwachsene errichtet, die solange nachlernen müssen, bis sie Artikel 1 begriffen haben.« In: Hildebrandt, Dieter, Münchner Lach- und Schießgesellschaft, 15. Programm: Der Moor ist uns noch was schuldig, 1968, S. 40.

[97] Ebd., S. 40.

[98] »In den Straßen, in den Gassen/hämmern Tasten durch die Nacht./Schreibmaschinen stehn in Massen/und verteidigen die Macht.« In: Ebd., S. 41.

[99] Schreiner, Klaus Peter: Wir machen eine GmbH. In: Ebd., S. 58ff.

Moor »verfluchte Räuberromantik« vor und beschimpft dessen Revolte angesichts ihrer fehlenden Systematik als »Lagerfeuerrevolution«:

> *»Die Welt verändern wolltest du? Dass ich nicht lache! Du schreist nach Barrikaden, ziehst ein buntes Hemd an, fühlst dich stark, potent bis präpotent [...]. Schreist Zeter und ziehst keine Konsequenz.«*[100]

In der von Hildebrandt geschriebenen Schlussszene wird Moor nach und nach von allen Räubern verlassen und bleibt zurück mit einer Kiste, in der die gemeinsam erlangte Beute verwahrt worden ist. In dieser enthalten sind keine materiellen Wertgegenstände, wie von einer Räuberbande zu erwarten wäre. Stattdessen befinden sich darin ideelle Werte und Wünsche, wie »die Achtung vor der Autorität«, »die Hoffnung auf Wiedervereinigung«, »die Liebe zur verlorengegangenen Heimat«, »das Vertrauen in die politische Führung«, »das gesunde Volksempfinden«, »de[r] Glaube an die Unabhängigkeit der Presse« und »das traditionelle Vaterlandsgefühl«.[101] Als Moor das Diebesgut vernichten will, findet er die Kiste leer vor. Der Räuberhauptmann wendet sich daraufhin mit der Frage »Haben Sie das?«[102] ans Publikum. Ergebnis der unkoordinierten Revolution Moors ist somit lediglich das Verschwinden von gesellschaftlichen Wertvorstellungen und Hoffnungen.

VII.2.4 Die Freiheit als zentrales Thema – »Wie lebe ich, mit wem und unter welchen Umständen«

Karl Moor wurde dem Publikum im Programmheft als »einer der ersten und radikalsten Wortführer einer zornigen jungen Generation« vorgestellt, der das »politische und kulturelle Establishment« ablehnte und sich für die »Änderung der bestehenden Gesellschaftsordnung« einsetzte.[103] In Schillers Drama

[100] Hildebrandt, Dieter: Moor – Schufterle. In: Münchner Lach- und Schießgesellschaft, 15. Programm: Der Moor ist uns noch was schuldig, 1968, S. 26.
[101] Hildebrandt, Dieter: Finale. In: Ebd., S. 77.
[102] Ebd., S. 77.
[103] Münchner Lach- und Schießgesellschaft, 15. Programm: Der Moor ist uns noch was schuldig, 1968, Programmheft, S. 3.

hegt Moor den idealistischen Glauben an eine gute, väterliche Weltordnung und übt schließlich Rache an einer Welt, von der er sich enttäuscht sieht.[104] Im Mittelpunkt des revolutionären Werks des *Sturm und Drang*, das am 13. Januar 1782 uraufgeführt wurde,[105] stehen die Kernfragen nach der tatsächlichen Freiheit des Menschen und wie es ihm gelingen kann, seine innere Freiheit im Rahmen des ihm auferlegten Schicksals zu erlangen und zu bewahren.[106] »Sich in Räuber hineinzuträumen« bedeutet, wie es der Schiller-Biograf Rüdiger Safranski formulierte, »seinen Ort imaginativ am Rand der Gesellschaft oder in ihrem Untergrund suchen.«[107] Der Räuberhauptmann Karl Moor gelangt am Ende des Dramas zu der Erkenntnis, dass der Versuch, mit Gewalt und Gräueltaten Gerechtigkeit herbeizuführen, nur eitler Hochmut gewesen ist.[108] Er erkennt die sittliche Weltordnung an und erreicht innere Freiheit, indem er sich bewusst gegen Selbstmord entscheidet, Verantwortung für sein Tun übernimmt und sich der Justiz stellt. Der junge Schiller ließ ihn durch den »Triumph des Stolzes über die Qual« zur Freiheit finden.[109]

Die Freiheit, insbesondere von gesellschaftlichen Konventionen und Traditionen, stellte für die 1968er-Generation das alles

104 Safranski, Rüdiger: Schiller oder Die Erfindung des Deutschen Idealismus. München: dtv, 2007, S. 109.

105 Schede, Hans-Georg: Friedrich Schiller – Die Räuber. Freising: Stark, 2005, S. 21.

106 Ebd., S. 117f. Entscheidenden Einfluss auf Entstehung und Handlungsverlauf des Dramas hatte der erzwungene Eintritt Schillers in die Militärakademie des württembergischen Herzogs Carl Eugen, die für ihn den Entzug jeglichen privaten Freiraums bedeutete. Auf der Grundlage dieser Erfahrung entstand ein Stück, in dem Schillers seine Gefühle der Empörung und Erbitterung verarbeitete. In: Ebd., S. 5f.

107 Safranski: Schiller oder Die Erfindung des Deutschen Idealismus. S. 104f.

108 »O über mich Narren, der ich wähnete die Welt durch Greuel zu verschönern, und die Gesetze durch Gesetzlosigkeit aufrecht zu halten.« (5. Akt, 2. Szene) In: Schiller, Friedrich: Die Räuber. Stuttgart: Reclam, 1995, S. 138.

109 Die Freiheit ist erst dann möglich, »wenn sich ein Ich mit seinem Selbst zusammenschließt«. In: Safranski: Schiller oder Die Erfindung des Deutschen Idealismus. S. 115. Schiller erarbeitete später den Begriff des Erhabenen, dessen Wirkung aus der moralischen Selbstbehauptung entsteht, welche im »Triumph der Freiheit über den Zwang der Natur und des Schicksals« gründet. In: Schede, Hans-Georg: Friedrich Schiller – Die Räuber. Freising: Stark, 2005, S. 118.

überragende Ideal dar. Dies erklärt die Beliebtheit und Häufigkeit der *Räuber*-Inszenierungen Ende der 60er-Jahre an deutschen Theatern,[110] die den Anstoß zum 15. Programm der *Lach- und Schießgesellschaft* gaben. Das ideologische Fundament für die Forderungen der Studentenbewegung nach Freiheit bildeten die Theorien des Philosophen und Soziologen Herbert Marcuse. Er vertrat die These, dass das Individuum gesellschaftlich aufoktroyierten Zwängen unterliege. In seinem 1967 auf Deutsch erschienenen Buch *Der eindimensionale Mensch* kritisierte er die Überflussgesellschaft, in der sich der Mensch vom Konsumdruck dominieren lasse.[111] Laut Marcuse führt diese Unterwerfung dazu, dass die individuellen Fähigkeiten eingeschränkt und zugleich die naturgegebenen Bedürfnisse des Einzelnen nicht erfüllt werden.[112] Die Bedürfnisse sind nach Marcuses Ansicht in der modernen Industriegesellschaft künstlich erzeugt. Durch die Parität von Bedürfnisbefriedigung und Freiheit lasse sich diese »unter der Herrschaft eines repressiven Ganzen [...] in ein mächtiges Herrschaftsinstrument verwandeln«.[113] Freiheit bedeute nicht, zwischen verschiedenen Gütern und Dienstleistungen auswäh-

[110] »Das Fernsehen hatte gerade eine Fritz-Umgelter-Inszenierung der ›Räuber‹ gesendet, in Bremen hatte schon vor geraumer Zeit eine Neufassung von Peter Zadek einen Skandal verursacht, in Hamburg lief eine Bearbeitung von Intendant Egon Monk und in Oberhausen eine von Günther Büch. Und nun sollten die ›Räuber‹ auch noch in München [am Residenztheater] zur Aufführung kommen ...« In: Schreiner: Die Zeit spielt mit. S. 243. Vgl. dazu: Erlanger Tagblatt, 30.9.1968, u.a.: Nicht glauben – sondern denken! Die Münchner Lach- und Schießgesellschaft gastiert im Markgrafentheater.

[111] Marcuse, Herbert: Der eindimensionale Mensch. Studien zur Ideologie der fortgeschrittenen Industriegesellschaft. Neuwied/Berlin: Luchterhand, 1968, S. 21ff.

[112] »Wäre das Individuum nicht mehr gezwungen, sich auf dem Markt als freies ökonomisches Subjekt zu bewähren, so wäre das Verschwinden dieser Art von Freiheit eine der größten Errungenschaften der Zivilisation. [...]; das Individuum würde von den fremden Bedürfnissen und Möglichkeiten befreit, die die Arbeitswelt ihm auferlegt.« In: Ebd., S. 22. Borowsky, Peter: Große Koalition und Außerparlamentarische Opposition. In: Bundeszentrale für politische Bildung (BpB) (Hrsg.): Zeiten des Wandels – Deutschland 1961–1974, Heft 258, 1. Quartal 1998, S. 16.

[113] Marcuse: Der eindimensionale Mensch. S. 27./Vgl. dazu: Marcuse, Herbert: Triebstruktur und Gesellschaft. Ein philosophischer Beitrag zu Sigmund Freud. Frankfurt: Suhrkamp, 1965.

len zu können, solange dadurch die »soziale Kontrolle über ein Leben von Mühe und Angst« stabilisiert werde.[114] Die Arbeiterschaft, korrumpiert durch den Wohlstand, eigne sich nicht mehr als revolutionäre Klasse. Nur gesellschaftliche Außenseiter, zu denen nach Marcuses Definition die Studenten zählen, besäßen die Fähigkeit, die Gesellschaft zu bessern.[115] Die These, dass Kräfte von der Gesellschaft abgekoppelt sein müssen, um dieser eine neue Qualität geben zu können, ging trotz berechtigter Kritik an starren sozialen Strukturen an der Realität vorbei. Marcuse berücksichtigte nicht, dass das Individuum, wäre es nicht in die Gesellschaft eingebunden, weder eine Vergangenheit noch eine Zukunft hätte.[116]

Die Freiheit wies als zentrales Thema »zu allen […] Überlegungen« der Kabarettisten für das Programm *Der Moor ist uns noch was schuldig* »Bezugspunkte«[117] auf. In dem kabarettistischen Bühnenstück, an dem neben Hildebrandt und Schreiner der Kabaret-

[114] »Die freie Wahl der Herren schafft die Herren oder die Sklaven nicht ab.« In: Marcuse: Der eindimensionale Mensch. S. 27f. »So würde ökonomische Freiheit Freiheit von der Wirtschaft bedeuten – von Kontrolle durch ökonomische Kräfte und Verhältnisse; Freiheit vom täglichen Kampf ums Dasein, davon, sich seinen Lebensunterhalt verdienen zu müssen. Politische Freiheit würde die Befreiung der Individuen von der Politik bedeuten, über die sie keine wirksame Kontrolle ausüben. Entsprechend würde geistige Freiheit die Wiederherstellung des individuellen Denkens bedeuten, das jetzt durch Massenkommunikation und -schulung aufgesogen wird, die Abschaffung der ›öffentlichen Meinung‹ mitsamt ihren Herstellern.« In: Ebd., S. 24.

[115] »Hoffnung auf Besserung in der Gesellschaft könne nur noch von ›freischwebenden‹ Kräften kommen, den Studenten und Intellektuellen oder anderen ›Außenseitern‹ wie Slumbewohnern.« In: Korte: Eine Gesellschaft im Aufbruch. S. 49. »Unter der konservativen Volksbasis befindet sich jedoch das Substrat der Geächteten und Außenseiter: die Ausgebeuteten und Verfolgten anderer Rassen und anderer Farben, die Arbeitslosen und die Arbeitsunfähigen. Sie existieren außerhalb des demokratischen Prozesses; ihr Leben bedarf am unmittelbarsten und realsten der Abschaffung unerträglicher Verhältnisse und Institutionen. Damit ist ihre Opposition revolutionär, wenn auch nicht ihr Bewußtsein. Ihre Opposition trifft das System von außen und wird deshalb nicht durch das System abgelenkt; […].« In: Marcuse: Der eindimensionale Mensch. S. 267.

[116] Korte: Eine Gesellschaft im Aufbruch. S. 52.

[117] Abendzeitung, 30.8.1968, von Behm, Christopher: Die Münchner »Lach- und Schießgesellschaft« bleibt zusammen: Freiheit ist eine Kunst.

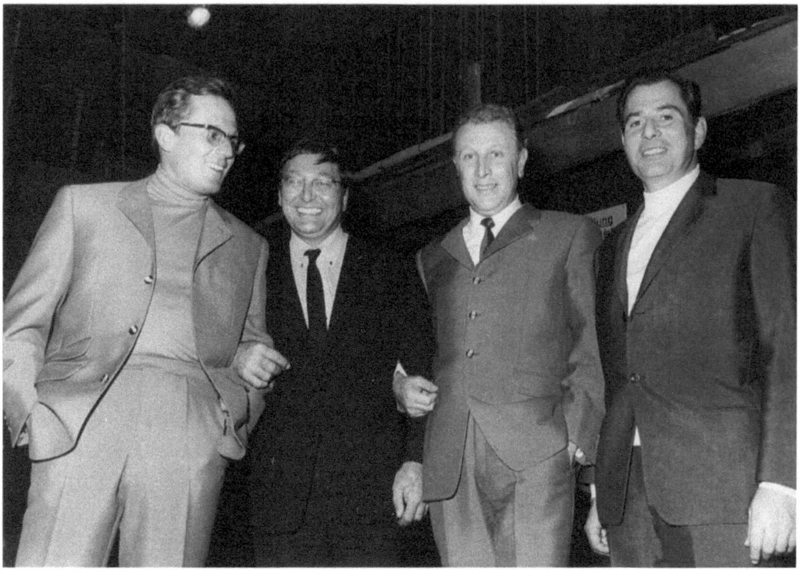

Dieter Hildebrandt, Wolfgang Neuss, Klaus Peter Schreiner und Sammy Drechsel (v. l.), 1969.

tist Wolfgang Neuss als Gastautor mitarbeitete,[118] beschließt Karl Moor, gespielt von Jürgen Scheller, in der Bundesrepublik weiter für die Freiheit zu kämpfen. Hildebrandt legte in dem Programm seine liberalen Grundsätze dar, die für ihn auf der Antwort auf die Frage »Wie lebe ich, mit wem und unter welchen Umständen?« basieren: »[…] diese Entscheidung selber treffen zu dürfen bedeutet für mich Freiheit.«[119] Die simple Definition Hildebrandts als ideologische Grundlage des Programms steht damit in Kontrast zu der komplexen und umfangreichen Freiheitstheorie Marcuses, mit der der Soziologe maßgeblichen Einfluss auf die Studentenbewegung hatte. Hildebrandt prangert, ebenso wie Marcuse, gesellschaftli-

118 Neuss war mit Hildebrandt und Drechsel befreundet, befand als Mitglied der Westberliner APO jedoch das fertiggestellte Programm, dessen Premiere er beiwohnte, als »beschämend«. In: Hildebrandt/Schroeder: Ich musste immer lachen. S. 164.

119 Abendzeitung, 30.8.1968, von Behm, Christopher: Die Münchner »Lach- und Schießgesellschaft« bleibt zusammen: Freiheit ist eine Kunst.

che Unterdrückung an und lehnt »strikte Verbote« ab.[120] Den Menschen sieht er jedoch als vernunftbegabtes Wesen an, das trotz seiner Integration in eine Gemeinschaft über seine Bedürfnisse selbst bestimmen kann. Hildebrandts Vorstellungen von einem solidarischen und liberalen Miteinander implizieren weiterhin die Erkenntnis, dass Gebote einzuhalten sind.[121]

Hildebrandt ist kein Theoretiker. Im 15. Programm der *Lach- und Schießgesellschaft* gelang es ihm jedoch, indem er Freiheit in einem einzelnen Satz definierte, schnell eine gemeinsame gedankliche Grundlage mit seinem Publikum herzustellen. Mit seinem Freiheitsideal bildete er bewusst einen Kontrast zu den oft weitschweifenden Thesen der Studentenrevolte. Durch eine unerwartete direkte Publikumsansprache als »Schrecksekunde«[122] am Ende des Stücks forderte Hildebrandt die Zuschauer dazu auf, sich in einer Zeit, in der die Thesen der Systemkritiker die Schlagzeilen beherrschten, der eigenen Werte und Vorstellungen von Freiheit bewusst zu werden. Eine gedankliche Leistung beim Publikum zu erwecken, war somit auch im 15. Programm das Anliegen von Hildebrandt. Mit seinen Textbeiträgen zu *Der Moor ist uns noch was schuldig* bewies er, dass Komik für ihn in erster Linie ein Mittel zum Zweck bedeutet. Indem er beim Zuschauer Lachen errege, mache er diesen erst »aufnahmebereit«, so Hildebrandt. Auf diese Weise werde dessen »naturgegebene Abwehr« unterlaufen.[123] Nach Überzeugung Hildebrandts erkennt der Zuschauer, der zuerst »auf eine falsche Fährte« gelockt und zum Lachen gebracht wird, erst nach Auflösung des Sachverhalts »Konsequenzen und Aspekte« des soeben noch Belachten.[124] Während die Studentenbewegung mit zum Teil unverhältnismäßigen Forderungen nach einer Umwälzung der Gesellschaft die Distanz zu dieser selbst

[120] Süddeutsche Zeitung, Nr. 155, 5./6.7.2008, Drautz, Mischa/Langeder, Martin: »Mir ist das Spießige lieber« – »Mir auch«. CSU-Politiker Peter Gauweiler und Kabarettist Dieter Hildebrandt über sich, über ihr Verhältnis zueinander und über München, S. 55.

[121] Ebd., S. 55.

[122] Schreiner: Die Zeit spielt mit. S. 246.

[123] Abendzeitung, 30.8.1968, von Behm, Christopher: Die Münchner »Lach- und Schießgesellschaft« bleibt zusammen: Freiheit ist eine Kunst.

[124] Ebd.

vergrößerte,[125] gelang es Hildebrandt auch 1968, mit seinen Aufklärungsbestrebungen die breite Masse zu erreichen. Das bewies die Zuschauerquote, die bei der Fernsehübertragung am 23. November 1968 bei 62,6 Prozent lag.[126]

VII.2.5 Hildebrandt als Räuber Spiegelberg – »Sie können ja jetzt nachdenken, aber es dauert so lange!«

Auch das kabarettistische Theaterstück *Der Moor ist uns noch was schuldig* enthielt ein Solo Hildebrandts, das Markenzeichen der Programme der *Lach- und Schießgesellschaft.* In dem Auftritt ging er auf seine Rolle ein und thematisierte die Darstellung des Moritz Spiegelberg im Drama. Der schwatzhafte und intelligente Räuber, der die Idee hat, eine Räuberbande zu gründen, ist in Schillers Werk Gegenspieler des Protagonisten Karl Moor und offensichtlich jüdischer Abstammung.[127] Darauf verweisen seine politischen Visionen, sein Name, der jüdische Geschichtsschreiber Flavius Josephus als seine weltanschauliche Quelle,[128] Karl Moors Spott darüber, dass er beschnitten ist,[129] und seine Sprache.[130] Hildebrandt kommentierte mit Ironie, dass Schiller gerade die negative Figur Spiegelberg als Juden angelegt hatte. Schiller sei »seiner Zeit immer weit voraus«[131] gewesen, so Hildebrandt. Sein Studienrat habe ihm das »nie erklärt« und möglicherweise »auch nie gemerkt«: »Es gibt solche Sachen.«[132] Mit dieser Äußerung spielte Hildebrandt auf die Existenz einer verdeckten antisemitischen Haltung in der deutschen Gesellschaft an. Auf dreiste Weise forderte er die Zuschauer dazu auf, Schillers Intention bei seiner Schilderung Spiegelbergs zu hinterfragen: »Sie können ja jetzt nachdenken, aber es dauert so lange! Machen Sie es zu Hause.«[133]

[125] Korte: Eine Gesellschaft im Aufbruch. S. 54f.
[126] Bayerischer Rundfunk, Presse-Echo, 13.1.1969, S. 9.
[127] Schede: Friedrich Schiller – Die Räuber. S. 101ff.
[128] Schiller: Die Räuber. S. 19.
[129] Ebd., S. 21.
[130] Schede: Friedrich Schiller – Die Räuber. S. 103.
[131] Hildebrandt, Dieter: Solo Hildebrandt. In: Münchner Lach- und Schießgesellschaft, 15. Programm: Der Moor ist uns noch was schuldig, 1968, S. 73.
[132] Ebd., S. 72f.
[133] Ebd., S. 73.

1903 befasste sich der jüdische Literaturwissenschaftler und Goethephilologe Ludwig Geiger in einem Aufsatz, der erstmals in der *Allgemeinen Zeitung des Judentums* erschienen war,[134] mit der Thematik *Schiller und die Juden*[135]. Geiger bestritt, dass Schiller die Figur Spiegelberg als Juden beschrieben hatte, da er keine sprachlichen Auffälligkeiten entdecken konnte.[136] Spiegelbergs Empfehlung an Karl Moor, ein Buch des Historikers Josephus zu lesen, deutete Geiger als »passend im Munde eines Liebhabers von Greueltaten«, ohne dass er hier eine Verbindung zur jüdischen Herkunft sah.[137] Weiterhin befand Geiger die Tatsache, dass Spiegelberg beschnitten ist, als »nicht beweiskräftig«[138] für dessen Religion aufgrund des Zusatzes, dass er dies »wunderbarerweis«[139] sei. Im 18. Jahrhundert habe vielmehr das Nicht-Tragen dieses Merkmals des Judentums eine Besonderheit dargestellt.[140] Geiger urteilte, dass es Behauptungen, dass Schiller in *Die Räuber* Juden dargestellt habe, an Stichhaltigkeit fehle.[141] Dass die Juden in Schillers Leben und Werk keine besondere Rolle[142] besaßen, ließ nach Auffassung Geigers aufgrund des »edlen Sinn[s]« des Dichters keine Rückschlüsse auf dessen »grundsätzliche Abneigung« gegen die Glaubensgemeinschaft zu.[143]

2007 setzte sich der Tübinger Literaturwissenschaftler Andreas Kilcher mit der Bedeutung Schillers für die jüdische Moderne

[134] Kilcher, Andreas B.: Geteilte Freude. Schiller-Rezeption in der jüdischen Moderne. München: Stiftung Lyrik Kabinett, 2007, S. 23.

[135] Geiger, Ludwig: Schiller und die Juden. In: Geiger, Ludwig: Die Deutsche Literatur und die Juden. Berlin: Verlag Georg Reimer, 1910, S. 125–160.

[136] Ebd., S. 127.

[137] Ebd., S. 127.

[138] Ebd., S. 128.

[139] Schiller: Die Räuber. S. 21.

[140] Geiger: Schiller und die Juden. In: Geiger: Die Deutsche Literatur und die Juden. S. 128.

[141] Ebd., S. 129.

[142] Ebd., S. 125.

[143] »Er ist ein Denker, der kulturhistorische Probleme erwägt, nicht immer ausgerüstet mit gediegener Kenntnis, nicht ganz frei von Vorurteilen, er besitzt weder den andere verdammenden Glaubenseifer noch religiöse Voreingenommenheit. Ihm waren die Juden, wie so vielen deutschen Schriftstellern, etwas Besonderes, weder Freunde noch Feinde.« In: Ebd., S. 160.

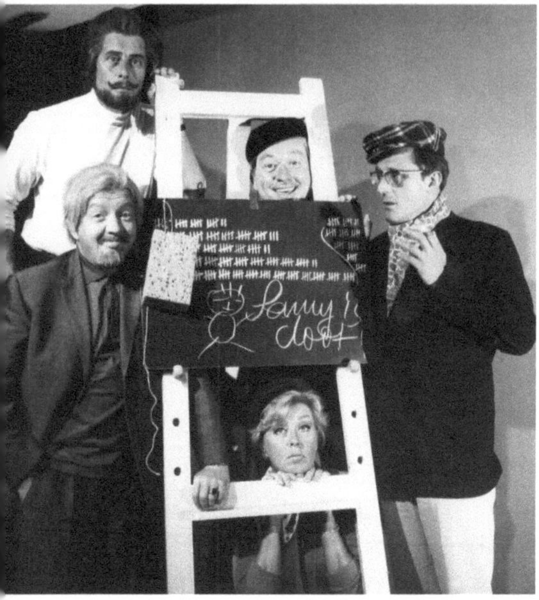

Der Moor ist uns noch was schuldig, 1969.

auseinander und richtete seinen Fokus dabei auf Schillers Wahrnehmung der Juden.[144] Dabei zitierte er aus den Jenaer Vorlesungen *Die Sendung Mosis* aus dem Jahr 1790,[145] in welchen Schillers »höchst ambivalente Interpretation der Juden«[146] zum Ausdruck kam. Schiller erwähnte einerseits den »großen Einfluß«, den die Nation der Hebräer »mit Recht« in der Weltgeschichte besitze. Andererseits bezeichnete er sie als »unreines und gemeines Gefäß, worin aber etwas sehr Kostbares aufbewahret worden« und als welches man sie schätzen müsse.[147] Schiller war in seiner Moses-Vorlesung gerade an den Stellen, an welchen er sich direkt an die Juden wandte, »weit weg von jenem Humanismus [...], mit dem ihn die jüdischen Leser des 19. Jahrhunderts identifizierten«,[148] wie Kilcher bilanzierte.

Was Schillers Haltung gegenüber der jüdischen Glaubensgemeinschaft betraf, war Hildebrandt somit zuzustimmen, als er 1968 in dem Werk *Die Räuber* »Grundzüge des deutschen Unwesens« sowie einen »deutliche[n] Antisemitismus und eine manchmal

144 Kilcher: Geteilte Freude. S. 23ff.

145 Schiller folgte hier den Thesen des Wiener Freimaurers und Kantianers Carl Leonhard Reinhold, der in einer seiner Schriften Moses zum Ägypter erkoren hatte. In: Ebd., S. 25f.

146 Ebd., S. 27.

147 In: Ebd., S. 26.

148 Ebd., S. 28.

geradezu militant-intolerante Haltung« erkannte.[149] Werk und Wirkung des Freiheitsdenkers und Kosmopoliten Schiller bewertete er dennoch differenziert. Hildebrandt brachte dies zum Ausdruck, als er 1987 mit dem Schillerpreis ausgezeichnet wurde. Anlässlich der Verleihung berichtete er in einem Interview, dass der Dramatiker, dessen Werke er als Kind auf Wunsch seines Vaters gelesen hatte, sein Interesse am Theater geweckt habe.[150] Hildebrandt betonte außerdem, dass Schiller im Dritten Reich als »sehr gefährlicher Autor«[151] eingestuft worden war. Nachdem er den Nationalsozialisten zuerst zu Propagandazwecken gedient hatte, wurden ab 1941 die Lektüre seiner Schriften und die Aufführung seiner Stücke von der NS-Führung verboten. Grund war, dass das Drama *Wilhelm Tell* den Tyrannenmord rechtfertigt und den Verlust von Gebieten des Deutschen Reichs thematisiert.[152] Mit Blick auf das Vorgehen des nationalsozialistischen Regimes gegen Schillers Werk, damit das Publikum im Theater »nicht eventuell falsch applaudier-

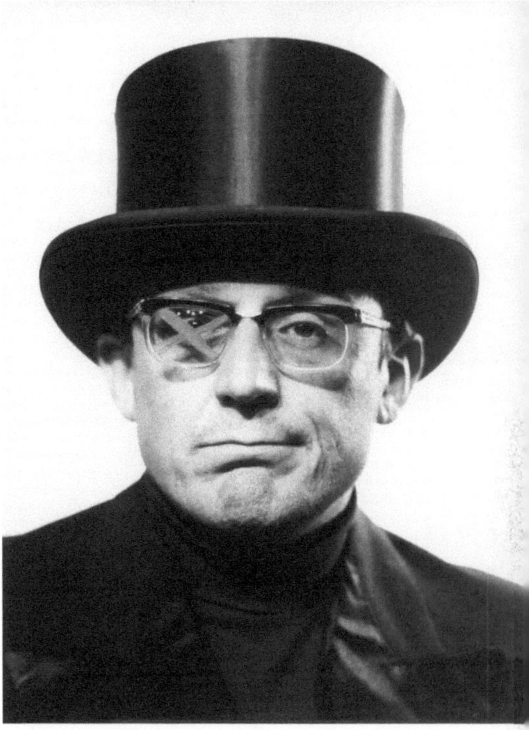

Dieter Hildebrandt als Spiegelberg (Programm Der Moor ist uns noch was schuldig).

[149] Abendzeitung, 30.8.1968, von Behm, Christopher: Die Münchner »Lach- und Schießgesellschaft« bleibt zusammen: Freiheit ist eine Kunst.

[150] »Mit Schiller fing mein Interesse am Theaterspielen oder Theatersehen überhaupt erst an.« Dieter Hildebrandt in: Mannheimer Morgen, 29.4.1987, Kammerer, Regina: »Wie kommst du denn zum Schillerpreis!?«

[151] Ebd.

[152] Ruppelt, Georg: Die Gleich- und Ausschaltung Schillers. In: Ruppelt, Georg (Hrsg.): Schiller im nationalsozialistischen Deutschland. Der Versuch einer Gleichschaltung. Stuttgart: Metzler, 1979, S. 33–45.

te«, wertete es Hildebrandt als »sehr große Ehre«, mit dem Dramatiker in Zusammenhang gebracht zu werden.[153]

Das Dritte Reich und das von der diktatorischen NS-Führung vermittelte Gedankengut stellten für Hildebrandt einen Bezugspunkt dar, von dem ausgehend er die Dinge beurteilte und sich seine humanistische Grundhaltung verdeutlichte. 1968 wurde er in seinem Solo seinem Ruf als schonungsloser Aufklärer gerecht, indem er das Werk *Die Räuber* von einem Standpunkt aus beleuchtete, der demonstrierte, dass selbst Schiller als einer der bedeutendsten Dramatiker der Geschichte nicht frei von Intoleranz war.

[153] Mannheimer Morgen, 29.4.1987, Kammerer, Regina: »Wie kommst du denn zum Schillerpreis!?«

VIII Das Ende der *Lach- und Schießgesellschaft*

VIII.1 Willy Brandt – »Schade, dass er in diesem Volk Kanzler geworden ist«

Das Ergebnis der Bundestagswahlen vom 28. September 1969 war ein Bündnis aus SPD und FDP.[1] Die Liberalen (5,8 Prozent) gingen trotz Koalitionsangeboten der CDU/CSU (46,1 Prozent) eine Koalition mit der SPD ein (42,7 Prozent).[2] In der Innenpolitik reichten die Pläne der neuen Regierung von einer Bildungs-, Steuer- und Strafrechtsreform über den Ausbau des Sozialsystems[3] und des Umweltschutzes bis hin zur Gleichberechtigung der Frauen, Monopolkontrolle und Ausweitung der betrieblichen Mitbestimmung.[4] Staat und Gesellschaft sollten nicht revolutionär verändert, sondern grundlegend modernisiert werden.[5] »Wir stehen nicht am Ende unserer Demokratie, wir fangen

1 Görtemaker: Kleine Geschichte des Bundesrepublik Deutschland. S. 168.

2 Borowsky, Peter: Sozialliberale Koalition und innere Reformen. In: Bundeszentrale für politische Bildung (BpB) (Hrsg.): Zeiten des Wandels – Deutschland 1961–1974, Heft 258, 1. Quartal 1998, S. 32. Gewinne hatte die SPD in erster Linie bei Angestellten und Beamten verzeichnet. In: Potthoff/Miller: Kleine Geschichte der SPD. S. 228. Hildebrandt quittierte die Wahlniederlage der Union 1969 mit der sarkastischen Behauptung, dass diese für eine Koalition mit der FDP und damit für den Machterhalt selbst ihre »Grundsätze«, »Moral«, »Maske« und »Hosen« hätte fallen lassen. In: Hildebrandt, Dieter/Jüssen, Horst: Opening. In: Münchner Lach- und Schießgesellschaft: Schimpf vor 12, 31.12.1969, S. 2.

3 Vor dem Hintergrund des stetigen Wirtschaftswachstums kam es zu einer deutlichen Erhöhung der Sozialleistungen. Bei der Sozialleistungsquote wurde ein Anstieg von etwa 20 Prozent (1960) auf 26,2 Prozent (1970) und 33,3 Prozent (1975) verzeichnet. In: Pötzsch: Deutsche Geschichte von 1945 bis zur Gegenwart. S. 181.

4 Ebd., S. 172.

5 Borowsky, Peter: Sozialliberale Koalition und innere Reformen. In: Bundeszentrale für politische Bildung (BpB) (Hrsg.): Zeiten des Wandels – Deutschland 1961–1974, Heft 258, 1. Quartal 1998, S. 33.

erst richtig an«,[6] kündigte Willy Brandt am 28. Oktober 1969 in seiner Regierungserklärung vor dem Deutschen Bundestag an. In der Ostpolitik setzte die sozialliberale Koalition auf das von Egon Bahr geprägte Motto »Wandel durch Annäherung«.[7]

Wie keinem anderen Bundeskanzler war es Brandt bereits als Anwärter auf dieses Amt gelungen, Vertreter des kulturellen Lebens auf seine Seite zu ziehen.[8] Günter Grass, der Publizist Günter Gaus, der Historiker Eberhard Jäckel sowie die Politologen Arnulf Baring und Kurt Sontheimer gründeten 1969 die *Sozialdemokratische Wählerinitiative*.[9] Unter Künstlern, insbesondere auch in den Münchner Filmkreisen, gehörte die Unterstützung der SPD zum »guten Ton«.[10] Die SPD hatte sich von einer reinen Arbeiterpartei zur Partei der neuen Mitte, der Intellektuellen und sogar der höheren Gesellschaftsschicht entwickelt.[11]

In der Eröffnungsnummer der Silvestersendung *Schimpf vor 12*[12] sprach Hildebrandt 1969 den Wahlausgang an, der seiner Ansicht nach nicht aus einem Umdenken der Gesellschaft resultierte. Hildebrandt gab sich hinsichtlich des in der Bevölkerung herrschenden Wunsches nach einer politischen Modernisierung desillusioniert und äußerte seine Auffassung, dass die SPD allein aufgrund kapitalistischer Gesichtspunkte Erfolg hatte. Die Wähler hätten in Zeiten des ökonomischen Aufschwungs »gemerkt«, dass Wirtschaftsminister Schiller »ihre Mäuse genau so gut vermehrt wie die Anderen ... [...].«[13] Für Hildebrandt und seine Kol-

[6] Willy Brandt in seiner Regierungserklärung am 28.10.1969 vor dem Deutschen Bundestag. In: Wilharm: Deutsche Geschichte 1962–1983. Band 2. S. 32.

[7] Borowsky, Peter: Sozialliberale Koalition und innere Reformen. In: Bundeszentrale für politische Bildung (BpB) (Hrsg.): Zeiten des Wandels – Deutschland 1961–1974, Heft 258, 1. Quartal 1998, S. 32.

[8] Baring/Schöllgen: Kanzler, Krisen, Koalitionen. S. 141.

[9] Walter: Die SPD. S. 188.

[10] Anhänger der SPD waren die Schauspieler Horst Tappert (»Derrick«), Siegfried Lowitz (»Der Alte«) und Inge Meysel sowie die Showmaster Hans-Joachim Kulenkampff und Peter Frankenfeld. In: Ebd., S. 188.

[11] Ebd., S. 189.

[12] Die Sendung wurde zwischen 1963 und 1971 alle zwei Jahre von der ARD übertragen.

[13] Hildebrandt, Dieter/Jüssen, Horst: Opening. In: Münchner Lach- und Schießgesellschaft, Schimpf vor 12, 31.12.1969, S. 2.

legen war Brandt Hoffnungsträger und »integre Figur«.[14] Wie er später erzählte, hatte er aber von Beginn des Kabinetts Brandt an befürchtet, dass damit in der Bundesrepublik nicht das »Getriebe«, sondern allein die »Reifen« ausgewechselt worden waren. Nach 20 Jahren CDU-Regierung habe er nicht daran geglaubt, dass die sozialliberale Regierung von den »Viel-Besitzenden« Akzeptanz finden würde.[15]

Der Widerstand gegen die Regierung zeigte sich 1972 in einem konstruktiven Misstrauensvotum, das erstmals in der Geschichte der Bundesrepublik von der Oppositionspartei eingereicht wurde. Hintergrund war die neue Ostpolitik, die vor allem von der Union und in den Reihen der FDP abgelehnt wurde. Um die Voraussetzungen für ein besseres Verhältnis zur Sowjetunion und zu den kommunistischen Staaten Osteuropas zu schaffen, erkannte die Regierung Brandt/Scheel die in Europa existierenden Grenzen, im Speziellen die Oder-Neiße-Linie als polnische Westgrenze, sowie die Grenze zwischen der Bundesrepublik und der DDR an. Dies galt auch für die staatliche Existenz der DDR, obgleich nicht deren völkerrechtliche Anerkennung erfolgte.[16] Aus Protest gegen die Ostpolitik der Regierung wechselten mehrere Abgeordnete zur Opposition. Im Oktober 1970 waren dies Erich Mende, Siegfried Zoglmann und Heinz Starke.[17] Diese Politiker waren Vertreter jener FDP der 50er-Jahre, die sich für die gesellschaftliche Wiedereingliederung ehemaliger Offiziere und Soldaten, auch früherer Nationalsozialisten, eingesetzt hatte. Ihr Selbstverständnis und Erscheinungsbild standen in Widerspruch zum späteren linksliberalen und reformorientierten Kurs der FDP.[18] Hildebrandt, der wie seine Schwabinger Kabarettkollegen die Ostpolitik der Regierungskoalition gänzlich befürwortete,[19] bezeichnete die drei nationalliberalen Politiker in seinem »Fliegenfänger«-Solo

[14] Playboy, 7/1974, le Viseur, Raimund, Interview mit Dieter Hildebrandt, S. 38.

[15] Ebd., S. 36.

[16] Borowsky, Peter: Sozialliberale Koalition und innere Reformen. In: Bundeszentrale für politische Bildung (BpB) (Hrsg.): Zeiten des Wandels – Deutschland 1961–1974, Heft 258, 1. Quartal 1998, S. 32f.

[17] Baring: Machtwechsel. S. 398.

[18] Ebd., S. 398.

[19] Abendzeitung, 20.7.1970, Petz, Thomas: Wir werden uns schon schaffen.

im 17. Programm der *Lach- und Schießgesellschaft* geringschätzig als »Blattläuse«.[20] Bedenken der SPD aufgrund der schwindenden Mehrheit der Koalition im Bundestag[21] bewertete Hildebrandt 1970 (noch) als grundlos. Es sei nicht »um die Wurst« gegangen, es habe sich »nur um drei Würstchen« gehandelt.[22]

Die besondere Leistung der Regierung Brandt/Scheel lag in der Ost- und Deutschlandpolitik, hinter der die innenpolitischen Reformen zurücktraten.[23] Ein Abschwung in der Wirtschaftsentwicklung sowie konservative Mehrheiten im Bundesverfassungsgericht und im Bundesrat schränkten den Handlungsspielraum der Regierung ein.[24] Brandt, bei dem sich ab 1973 gesundheitliche Ermüdungserscheinungen abzeichneten, konnte zudem keine Einheit von Regierung, Fraktion und Partei herstellen.[25] Die SPD belasteten innerparteiliche Kultur- und Generationskämpfe,[26] die aus radikalen Forderungen der Jungsozialisten resultierten.[27] Deren »taktische Fehler«, ihre »Dummheit in der Öffentlich-

[20] Hildebrandt warf Mende in einem satirischen Angriff und unter Verwendung des für ihn typischen, improvisiert wirkenden Stotterns politische Standpunkt- und Gewissenlosigkeit vor: »Mende hat ja ... also der hat ja, noch lange bevor er seinen Übertritt gemacht hatte, gesagt, falls es einmal so weit kommen sollte, daß ich meiner Meinung werde, dann gebe ich mein Bundestagsmandat selbstverständlich sofort zurück, das ist eine Sache der politischen Ehrenhaftigkeit ... ja ... das ist es auch ... aber nicht seine.« Hildebrandt, Dieter: Der Fliegenfänger. In: Münchner Lach- und Schießgesellschaft, 17. Programm: Wir werden uns schon schaffen, 1970, S. 63.

[21] Nach den Parteiwechseln betrug 1970 die Mehrheit der sozialliberalen Koalition im Bundestag noch sechs Stimmen. In: Baring: Machtwechsel. S. 398.

[22] Hildebrandt, Dieter: Der Fliegenfänger. In: Münchner Lach- und Schießgesellschaft, 17. Programm: Wir werden uns schon schaffen, 1970, S. 63.

[23] Baring/Schöllgen: Kanzler, Krisen, Koalitionen. S. 122. Vgl. dazu: Görtemaker: Kleine Geschichte des Bundesrepublik Deutschland. S. 199.

[24] Walter: Die SPD. S. 207.

[25] Ebd., S. 199.

[26] Ebd., S. 196.

[27] Walter, Franz: »[...] Im übrigen spalteten sich die Jungen in mehrere Fraktionen auf, die aufeinander eindroschen und sich mit heiligem Eifer darüber stritten, wer denn die marxistischste von allen sei. [...] Der plötzliche Einmarsch der langhaarigen Schüler und Studenten in die Partei der eher ein wenig kleinbürgerlichen Facharbeiter brachte die SPD aus dem seelischen Gleichgewicht, löste einen Generations- und Kulturkampf aus.« In: Ebd., S. 194.

keitsarbeit« und ihre »Unbedenklichkeit« haben Hildebrandt nach eigener Angabe »wahnsinnig gestört«.[28] Kurz nach Brandts Rücktritt im Mai 1974 bedauerte Hildebrandt in einem Interview, dass jener »in diesem Volk Kanzler geworden ist«.[29] Damit drückte er seine Wertschätzung für die Arbeit Brandts als auch seine Enttäuschung angesichts dessen Sturzes aus. Mit seinen 1969 angekündigten Reformen, die politische Entspannung, Völkerverständigung, Abrüstung und die endgültige Demokratisierung aller Bereiche der Gesellschaft vorsahen,[30] hatte Brandt eben jenen Zielen entsprochen, für die sich Hildebrandt als Kabarettist stets eingesetzt hatte.

VIII.2 Die Suche nach Angriffsflächen – »Wir blieben Kritiker, aber wir waren keine Profis, die Kritik um der Kritik betrieben«

Ihre Auffassung, dass politisches Kabarett oppositionell sein müsse, und die Opposition stehe in der Bundesrepublik »bekanntlich links«, hatten die Kabarettisten der *Lach- und Schießgesellschaft* 1957 in einem Programmheft erläutert. Dennoch, so hatte man in der Anfangszeit betont, dürfte das Kabarett für keine politische Partei als »Wahlpropagandamittel« eintreten. Schließlich könne »der Zufall« es wollen, »daß nach der Wahl aus Opposition Regierung wird und dann müßte man ja hinterher seinen früheren Auftraggeber angreifen oder ihm die Gage zurückzahlen.«[31] Entgegen der damaligen Positionierung setzten sich Hildebrandt und weitere Mitglieder des Ensembles vor den Bundestagswahlen 1969 und 1972 für die Sozialdemokratische Wählerinitiative ein.[32] Brandt bedankte sich 1972 schriftlich für das »Extra-Engagement« und

[28] Playboy, 7/1974, le Viseur, Raimund, Interview mit Dieter Hildebrandt, S. 36.
[29] Ebd., S. 36.
[30] Walter: Die SPD. S. 186.
[31] Münchner Lach- und Schießgesellschaft, 3. Programm: Im gleichen Schrott und Trott, 1957, Programmheft, S. 3.
[32] Schreiner: Die Zeit spielt mit. S. 251.

verwies auf die im Rahmen der Wählerinitiative geführten Diskussionen, die die Kabarettisten auf Tournee nach ihren Auftritten »bis spät in die Nacht« bestritten.[33] Dass die *Lach- und Schießgesellschaft* Brandt befürwortete, wurde als Grund angesehen, weshalb sie sich nach den Wahlerfolgen der SPD trennte. »Eine trostlose Lage, und kein Goebbels weit und breit. [...] Das Hildebrandtslied ist zu Ende«, konstatierte im Juli 1972 die *Süddeutsche Zeitung* in ihrer Kolumne *Das Streiflicht*.[34] Wie Schreiner bestätigte, wurde die Arbeit für die Autoren durch das Kabinett Brandt, das sie vor den Wahlen unterstützt hatten, »äußerst mühselig«[35]. Grund dafür war auch, dass die SPD mit ihrer Entwicklung zur Volkspartei, was ihr die Kabarettisten stets vorgeworfen hatten, Regierungspartei geworden war.

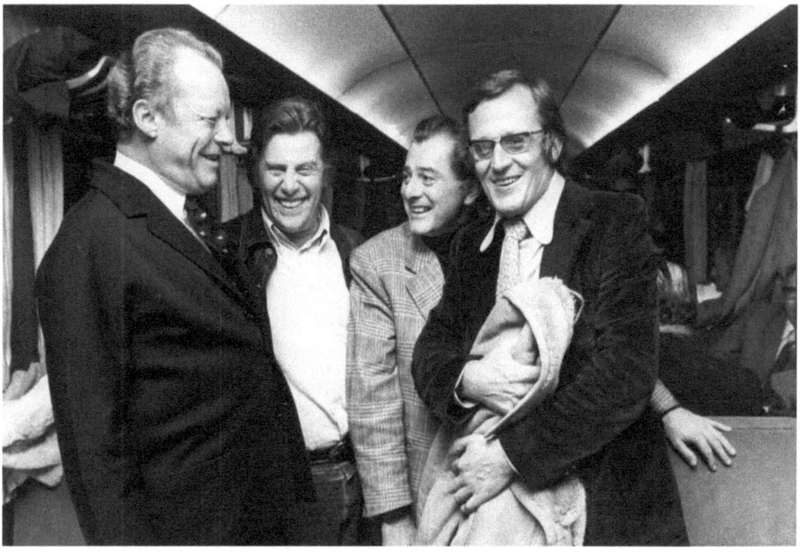

Im Wahlkampf 1972 kreuzten sich die Wege des Ensembles mit denen von Willy Brandt, der Jürgen Scheller, Sammy Drechsel und Dieter Hildebrandt in den »Wahlsonderzug« einlud.

[33] Willy Brandt an Sammy Drechsel, Schreiben vom 7.12.1972. Abgedruckt in: Hofmann (Hrsg.): Verlängert. S. 101.

[34] Süddeutsche Zeitung, 10.7.1972, anonym: Das Streiflicht.

[35] Schreiner: Die Zeit spielt mit. S. 253.

Die Behauptung, dass Hildebrandt und seinen Kollegen angesichts ihres Einsatzes für die *Sozialdemokratische Wählerinitiative* nach der Regierungsbildung der »Gegner« fehlte, wies Hildebrandt immer zurück.[36] Schreiner erinnerte sich an dessen Aussage, dass, wer »links« stehe, nicht »parteipolitisch links« sein müsse.[37] Bei der SPD habe es für Hildebrandt genug »Angriffsflächen« gegeben und er habe stets »engagierte Texte« verfasst. Deren Zweck habe Hildebrandt in der Kontrolle der Mächtigen, der Anprangerung von Machtmissbrauch sowie in der Unterstützung der Schwachen in der Gesellschaft gesehen, womit »jeder Sozialismus [beginne]«.[38] Auf die Frage eines Redakteurs, ob man mit Kritik an der Regierungspartei nicht politisch rechtsgesinnte Leute unterstütze, antwortete Hildebrandt 1970, dass das Ensemble zwar auf die neue Regierung eingehen werde, man jedoch erkennen würde, dass es ihre Freunde seien, denen sie »in den Hintern treten«.[39] Eine neofaschistische Rechtsbewegung fürchtete Hildebrandt im Falle einer »glücklosen« Politik der sozialliberalen Koalition.[40] Vier Jahre später räumte er ein, dass, obgleich das Regierungsbündnis nicht das »Todesurteil«[41] für das deutsche Kabarett gewesen sei, die Pointen dadurch an Schärfe verloren hätten. Er und die anderen Mitglieder der *Lach- und Schießgesellschaft* seien zwar »Kritiker« geblieben, jedoch keine »Profis« gewesen, »die Kritik um der Kritik betrieben«.[42] Im Vergleich zum Kabarett unter der CDU-Regierung sei nicht mehr die »ganze Richtung« beanstandet worden.[43] In einer Zeit,

36 »Dass wir alle freundlich und fröhlich auseinander gegangen sind mit ein bisschen Wehmut, das ist ja ganz klar. [...] Es war nicht deswegen, weil Willy Brandt die Wahl gewonnen hat, was immer wieder behauptet wird, das ist dummes Zeug.« Dieter Hildebrandt in: »Diese Demokratie muss in die Werft« – Gespräch mit Dieter Hildebrandt. In: Hofmann (Hrsg.): Verlängert. S. 124.

37 Schreiner: Die Zeit spielt mit. S. 257.

38 Ebd., S. 257.

39 Abendzeitung, 20.7.1970, Petz, Thomas: Wir werden uns schon schaffen.

40 Ebd.

41 Playboy, 7/1974, le Viseur, Raimund, Interview mit Dieter Hildebrandt, S. 38.

42 »Wir sind als Kabarettisten immer Edel-Amateure. Profis müssen sich sofort umstellen. Amateure können das nicht.« In: Ebd., S. 38.

43 Ebd., S. 38.

in der das erklärte Ziel des Parlaments in »mehr Demokratie«[44] bestand und das politische Engagement aufseiten von Bürgern und Gewerkschaften angewachsen war, bot Hildebrandt auf der Bühne nicht mehr die Sensationen, die das Publikum von seiner Regierungskritik erwartete. Seine satirischen Kommentare, die ihn als Verfechter des Grundgesetzes auszeichneten und die in der Ära Adenauer als außergewöhnlich couragiert gegolten hatten, erschienen nun als gemäßigt.

Dass Hildebrandts SPD-Kritik in der Regierungszeit Brandts im Ungefähren blieb, zeigte sich 1971 an seinem Text *Die verschämten Sozialisten*. Darin spielte Hildebrandt auf das Ausbleiben angekündigter innerer Reformen an, indem er das Programm der SPD mit Theater-Programmheften verglich. In diesen stehe auch »viel drin, was nachher im Stück gar nicht vorkommt«.[45] Weiterhin unterstellte er den SPD-Mitgliedern in der Nummer, sich über das im *Godesberger Programm* festgehaltene Bekenntnis zum Sozialismus nicht im Klaren zu sein (»Ich habe immer wieder gesagt, Genossen, dass wir es [das Godesberger Programm] endlich mal lesen sollten!«).[46] Hildebrandt nahm hier satirisch Bezug auf die Entproletarisierung der SPD. Während sich der Anteil der Akademiker unter den Mitgliedern erhöhte und die Partei vermehrt Angestellte und insbesondere Beamte anzog, sank der Arbeiteranteil an den Neueintritten in den 70er-Jahren auf 28 Prozent.[47] Der Sozialismus als einstiges theoretisches Zentrum der Partei verlor an Relevanz.[48] Letztlich seien die Sozialdemokraten »gar nicht rot«, so Hildebrandts ironischer Kommentar zu der Entwicklung: Sie würden dies erst, wenn man sie dafür hielte.[49] Die sarkastische Schärfe und das aufklärerische Potenzial, das Hildebrandts Texte vor allem in der Ära Ade-

[44] Willy Brandt in seiner Regierungserklärung am 28.10.1969 vor dem Deutschen Bundestag. In: Wilharm: Deutsche Geschichte 1962–1983. Band 2. S. 27.

[45] Hildebrandt, Dieter: Die verschämten Sozialisten. In: Münchner Lach- und Schießgesellschaft, 18. Programm: Abel verpflichtet, 1971, S. 1.

[46] Ebd., S. 3.

[47] Walter: Die SPD. S. 190f.

[48] Ebd., S. 191.

[49] Hildebrandt, Dieter: Die verschämten Sozialisten. In: Münchner Lach- und Schießgesellschaft, 18. Programm: Abel verpflichtet, 1971, S. 3.

nauer ausgezeichnet hatte, waren hier nicht erkennbar. Anstatt auf einzelne Abgeordnete konzentrierte sich Hildebrandt allgemein auf die Anhängerschaft der SPD. Dennoch behielt er seinen Anspruch bei und bot humorvolles politisches Kabarett, das dazu aufforderte, sich mit den Leitlinien der Regierungspartei und deren Einhaltung auseinanderzusetzen.

»Wirklich in die Mangel genommen«[50] wurden die Sozialdemokraten von Hildebrandt, als er ab 1974 gemeinsam mit dem österreichischen Dramaturgen und Sportjournalisten Werner Schneyder auf der Bühne stand, mit dem er insgesamt fünf Programme aufführte.[51] In einem Text aus dem Anfangsjahr kritisierte Hildebrandt, dass die Linken, anstatt »den Mächtigen auf die Finger zu klopfen«, diesen »Pulswärmer« stricken würden: »Aber klopfen Sie der Großindustrie mal auf die Finger. Die lassen glatt die Gelder fallen, mit denen sie den Parteien auf die Füße helfen.«[52] Sozialismus schütze demnach »vor gar nichts«,[53] auch nicht vor Machthunger und Machtmissbrauch, so die Botschaft Hildebrandts. Die Fortführung seiner Kabarett-Karriere in der Regierungszeit Helmut Schmidts unterstrich, dass seine Unterstützung der SPD mit der Person Willy Brandts in Verbindung stand und ihn eine SPD-Regierung nicht von politischer Satire abhielt.[54]

50 Dieter Hildebrandt in: »Diese Demokratie muss in die Werft« – Gespräch mit Dieter Hildebrandt. In: Hofmann (Hrsg.): Verlängert. S. 125.

51 Die Titel der Programme waren: Talk täglich (1974), Lametta & Co. (1975), Wie abgerissen (1977), Keine Fragen mehr (1979) und Ende der Spielzeit (1981).

52 Hildebrandt, Dieter: Der linksintellektuelle Rechtsabbieger (Der Verleger). In: Hildebrandt, Dieter/Schneyder, Werner: Talk täglich, 1974. Sh. auch: Hildebrandt: Was bleibt mir übrig. S. 218f.

53 Ebd.

54 »Wir sind [...] ein bisschen zornig«, so Hildebrandt über die Regierungspolitik im Jahr 1974 (In: Playboy, 7/1974, le Viseur, Raimund, Interview mit Dieter Hildebrandt, S. 38.). Als sich kein grundsätzlicher Wandel einstellte und der als Pragmatiker bekannte Helmut Schmidt den »Idealisten« Willy Brandt ablöste, schwand bei vielen Schriftstellern und Intellektuellen die Hoffnung in die Innovationsfähigkeit der Politik. In: Müller: Die literarische Republik. S. 143.

VIII.3 Hildebrandts Ausstieg – »Routine schlich sich ein«

Das Ensemble setzte sich 1968 erstmals mit dem Gedanken auseinander, sich im Laufe der folgenden Jahre zu trennen.[55] Hildebrandts Abschied kündigte sich an, als er während der Tournee mit dem 16. Programm *Von Menschen mit Mäusen*[56], das am 1. Oktober 1969 Premiere feierte, ein halbes Jahr[57] pausierte. Schreiner berichtete rückblickend, dass Hildebrandt zu diesem Zeitpunkt seinen Ausstieg für das Jahr 1971 angekündigt hatte.[58] Dieser sollte zugleich das Ende der *Lach- und Schießgesellschaft* markieren, die damit ihren unumstrittenen »Star« verlor. Von Drechsel und seinen Kollegen ließ sich Hildebrandt überreden, noch bis zu den Olympischen Spielen 1972 in München am Kabarett mitzuwirken.[59] Einen Grund für Hildebrandts Aufhören stellte sein Wunsch dar, nach 17 Jahren bei der *Lach- und Schießgesellschaft* »auch noch mal was anderes [zu] machen«.[60] Das Auseinandergehen des Ensembles wurde im letzten Programmheft unter anderem damit erklärt, dass »der eine oder andere [...] auch gerne mal auf einem richtigen Theater spielen« wollte.[61] Dies traf auf Hildebrandt zu, der als Student eine Karriere als Schauspieler angestrebt hatte. 1971 offerierte ihm der Leiter der *Neuen Schaubühne*, Hellmuth Duna, in dem Stück *Der Manager* von Félicien Marceau[62] die Hauptrolle zu

55 »Diese Demokratie muss in die Werft« – Gespräch mit Dieter Hildebrandt. In: Hofmann (Hrsg.): Verlängert. S. 124f.

56 In Anspielung auf den Roman »Von Mäusen und Menschen« des US-amerikanischen Schriftstellers John Steinbeck.

57 Münchner Lach- und Schießgesellschaft, 17. Programm: Wir werden uns schon schaffen, 1970, Programmheft, S. 13.

58 Schreiner: Die Zeit spielt mit. S. 255.

59 Ebd., S. 255.

60 »Wir waren 17 Jahre zusammen, fast wie verheiratet, wir waren jedes Jahr vier Monate auf Tournee, wir waren täglich im Bus zusammen, im Hotel beim Essen, bei der Vorstellung und dann auch noch, wenn man nach Hause kam, jeden Abend, außer sonntags. Das hat genügt. Außerdem waren wir auch alle in dem Alter, in dem man auch noch mal was anderes machen wollte.« In: Hildebrandt/Schroeder: Ich musste immer lachen. S. 165.

61 Münchner Lach- und Schießgesellschaft, 19. Programm: Der Abfall Bayerns, 1972, Programmheft, S. 17.

62 Hildebrandt/Schroeder: Ich musste immer lachen. S. 166. Vgl. Der Spiegel, Nr. 42, 9.10.1972, Tour de Trance, S. 163.

übernehmen und an der Seite des Schauspielers Paul Edwin Roth[63] aufzutreten.[64] Für 1973 unterschrieb Hildebrandt den Vertrag für eine Tournee.[65] Wie er in einem persönlichen Gespräch erzählte, empfand er das Stück als »sehr schwach« und spielte es letztlich »sehr ungern«.[66] Seine textreiche Rolle beurteilte Hildebrandt als »viel zu groß«, da auf ihr die schauspielerische Hauptverantwortung lastete.[67] Nach etwa 120 Auftritten[68] in ganz Deutschland beendete er mit *Der Manager* seinen »Traum« von einer Karriere am Theater.[69]

Außer dem Wunsch, noch einmal als Schauspieler auf der Bühne zu stehen, war ein Hauptgrund für Hildebrandts Ausstieg bei der *Lach- und Schießgesellschaft* deren Entwicklung. Neben den Stammautoren Hildebrandt und Schreiner lieferten ab dem 16. Programm Horst Jüssen und ab dem 17. Programm zusätzlich Martin Morlock, Hildebrandts einstiges Vorbild aus seiner Zeit als Platzanweiser bei der *Kleinen Freiheit*, Textbeiträge. Klaus Havenstein und Hans-Jürgen Diedrich verließen die *Lach- und Schießgesellschaft* nach dem 15. bzw. 16. Programm. Auf der Bühne standen nun Hildebrandt, Ursula Noack, Jürgen Scheller, Horst Jüssen und Achim Strietzel von den Berliner *Stachelschweinen*. Trotz der Erneuerungsversuche wurden Ende der 1960er-Jahre verstärkt inhaltliche Wiederholungen in den Programmen der *Lach- und Schießgesellschaft* deutlich. Die Texte und deren Autoren waren nicht mehr zweifelsfrei zuzuordnen, außerdem »verwackel[te]n«

63 In der Rolle des Edouard Champlon. Telefonat mit Dieter Hildebrandt am 1.3.2010.

64 Hildebrandt spielte in der Komödie die Rolle des gesellschaftlich gut gestellten und verheirateten Geschäftsmanns Arthur Darras. Dieser betrügt seine Frau, da er die Liebe als teilbares Gefühl begreift. Ihre Bestandteile Begehren, Zärtlichkeit und Geborgenheit sucht er in zwei unverbindlichen Affären sowie in seiner Ehe. Auf diese Weise hofft er, die Liebe in ihrer Ganzheit erfahren zu können. Das erweist sich letztlich als Illusion. Die wahre Liebe bleibt für Darras unerreicht. S.: Marceau, Félicien: Der Manager. (Deutsch von Lore Kornell.) Berlin: Kiepenheuer, 1964.

65 Von seinen Theaterplänen unterrichtete Hildebrandt vor Unterzeichnung des Vertrags allein Sammy Drechsel. In: Schreiner: Die Zeit spielt mit. S. 257.

66 Telefonat mit Dieter Hildebrandt am 1.3.2010.

67 Hildebrandt/Schroeder: Ich musste immer lachen. S. 166.

68 Ebd., S. 166.

69 Schreiner: Die Zeit spielt mit. S. 274.

Texte und Pointen »oft genug ins Ungefähre«.[70] 1972 bezeichnete Hildebrandt das Ensemble als »Institution«, die »geschwätzig« geworden sei.[71] Die Etablierung bedeutete für ihn den Verlust der kabarettistischen Freiheit, mit negativen Folgen für die vermittelte Aussage.[72] Hildebrandt stellte fest, dass auch seine eigenen Texte im Laufe der Jahre »zu viel Fett angesetzt« hatten und routiniert geworden waren.[73] Die Routine zeigte sich in Hildebrandts Beiträgen vor allem daran, dass Aktuelles hinter einer allgemeineren Kritik zurücktrat.

In seinem Text *Von Menschen mit Mäusen* thematisierte Hildebrandt im Jahr 1969 soziale Ungleichheiten in der Bundesrepublik. Er ging auf hohe Gehälter von Vorstandsmitgliedern ein, namentlich der Manager der *August Thyssen Hütte* (»420.884 DM«), der *Deutschen Bank* (»519.133 DM«) und *Glöckner-Humboldt-Deutz* (»299.287 DM«).[74] Eine Pointe bestand in der naiv-ironischen Annahme, dass die »armen Leute« in Hinblick auf den Stundentarif sicherlich »unheimlich viel Überstunden« machen müssten.[75]

Die Kritik an den in der Wirtschaft herrschenden Hierarchien führte Hildebrandt in einem Solo für Jürgen Scheller fort. Auf-

[70] »Man kann hier nicht mehr ausmachen, wer welchen Text geschrieben hat – Hildebrandt, Schreiner, Morlock, Jüssen –, aber das ist beim letzten Aufwaschen auch nicht so wichtig.« In: Süddeutsche Zeitung, 10.7.1972, Hepp, Fred: Der eigene und der Abfall Bayerns – Das vorläufige Ende der Münchner »Lach- und Schießgesellschaft«.

[71] Hannoversche Allgemeine, 18.9.1972, Seidenfaden, Ingrid: Abschied vom Münchner »Stall«.

[72] »Die ›Lach- und Schießgesellschaft‹ [...] war für Hildebrandt eine Institution geworden, und er sah die Gefahr auf sich zukommen, Angestellter oder Rentner dieser Institution zu werden. Gerade das aber mußte im Interesse der echten kabarettistischen Aussage vermieden werden. Denn Kabarettist war er mit Leib und Seele und wollte es auch bleiben.« In: Schreiner: Die Zeit spielt mit. S. 257.

[73] Hannoversche Allgemeine, 18.9.1972, Seidenfaden, Ingrid: Abschied vom Münchner »Stall«.

[74] Hildebrandt, Dieter: Von Menschen mit Mäusen. In: Münchner Lach- und Schießgesellschaft, 16. Programm: Von Menschen und Mäusen, 1969, Programmheft, S. 2f.

[75] Ebd., S. 3.

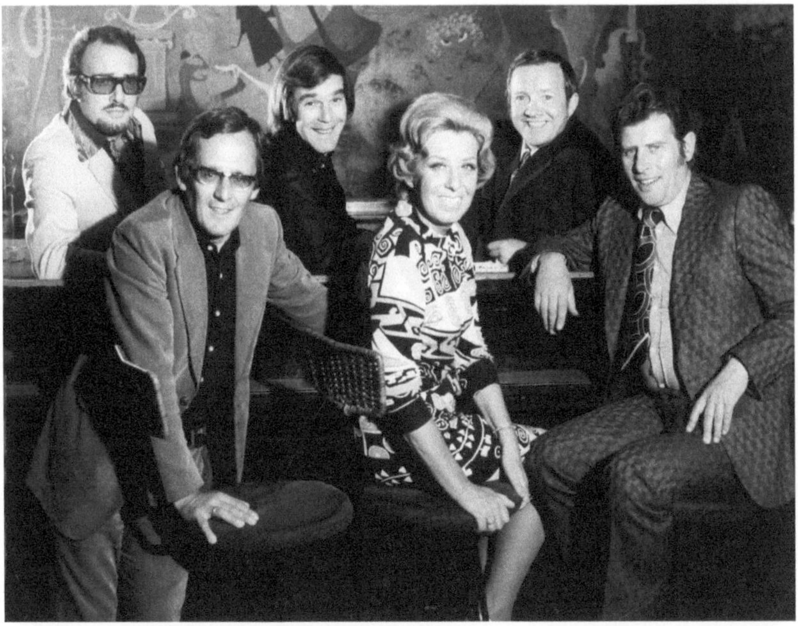

Achim Strietzel, Dieter Hildebrandt, Horst Jüssen, Ursula Noack, Hans Jürgen Diedrich und Jürgen Scheller (v. l. n. r.).

hänger des Textes war das Vorhaben der sozialliberalen Regierung, die Betriebsräte als Vertretung der Arbeiter und Angestellten in sozialen und personellen Angelegenheiten zu stärken.[76] In der Nummer freut sich ein Junior-Chef, dass man über »Mitbestimmung« in seiner Firma »längst […] weg« sei.[77] Der Unternehmer gibt das Verdienst seiner Mitarbeiter als sein eigenes aus

76 Borowsky, Peter: Sozialliberale Koalition und innere Reformen. In: Bundeszentrale für politische Bildung (BpB) (Hrsg.): Zeiten des Wandels – Deutschland 1961–1974, Heft 258, 1. Quartal 1998, S. 36. Am Ende der Nummer heißt es in einem Chanson: »Hier wird ein neuer Marsch gegeigt/hier bin ich Herr im Haus/hier wird nicht mal im Traum gestreikt/wer sowas träumt – fliegt raus!« In: Hildebrandt, Dieter: Grützmeyer-Junior. In: Münchner Lach- und Schießgesellschaft, 16. Programm: Von Menschen und Mäusen, 1969, Programmheft, S. 14.

77 Hildebrandt, Dieter: Grützmeyer-Junior. In: Münchner Lach- und Schießgesellschaft, 16. Programm: Von Menschen und Mäusen, 1969, Programmheft, S. 12.

(»Teamwork! Jaa! Alle meine Ideen werden von unserem Team erarbeitet.«)[78] und pflegt unseriöse Geschäftsmethoden (»[...] ich habe aus 10 Millionen vierzig gemacht. Da muss man schon mal diesen oder jenen aufs Kreuz legen ...«).[79] Seinen Wohlstand preist er als Resultat seiner »klare[n] politische[n] Vorstellungen«,[80] wonach die Arbeiter auf möglichst niedrigem Lohnniveau zu halten sind, derweilen der Junior-Chef seinen Sommerurlaub in seiner Villa an der Riviera verbringt.[81] In dem Text griff Hildebrandt das gängige Klischee des (Nachwuchs-)Industriellen auf, der auf Kosten seiner Angestellten zu Reichtum gekommen ist und mit diesem prahlt.

An Brisanz fehlte es auch im 18. Programm, als Hildebrandt die politische Diskussion um eine Mehrwertsteuererhöhung kommentierte, die letztlich erst 1978 erfolgen sollte. In seinem Solo *Der Ovationshemmer*[82] leistete er einen Beitrag zur Aufklärung des Publikums über die Auswirkungen einer solchen Steueranhebung. Hildebrandt legte in seinem Text dar, dass die daraus resultierende finanzielle Belastung für die Geringverdiener größer wäre als für die Vielverdiener, und positionierte sich damit abermals auf der Seite des »kleinen« Arbeitnehmers. Die Satire trat hier hinter der allgemeinen Information zurück:

> *»Nehmen wir mal an: Herr Fink und Herr Krause...[...] Beide brauchen [...]10 Stück Seife im Monat. Der Krause zahlt 1,20 Mehrwertsteuer und der Fink auch. Nur, bei Krause sind das 0,08 Prozent seines Gehalts und bei Fink 0,0008! Krause bezahlt also 100 mal mehr Mehrwertsteuer als Fink!«*[83]

[78] Ebd., S. 13.

[79] Ebd., S. 13.

[80] Ebd., S. 13.

[81] »Da [im Sommer] bin ich in meiner Villa an der Riviera. [...] Da gehen diese Arbeiter plötzlich auf die Barrikaden und verlangen 70 Pfennige mehr! Den Leuten geht's zu gut!« In: Ebd., S. 13.

[82] Hildebrandt, Dieter: Der Ovationshemmer. In: Münchner Lach- und Schießgesellschaft, 18. Programm: Abel verpflichtet, 1971.

[83] »[...] Halt! Eine Sensation hat die Reform doch gebracht! Wer über 100 Millionen Mark an Nicht-Verwandte vererbt, zahlt nicht mehr 60 % Steuern, sondern 75!!! Ein harter Schlag für die Reichen! Die Wahrscheinlichkeit ist ja auch groß, dass sowas passiert.« In: Ebd., S. 3.

An brennender Aktualität und Einfallsreichtum mangelte es in den letzten Programmen der *Lach- und Schießgesellschaft* nicht nur bei Hildebrandts Texten zu sozialer Ungleichheit in Deutschland, sondern auch in seinen Beiträgen zur Presse, im Speziellen zur *Bild*-Zeitung. Die Springer-Presse stand seit Ende des Jahres 1967 im Fokus der Studentenproteste, nachdem die Demonstrierenden darin mit immer größerer Feindseligkeit als »Wirrköpfe« und »Extremisten« dargestellt wurden, denen es nur um »Krawall« und »Terror« gehe.[84] Über die Motive der Studenten wurden die Leser der *Bild*, die zwischen 1968 und 1971 fast eine Million Käufer einbüßte,[85] nicht aufgeklärt.[86] Die Berichterstattung der größten deutschen Tageszeitung war ein in der deutschen Öffentlichkeit bereits viel diskutiertes Thema, als es Hildebrandt 1970 aufgriff. Die unzulänglichen Recherchemethoden und journalistischen Versäumnisse der *Bild*-Redakteure, die der Enthüllungsjournalist Günter Wallraff 1977 als »Hans Esser« aufdecken und publik machen sollte,[87] »lobte« Hildebrandt in seinem Solo im 17. Programm auf sarkastische Weise als »die besten«: »... die fressen in sich selbst ein Loch, stellen sich dahinter und schreiben darüber ... BILD war dabei ... beim Kauen ...«[88] In seinem Solo im 19. und letzten Programm der *Lach- und Schießgesellschaft* mit dem Titel *Der Abfall Bayerns*[89] mimte Hildebrandt einen »Brunnenvergifter«[90] mit erworbener »Spezialausbildung«[91] bei der *Bild*-Zeitung. Die Anspielung galt dabei der aufhetzenden Polemik Peter Boenischs, der von 1965 bis 1979 Chefredakteur der *Bild am Sonntag* war. Entsprechend der Auffassung Heinrich

84 Frei: Presse. In: Benz (Hrsg.): Die Bundesrepublik Deutschland. Band 3. S. 303.

85 Ebd., S. 305.

86 Ebd., S. 303.

87 Wallraff, Günter: Der Aufmacher: Der Mann, der bei Bild Hans Esser war. Köln: Kiepenheuer & Witsch, 1997.

88 Hildebrandt, Dieter: Der Fliegenfänger. In: Münchner Lach- und Schießgesellschaft, 17. Programm: Wir werden uns schon schaffen, 1970, S. 62f.

89 Premiere am 6.7.1972.

90 Hildebrandt, Dieter: Brunnenvergifter. In: Münchner Lach- und Schießgesellschaft, 19. Programm: Der Abfall Bayerns, 1972, S. 1.

91 Ebd., S. 2.

Bölls,[92] der Bönisch die Verunglimpfung »alle[r] Linken«[93] sowie eine fortwährende Bagatellisierung neonazistischer Aktivitäten in seinen Artikeln vorwarf,[94] sah auch Hildebrandt in den Leitartikeln Bönischs ein Beispiel für »rechtes Kabarett«.[95] Bönisch war wie Axel Springer erklärter Gegner der Ostpolitik der SPD-Regierung. Hildebrandt zitierte 1972 in seinem Solo aus einer Kolumne Bönischs, in welcher dieser die Ostpolitik als »Misthaufen« titulierte, auf dem Egon Bahr[96] »kräh[e]« und »die Henne Scheel«[97] »mit[gackere]«.[98] Angesichts der unsachlichen und diffamierenden Wortwahl zog Hildebrandt eine Parallele zum nationalsozialistischen *Völkischen Beobachter* und der darin verwendeten Sprache, die dazu diene, »Klappmesser [zu] öffne[n]«.[99]

Hildebrandt wurde bis zur Auflösung der *Lach- und Schießgesellschaft* seinem Ruf als kritischer Satiriker, der aktuelle Geschehnisse in der Bundesrepublik »von links aus« kommentierte, gerecht. Er war als Mitglied der *Lach- und Schießgesellschaft* für seinen journalistischen Kabarettstil bekannt geworden, den er auch in den letzten vier Programmen beibehielt. Indem er das Verständnis in Reformpläne der Regierung förderte sowie

[92] Jenen, die in Bild und Bild am Sonntag »verleumdet oder verhöhnt« worden sind, widmete Heinrich Böll 1984 das Buch »Bild – Bonn – Boenisch«. S.: Böll, Heinrich: Bild – Bonn – Boenisch. Bornheim-Merten: Lamuv Verlag, 1984, S. 5.

[93] Ebd., S. 21.

[94] Ebd., S. 21.

[95] Da es Bönischs Angriffen, die »zu 80 Prozent unter der Gürtellinie« lägen, jedoch an Beweiskraft und Formulierungsstärke fehle, habe er als Satiriker »das Ziel der Klasse nicht einmal im Jahr erreicht«, so Hildebrandt. In: Playboy, 7/1974, le Viseur, Raimund, Interview mit Dieter Hildebrandt, S. 40.

[96] Egon Bahr (SPD) war von 1972 bis 1974 Bundesminister für besondere Aufgaben und arbeitete an der Neukonzeption der deutschen Ostpolitik mit.

[97] Walter Scheel (FDP) übernahm von 1969 bis 1974 das Amt des Vizekanzlers sowie des Außenministers.

[98] Hildebrandt, Dieter: Brunnenvergifter. In: Münchner Lach- und Schießgesellschaft, 19. Programm: Der Abfall Bayerns, 1972, S. 2.

[99] »[...] Dazu noch ein paar Bibelworte von Axel, dem erigierten deutschen Demokraten, nein, so stehts wirklich in der Annonce: ›Das Zeugnis eines aufrechten deutschen Demokraten!‹ Wer von dem Brunnen Wasser holt, kann damit das Ungeziefer im Garten erledigen!« In: Ebd., S. 2.

auf die versuchte Einflussnahme der Presse, im Besonderen der *Bild*-Zeitung, auf ihre Leser hinwies, verband er in seiner Satire weiterhin Unterhaltung mit Aufklärung. Hinsichtlich ihrer Form und Aussage büßten Hildebrandts Nummern in der Regierungszeit Brandts jedoch die Originalität ein, die seine Beiträge zuvor ausgezeichnet hatte. Seinen Texten, in denen er sich auf die Seite des »kleinen Mannes« stellte und für die freie Meinungsbildung als Grundlage der Demokratie eintrat, fehlte es in den letzten Programmen an Brisanz und satirischer Schärfe. Nach 15 Jahren *Lach- und Schießgesellschaft* erweckten sie einen teils abgegriffenen Eindruck. Das Schlussprogramm der *Lach- und Schießgesellschaft* erschien dementsprechend »zum Teil selbst von Dieter Hildebrandt« mit »Gleichmut oder gar Unlust [...] abgeschnurt«, wie ein Redakteur der *Stuttgarter Nachrichten* feststellte.[100]

Im November 1972, kurz nach Brandts Sieg bei den Bundestagswahlen,[101] fand im Stadttheater Augsburg die letzte Vorstellung der *Lach- und Schießgesellschaft* statt.[102] »Für einige von uns war das eine große Erleichterung«,[103] kommentierte Hildebrandt nicht zuletzt seine eigene Gefühlslage angesichts der Trennung. Als er im Jahr 2000 in einem Interview die Frage gestellt bekam, was von seiner Arbeit die Zeit überdauern werde, verwies er auf die Leistung des Schwabinger Ensembles.[104] Zugleich prognostizierte er, dass seine Arbeit die folgenden fünfzig Jahre nicht überdauern werde, worauf sie auch nicht

[100] Stuttgarter Nachrichten, 14.7.1972, Schmidt, Dietmar N.: Das Ende war sang- und klanglos.

[101] Schreiner: Die Zeit spielt mit. S. 271.

[102] »Nichtachtend des letzten Programms und fern aller Scheinheiligkeit möchten wir jetzt noch einmal salutieren [...]«, so der Kritiker Fred Hepp von der Süddeutschen Zeitung angesichts der Auflösung des Ensembles. In: Süddeutsche Zeitung, 10.7.1972, Hepp, Fred: Der eigene und der Abfall Bayerns – Das vorläufige Ende der Münchner »Lach- und Schießgesellschaft«.

[103] Hildebrandt/Schroeder: Ich musste immer lachen. S. 166.

[104] »Wenn später einmal ein Mensch auf die Idee kommt, ein Buch über die ersten Jahrzehnte deutscher Kabarettgeschichte zu schreiben, werde ich vielleicht, die Lach- und Schießgesellschaft auf jeden Fall darin erwähnt werden.« Dieter Hildebrandt in: Martens: »Ich möchte keine tragische Figur sein«. S. 22.

konzipiert sei. »Obwohl es ganz schön wäre, wenn ich etwas geschrieben hätte, was einmal in den Schulbüchern steht«, räumte Hildebrandt ein.[105]

[105] Ebd. S. 22. Hildebrandt wurde u.a. von Schulen zu Diskussionsrunden eingeladen. S.: Reinelt, Stefan: Schüler fragen Hildebrandt. In: http:// www.ngz-online.de/kaarst/nachrichten/schueler-fragen-hildebrandt–1.2749719 (Stand: 30.4.2012).

IX Resümee

Wie ist Dieter Hildebrandts Arbeit als Kabarettist und politisch gestaltender Zeitgenosse in der Nachkriegszeit, der Ära Adenauer und bis hin zur sozial-liberalen Koalition einzuordnen? Hildebrandt trat als zeitgenössischer Kabarettist von Beginn seiner Karriere an als Verteidiger der demokratischen Verfassung auf. Seinen Antrieb, Kabarett zu machen, bezeichnete er selbst als »Urzorn«, der aus seinen Erlebnissen im Dritten Reich entstand. 1927 im niederschlesischen Bunzlau geboren, gehörte Hildebrandt einer Generation an, die im Jahr der Machtergreifung der Nationalsozialisten eingeschult wurde und deren Kindheit und Jugend das diktatorische Regime bestimmte. Erziehung und Bildung erfolgten nach dem Prinzip der »Menschenformung«, wonach Elternhaus, Schule und Hitlerjugend gleichermaßen die Kinder in die Pflicht nehmen sollten. Im Alter von zwölf Jahren erlebte Hildebrandt die Vorbereitungen für den deutschen Angriffskrieg auf Polen mit, als auf dem Hof seiner Eltern Soldaten einquartiert wurden. Mit 16 Jahren sollte auch er Akteur des Kriegs und von den Eindrücken entscheidend geprägt werden: Hildebrandt kam in ein Wehrertüchtigungslager und war die beiden letzten Jahre des Dritten Reichs als Luftwaffenhelfer und Soldat im Einsatz. In Groß-Berlin stationiert, erlebte er dort die Bombardierungen. Als Soldat kämpfte er in der Armee des Generals Wenck und erlebte dessen Widerstand gegen das diktatorische Regime, als Wenck in den letzten Kriegsmonaten dem Befehl entsagte und versuchte, möglichst vielen Soldaten die Flucht in die amerikanische Gefangenschaft zu ermöglichen. Nach seiner Entlassung aus der Kriegsgefangenschaft holte Hildebrandt das Abitur nach und wurde zum Hauptenährer der Familie. Deren hierarchische Strukturen waren mit dem Untergang des Dritten Reichs zunichte. Hildebrandts Vater, der ihm einst übermächtig erschienen war, wurde als Mitläufer eingestuft und durfte seinen Beruf vorübergehend nicht mehr ausüben. Die Lebensentwürfe der Eltern hatten ausgedient. Das

Vertrauen der Kinder in die Erwachsenen war enttäuscht worden. Hinsichtlich des Verlusts der Ostgebiete wies Hildebrandt auf der Grundlage seiner Erfahrungen die Verantwortung den Wahlberechtigten zu, die ihre Stimmen der NSDAP gegeben hatten (»[...] ich fand, daß alle daran [am Verlust der Ostgebiete bzw. der Heimat] schuld waren, ›denn fast alle habt ihr‹, sagte ich, ›Hitler gewählt.‹ Ich sagte bewußt ihr, denn ich durfte zu der Zeit ja noch nicht wählen.«). Die NSDAP hatte bei den für die Machtergreifung entscheidenden Reichstagswahlen im März 1933 zusammen mit dem deutsch-nationalen Koalitionspartner über 50 Prozent der Reichstagsmandate erreicht. Hildebrandts Auffassung von der Schuld der Deutschen (»Ich sagte immer wieder: ›Wir sind alle schuld.‹«) entsprach der These der politischen Haftung des Philosophen Karl Jaspers. Mit dieser wies Jaspers, der 1946 zwischen »krimineller«, »politischer«, »moralischer« und »metaphysischer Schuld« unterschied, allen stimmberechtigten Deutschen Verantwortung für die Hitlerherrschaft sowie den Krieg und dessen Folgen zu. Das Dritte Reich, dessen Untergang Hildebrandt und seine Altersgenossen als junge Erwachsene miterlebt hatten, hatte bei ihnen zu einer tiefen Skepsis gegenüber den »Propheten irdischen Heils« (Hans-Dietrich Genscher) geführt. Hildebrandts Wut angesichts seiner Erfahrungen mit Machtmissbrauch und seine Sorge um sein Heimatland wurden zur Grundlage seines Eintretens als Kabarettist gegen Militär und Krieg und für Demokratie und Frieden.

Die Sprachbegabung Hildebrandts äußerte sich bereits in der Grundschule. Wie die vorliegende Arbeit zeigt, lernte er schon als Jugendlicher, zwischen anspruchsvoller Literatur und ideologisch eingefärbten Jugendbüchern der NS-Zeit zu differenzieren. Aus den staatlich verordneten Aktivitäten der Hitlerjugend suchte er sich zielsicher diejenige heraus, die seiner Begabung entsprach: das Theaterspielen. Durch die Spielschar entkam er dem vormilitärischen Drill, den er bereits in jungen Jahren ablehnte, und entwickelte seine Leidenschaft für die Bühne. Diese führte ihn nach dem Krieg nach München, wo er begann, Theaterwissenschaften zu studieren. Von der Theorie zog es ihn schnell zur Praxis: Auf der Studiobühne der Universität versuchte er sich selbst als Schauspieler und absolvierte erfolgreich den Eignungstest der Schauspieler-Genossenschaft. Unterdessen erkannte ein städtisches Laienspielstudio seine eigentliche herausragende Begabung: die Improvisation. Seine Fähigkeit, die Menschen auf komische Weise zu unterhalten, fand Hildebrandt im Alter von 26 Jahren bestätigt, als er ein von ihm inszeniertes Stück anmoderierte. Es zeichnete sich ab, dass ihn sein Talent zwar von der Kunstform Theater, jedoch nicht von der Bühne wegführen würde.

Angesichts in München tätiger Kabarettautoren und -darsteller hatte Hildebrandts Umzug in die bayerische Landeshauptstadt, die in den 50er-Jahren neben Berlin zum deutschen Zentrum des Kabaretts wurde, wesentlichen Einfluss auf seine spätere Karriere. Indem er den Kabarettbetrieb in der *Kleinen Freiheit*, in der er als Platzanweiser und »Mädchen für alles« tätig war, miterlebte, lernte er den Unterschied zum Theater sowie die verschiedenen Techniken, die Stilelemente und die Aussagekraft dieser Kunstform kennen. Im Kabarett fand Hildebrandt ein Medium, welches das neu gewonnene Grundrecht der freien Meinungsäußerung nutzen konnte. Einige der für die *Kleine Freiheit* tätigen Texter und Darsteller wurden zu Hildebrandts Vorbildern und prägten ihn entscheidend. Beeinflussen sollten ihn vor allem die aufklärerische Poesie Erich Kästners, die literarische Schärfe Martin Morlocks, die darstellerische Komik Oliver Hassencamps, der Improvisationsstil der Berliner *Stachelschweine* und Werner Fincks Kunst der halben Sätze. Hildebrandt erkannte und analysierte die Stärken und Schwächen in der Textarbeit der Autoren und den darstellerischen Darbietungen der Akteure. Auf dieser Grundlage entwickelte er für sich eine inhaltlich und stilistisch neue Form des politischen Kabaretts. Seine Studententätigkeit bei der *Kleinen Freiheit* wurde somit der Auslöser für den Beginn seiner Karriere.

Hildebrandt initiierte ein Studentenkabarett und führte am 17. Februar 1955 bei einem theaterwissenschaftlichen Faschingsfest mit einigen Kommilitonen erstmals selbst politisches Kabarett auf. Als Haupttexter des Ensembles, das sich *Die Namenlosen* nannte, konnte Hildebrandt von Beginn seiner Kabarettlaufbahn an Erfolge feiern. Schon das erste Programm wurde über die Grenzen Münchens hinaus bekannt. Das Amateurkabarett ermöglichte ihm, sich durch regelmäßige Auftritte auch als (musikalischer) Darsteller zu erproben. Wie die vorliegende Arbeit deutlich macht, wandte sich Hildebrandt in seinen Anfangsnummern vor allem gegen die in der Gesellschaft der 50er-Jahre verbreiteten restaurativen Tendenzen: die Wiederbewaffnung, die Atomrüstung und die Rückkehr alter Nazis in verantwortliche Positionen in Gesellschaft, Wirtschaft und Politik. Was die Stilistik betraf, zeichneten sich seine Texte durch ihre Vielfältigkeit aus. Sie waren teils satirisch, teils poetisch geschrieben oder wiesen einen ironisch-komödiantischen Grundton auf. Der Einfluss der *Kleinen Freiheit* auf Hildebrandts Textarbeit wurde hier deutlich. In erster Linie fielen die von Hildebrandt geschriebenen Programmnummern aber durch ihre Aktualität auf. Diese war letztlich entscheidend für den steigenden Bekanntheitsgrad des Ensembles. Durch Hildebrandts Verbindung von Nummernkabarett und Conférence, wie in seinem ersten Solo *Kleiner Mann am Drücker*, verschaffte er sich die Möglichkeit, das Tagesgeschehen in einem vorgefertigten Programm zu kommentieren.

Als er sein Studium schon nach dem zweiten Programm der *Namenlosen* zugunsten seiner Kabaretttätigkeit aufgab, hatte Hildebrandt sich für eine Karriere als Kabarettist entschieden. Die Rahmenbedingungen für seine Laufbahn schuf der Sportreporter Sammy Drechsel, der ab dem dritten Programm die Regie der *Namenlosen* übernahm und nach deren Trennung zusammen mit Hildebrandt das Profikabarett *Lach- und Schießgesellschaft* aufbaute. Dieses feierte am 12. Dezember 1956 mit seinem ersten Programm Premiere. 1957 gelang dem Ensemble der bundesweite Durchbruch. Hildebrandts Aufstieg als Kabarettist war eng mit der Popularität der *Lach- und Schießgesellschaft* verbunden, die in puncto Beliebtheit schnell die bis dahin führenden Münchner Kabaretts *Kleine Freiheit*, *Kleine Fische* und *Zwiebel* überholte. Bundesweit bekannt wurde das Ensemble durch seine Live-Fernsehauftritte. Sie wurden vom *Bayerischen Rundfunk* übertragen und stellten in den 50er-Jahren im Unterhaltungsbereich des deutschen Fernsehens ein Novum dar. Der mithilfe des Fernsehens erzielte Massenerfolg bedeutete für das Genre Kabarett, das zuvor eine »intellektuelle Zelle« für »Eingeweihte« dargestellt hatte, eine neue Entwicklung. Zum Erfolg des Kabaretts trug Hildebrandt, der neben Klaus Peter Schreiner Stamm- und Hauptautor war, maßgeblich bei. Seine Soli wurden zu den Höhepunkten der

Programme. Von den melancholisch-besinnlichen Soli, bei denen die Künstler im Kabarett üblicherweise in dezent blaues Licht getaucht worden waren, rückte Hildebrandt ab.

Er stellte sich von Beginn seiner Karriere an auf die Seite der Schwachen in der Gesellschaft und prangerte Machtmissbrauch an. Dabei bediente er sich eines bitteren Sarkasmus. Hildebrandts Markenzeichen waren seine assoziativen Kommentare, durchzogen mit pointiertem Stottern und Versprechern, wodurch die eigentliche Botschaft erst zum Vorschein kam. Seine Soli, in denen er jedes Mal wieder in eine neue Rolle schlüpfte und die Zuschauer teils direkt ansprach, erweckten den Anschein, als seien sie ihm auf der Bühne gerade erst eingefallen. Er kommentierte aktuelle Themen und Ereignisse in der Bundesrepublik und war, wenn er die Themen des Tages aufgriff, der Berichterstattung der Presse oft zeitlich voraus. Bei den Live-Ausstrahlungen gab es für Hildebrandts Kommentare ausschließlich ethische und juristische Grenzen, Zensurversuchen widersetzte er sich hartnäckig. Auf diese Weise entwickelte Hildebrandt einen eigenen Kabarettstil, der als »journalistisches Kabarett« bezeichnet wurde, und avancierte zum »Gesicht« der *Lach- und Schießgesellschaft.* Mit ihrer »hemdärmeligen« Methodik und ihrer Verbindung von Humor, faktenbezogener Politsatire und literarischem Chanson war sie bald beliebter als die bis dato in Deutschland führenden Kabaretts der Berliner *Stachelschweine*, die im Laufe der Jahre zunehmend seichte Unterhaltung darboten, und des Düsseldorfer *Kom(m)ödchens*, das den Fokus auf die textliche und darstellerische Ästhetik sowie das Literarisch-Geistvolle richtete.

Typisch für Hildebrandts Art, Kabarett zu machen, war sein soziales und politisches Engagement, das in seinen Texten zum Ausdruck kam. Satire stellte für ihn ein Werkzeug dar, um die Mächtigen zu »kontrollieren« und im Falle von Machtmissbrauch »an[zu]greifen« sowie die Schwachen in der Gesellschaft zu »stützen« (Zitat Schreiner). Auf diese Weise setzte er sich für einen angewandten Sozialismus in der Bundesrepublik ein. Um vom Publikum dabei ernst genommen zu werden, erschien er mithilfe von Ironie dem Gegenstand seiner Satire gegenüber reserviert, wie in seinem 1959 aufgeführten Solo *Der Scharfmacher.* Darin machte er in seiner Rolle als »Fernsehbildeinsteller« seine Auffassung deutlich, dass in der Gesellschaft eine ablehnende Haltung gegenüber Regierungskritikern vorherrsche, indem er ironisch hervorhob, dass er die Bezeichnung der Rundfunkräte als »Schwarzseher«, in Anspielung auf ihre Nähe zur Regierungspartei, besser unterlasse. Seine Tochter gehe bald zur Schule und solle »keinen Namen dorthin tragen, den sich die Lehrer so schnell merken«. Wie der Philosoph Jürgen Henningsen 1967 in seiner *Theorie des Kabaretts* darlegte, lässt sich beim Kabarettpublikum Engagement nur bewirken, wenn der Kabarettist gegenüber den Zuschauern den Eindruck erweckt, Distanz zu einer Sache zu wahren, und als deren »Anwalt« auftritt. Diese Zwanglosigkeit und Unbekümmertheit beherrschte Hildebrandt. Komik war für ihn dabei in erster Linie ein Mittel zum Zweck. Sein Ziel war es nach eigener Aussage, den Zuschauer »aufnahmebereit« zu machen. Dazu lockte er diesen auf eine »falsche Fährte« und brachte ihn zum Lachen, um ihm nach Auflösung des Sachverhalts die Auswirkungen und Aspekte des soeben noch Belachten zu verdeutlichen.

Kabarett wurde in den 50er-Jahren zum Ausdruck von Hildebrandts Hoffnung auf einen fundamentalen Neubeginn in der Bundesrepublik. Angesichts von Wiederaufrüstung und Atombewaffnung der Bundeswehr sah er diesen in der Ära Adenauer als gefährdet an. Adenauers Umgang mit der neu gewonnenen Demokratie, zu deren Stabilisierung auch staatliche Entscheidungsträger aus der NS-Zeit herangezogen wurden, empfand Hildebrandt als fahrlässig. Er wies in seinen Texten wiederholt auf das Bemühen von Beamten und hohen Amtsinhabern hin, ihre Rollen im Dritten Reich zu vertuschen. So leistete er beharrlich Aufklärungsarbeit und animierte sein Publikum in Zeiten des »Wirtschaftswunders«, die Politik der Regierung zu hinterfragen. Zu diesem Zweck trat Hildebrandt bei seinen Auftritten in Interaktion mit dem Publikum, indem er die Zuschauer in sein Programm einbezog und bewusst auf Zwischenrufe reagierte. Dabei attackierte er Regierung und Fernsehmacher ausgerechnet über das Massenmedium Fernsehen satirisch und erklärte den Deutschen auf unterhaltsame Weise staatliche Einwirkungsversuche auf die öffentliche Meinungsbildung. Über ein Jahr, bevor das Bundesverfassungsgericht das von der Regierung Adenauer vorgesehene *Deutschland Fernsehen* mit Verweis auf Art. 5 GG verbot, wies Hildebrandt sein Publikum darauf hin, dass das geplante Staatsfernsehen im Falle seiner Umsetzung gegen die Verfassung verstoßen würde. Hildebrandts Kommentare zum Zeitgeschehen wurden zum Gesprächsstoff der breiten Öffentlichkeit und liberale Sichtweisen nicht nur hauptsächlich von der kritischen Intelligenz des Landes diskutiert. Er wirkte so einem Mangel an nonkonformistischen Stimmen in der Gesellschaft der Ära Adenauer entgegen, den der Journalist Peter Grubbe 1965 in seinem viel beachteten Aufsatz *Links immer leiser?* feststellte.

Mit seinen Kommentaren zur Regierungspolitik trat Hildebrandt nicht als »Gewissen der Nation« auf, als das sich einige der deutschen Literaten empfanden, sondern als Systemkritiker. Er mischte sich von Anfang an mit seinem politischen Kabarett in das Tagesgeschehen der Bundesrepublik ein, während sich deutsche Autoren wie Günter Grass in den 60er-Jahren zunehmend politisch engagierten. Wie die 20 deutschen Schriftsteller, die sich an dem 1961 von Martin Walser herausgegebenen Taschenbuch *Die Alternative oder Brauchen wir eine neue Regierung?* beteiligten, sah Hildebrandt keine andere Wahlalternative zur Adenauer-Regierung als die SPD. Mit den Literaten teilte er die Auffassung, dass es der neu gewonnenen Demokratie an Selbstreflexion mangelte. Hildebrandt sympathisierte mit den Grundsätzen der SPD. Das hat ihm im Laufe seiner Karriere wiederholt den Vorwurf der politischen Einseitigkeit eingebracht, was ihn »nie gestört« habe. 1974 lautete die Überschrift eines *Spiegel*-Artikels *Da sitzt er ja, der rote Heini* als Verweis auf Reaktionen der Öffentlichkeit gegenüber Hildebrandt. SPD-Mitglied wurde er jedoch nicht. Kritik an den Sozialdemokraten übte er von der Gründung der *Lach- und Schießgesellschaft* an. Seine Beanstandungen an der Partei erfolgten in den 60er-Jahren »von links aus«, wobei er ihr die Hinwendung zur politischen Mitte, ihren Anspruch, eine Volkspartei darzustellen, und die Anbiederung an alle, die ihr zur Mehrheit verhelfen könnten, vorwarf. Hildebrandt, der sich mit seiner Satire für ein solidarisches Miteinander einsetzte, wünschte sich die SPD als eine Partei der Schwachen und Unterdrückten in der Gesellschaft.

Als einer der ersten machte Hildebrandt die deutsche Öffentlichkeit auf die Abhängigkeit der Presse, die damit einhergehende

Einschränkung der Meinungsfreiheit und die Auswirkungen auf die gesellschaftliche Meinungsbildung aufmerksam. Bereits 1963 trug er mit seiner Satire zum Pressewesen zur Aufklärung der Deutschen über Verfassungsverstöße bei. Ein Jahr später erschien das Taschenbuch *Information oder Herrschen die Souffleure?*, herausgegeben von Paul Hübner, in dem der Philosoph Karl Jaspers die Frage aufwarf, ob die Gesellschaft »richtig informiert« werde. In der zweiten Hälfte des Jahrzehnts führte die Fokussierung der Pressemacht auf einzelne Verlagsunternehmen deutschlandweit zu Unruhen und Protesten der Außerparlamentarischen Opposition.

Infolge seines Einsatzes für die freie Meinungsäußerung wurde Hildebrandt 1963 gebeten, für die Verfilmung der Rundfunksatire *Doktor Murkes gesammeltes Schweigen* von Heinrich Böll für den *Hessischen Rundfunk* das Drehbuch zu schreiben. Dass die Wahl auf Hildebrandt fiel, zeigte die offenkundigen Parallelen zwischen ihm und Böll. Es war davon auszugehen, dass Hildebrandt den Stoff den Wünschen des Autors entsprechend umsetzen würde. Der Kabarettist und der Schriftsteller traten in der Ära Adenauer beide als Moralisten auf. Als Humanisten und Anwälte der »kleinen Leute« setzten sie sich für eine freiheitlich-demokratische Ordnung ein. Ihre Meinung äußerten sie parteiunabhängig und provokativ, ohne Rücksicht auf mögliche Konsequenzen. Bei der Szenenfolge hielt sich Hildebrandt mit seinem Drehbuch weitgehend an die literarische Vorlage Bölls. Den Schwerpunkt legte er auf die Darstellung der Hierarchien und Machtstrukturen in der Rundfunkanstalt und fokussierte die sich im Sender abzeichnende Restauration. Hildebrandt hob mit seinem Fernsehspiel hervor, dass die restaurativen Tendenzen alle Gesellschaftsschichten der Bundesrepublik der Adenauerzeit betrafen. Durch Murkes Verwendung von Assoziationen, seine Bildsprache, sein Wörtlichnehmen von Wortinhalten sowie durch pointiert kritische Verweise auf zeitgenössische Persönlichkeiten kam in Hildebrandts Drehbuch der für ihn charakteristische Kabarettstil zum Vorschein. Die Hauptrolle des Doktor Murke war mit ihm auch deswegen passend besetzt, da er aufgrund seiner intellektuellen Erscheinung optisch dem Klischee des Akademikers entsprach (Ursula Herking hatte bereits 1956 behauptet, dass Hildebrandt aussehe wie die »Karikatur eines intellektuellen Studenten«.). Außerdem verlieh Hildebrandt der Figur des Widerständlers durch seine kabarettistische Nonkonformität Authentizität. Das gelang ihm auch in der Fortsetzung *Doktor Murkes gesammelte Nachrufe*, obgleich diese im Vergleich zum Vorgängerfilm weniger originell und anspruchsvoll war.

In den 60er-Jahren war Hildebrandt gefordert, an seine Erfolge, die er mit seinen Beiträgen in den ersten zehn Programmen der *Lach- und Schießgesellschaft* erzielt hatte, anzuknüpfen. Gerade von seinen aufklärerischen »Alleingängen«, die den Programmen ihren tagesaktuellen Charakter verliehen, erwartete die Zuschauerschaft stets eine Sensation. Dass Hildebrandt keine politischen Tabuthemen akzeptierte, zeigen seine Kommentare zu Bundespräsident Lübke, die ihm quer durch die Parteien Kritik von Abgeordneten einbrachten. Thematisch lieferte die Regierungszeit Ludwig Erhards jedoch nicht mehr die zahlreichen Angriffsflächen für politische Satire, die die Ära Adenauer geboten hatte. Die komödiantischen Anteile in Hildebrandts Texten nahmen zu. Dies änderte nichts an seiner Intention, Verfassungsverstöße oder (befürchteten) Machtmissbrauch satirisch herauszustellen. Hildebrandt ließ darüber hinaus nicht nach, an sein Publikum zu appellieren, sich mit der NS-Vergangenheit auseinanderzusetzen. Beweis für die Schärfe und Aktualität von Hildebrandts humorvoller Militarismus-Satire war die darauf folgende harsche Reaktion der rechtsextremen Presse.

Während die *Lach- und Schießgesellschaft* in der Regierungszeit Ludwig Erhards beim Publikum ihren Rang als »Deutschlands Kabarett-Ensemble Nr. 1« festigte, wurde sie ab 1964 verstärkt von Kabarettexperten und -kollegen kritisiert. Diese warfen dem Ensemble vor, sich aus Profitstreben zu einem »harmlosen« Unterhaltungskabarett entwickelt zu haben, da es die breite Masse begeisterte und auch seine politischen Gegner anzog. Hildebrandt, neben Schreiner noch immer Hauptautor der *Lach- und Schießgesellschaft*, wurde in der Diskussion um ihre Etablierung häufig als Ausnahme bezeichnet. In der Presse betonte und lobte man in den Jahren 1964 und 1965 vor allem die politische Satire in Hildebrandts Soli und die besondere Schärfe seiner Texte. Letztlich änderten der Besuch von ihm und weiteren Ensemblemitgliedern beim Bundeskanzler, die auch für Hildebrandt enttäuschende

Teilnahme an der Fernsehsendung *Journalisten fragen – Politiker antworten*, in der er den anwesenden Abgeordneten verbal unterlag, und die öffentliche Kritik von Kabarettexperten und -kollegen an der *Lach- und Schießgesellschaft* nichts an seinem Ruf des unangepassten Moralisten. Für die deutsche Öffentlichkeit verkörperte Hildebrandt weiterhin das aufklärerische und politische Kabarett. Er brach noch immer gesellschaftliche Regeln und Tabus, wie ein Streit mit dem *Bayerischen Rundfunk* um die Fernsehübertragungen der Programme der *Lach- und Schießgesellschaft* 1966 deutlich machte. Der Vorwurf, systemimmanent zu sein, war hinsichtlich der Satire Hildebrandts ungerechtfertigt. »Etabliert« hatten sich aber Form und Inhalte seiner Texte. Nach Ende der Ära Adenauer trat Hildebrandt weiterhin für eine demokratische und antimilitaristische Haltung ein. Einförmig wirkte seine Kritik angesichts sich wiederholender Aussagen deshalb nicht, da sie stets unter »Kunstvorbehalt« geschah und sich durch ihre Originalität, poetische und selbstironische Elemente auszeichnete.

Konkurrenz erhielten Hildebrandt und seine Kollegen ab Mitte der 60er-Jahre von den neuen und erfolgreichen APO-Kabaretts, wie dem Kölner Kabarett *Floh de Cologne*. Hier trat das Komische fast vollständig hinter der Kritik zurück. Das konventionelle Kabarett wurde von den Nachwuchskabarettisten für »tot« erklärt. Die junge Generation mischte sich nun auch verstärkt in das politische Geschehen der Bundesrepublik ein. Mit der *Lach- und Schießgesellschaft* teilte sie ab 1966 die Kritik an der Großen Koalition und den Notstandsgesetzen. Was die Neue Linke mit Hildebrandt in erster Linie verband, war ihre Verurteilung der passiven Haltung der älteren Generation in der NS-Zeit sowie der Verdrängung der kollektiven Mitschuld nach Kriegsende. Während Hildebrandt dieses politische Engagement der Jugend begrüßte, übte er wenige Jahre später vehement Kritik an den zum Teil eskalierenden Protesten der 68er-Generation. Hildebrandt hatte stets an die Vernunft appelliert und sich für besonnene Reformen sowie die Wahrung der demokratischen Grundwerte eingesetzt. Die akademische Protestbewegung lehnte Hildebrandt ab und sprach rückblickend von dem »Hochmut dieser Revoluzzer aus besseren Kreisen«. Vor dem Hintergrund seiner Erfahrungen aus dem Dritten Reich verurteilte er als Reformer die gewaltsamen Versuche der Jugendlichen, auf die Gesellschaft Einfluss zu nehmen, sowie deren teils ungenaue Zielsetzung. Dies brachte er 1968 in seinen Texten für das 15. Programm *Der Moor ist uns noch was schuldig* zum Ausdruck, indem er seinem Publikum in einem einzelnen Satz sein persönliches Freiheitsideal darlegte. Demnach müsse jeder frei entscheiden können, »wo – mit wem – und wie er [leben] will«. Mit seiner knappen und präzisen Definition von Freiheit stand Hildebrandt in Kontrast zu der umfangreichen Freiheitstheorie Herbert Marcuses, mit der der Soziologe maßgeblichen Einfluss auf die Studentenbewegung hatte. Hildebrandt prangerte, ebenso wie Marcuse, gesellschaftliche Unterdrückung an und lehnte »strikte Verbote« ab. Den Menschen sah er jedoch als vernunftbegabtes Wesen an, das trotz seiner Integration in eine Gemeinschaft über seine Bedürfnisse selbst bestimmen kann. Während die junge Generation mit zum Teil unverhältnismäßigen Forderungen nach einer Umwälzung der Gesellschaft die Distanz zu dieser selbst vergrößerte, gelang es Hildebrandt, mit seinen Thesen für ein solidarisches Miteinander die breite Masse zu erreichen.

Entgegen der ursprünglichen Überzeugung der *Lach- und Schießgesellschaft*, dass das Kabarett für keine politische Partei als »Wahlpropagandamittel« eintreten dürfe, setzten sich Hildebrandt und weitere Mitglieder des Ensembles vor den Bundestagswahlen 1969 und 1972 für die Sozialdemokratische Wählerinitiative ein. Willy Brandt war für Hildebrandt Hoffnungsträger. Mit seinen 1969 angekündigten Reformen, die politische Entspannung, Völkerverständigung, Abrüstung und die endgültige Demokratisierung aller Bereiche der Gesellschaft vorsahen, entsprach Brandt jenen Zielen, für die sich Hildebrandt mit seinen Satiren stets eingesetzt hatte. In einer Zeit, in der die erklärte Aufgabe des Parlaments darin bestand, »mehr Demokratie [zu] wagen«, und das politische Engagement aufseiten von Bürgern und Gewerkschaften angewachsen war, bot Hildebrandt auf der Bühne nicht mehr die Sensationen, die sich das Publikum von seiner Regierungskritik erwartete. Seine satirischen Kommentare, die in der Ära Adenauer als außergewöhnlich couragiert gegolten hatten, erschienen nun als gemäßigt. Hildebrandts SPD-Kritik blieb in der Regierungszeit Brandts im Ungefähren, was sich daran äußerte, dass er den Fokus mehr auf die Anhängerschaft der SPD als auf einzelne Abgeordnete legte. Dennoch bot er weiterhin humorvolles politisches Kabarett, das dazu aufforderte, sich mit den Leitlinien der Regierungspartei und deren Einhaltung auseinanderzusetzen. Dass ihn eine SPD-Regierung nicht von politischer Satire abhielt und seine Unterstützung der SPD mit der Person Willy Brandts in Verbindung stand, zeigte sich letztlich auch, als Hildebrandt seine Kabarett-Karriere in der Regierungszeit Helmut Schmidts fortführte.

In den letzten vier Programmen der *Lach- und Schießgesellschaft* behielt Hildebrandt seinen politischen Kabarettstil bei. Indem er das Verständnis für die Reformpläne der Regierung förderte sowie auf die Einflussnahme der Presse, insbesondere der *Bild*-Zeitung, auf ihre Leser hinwies, verband er bei seinen Auftritten weiterhin Unterhaltung mit Aufklärung. Hinsichtlich ihrer Form und Aussage büßten die Nummern jedoch die Originalität ein, die Hildebrandts Beiträge zuvor ausgezeichnet hatte. Seinen Texten, in denen er sich auf die Seite des »kleinen Mannes« stellte und für die freie Meinungsbildung eintrat, fehlte es in den letzten Programmen an Brisanz und satirischer Schärfe. Nach 15 Jahren *Lach- und Schießgesellschaft* erweckten sie einen teils abgegriffenen Eindruck. Diese Routine in seinen und auch in den Texten der anderen Autoren sowie sein Wunsch, noch einmal als Schauspieler auf der Bühne zu stehen, gaben Hildebrandt den Anstoß, aus der *Lach- und Schießgesellschaft* auszusteigen. Dies bedeutete zugleich das Ende des Ensembles, das damit seinen unumstrittenen Mittelpunkt verlor.

Hildebrandt war es von der Nachkriegszeit an über die Ära Adenauer bis hin zur Sozial-liberalen Koalition gelungen, Kabarett in Deutschland populär zu machen und damit die breite Öffentlichkeit zu erreichen. Wer sich von Kabarett und Satire zuvor allein Unterhaltung versprochen hatte, wurde durch Hildebrandt Zeuge deren Fähigkeit, auf humorvolle und journalistische Weise (befürchtete) Verfassungsverstöße, Machtmissbrauch und gesellschaftliche Missstände aufzudecken. Der Humanist und Demokrat setzte sich mithilfe seines Improvisationsstils, den Walter Jens als seine »ureigene Kunst«[106] bezeichnete, für die Schwachen in der Gesellschaft und mehr Solidarität ein. Er forderte sein Publikum

[106] Jens, Walter: Yorik in Deutschland. Laudatio auf Dieter Hildebrandt. In: Der Alternative Büchnerpreis 1990, Darmstadt: H.L. Schlapp, 1990, S. 12.

mit seinen Kommentaren zum politischen (Tages-)Geschehen in der Bundesrepublik zum Nach- und Mitdenken auf. Auf diese Weise prägte Hildebrandt ein Verständnis von politischem Kabarett, das bis heute in der Öffentlichkeit etabliert ist.

Hildebrandt war fast 60 Jahre als Kabarettist erfolgreich. Nach seiner Trennung von der *Lach- und Schießgesellschaft* war er von 1973 bis 1979 mit dem satirischen Magazin *Notizen aus der Provinz* im deutschen Fernsehen zu sehen.[107] Parallel dazu trat er zwischen 1974 und 1981 in fünf Programmen mit dem Kabarettisten und Sportmoderator Werner Schneyder auf. 1980 startete Hildebrandt die Live-Sendung *Scheibenwischer* und wirkte bis 2003 an 144 Folgen[108] mit. In den 80er-Jahren spielte er in kabarettistischen Theaterstücken wie *München leuchtet* und *Diridari*, bei denen er mit Gerhard Polt zusammenarbeitete. Hinzu kamen zahlreiche Spiel- und Fernsehfilme. Hildebrandt übernahm Rollen in *Kehraus* und *Man spricht deutsh* von Regisseur Hanns Christian Müller sowie in Helmut Dietls Fernsehserie *Kir Royal*. Aktuell war er 2012 in Dietls Kinofilm *Zettl* zu sehen. 1979 veröffentlichte Hildebrandt sein erstes Buch *Über die Bundesliga*. Publikumserfolge als Autor feierte er jedoch erst ab 1986, als er seine Autobiografie *Was bleibt mir übrig* herausgab. 2007 erschien sein Buch *Nie wieder achtzig!*, das Hildebrandt anlässlich seines 80. Geburtstags schrieb. Neben seiner Tätigkeit als Schriftsteller stand er bis kurz vor seinem Tod auf der Bühne. Er absolvierte Lesereisen und tourte ab 2010 mit seinem Soloprogramm *Ich kann doch auch nichts dafür* durch Deutschland.

[107] Hildebrandt begrüßte seine Zuschauer in der ersten Sendung am 26. August 1973 mit den Worten: »Wenn wir Ihnen heute unter dem Titel ›Notizen aus der Provinz‹ ein neues kritisches Fernsehmagazin präsentieren, werden Sie vielleicht fragen: muss das sein? Nun, wir haben uns die gleiche Frage gestellt und sind zu dem Ergebnis gekommen: ja, es muss sein. Denn wir haben festgestellt, dass die Mehrzahl der kritischen Fernsehmagazine unentwegt heiße Eisen anfasst, Themen anfasst, die unter den Nägeln brennen, auf den Nägeln brennen, im Nacken liegen und dergleichen mehr. Wir wollen kleinere Themen. Kleinere Themen anfassen, die in der Abendschule der Nation: sprich: Deutsches Fernsehen, immer ein bisschen zu kurz gekommen sind, nämlich Themen aus der Provinz.« In: Manuskript 1/73 (Pilot), Bestand des Deutschen Kabarettarchivs Mainz.

[108] Hildebrandt/Schroeder: Ich musste immer lachen. S. 235.

Im Erregen von Lachen im Kabarett sah Hildebrandt stets nur ein Mittel zum Erkenntnisgewinn, nicht das Ziel. Damit grenzte er sich seit jeher von der reinen humorvollen Unterhaltung ab, die in den 90er-Jahren unter dem Begriff »Comedy« einen Boom erlebte. Auf die Frage, ob Kabarett auf die Gesellschaft einwirken könne, erzählte Hildebrandt im Jahr 2000 von Rückmeldungen seiner Zuschauer, dass sich ihr politisches Denken durch ihn und die *Lach- und Schießgesellschaft* verändert habe. Dass das Leben der Leute durch seine Gedanken beeinflusst worden sei, bewertete Hildebrandt stolz als »nicht wenig«[109].

[109] Martens: »Ich möchte keine tragische Figur sein.« S. 20.

X Bibliografie

1 Quellen

a) Archivmaterial

Everding, August: Glückwünsche an Dieter Hildebrandt. In: Glückwunsch des Kindler Verlages, München, zum 60. Geburtstag seines Autors. Faksimilereproduktion: Longo, Bozen, 1987.

Hildebrandt, Bernd: Glückwünsche an Dieter Hildebrandt. In: Glückwunsch des Kindler Verlages, München, zum 60. Geburtstag seines Autors. Faksimilereproduktion: Longo, Bozen, 1987.

Hildebrandt, Dieter: Auf Bundesposten. In: Lach- und Schießgesellschaft, 5. Programm: Warten auf Niveau, 1959.

Ders.: Auf der Bundesschiene. In: Lach- und Schießgesellschaft, 10. Programm: Halt die Presse, 1963.

Ders.: Blechschaden. In: Lach- und Schießgesellschaft, 14. Programm: Kleiner machen Leute, 1967.

Ders.: Brunnenvergifter. In: Lach- und Schießgesellschaft, 19. Programm: Der Abfall Bayerns, 1972.

Ders.: Bürger in Uniform. In: Lach- und Schießgesellschaft, 11. Programm: Krisen-Slalom, 1964.

Ders.: Darf man eintreten. In: Lach- und Schießgesellschaft, 12. Programm: Schuld abladen verboten, 1965.

Ders.: Der doppelte Mittwoch. In: Lach- und Schießgesellschaft, 13. Programm: Die Pharisäer proben den Notstand, 1966.

Ders.: Der Fliegenfänger. In: Lach- und Schießgesellschaft, 17. Programm: Wir werden uns schon schaffen, 1970.

Ders.: Der Gärtner platzt. In: Lach- und Schießgesellschaft, 7. Programm: Tour de Trance, 1960.

Ders.: Der linksintellektuelle Rechtsabbieger (Der Verleger). In: Talk täglich, Bühnenprogramm mit Werner Schneyder, 1974.

Ders.: Der Ovationshemmer. In: Lach- und Schießgesellschaft, 18. Programm: Abel verpflichtet, 1971.

Ders.: Der Scharfmacher. In: Lach- und Schießgesellschaft, 6. Programm: Der Widerspenstigen Lähmung, 1959.

Ders.: Die Anzeige. In: Lach- und Schießgesellschaft, 10. Programm: Halt die Presse, 1963.

Ders.: Die verschämten Sozialisten. In: Lach- und Schießgesellschaft, 18. Programm: Abel verpflichtet, 1971.

Ders.: Die zwei Verschworenen. In: Lach- und Schießgesellschaft, 6. Programm: Der Widerspenstigen Lähmung, 1959.

Ders.: Dummes, kleines Mädel! In: Die Namenlosen, 3. Programm: Die Nullen sind unter uns, 1955.

Ders.: Ein neuer Beruf. In: Lach- und Schießgesellschaft, 3. Programm: Im gleichen Schrott und Trott, 1957.
Ders.: Etwas zum Aufhängen. In: Lach- und Schießgesellschaft, 2. Programm: Bette sich wer kann, 1957.
Ders.: Finale. In: Lach- und Schießgesellschaft, 15. Programm: Der Moor ist uns noch was schuldig, 1968.
Ders.: Good Fight Boys. In: Lach- und Schießgesellschaft, 14. Programm: Kleiner machen Leute, 1967.
Ders.: Grützmeyer-Junior. In: Lach- und Schießgesellschaft, 16. Programm: Von Menschen mit Mäusen, 1969.
Ders.: Halt die Presse. In: Lach- und Schießgesellschaft, 10. Programm: Halt die Presse, 1963.
Ders.: In eigener Sache. In: Die Namenlosen, 2. Programm: Es ist so schön, privat zu sein, 1955.
Ders.: In eigener Sache. In: Die Namenlosen, 3. Programm: Die Nullen sind unter uns, Programmheft, 1955.
Ders.: Jauche fahren, aber wie? In: Die Namenlosen, 1. Programm: Ihr erstes Programm, 1955.
Ders.: Kleiner Mann am Drücker. In: Die Namenlosen, 3. Programm: Die Nullen sind unter uns, 1955.
Ders.: Kleiner Mann am Drücker. In: Lach- und Schießgesellschaft, 1. Programm: Denn sie müssen nicht was sie tun, 1956.
Ders.: Kontrollorgan. In: Lach- und Schießgesellschaft, 11. Programm: Krisen-Slalom, 1964.
Ders.: Markenartikel. In: Lach- und Schießgesellschaft, 4. Programm: Eine kleine Machtmusik, 1958.
Ders.: Moor – Schufterle. In: Lach- und Schießgesellschaft, 15. Programm: Der Moor ist uns noch was schuldig, 1968.
Ders.: Nur so privat. In: Lach- und Schießgesellschaft, 1. Programm: Denn sie müssen nicht was sie tun, 1956.
Ders.: Opening. In: Lach- und Schießgesellschaft, 1. Programm: Denn sie müssen nicht was sie tun, 1956.
Ders.: Ordnung muß sein. In: Die Namenlosen, 3. Programm: Die Nullen sind unter uns, 1955.
Ders.: Parade der Domestiken. In: Lach- und Schießgesellschaft, 3. Programm: Im gleichen Schrott und Trott, 1957.
Ders.: Presse unter sich. In: Lach- und Schießgesellschaft, 10. Programm: Halt die Presse, 1963.
Ders.: Professor Glücks Geheimnis. In: Lach- und Schießgesellschaft, 7. Programm: Tour de Trance, 1960.
Ders.: Ringwechselstube. In: Lach- und Schießgesellschaft, 9. Programm: Überleben Sie mal, 1962.
Ders.: Schramm drüber. In: Lach- und Schießgesellschaft, 11. Programm: Krisen-Slalom, 1964.
Ders.: Schuld abladen verboten. In: Lach- und Schießgesellschaft, 12. Programm: Schuld abladen verboten, 1965.

Ders.: Siegerehrung. In: Lach- und Schießgesellschaft, 3. Programm: Im gleichen Schrott und Trott, 1957.
Ders.: Soldat Schweyk jr. In: Lach- und Schießgesellschaft, 6. Programm: Der Widerspenstigen Lähmung, 1959.
Ders.: Solo. In: Lach- und Schießgesellschaft, 15. Programm: Der Moor ist uns noch was schuldig, 1968.
Ders.: Staatsbesuch. In: Lach- und Schießgesellschaft, 4. Programm: Eine kleine Machtmusik, 1958.
Ders.: Überleben Sie mal. In: Lach- und Schießgesellschaft, 9. Programm: Überleben Sie mal, 1962.
Ders.: Von Menschen mit Mäusen. In: Lach- und Schießgesellschaft, 16. Programm: Von Menschen mit Mäusen, 1969.
Ders.: Wähl den der lügt. In: Lach- und Schießgesellschaft, 8. Programm: Wähl den, der lügt, 1961.
Ders.: Warten auf den Zug. In: Lach- und Schießgesellschaft, 5. Programm: Warten auf Niveau, 1959.
Ders.: Wenn Sie mal nach München kommen. In: Lach- und Schießgesellschaft, 13. Programm: Die Pharisäer proben den Notstand, 1966.
Ders.: Wenn zwei das gleiche tun. In: Lach- und Schießgesellschaft, 1. Programm: Denn sie müssen nicht was sie tun, 1956.
Ders.: Zollologie. In: Lach- und Schießgesellschaft, 8. Programm: Wähl den, der lügt, 1961.
Hildebrandt, Dieter/Jüssen, Horst: Opening. In: Schimpf vor 12, Silvesterprogramm, 31.12.1969.
Hildebrandt, Gertrud: Glückwünsche an Dieter Hildebrandt. In: Glückwunsch des Kindler Verlages, München, zum 60. Geburtstag seines Autors. Faksimilereproduktion: Longo, Bozen, 1987.
Notizen aus der Provinz: Manuskript 1/73 (Pilot).
Potyka, Gerhard (Gerd): Glückwünsche an Dieter Hildebrandt. In: Glückwunsch des Kindler Verlages, München, zum 60. Geburtstag seines Autors. Faksimilereproduktion: Longo, Bozen, 1987.
Schreiner, Klaus Peter: Das Lied des Superstudenten. In: Die Namenlosen, 1. Programm: Ihr erstes Programm, 1955.
Ders.: Glückwünsche an Dieter Hildebrandt. In: Glückwunsch des Kindler Verlages, München, zum 60. Geburtstag seines Autors. Faksimilereproduktion: Longo, Bozen, 1987.
Ders.: Wir machen eine GmbH. In: Lach- und Schießgesellschaft, 15. Programm: Der Moor ist uns noch was schuldig, 1968.

b) Publikationen

Berr, Christina Maria: »Im Fernsehen wird man nicht schöner« – Kabarettist Dieter Hildebrandt über sein neues Buch »Ich musste immer lachen«. In: Süddeutsche Zeitung, Nr.220, 23./24.9.2006, S. 55.
Bobsin, Jörg: Dieter Hildebrandt – »Zu Hause bin ich ein Langweiler«. In: Hör zu, 1968, Heft 5.

Drautz, Mischa/Langeder, Martin: »Mir ist das Spießige lieber« – »Mir auch«. CSU-Politiker Peter Gauweiler und Kabarettist Dieter Hildebrandt über sich, über ihr Verhältnis zueinander und über München. In: Süddeutsche Zeitung, Nr. 155, 5./6.7.2008, S. 55.

Hardt, Sigrid: »Ab Montag in der Lach und Schieß« – Hildebrandt und Schneyder – Wir haben die Unschuld verloren. In: Abendzeitung München, 31.10./1./2.11.1975.

Harms, Klaus B.: Seit wann sollte es nichts mehr zu lachen geben? – Ein Gespräch mit dem Kabarettisten und Satiriker Dieter Hildebrandt über den Bonner Wechsel und seine Folgen. In: Stuttgarter Nachrichten, 30.10.1982.

Hildebrandt, Dieter: 8. Mai 1945 – gegen 14 Uhr. In: Böll, Heinrich (Hrsg.): Niemands Land. Kindheitserinnerungen an die Jahre 1945 bis 1949. München: dtv, 1988, S. 13–18.

Ders.:Ausgebucht. Mit dem Bühnenbild im Koffer. München: Karl Blessing Verlag, 2004.

Ders.: Bundesbürger Bittermann. In: Deutsches Panorama, 10/1966, S. 98.

Ders.: Denkzettel. München: Knaur, 1994.

Ders.: Der Anbieter. Zur Lage der Nation. München: Knaur, 1997.

Ders.: Der Etat bin ich. In: Münchner Merkur, 12./13.6.1965.

Ders.: »Diese Demokratie muss in die Werft«. In: Hofmann, Till (Hrsg.): Verlängert – 50 Jahre Lach- und Schießgesellschaft. München: Karl Blessing Verlag, 2006, S. 121.

Ders.: Ein Republikaner in Johannesburg. In: Münchner Merkur, Nr. 120, 21./22.5.1966.

Ders.: »Einen solchen Proteststurm hätte ich nicht für möglich gehalten!« In: Gong, 6.6.1986. Abgedruckt in: Albertz, Heinrich (Hrsg.): Scheibenwischer – Zensur. Vollständiger Text der Sendung und Dokumentation über die Reaktionen in der Öffentlichkeit. München: Knaur, 1986. S. 110f.

Ders.: Erinnerungen an den Endsieg. In: Neven DuMont, Alfred (Hrsg.): Jahrgang 1926/1927 – Erinnerungen an die Jahre unter dem Hakenkreuz. Köln: DuMont, 2007, S. 20–23.

Ders.: Gedächtnis auf Rädern. München: Goldmann Verlag, 1999.

Ders.: Generäle Ade. In: Münchner Merkur, Nr. 216, 10./11.9.1966.

Hildebrandt, Dieter: Konjunktur. In: Münchner Merkur, 11./12. September 1965.

Ders.: Martin, der Arthur. In: Morlock, Martin: Auf der Bank der Spötter: Meistersatiren aus 30 Jahren. München: Kindler, 1989, S. 15–18.

Ders.: Nie wieder achtzig! München: Blessing, 2007.

Ders.: Notfalls auch Steuermann. In: Der Spiegel Special, Nr. 7, 2008, »Kindische Hoffnung«, S. 124.

Ders.: Reisen für Deutschland. In: Münchner Merkur, Nr.156, 2./3.7.1966.

Ders.: Spaß ist machbar. Freiburg: Hyperion-Verlag, 1980.

Ders.: Stein oder nicht Stein. Freiburg: Hyperion-Verlag, 1979.

Ders.: Straße nach Bunzlau. In: Bunzlauer Heimatzeitung, Nr. 5/75, S. 17f. (S. auch in: Dr. Hupka, Herbert: Meine schlesischen Jahre, München: Gräfe-Unzer Verlag, 1964.)

Ders.: Straße nach Bunzlau. In: Bunzlauer Heimatzeitung, Nr. 7/75, S. 13.

(S. auch in: Dr. Hupka, Herbert: Meine schlesischen Jahre, München: Gräfe-Unzer Verlag, 1964.)
Ders.: Tennis. München: dtv, 1999.
Ders.: Über die Bundesliga. Die verkaufte Haut oder Ein Leben im Trainingsanzug. Frankfurt am Main/Berlin/Wien: Ullstein, 1982.
Ders.: Vater unser – gleich nach der Werbung. München: Goldmann Verlag, 2003.
Ders.: Was bleibt mir übrig. Anmerkungen zu (meinen) 30 Jahren Kabarett. München: Kindler Verlag, 1989.
Hildebrandt, Dieter im Gespräch mit Gaus, Günter. In: Kulturpreis Schlesien des Landes Niedersachsen. Hannover: Niedersächsisches Landesministerium, 2003.
Hildebrandt, Dieter/Drechsel, Sammy: »In Bonn sind wir geköpft worden«. In: Der Spiegel, Nr. 42, 9.10.1972, S. 164–171.
Hildebrandt, Dieter/Schroeder, Bernd: Ich musste immer lachen. Köln: Kiepenheuer & Witsch, 2006.
Höbel, Wolfgang/Eßlinger, Detlef: »Wenn ich auf die Bühne gehe, sitzen im Saal die Gegner« – Dieter Hildebrandt über sein neues Programm und sein Kabarett-Verständnis, über deutsche Politik und deutsche Geschichte. In: Süddeutsche Zeitung, 7./8.9.1991.
Lerck, Achim: Ein anständiger Deutscher zieht Bilanz. Dieter Hildebrandt über 30 Jahre Leben und Arbeit. In: Buch-Journal, 1986/87, Heft 4.
le Viseur, Raimund: Interview mit Dieter Hildebrandt. In: Playboy, 7/1974, S. 35–42 und S. 147f.
Martens, Michael: »Ich möchte keine tragische Figur sein.« Ein Gespräch zur Person und über die Zeit mit Dieter Hildebrandt. Winsen/Luhe, Weimar: Boldt, 2000.
Mühlauer, Alexander/Sürig, Dieter: »Brüderle ist ein sehr begabter Komiker« – Der Kabarettist Dieter Hildebrandt über die Vorzüge des Wirtschaftsministers, irrwitzig hohe Gagen und den Moment, als er Erich Kästner zum Lachen brachte. In: Süddeutsche Zeitung, Nr. 233, 8.10.2010, S. 26.
Röckenhaus, Freddie/Strauss, Goggi: Der Abschied vom Wort. In: Zeitmagazin, 28.5.1993.
Schmidt, Eckhart: »Ich halte meinen Kopf in die Röhre« – Interview mit Dieter Hildebrandt über »Notizen aus der Provinz«. In: Süddeutsche Zeitung, 28.3.1974.
Schmidt, Peter T.: »Westerwelle ist nicht humorfähig« – Dieter Hildebrandt erklärt, warum der KZ-Vergleich ein Fehler war – und die Aufregung trotzdem Heuchelei ist. In: Münchner Merkur, Nr.54, 6./7.3.2010.
Serrao, Marc Felix: Gespräch mit Dieter Hildebrandt vor der Lesung aus seinem Buch »Nie wieder achtzig!« in Dachau – »Wir Deutschen sind genauso unerträglich wie früher«. In: Süddeutsche Zeitung, Nr.172, 28./29.7.2007.
Thieringer, Thomas: »Solange ich da noch raufkomme …« – Die Münchner Lach- und Schießgesellschaft wird 30 – Ein Gespräch mit Dieter Hildebrandt. In: Süddeutsche Zeitung, 12.12.1986.
Tomayer, Horst: »Der politischste ist für mich der Ostfriesen-Otto«. In: Konkret, 1976, Heft 2.

Verdin, Günter: »Wir sind keine Besserwisser, wir zeigen Visionen« – Ein Gespräch mit den Kabarettisten Dieter Hildebrandt und Werner Schneyder. In: Stuttgarter Nachrichten, 31.12.1977.
Wagner, Rainer: »Uns fehlt der Hof – die Narren sind wir« – Ein Gespräch mit den Kabarettisten Dieter Hildebrandt und Werner Schneyder. In: Badische Zeitung, 26.3.1976.
Zips, Martin: »Das ist Rufmord« – Kabarettist Dieter Hildebrandt über seine NSDAP-Mitgliedschaft – von der er erst jetzt erfuhr. In: Süddeutsche Zeitung, Nr. 150, 3.7.2007, S. 12.
Ders.: »Schund verkauft sich heute besser« – Dieter Hildebrandt über Kabarett im Fernsehen, Demokratie und darüber, warum er keinen Wert auf eine Abschiedsgala legt. In: Süddeutsche Zeitung, 17./18.5.2003.

c) Ton- und Bildmaterial

ARD: Menschen bei Maischberger. Zu Gast: Dieter Hildebrandt, Franz Xaver Kroetz, Lisa Fitz, Richard Rogler, Jan Fleischhauer, 6.10.2009, 22.45 Uhr.
Baltes, Gisbert/Schröder, Lothar: Nie wieder achtzig! – Dieter Hildebrandt, ARD, 2007.
Hessischer Rundfunk (Hrsg.): Kabarettgeschichte(n) – Dieter Hildebrandt. Ein Portrait von Karin Köbernick. Frankfurt am Main: hr-audio, 2003. Audio-CD.
Hildebrandt, Dieter: Politiker-Märchen. Die schönsten Lügen aus 60 Jahren Bundesrepublik. München: Diederichs, 2009. Audio-CD.
Ders.: Dieter Hildebrandt wirft ein. Random House Audio, Audio-CD, 2006.
Hildebrandt, Dieter/Hädrich, Rolf: Doktor Murkes gesammeltes Schweigen/ Doktor Murkes gesammelte Nachrufe. Nach einer Vorlage von Böll, Heinrich. Frankfurt: hrMEDIA, DVD, 2003.
Hildebrandt, Dieter/Schneyder, Werner: Highlights aus den Programmen, Preiser Records, Audio CD.
Folge 1: »Talk täglich« und »Lametta & Co.«, 1974/1975.
Folge 2: »Wie abgerissen« und »Keine Fragen mehr«, 1977/1979.
Folge 3: »Ende der Spielzeit«, 1982.
WDR (Hrsg.): Erlebte Geschichte(n). Dieter Hildebrandt, Ingo Insterburg und Hanns Dieter Hüsch erzählen. Köln: Der Audio Verlag GmbH, 2006. Audio-CD.

d) Internetquellen

Das Gupta, Oliver: »Ich bin um mein Leben geschwommen« – Wie Dieter Hildebrandt das Kriegsende 1945 erlebte. In: http://www.sueddeutsche.de/politik/kriegsende-i-ich-bin-um-mein-leben-geschwommen-1.779298, 20.4.2005 (Stand: 15.6.2012).
Hildebrandt, Dieter: Laudatio auf Klaus Peter Schreiner. In: http://www.roland-forster.de/downloads/Laudatio%20Hildebrandt.pdf (Stand: 03.10.2012).

Honsell, Johannes/Das Gupta, Oliver: »Merkel ist ein bisschen thatcherig« – Dieter Hildebrandt ist 80. In: http://www.sueddeutsche.de/muenchen/dieter-hildebrandt-ist-merkel-ist-ein-bisschen-thatcherig–1.754048, 21.6.2007 (Stand: 15.6.2012).
Langmaack, Werner: Heute mit Dieter Hildebrandt – »Da sträuben sich mir die Nackenhaare«. In: www.abendblatt.de/sport/article779164/Da-straeuben-sich-mir-die-Nackenhaare.html, 24.12.2005 (Stand: 12.07.2011).

e) Weiterführende Quellen

Bahr, Hermann: Das Konzert. Lustspiel in drei Akten. Stuttgart: Reclam, 1996.
Böll, Heinrich: Doktor Murkes gesammeltes Schweigen. Köln: Kiepenheuer & Witsch, 2000.
Ders.: Was soll aus dem Jungen bloß werden? Oder: Irgendwas mit Büchern. Bornheim: Lamuv Verlag, 1981.
Ders.: (Hrsg.): Niemands Land. Kindheitserinnerungen an die Jahre 1945 bis 1949. München: dtv, 1988.
Finck, Werner: Alter Narr – was nun? Die Geschichte meiner Zeit. München/Berlin: Herbig,1972.
Goethe, Johann Wolfgang: Die Wahlverwandtschaften. Stuttgart: Reclam, 2002.
Grabbe, Christian Dietrich: Scherz, Satire, Ironie und tiefere Bedeutung. Stuttgart: Reclam, 2007.
Grass, Günter: Beim Häuten der Zwiebel. Göttingen: Steidl Verlag, 2006.
Ders.: Über das Selbstverständliche. Reden, Aufsätze, Offene Briefe, Kommentare. Neuwied/Berlin: Luchterhand Verlag, 1968.
Hassencamp, Oliver: Der Sieg nach dem Krieg. Die gute schlechte Zeit. München/Berlin: Herbig, 1984.
Ders.: Telegramm an die Münchner Lach- und Schießgesellschaft, 21.11.1962 (Quelle: Archiv der Münchner Lach- und Schießgesellschaft).
Heine, Heinrich: Die Harzreise. Köln: Anaconda, 2010.
Herking, Ursula: Danke für die Blumen. Damals – gestern – heute. München u.a.: Bertelsmann, 1973.
Kästner, Erich: Brief an Barbara Pleyer, 18.3.1952. In: Hanuschek, Sven (Hrsg.): »Dieses ›Na ja‹, wenn man das nicht hätte!« Ausgewählte Briefe von 1909 bis 1972. Zürich: Atrium Verlag, 2003, S. 201.
Ders.: Werke in neun Bänden. Hrsg: Görtz, Franz-Josef. München/Wien: Hanser, 1998.
Lorentz, Kay und Lore: Telegramm an die Münchner Lach- und Schießgesellschaft, 6.4.1967 (Quelle: Archiv der Münchner Lach- und Schießgesellschaft).
Marceau, Félicien: Der Manager. (Deutsch von Lore Kornell.) Berlin: Kiepenheuer, 1964.
Meier, Rudolf (Hrsg.): Das Innsbrucker Osterspiel/Das Osterspiel von Muri. Stuttgart: Reclam, 1962.
Molière, Jean Baptiste: Die Schelmenstreiche des Scapin. Lustspiel in drei Akten. Deutsch von Hermann Wetzke. Berlin: Felix Bloch Erben.

Remarque, Erich Maria: Im Westen nichts Neues/Der Feind. Köln: Kiepenheuer & Witsch, 2006.
Schiller, Friedrich: Die Räuber. Stuttgart: Reclam, 1995.
Schirach, Baldur von (Hrsg.): Goethe an uns. Ewige Gedanken des großen Deutschen. Berlin: Zentralverband der NSDAP, 1942.
Schnitzler, Arthur: Der tapfere Cassian. In: Schnitzler, Arthur: Die Dramatischen Werke. Band 1. Frankfurt am Main: Fischer, 1962, S. 856-871.
Thoma, Ludwig: Moral. Stuttgart: Reclam, 2003.
Wallraff, Günter: Der Aufmacher: Der Mann, der bei Bild Hans Esser war. Köln: Kiepenheuer & Witsch, 1997.
Wildberger, Erich: Die große Mannschaft. Ein Roman, in dem alle Träume ihre Erfüllung finden. Berlin: Wegweiser-Verlag GmbH, 1937.

f) Persönlicher Kontakt mit der Autorin

Telefonate mit Dieter Hildebrandt am 30.1.2009, 4.5.2009, 1.3.2010 und 24.6.2012.
Treffen mit Dieter Hildebrandt in München/Waldperlach am 16.10.2008 und 16.11.2010.
Treffen mit Klaus Peter Schreiner in München-Schwabing am 20.8.2010.

2 Sekundärliteratur

a) Rezensionen

Anonym: »Bestatten Sie?« – Neues Programm der »Lach- und Schießgesellschaft. In: Christ und Welt, Stuttgart, 2.4.1965.
Anonym: Das Streiflicht. In: Süddeutsche Zeitung, 10.7.1972.
Anonym: Der Kritiker. In: Hör zu, 14.4.1963.
Anonym: Der lieben Lach- und Schießgesellschaft. In: Abendzeitung München, 16./17.1.1960.
Anonym: Die Münchner Lach- und Schießgesellschaft. In: Abendzeitung München, 11.1.1971.
Anonym: Fall X, I. Böll-Fernsehspiel. In: Der Spiegel, Nr. 40, 29.9.1965, S. 147f.
Anonym: Kabarett. In: Vorwärts, 18.12.1959.
Anonym: k.T. In: Augsburger Allgemeine, 5.4.1963.
Anonym: k.T. In: Münchner Lehrerzeitung, Januar 1969.
Anonym: k.T. In: Theatre Arts, New York, April 1960.
Anonym: k.T. In: Vorwärts, 3.4.1963.
Anonym: Lach- und Schießgesellschaft doch im Bayerischen Fernsehen? In: Abendzeitung München, 14.2.1967.
Anonym: Nicht einer stammt aus München. In: Funk-Uhr, Dortmund, 10.–16.7.1966.

Anonym: Tour de Trance. In: Der Spiegel, Nr. 42, 9.10.1972, S. 162f.
Anonym: Wahlaugust nein, aber sein Herz schlägt links. In: Sozialdemokrat Magazin, 4.4.1982. Augstein, Franziska: Der staatstragende Scheibenwischer. In: Süddeutsche Zeitung, Nr.117, 23.5.2007, S. 15.
Bahners, Patrick: Republikträumer. In: FAZ, 15.5.2003.
Bayerischer Rundfunk: Presse Echo zu den Programmen der Münchner Lach- und Schießgesellschaft, 2.5.1963, 1.7.1965, 13.1.1969 (Quelle: Archiv der Münchner Lach- und Schießgesellschaft).
Becker, Thomas/Keil, Christopher/Mayer, Christian: Der Mann, der die Wahrheit immer wieder erfindet. In: Süddeutsche Zeitung, Nr. 117, 23.5.2007, S. 40.
Bühle, Arnd: Sie werden es auch diesmal wieder schaffen – 17. Premiere der Lach- und Schießgesellschaft. In: Münchner Merkur, 22.7.1970.
Drews, Wolfgang: Halt die Presse! In: Münchner Merkur, 2.3.1963.
Ders.: Lachen und Schießen im eigenen Haus. In: Münchner Merkur, 9.1.1959.
Dullinger, Angie: Wo bleibt da der Humor? In: Abendzeitung München, 16.3.2009, S. 15.
Dyckhoff, Peter: Schüsse auf die Mattscheibe. In: Stern, 12.6.1980.
ek.: Mit Nagold leben! In: Deutsche Wochen-Zeitung – Für nationale Politik, Kultur und Wirtschaft, 7.5.1964, S. 10.
Engelmann, Bernt: Dieter Hildebrandt. In: Stuttgarter Nachrichten, 7.5.1968.
Fischer, Eva-Elisabeth: Der Häuptling lebt. In: Süddeutsche Zeitung, Nr. 196, 26.8.2010, S.R 17.
F.R.: Mensch, denk mit! In: Abendzeitung München, 23.2.1962.
Geller, Bernd: Wie tot ist das Kabarett? In: Kölnische Rundschau, 18.4.1970.
Gliewe, Gert: Einen Talk täglich den ganzen Sommer hindurch. In: TZ München, 25.4.1974.
Groll, Gunter: Die Kleine Freiheit hat Geburtstag. In: Süddeutsche Zeitung, Nr. 22, 28.1.1953, S. 3.
Grosch, Walter: Der Schock blieb aus. In: Erlanger Tagblatt, 3.10.1969.
Groß, Jürgen L.: Der Satiriker Dieter Hildebrandt – »Menschen kann ich nicht hassen, ich halte sie alle für Opfer«. In: Vorwärts, 12.4.1984.
Hacke, Axel: Bitte etwas langsamer vergessen! In: Süddeutsche Zeitung, 29.10.1986.
H.A.L.: Kritisch betrachtet – Fernsehen im Rückspiegel. In: Lahrer Zeitung, 11.11.1974.
halef: Zum letztenmal zugebissen. In: Nürnberger Zeitung, 30.9.1972.
Heinz, Kurt: Ein Garant unserer Demokratie. In: Mannheimer Morgen, 21./22.2.1987.
Heitz, Dominik: Von Deppen und Kohl – Dieter Hildebrandt las aus dem Buch »Ausgebucht«. In: Basler Zeitung, 26.10.2004.
Henrichs, Ina: Der Spötter sagt tschüs. In: Mitteldeutsche Zeitung, 14.5.2003.
Henscheid, Eckhard: Der letzte Auftritt. Das ZDF trennt sich von Dieter Hildebrandt. In: Deutsche Zeitung, 30.11.1979.

Hepp, Fred: Der eigene und der Abfall Bayerns – Das vorläufige Ende der Münchner »Lach- und Schießgesellschaft«. In: Süddeutsche Zeitung, 10.7.1972.
Ders.: Dieter Hildebrandt samt zwei Novizen – Eine neue Mannschaft in der Lach- und Schießgesellschaft. In: Süddeutsche Zeitung, 10.5.1974.
Ders.: Eine Goldmedaille im Krisenslalom. In: Süddeutsche Zeitung, 9.4.1964.
Ders.: Frommer Wunsch: »Überleben Sie mal«. In: Süddeutsche Zeitung, 23.2.1962.
Ders.: Von Menschen mit Mäusen und Meisen. In: Süddeutsche Zeitung, 24.11.1969.
Ders.: Wir werden uns schon schaffen. In: Süddeutsche Zeitung, 22.7.1970.
Ders.: Zwischen Stirn- und Schenkelschlagen. Hauspremiere bei der Münchner Lach- und Schießgesellschaft. In: Süddeutsche Zeitung, 27.11.1968.
Hildebrandt, Dieter: Interview mit einem Namensvetter. In: FAZ, 28.12.1967.
Horn, Effi: Die geheime Magie der kleinen Erfolgstricks. Dieter Hildebrandt und Werner Schneyder liefern brillanten Kabarett-Spaß. In: Tölzer Kurier, 5.11.1975.
Dies.: Im gleichen Schrott und Trott, bei der Lach- und Schießgesellschaft. In: Münchner Merkur, 23.11.1957.
H.R.: Der Widerspenstigen Lähmung. Das neue Programm der »Lach- und Schießgesellschaft«. In: Abendzeitung München, 31.10.1959.
hs: Halt die Presse. In: Bayerische Staatszeitung, München, 22.3.1963.
Infratest GmbH: Auswertungen von Zuschauerbefragungen zu den Programmen der Münchner Lach- und Schießgesellschaft, 27.3.1963, 21.5.1967.
Jens, Tilman: Mit Spott und Trauer gegen den Rest der Welt. In: Die Weltwoche, 2.10.1986.
Jens, Walter: Yorik in Deutschland. Laudatio auf Dieter Hildebrandt. In: Der Alternative Büchnerpreis 1990, Darmstadt: H.L. Schlapp, 1990, S. 10–17.
J.M.: Es wird scharf geschossen. In: Die Tat, Frankfurt am Main, 23.7.1966.
J.R.: »Politisches« Kabarett. In: Der Kurier, 15.12.1959.
Kaiser, Ulrich: Der Neue im Sportstudio. In: Rheinische Post, Düsseldorf, 6.12.1974.
Kammerer, Regina: »Wie kommst du denn zum Schiller-Preis!?« In: Mannheimer Morgen, 29.4.1987.
Kasch: Neues Kabarett in Schwabing – Die Münchner Lach- und Schießgesellschaft. In: Abendzeitung München, 13.12.1956.
K.B.: »Der Widerspenstigen Lähmung« In: 8-Uhr-Blatt, 31.10.1959.
Kotteder, Franz: Kommentierung statt Geblödel. In: Süddeutsche Zeitung, Nr. 26, 2.2.2011, S. R6.
K.P.: »Lametta & Co.« – Dieter Hildebrandt und Werner Schneyder im Schauspielhaus. In: Neue Zürcher Zeitung, 8.3.1976.
Kramberg, Karlhein: Herzstück Herking. In: Süddeutsche Zeitung, 14.12.1956.
Ders.: Kabarett der Phantasie – Münchner Lach- und Schießgesellschaft. In: Süddeutsche Zeitung, 23.11.1957.
Ders.: Mokant, aber des Zornes müde. In: Die Welt, Hamburg, 4.4.1965.
Ders.: Münchner Lach- und Schießgesellschaft. Die Pharisäer proben den Notstand. In: Der Kulturspiegel, 25.5.1966, 21.45–22.15 Uhr, 1. Programm, Abschrift.

Krieger, Hans: Spaß wie im Fernsehen. In: Nürnberger Nachrichten, 21.3.1988.
K.W.: Die Hierarchen und das höhere Wesen – Bölls Zensur-Satire »Dr. Murkes gesammeltes Schweigen«. In: Süddeutsche Zeitung, 22.7.1985.
Ders.: Hildebrandt als Dr. Murke. In: Abendzeitung München, 22.7.1985.
Mayer, Christian: »Scheibenkleister«. In: Süddeutsche Zeitung, Nr. 65, 19.3.2009, S. 15.
MCF: Lachen und Schießen. In: Münchner Merkur, 14.12.1956.
Meyer, Claus Heinrich: Kabarett, doch nicht das alte. In: Süddeutsche Zeitung, 5.11.1975.
MM: Der Kritiker meint. In: Frankfurter Rundschau, 11.11.1974.
Niemeyer, Kai: Zwei Freunde in der »Lach- und Schieß«: Dieter Hildebrandt und Werner Schneyder – »Wir kritisieren links von links.« In: Abendzeitung München, 25.4.1974.
Ogiermann, Rudolf: Die »fünfte Gewalt«. In: Münchner Merkur, Nr. 117, 23.5.2007, S. 16.
Petz, Thomas: Wir werden uns schon schaffen. In: Abendzeitung München, 20.7.1970.
Pfarr, Heide: Laudatio im Rahmen der Martini-Preisverleihung am 11.11.1989 (Quelle: SPD
Südpfalz).
Polcuch, Valentin: Auch Pointen sind jetzt teurer. In: Die Welt, Hamburg, 11.11.1974.
Prantl, Heribert: Auf jedem Komma wuchtet sein Gewicht, In: Süddeutsche Zeitung, Nr. 185, 9./10.8.2008, S. 6.
Reents, Edo: Gründervater. In: FAZ, Nr.118, 23.5.2007, S. 36.
Reifferscheid, H.M.: Kabarett in Schwabing, In: Die Weltbühne, Berlin, 2.5.1967, S. 566–569.
R.G.: Überaus perfekt. In: Vorwärts, 20.3.1963.
Riehl-Heyse, Herbert: Wie ein Kabarettich schön scharf bleibt. In: Süddeutsche Zeitung, 2.1.1977.
r.k.: Demokratische Hirnmassage. In: 8-Uhr-Blatt, 2.3.1963.
Rode, Heinz: Brettl-Dämmerung an der Isar. In: Nürnberger Nachrichten, 21.3.1963.
Ders.: Brettl-Dämmerung an der Isar. In: Rheinische Post, Düsseldorf, 26.3.1963.
Rumler, Fritz: »Da sitzt er ja, der rote Heini«. In: Der Spiegel, Nr. 22, 27.5.1974, S. 140f.
Rumler, F.: Vier Scharfrichter. In: Abendzeitung München, 22.11.1957.
Schmidt, Dietmar N.: Das Ende war sang- und klanglos. In: Stuttgarter Nachrichten, 14.7.1972.
Schödel, Helmut: Servus, Bayern. In: Die Zeit, 1.4.1988.
Schönfeld, Gerda-Marie: Dieter Hildebrandt – Der gute Mensch aus Waldperlach. In: Brigitte, 1986, Heft 25, S. 132–138.
Schmider, Franz: Der Fernsehlästerer. In: Badische Zeitung, 10.5.2003.
Schütze, Christian: Die Pharisäer proben den Notstand. In: Süddeutsche Zeitung, 26.5.1966.

Schütze, Christian: Ein Hauch von Resignation – Die »Lach- und Schießgesellschaft« hält nichts von »hartem Kabarett«. In: Handelsblatt, 15.4.1965.
Schumann, K.: Theatergründerzeit in München. In: Mannheimer Morgen, 16.11.1959.
Seeliger, Rolf: Blattlaus-Philosophie – Premierengaudi der Lach- und Schießgesellschaft. In: TZ München, 22.7.1970.
Seidenfaden, Ingrid: Abschied vom Münchner »Stall«. In: Hannoversche Allgemeine, 18.9.1972.
Skasa, Michael: Von vorn durchs Auge in die Brust. In: Süddeutsche Zeitung, 17.1.1984.
Skasa-Weiß, Ruprecht: Mit der Verbalpeitsche. In: Stuttgarter Zeitung, 10.5.2003.
Ders.: Notstandesgemäß. Die Lach- und Schießgesellschaft macht die Probe aufs Projekt. In: Stuttgarter Zeitung, 2.6.1966.
Ders.: Notstandesgemäß. Die Lach- und Schießgesellschaft macht die Probe aufs Projekt. In: Süddeutsche Zeitung, 2.6.1966.
Ders.: Porträt der Woche – Dieter Hildebrandt. In: Stuttgarter Zeitung, 8.1.1983.
Strobel, Ricarda/Faulstich, Werner: Dieter Hildebrandt – Steinschleuder im Glashaus oder Staatskabarettist? In: Strobel, Ricarda/Faulstich, Werner: Die deutschen Fernsehstars. Göttingen: Vandenhoeck und Ruprecht, 1998, S. 92–109.
Ströhle, Helga: Abendfüllende Nachtarbeit – Dieter Hildebrandt schreibt seine Kabarett-Texte zwischen Mitternacht und Morgengrauen. In: Abendzeitung München, 4./5.11.1961.
Strothmann, Dietrich: Old Shattermouth. In: Die Zeit, 20.2.1981.
Telemann: Einmischung. In: Der Spiegel, Nr. 47, 21.11.1962, S. 126.
Ders.: Front-Theater. In: Der Spiegel, Nr. 16, 18.4.1962, S. 93.
Ders.: Sagekunst. In: Der Spiegel, 23.12.1959.
Ulrich, Jörg: Neues Programm der Lach- und Schießgesellschaft – Die fordern kein Jahrhundert in die Schranken. In: Münchner Merkur, 27.11.1968.
Von Behm, Christopher: Die Münchner »Lach- und Schießgesellschaft« bleibt zusammen: Freiheit ist eine Kunst. In: Abendzeitung München, 30.8.1968.
Ders.: Gestern abend in der »Lach- und Schieß« – Cheese-in. In: Abendzeitung München, 26.11.1968.
Von Uslar, Thilo: Von Gretchen zu Hamlet. Die Münchner Lach- und Schießgesellschaft angesichts der Großen Koalition. In: Die Zeit, 14.4.1967.
w.g.: Nicht glauben – sondern denken! Die Münchner Lach- und Schießgesellschaft gastiert im Markgrafentheater. In: Erlanger Tagblatt, 30.9.1968.
w/r: Gott geschnitten – »Doktor Murkes gesammeltes Schweigen«. In: Hannoversche Allgemeine, 22.7.1985.
Z.F.: Die Münchner Lach- und Schießgesellschaft. In: Neue Zürcher Zeitung, 19.4.1964.

b) Fachwissenschaftliche Sekundärliteratur

Alt, Peter-André: Aufklärung. Stuttgart/Weimar: J.B. Metzler, 2007.

Angermair, Elisabeth: Theaterleben in den ersten Nachkriegsjahren. In: Prinz, Friedrich (Hrsg.): Trümmerzeit in München. Kultur und Gesellschaft einer deutschen Großstadt im Aufbruch 1945–1949. München: Verlag C.H. Beck, 1984, S. 193–202.

Anonym: »Böll – Brot und Boden«. In: Der Spiegel, Nr. 50, 6.12.1961, S. 71–86.

Anonym: Fäulnis und Verfall. Heinrich Böll und Martin Walser über Bonn und Vietnam, In: Der Spiegel, Nr. 41, 3.10.1966, S. 162.

Appignanesi, Lisa: Das Kabarett. Stuttgart: Belser, 1976.

Arnold, Heinz Ludwig: Die Gruppe 47. Reinbek: Rowohlt, 2004.

Arnold, Heinz Ludwig/Görtz, Franz Josef (Hrsg.): Günter Grass – Dokumente zur politischen Wirkung. München: Edition Text + Kritik, 1971.

Arntzen, Helmut (Hrsg.): Gegen-Zeitung – Deutsche Satire des 20. Jahrhunderts. Heidelberg: Wolfgang Rothe Verlag, 1964.

Becker, Thomas: Die Fußballkomödianten, In: Süddeutsche Zeitung, Nr. 286, 12.12.2006, S. 13.

Berger, Manfred: Kabarett nach vorn. Zu einigen Problemen der Kabarettbewegung. Berlin: Tribüne, 1966.

Berr, Christina Maria: Klassentreffen der Kabarettisten, In: Süddeutsche Zeitung, Nr. 137, 18.6.2007, S. 53.

Böll, Heinrich: Bild – Bonn – Boenisch. Bornheim-Merten: Lamuv Verlag, 1984.

Böll, Viktor/Schubert, Jochen: Heinrich Böll. München: dtv, 2002.

Brand Jobst-Ulrich: Schatten der Vergangenheit, In: Focus, Nr. 27, 2. Juli 2007, S. 22–24.

Budzinski, Klaus: Das Kabarett. 100 Jahre literarische Zeitkritik – gesprochen – gesungen – gespielt. Düsseldorf: ECON, 1985.

Ders.: Die Muse mit der scharfen Zunge. München: Paul List Verlag, 1961.

Ders.: Die öffentlichen Spaßmacher. Das Kabarett in der Ära Adenauer. München: List, 1966.

Ders.: Pfeffer ins Getriebe. Ein Streifzug durch 100 Jahre Kabarett. München: Heyne, 1984.

Ders.: Wer lacht denn da? Kabarett von 1945 bis heute. Braunschweig: Westermann Verlag, 1989.

Cofalla, Sabine: Die »Gruppe 47« und die SPD. In: Alemann, Ulrich von [u. a.] (Hrsg.): Intellektuelle und Sozialdemokratie. Opladen: Leske + Budrich, 2000, S. 147–165.

Conrady, Karl Otto: Ein Junge, der 1944 achtzehn wurde. In: Neven DuMont, Alfred (Hrsg.): Jahrgang 1926/1927 – Erinnerungen an die Jahre unter dem Hakenkreuz. Köln: DuMont, 2007, S. 205–220.

Ders.: Klärungsversuche. Essays zu Literatur und Zeitgeschehen. München: Allitera Verlag, 2005.

De Bruyn, Günter: Von der Arroganz der Nachgeborenen. In: Neven DuMont, Alfred (Hrsg.): Jahrgang 1926/1927 – Erinnerungen an die Jahre unter dem Hakenkreuz. Köln: DuMont, 2007, S. 38–42.

Deißner-Jenssen, Frauke: Die Zehnte Muse. Kabarettisten erzählen. Berlin: Henschelverlag, 1982.
Doderer, Klaus: Erich Kästner. Lebensphasen – politisches Engagement – literarisches Wirken. Weinheim/München: Juventa, 2002.
Drux, Rudolf: Christian Dietrich Grabbe: Scherz, Satire, Ironie und tiefere Bedeutung. In: Interpretationen – Dramen des 19. Jahrhunderts. Stuttgart: Reclam, 1997, S. 71–93.
Embacher, Erich: Hans Werner Richter. Zum literarischen Werk und zum politisch-publizistischen Wirken eines engagierten deutschen Schriftstellers. Frankfurt am Main/Bern/New York: Lang, 1985.
Enderle, Luiselotte: Erich Kästner. Reinbek: Rowohlt, 19. Auflage 2001.
Finck, Werner: Cabaret oder Kabarett – Das ist die Frage. In: Appignanesi, Lisa: Das Kabarett. Stuttgart: Belser, 1976, S. 5–8.
Fleischer, Michael: Eine Theorie des Kabaretts. Versuch einer Gattungsbeschreibung (an deutschem und polnischem Material). Bochum: Universitätsverlag Dr. Norbert Brockmeyer, 1989.
Friedrichsmeyer, Erhard: »Doktor Murkes gesammeltes Schweigen«: Paradigmatische Linien. In: Friedrichsmeyer, Erhard: Die satirische Kurzprosa Heinrich Bölls. The University of North Carolina Press, 1981, S. 7–50.
Geiger, Ludwig: Schiller und die Juden. In: Geiger, Ludwig: Die Deutsche Literatur und die Juden. Berlin: Verlag Georg Reimer, 1910, S. 125–160.
Graf, Oskar Maria: Warum ich nicht nach Deutschland zurückkehre. In: Kesten, Hermann (Hrsg.): Ich lebe nicht in der Bundesrepublik. München: List, 1964, S. 60–62.
Greul, Heinz: Bretter, die die Zeit bedeuten. Die Kulturgeschichte es Kabaretts. Band 1+2. München: dtv, 1971.
Grossherr, Dieter: Aufbruchzeit. München 1949–1962. München: Privatdruck, 2004.
Grubbe, Peter: Links immer leiser? In: Der Spiegel, Nr. 17, 21.4.1965, S. 136–145.
Hanuschek, Sven: Erich Kästner. Reinbek: Rowohlt Taschenbuch Verlag, 2004.
Ders.: »Keiner blickt dir hinter das Gesicht« – Das Leben Erich Kästners. München: dtv, 2003.
Harttung, Arnold (Hrsg.): Kabarett mit K. Fünfzig Jahre große Kleinkunst. Berlin: Berlin Verlag, 1974.
Hecker, Hans: Intellektuelle und Sozialdemokratie. In: Alemann, Ulrich von [u.a.] (Hrsg.): Intellektuelle und Sozialdemokratie. Opladen: Leske + Budrich, 2000, S. 11–18.
Henningsen, Jürgen: Theorie des Kabaretts. Ratingen: A. Henn Verlag, 1967.
Hepp, Michael: Kurt Tucholsky. Biographische Annäherungen. Reinbek: Rowohlt Verlag, 1999.
Herwig, Malte: »Hoffnungslos dazwischen«, In: Der Spiegel, Nr. 29, 16.7.2007, S. 134f.
Hickethier, Knut: Das Fernsehspiel. In: Fischer, Ludwig (Hrsg.): Literatur in der Bundesrepublik Deutschland bis 1967. München: Hanser Verlag, 1986, S. 585–597.

Hochhuth, Rolf: Klassenkampf. In: Richter, Hans Werner: Plädoyer für eine neue Regierung oder Keine Alternative. Reinbek: Rowohlt, 1965, S. 65–87.
Hochkeppel, Oliver: Weitsicht und Sprachgewalt – Schreiner ist seit Jahrzehnten der unbekannte Mastermind der Kabarett- und Fernseh-Szene. In: Süddeutsche Zeitung, Nr. 79, 7.4.2010, S. 44.
Hodgart, Matthew: Die Satire. München: Kindler, 1969.
Hofmann, Till (Hrsg.): Verlängert – 50 Jahre Lach- und Schießgesellschaft. München: Karl Blessing Verlag, 2006.
Holzer, Werner: Warum seid ihr nicht einfach nach Hause gegangen? In: Neven DuMont, Alfred (Hrsg.): Jahrgang 1926/1927 – Erinnerungen an die Jahre unter dem Hakenkreuz. Köln: DuMont, 2007, S. 113–119.
Jäger, Manfred: Das Kabarett in der Bundesrepublik. In: Gesellschaft zur Förderung der west-östlichen Begegnung in Europa e.V. (Hrsg): Europäische Begegnung. Beiträge zum west-östlichen Gespräch. Hannover: April 1962, Heft 4, S. 42–45.
Kesten, Hermann: Das ewige Exil. In: Kesten, Hermann (Hrsg.): Ich lebe nicht in der Bundesrepublik. München: List, 1964, S. 9–28.
Kilcher, Andreas B.: Geteilte Freude. Schiller-Rezeption in der jüdischen Moderne. München: Stiftung Lyrik Kabinett, 2007.
Kolbenhoff, Walter: Schellingstraße 48. Erfahrungen mit Deutschland. Frankfurt am Main: Fischer, 1984.
Kolman, Trude: Münchner Kleine Freiheit. München: Albert Langen-Georg Müller Verlag, 1960.
Kordon, Klaus: Die Zeit ist kaputt. Die Lebensgeschichte des Erich Kästner. Weinheim/Basel: Beltz Verlag, 1998.
Krauss, Marita: Markenfreie Literatur? Bibliothekswesen und Buchhandel in den Nachkriegsjahren. In: Prinz, Friedrich (Hrsg.): Trümmerzeit in München. Kultur und Gesellschaft einer deutschen Großstadt im Aufbruch 1945–1949. München: Verlag C.H. Beck, 1984, S. 235–239.
Dies.: Nachkriegskultur in München. München: R. Oldenbourg Verlag, 1985.
Kruse, Joseph Anton: Heinrich Heine. Leben, Werk, Wirkung. Frankfurt am Main: Suhrkamp, 2005.
Kühl, Siegfried: Deutsches Kabarett. Kom(m)ödchen – Die Stachelschweine – Münchner Lach- und Schießgesellschaft – Die Schmiere. Düsseldorf: Droste Verlag, 1962.
Kühn, Volker (Hrsg.): Das Wolfgang Neuss Buch. München: Satire Verlag, 1981.
Ders.: Die bissige Muse. 111 Jahre Kabarett. Köln: vgs verlagsgesellschaft, 1993.
Ders.: Hundert Jahre und kein bisschen leise. In: Glodek, Tobias/Haberecht, Christian/v. Ungern-Sternberg, Christoph (Hrsg.): Politisches Kabarett und Satire. Berlin: Wissenschaftlicher Verlag, 2007, S. 9–13.
Lau, Jörg: Hans Magnus Enzensberger. Ein öffentliches Leben. Berlin: Alexander Fest Verlag, 1999.
Lemke, Reinhard: Die Grenzen der politischen Satire im öffentlich-rechtlichen deutschen Fernsehen am Beispiel der Sendereihe »Notizen aus der Provinz« (ZDF, 1973 bis 1979) von und mit Dieter Hildebrandt. Magisterarbeit, einge-

reicht im Februar 1986 an der Freien Universität Berlin, Institut für Publizistik (Bestand des Deutschen Kabarettarchivs in Mainz).
Lenz, Siegfried: Die Politik der Entmutigung. In: Walser, Martin (Hrsg.): Die Alternative oder Brauchen wir eine neue Regierung? Reinbek: Rowohlt, 1961, S. 131–136.
Luft, Friedrich: Die gepolsterte Bank der Spötter. Zur Situation des politischen Cabarets in Deutschland. In: Der Monat, Nr. 105, 9. Jg., Berlin, 1957, S. 33–38.
Mahnert, Detlev: Friedrich Schiller – Die Räuber. München: Mentor, 1999.
Mann, Thomas: Kampf um München als Kulturzentrum. München: Richard Pflaum Druckerei- und Verlags-AG, 1926, S. 7–12.
McNally, Joanne/Sprengel, Peter: Hundert Jahre Kabarett. Zur Inszenierung gesellschaftlicher Identität zwischen Protest und Propaganda. Würzburg: Königshausen & Neumann, 2003.
Mörchen, Helmut: Sozialdemokratie und Intellektuelle seit 1945. In: Alemann, Ulrich von [u.a.] (Hrsg.): Intellektuelle und Sozialdemokratie. Opladen: Leske + Budrich, 2000, S. 137–146.
Morlock, Martin: Auf der Bank der Spötter: Meistersatiren aus 30 Jahren. München: Kindler, 1989.
Müller, Burkhard: Dumm zu sein bedarf es wenig. In: Süddeutsche Zeitung, Nr. 55, 8.3.2010, S. 11.
Müller, Helmut: Die literarische Republik – Westdeutsche Schriftsteller und die Politik. Weinheim/Basel: Beltz Verlag, 1982.
Prescher, Hans: Künste im Aufbruch. München in den 50er Jahren. München: Allitera Verlag, 2006.
Reich-Ranicki, Marcel: Der Dichter der kleinen Freiheit. In: List, Sylvia: Das große Erich Kästner Buch. München/Zürich: R. Piper & Co. Verlag, 1975, S. 347–356.
Ders.: In Sachen Böll – Ansichten und Einsichten. München: dtv, 1971. Darin: Adorno, Theodor W.: Keine Würdigung, S. 7f.
Richard, Lionel: Cabaret – Kabarett. Von Paris nach Europa. Leipzig: Reclam, 1993.
Richter, Hans Werner: Von Links in die Mitte. In: Walser, Martin (Hrsg.): Die Alternative oder Brauchen wir eine neue Regierung? Reinbek: Rowohlt, 1961, S. 115–123.
Riemann, Brigitte: Das Kabarett der DDR: »... eine Untergrundorganisation mit hohen staatlichen Auszeichnungen ...«?: Gratwanderungen zwischen sozialistischem Ideal und Alltag (1949–1999). Münster: LIT, 2001.
Ringelnatz, Joachim: Bei Kathi Kobus in der Türkenstraße. In: Bemmann, Helga (Hrsg.): Mitgelacht – dabeigewesen. Erinnerungen aus acht Jahrzehnten Kabarett. Berlin: Henschelverlag, 1984, S. 109–115.
Ders.: Hausdichter im »Simplicissimus«. In: Bemmann, Helga (Hrsg.): Mitgelacht – dabeigewesen. Erinnerungen aus acht Jahrzehnten Kabarett. Berlin: Henschelverlag, 1984, S. 115–122.
Rötzer, Hans Gerd: Geschichte der deutschen Literatur. Bamberg: C.C. Buchners Verlag,1998.
Rossbach, Nikola: Arthur Schnitzler: Der tapfere Cassian. In: Rossbach,

Nikola: Theater über Theater. Parodie und Moderne 1870–1914. Bielefeld: Aisthesis, 2006, S. 152–161.
Ruppelt, Georg: Die Gleich- und Ausschaltung Schillers. In: Ruppelt, Georg (Hrsg.): Schiller im nationalsozialistischen Deutschland. Der Versuch einer Gleichschaltung. Stuttgart: Metzler, 1979, S. 33–45.
Safranski, Rüdiger: Schiller oder Die Erfindung des Deutschen Idealismus. München: dtv, 2007.
Schede, Hans-Georg: Friedrich Schiller – Die Räuber. Freising: Stark, 2005.
Scheu, Friedrich: Humor als Waffe. Politisches Kabarett in der Ersten Republik. Wien: Europaverlag, 1977.
Schikorsky, Isa: Erich Kästner. München: dtv, 2003.
Schnurre, Wolfdietrich: Das falsche Gleis. In: Walser, Martin (Hrsg.): Die Alternative oder Brauchen wir eine neue Regierung? Reinbek: Rowohlt, 1961, S. 67–72.
Scholz, Ingeborg: Heinrich Heine. Deutschland. Ein Wintermärchen./Reisebilder. Interpretationen und methodisch-didaktische Überlegungen zur Unterrichtsgestaltung. Hollfeld: Joachim Beyer Verlag, 1995.
Schreiner, Klaus Peter: Die Zeit spielt mit. Die Geschichte der Lach- und Schießgesellschaft. München: Kindler, 1976.
Ders.: Ins Schwarze geschrieben. Streifzüge durch (meine) 30 Jahre Kabarett. München: Kindler, 1988.
Ders.: Dieter Hildebrandt. In: Deißner-Jenssen, Frauke: Die Zehnte Muse. Kabarettisten erzählen. Berlin: Henschelverlag,1982, S. 418–459.
Schröder, Thomas: Zu den rechtlichen Freiheiten und Schranken der Satire. In: Glodek, Tobias/Haberecht, Christian/v. Ungern-Sternberg, Christoph (Hrsg.): Politisches Kabarett und Satire. Berlin: Wissenschaftlicher Verlag, 2007, S. 135–156.
Schumann, Werner: Unsterbliches Kabarett. Hannover: Richard Beeck Verlag, 1948.
Sinhuber, Bartel F. (Hrsg): Das Beste von Werner Finck. München: F.A. Herbig, 1988.
Sprengel, Peter: Gerhart Hauptmann – Die Weber. Ein riskanter Balanceakt. In: Dramen des Naturalismus. Stuttgart: Reclam, 2005, S. 107–145.
Tr.: Über Hermann Bahr u. sein Lustspiel »Das Konzert«. In: Würzburger Bühnenblätter, Halbmonatsschrift für Theater und Dichtung in Würzburg, Jg. 1, 1.4.1919, S. 6–9.
Tucholsky, Kurt: Politische Satire? In: Glodek, Tobias/Haberecht, Christian/v. Ungern-Sternberg, Christoph (Hrsg.): Politisches Kabarett und Satire. Berlin: Wissenschaftlicher Verlag, 2007, S. 23–25.
Tucholsky, Kurt: Was darf Satire? In: Glodek, Tobias/Haberecht, Christian/v. Ungern-Sternberg, Christoph (Hrsg.): Politisches Kabarett und Satire. Berlin: Wissenschaftlicher Verlag, 2007, S. 21f.
Ulmer, Judith S.: Geschichte des Georg-Büchner-Preises: Soziologie eines Rituals. Berlin: Walter De Gruyter GmbH + Co. KG, 2006.
Ulrich, Rolf: Alles sollte ganz anders werden – 40 Jahre Kabarett »Die Stachelschweine«. Frankfurt am Main/Berlin: Ullstein, 1990.

Von Cramer, Heinz: Es ist so spät wie es schon einmal war. In: Walser, Martin (Hrsg.): Die Alternative oder Brauchen wir eine neue Regierung? Reinbek: Rowohlt, 1961, S. 85–96.
Vormweg, Heinrich: Der andere Deutsche. Heinrich Böll. Eine Biographie. Köln: Kiepenheuer & Witsch, 2002.
Wagener, Hans: Erich Kästner. Berlin: Colloquium Verlag, 1973.
Wagner, Meike: Satire in Trümmern. Erich Kästner und die Schaubude. In: Wegner, Manfred (Hrsg.): Die Zeit fährt Auto. Erich Kästner zum 100. Geburtstag. Berlin: Deutsches Historisches Museum, 1999, S. 153–162.
WDR2: Interview mit Dr. Oeller, 23.5.1986. In: Albertz, Heinrich (Hrsg.): Scheibenwischer – Zensur. Vollständiger Text der Sendung und Dokumentation über die Reaktionen in der Öffentlichkeit. München: Knaur, Anlage 1, 1986, S. 96–100.
Wellstein, Benjamin: Kabarett vs. Comedy: Welche Unterschiede machen den Unterschied? In: Glodek, Tobias/Haberecht, Christian/v. Ungern-Sternberg, Christoph (Hrsg.): Politisches Kabarett und Satire. Berlin: Wissenschaftlicher Verlag, 2007, S. 157–167.
Wittmann, Reinhard: Auf geflickten Straßen. Literarischer Neubeginn in München 1945 bis 1949. München: A–1-Verlag, 1995.
Zehrer, Klaus Cäsar: Aufklärungssatire versus Aufklärung: über Kabarett und Satire in derBRD. In: Glodek, Tobias/Haberecht, Christian/v. Ungern-Sternberg, Christoph (Hrsg.): Politisches Kabarett und Satire. Berlin: Wissenschaftlicher Verlag, 2007, S. 82–112.
Zimmer, Dieter E.: Doktor Murkes gesammeltes Schweigen. In: Reich-Ranicki, Marcel: In Sachen Böll. Ansichten und Einsichten. München: dtv, 1977, S. 205–209.
Zimmermann, Werner: Heinrich Böll, Doktor Murkes gesammeltes Schweigen. In: Zimmermann, Werner: Deutsche Prosadichtungen unseres Jahrhunderts. Interpretationen für Lehrende und Lernende. Band 2. Düsseldorf: Pädagogischer Verlag Schwann, 1970, S. 239–249.
Zivier, Georg/Kotschenreuther, Hellmut/Ludwig, Volker: Kabarett mit K. Fünfzig Jahre große Kleinkunst. Berlin: Berlin Verlag, 1974.

c) Ton- und Bildmaterial

BR Alpha-Forum: Prof. Dr. Helmut Oeller, ehemaliger Fernsehdirektor des Bayerischen Rundfunks, im Gespräch mit Dr. Ernst Emrich, 12.10.1998.

d) Internetquellen

Güntner, Joachim: Die unbekannte NSDAP-Mitgliedschaft. In: www.nzz.ch/nachrichten/kultur/aktuell/die_unbekannte_nsdap-mitgliedschaft_1.521695.html, 2.7.2007 (Stand: 4.3.2012).
Hochhuth, Rolf: Die Zeitumstände bleiben unberücksichtigt. In: www.mer-

kur-online.de/nachrichten/kultur/zeitumstaende-bleiben-unberuecksichtigt-289600.html, 2.7.2007 (Stand: 15.6.2012).
Jessen, Jens: Flakhelferpubertät. In: www.zeit.de/online/2007/27/nsdap-Vergangenheit, 2.7.2007 (Stand: 4.1.2012).
Kellerhoff, Sven Felix: Wie kam man denn nun in die NSDAP? In: www.welt.de/kultur/article994879/Wie_kam_man_denn_nun_in_die_NSDAP.html, 4.7.2007 (Stand: 2.1.2012).
Loewe, Werner: Aktenfund im Sommerloch. In: www.vorwaerts.de/meinung/aktenfund-im-sommerloch, 18.7.2007 (Stand: 4.1.2012).
Reinelt, Stefan: Schüler fragen Hildebrandt. In: www.ngz-online.de/kaarst/nachrichten/schueler-fragen-hildebrandt–1.2749719 (Stand: 30.4.2012).

3 Weiterführende Literatur

a) Allgemeine Literatur

Ahlers, Conrad: Bedingt abwehrbereit. In: Der Spiegel, Nr. 41, 10.10.1962, S. 32–53.
Anonym: Die Achtzehn. In: Der Spiegel, Nr. 17, 24.4.1957, S. 11f.
Anonym: Böse Erinnerungen. In: Der Spiegel, Nr. 14, 4.4.1956, S. 15f.
Anonym: Des Marschalls Richter. In: Der Spiegel, Nr. 17, 25.4.1956, S. 16f.
Anonym: Führen und folgen. In: Der Spiegel, Nr. 27, 30.06.1965, S. 22.
Anonym: Heinrich Lübke. In: Der Spiegel, Nr. 16, 10.4.1972, S. 27.
Anonym: Lex Soraya für jedermann. In: Der Spiegel, Nr. 44, 29.10.1958, S. 20–27.
Anonym: Ludwig Linsert. In: Der Spiegel, Nr. 1, 6.1.1960, S. 79.
Anonym: Lübke: Immer Pech. In: Der Spiegel, Nr. 44, 24.10.1966, S. 61f.
Anonym: Maulkorb, neues Modell. In: Der Spiegel, Nr. 15, 9.4.1958, S. 14–16.
Anonym: Percy Ernst Schramm, In: Der Spiegel, Nr. 47, 16.11.1970,S. 262.
Anonym: Mehrwert-Steuer: Auf die Füße. In: Der Spiegel, Nr. 23, 30.5.1977, S. 23f.
Anonym: Steuerreform: Für viele wenig, für wenige mehr. In: Der Spiegel, Nr. 27, 1.7.1974.
Anonym: Streit um Schramm. In: Die Zeit, Nr. 14, 3.4.1964.
Anonym: Wahrheit nicht zugelassen. In: Der Spiegel, Nr. 23, 4.6.1958, S. 14–16.
Augstein, Rudolf: Lieber Spiegel-Leser! In: Der Spiegel, Nr. 13, 25.3.1964, S. 17f.
Bänsch, Dieter (Hrsg.): Die fünfziger Jahre. Tübingen: Gunter Narr Verlag, 1985.
Bahlcke, Joachim: Schlesien und die Schlesier. München: Langen Müller, 2006.
Baring, Arnulf: Machtwechsel – Die Ära Brandt-Scheel. Stuttgart: Deutsche Verlags-Anstalt GmbH, 1982.
Baring, Arnulf/Schöllgen, Gregor: Kanzler, Krisen, Koalitionen. Berlin: Siedler, 2002.
Bauer, Richard: Geschichte Münchens. Vom Mittelalter bis zur Gegenwart. München: Verlag C.H. Beck, 2005.

Bayer, Karen/Sparing, Frank/Woelk, Wolfgang (Hrsg.): Universitäten und Hochschulen im Nationalsozialismus und in der frühen Nachkriegszeit. Wiesbaden: Franz Steiner Verlag, 2004.

Benz, Wolfgang: Demokratisierung durch Entnazifizierung und Erziehung, In: Bundeszentrale für politische Bildung (BpB) (Hrsg.): Deutschland 1945–1949, Heft 259, 2005, S. 29–40.

Ders.: Deutsche Geschichte seit 1945. Chronik und Bilder. München: dtv, 1999.

Ders.: Infrastruktur und Gesellschaft im zerstörten Deutschland, In: Bundeszentrale für politische Bildung (BpB) (Hrsg.): Deutschland 1945–1949, Heft 259, 2005, S. 16–25.

Ders.: Kriegsziele der Alliierten. In: Bundeszentrale für politische Bildung (BpB) (Hrsg.): Deutschland 1945–1949, Heft 259, 2005, S. 4–8.

Bessermann, Hans: Der Fall Günter Wallraff. Mainz: v. Hase & Koehler Verlag, 1983.

BGB (i.d.F. v. 1.7.2001) § 823.

Blankertz, Herwig: Die Geschichte der Pädagogik: Von der Aufklärung bis zur Gegenwart. Wetzlar: Büchse der Pandora, 1982.

Böckenförde, Ernst Wolfgang: Kirche und christlicher Glaube in den Herausforderungen der Zeit. Beiträge zur politisch-theologischen Verfassungsgeschichte 1957-2002. Berlin: LIT
Verlag, 2007, S. 128.

Bormann, Martin: Reichsverfügungsblatt, 11.1.1944, Ausgabe A, Anordnung 8/44 (Quelle:
Berliner Bundesarchiv).

Borowsky, Peter: Das Ende der »Ära Adenauer«. In: Bundeszentrale für politische Bildung (BpB) (Hrsg.): Zeiten des Wandels – Deutschland 1961–1974, Heft 258, 1. Quartal 1998, S. 3–10.

Ders.: Große Koalition und Außerparlamentarische Opposition. In: Bundeszentrale für politische Bildung (BpB) (Hrsg.): Zeiten des Wandels – Deutschland 1961–1974, Heft 258, 1. Quartal 1998, S. 11–22.

Brandt, Willy: Erinnerungen. Hamburg: Spiegel-Verlag, 2006/2007.

Ders.: Regierungserklärung am 28.10.1969 vor dem Deutschen Bundestag, Auszug. In: Wilharm, Irmgard: Deutsche Geschichte 1962–1983, Dokumente in zwei Bänden, Frankfurt am Main: Fischer, 1985, Band 2, S. 27–32.

Bundesamt für zivilen Bevölkerungsschutz, Bad Godesberg (Hrsg.), i.A. des Bundesministers des Innern: Jeder hat eine Chance, 1961. (Quelle: Bayerische Staatsbibliothek, München)

Burmann, Ulrich: Die Entwicklung Bunzlaus 1920–1927. In: Bunzlauer Volksstimme, Nr. 183, 7 Beilage, Jahrgang, 7.8.1927.

Christiani, Hans: Das Leben in der deutschen, schlesischen Kreisstadt Bunzlau von 1871 bis 1946 in vier Epochen. 2. Auflage, 1996.

Ciesla, Burghard: Wirtschaftliche Entwicklung und Lebenslage in der DDR. In: Bundeszentrale für politische Bildung (BpB) (Hrsg.): Deutschland in den fünfziger Jahren, Heft 256, 2003, S. 39–45.

Daniel, Jens: Atomschreck Bundesrepublik? In: Der Spiegel, Nr. 16, 17.4.1957, S. 8.

Dedring, Klaus-Heinrich: Adenauer – Erhard – Kiesinger. Die CDU als Regierungspartei 1961–1969. Pfaffenweiler: Centaurus-Verlagsgesellschaft, 1989.

Deininger, Roman: Löwe, Hirsch, Schwein und Kraftwerk, In: Süddeutsche Zeitung, Nr.190, 16./17.8.2008, S. 49.

Detjen, Joachim: Politische Bildung. München: Oldenbourg Wissenschaftsverlag GmbH, 2007.

Döpfner, Mathias (Hrsg.): Axel Springer. Neue Blicke auf den Verleger. Berlin: Axel Springer AG, 2005.

Eichele, Holger: Die kleinen Geheimnisse des FJS, In: Münchner Merkur, Nr. 160, 11.7.2008, S. 3.

Engelmann, Bernt: Wie wir wurden, was wir sind. Von der bedingungslosen Kapitulation bis zur unbedingten Wiederbewaffnung. München: Wilhelm Goldmann Verlag, 1982.

Englhart, Andreas: »Keine eindeutige Persönlichkeit« – Der »Theaterprofessor« Artur Kutscher und die Theaterwissenschaft an der Universität München. In: Kraus, Elisabeth: Die Universität München im Dritten Reich. Aufsätze. Teil II. München: Herbert Utz Verlag, 2008, S. 49–62.

Enzensberger, Hans Magnus: Was da im Bunker sitzt, das schlottert ja. – auf dem Frankfurter Kongreß »Notstand der Demokratie«. In: Der Spiegel, Nr. 46, 7.11.1966, S. 78.

Eppler, Erhard: Nischen. In: Neven DuMont, Alfred (Hrsg.): Jahrgang 1926/1927 – Erinnerungen an die Jahre unter dem Hakenkreuz. Köln: DuMont, 2007, S. 13–19.

Erhard, Ludwig: »Eine gesunde Wirtschaft dient allen – heute und in der Zukunft«, Rede am 9.7.1965 vor dem Wirtschaftstag der CDU/CSU in Düsseldorf, Auszug. In: Wilharm, Irmgard: Deutsche Geschichte 1962–1983, Dokumente in zwei Bänden, Frankfurt am Main: Fischer, 1985. Band 1, S. 93–104.

Falter, Jürgen W. Falter: Hitlers Wähler. Darmstadt/München: Beck, 1991.

Fechner, Frank: Medienrecht. Tübingen: Mohr Siebeck, 2000.

Forschungsstelle für Zeitgeschichte, Hamburg u. a. (Hrsg): »Kampf dem Atomtod«. Die Protestbewegung 1957/58 in zeithistorischer und gegenwärtiger Perspektive. München/Hamburg: Dölling und Galitz Verlag, 2009.

Frei, Norbert: Die Presse. In: Benz, Wolfgang (Hrsg.): Die Bundesrepublik Deutschland. Geschichte in drei Bänden. Band 3, Frankfurt am Main: Fischer, 1983, S. 275–318.

Freud, Sigmund: Der Humor. In: Freud, Sigmund: Der Witz und seine Beziehung zum Unbewussten/Der Humor. Frankfurt am Main: Fischer Taschenbuch Verlag, 2006, S. 251–258.

Fritsche, Christiane: Vergangenheitsbewältigung im Fernsehen. Westdeutsche Filme über den Nationalsozialismus in den 1950er und 60er Jahren. München: Martin Meidenbauer, 2003.

Gabriel, Oscar W./Niedermayer, Oskar/Stöss, Richard (Hrsg.): Parteiendemokratie in Deutschland. Bonn: Bundeszentrale für politische Bildung, 2001.

Gamm, Hans-Jochen: Führung und Verführung. Pädagogik des Nationalsozialismus. Frankfurt am Main: Campus Verlag, 1984.

Gauck, Joachim: Freiheit. Ein Plädoyer. München: Kösel-Verlag, 2012.
Gellermann, Günther W.: Die Armee Wenck – Hitlers letzte Hoffnung. Bonn: Bernard & Graefe, 2007.
Genscher, Hans-Dietrich: Der Boden der Tatsachen. In: Neven DuMont, Alfred (Hrsg.): Jahrgang 1926/1927 – Erinnerungen an die Jahre unter dem Hakenkreuz. Köln: DuMont, 2007, S. 30–37.
Gessner, Dieter: Die Weimarer Republik. Darmstadt: Wissenschaftliche Buchgesellschaft, 2002.
GG (i.d.F. v. 15.10.2000) Art. 5.
GG (i.d.F. v. 15.10.2000) Art. 20 Abs. 1.
Giesecke, Hermann: Die Hitlerjugend. In: Herrmann, Ulrich: »Die Formung des Volksgenossen«. Der »Erziehungsstaat« des Dritten Reiches. Weinheim/ Basel: Beltz Verlag, 1985, S. 173–188.
Görtemaker, Manfred: Kleine Geschichte des Bundesrepublik Deutschland. Frankfurt am Main: Fischer, 2005.
Goppold, Uwe u.a.: Was Deutschland bewegte. Die populäre Geschichte der Bundesrepublik Deutschland bis heute. München: Compact, 2005.
Grabner-Haider, Anton/Strasser, Peter: Hitlers mythische Religion. Theologische Denklinien und NS-Ideologie. Wien/Köln/Weimar: Böhlau, 2007, S. 177.
Greiner, Helmuth/Schramm, Percy Ernst (Hrsg.): Kriegstagebuch des Oberkommandos der Wehrmacht (Wehrmachtführungsstab). Frankfurt am Main: Bernard & Graefe, 4 Bände, 1961–1969.
Grosser, Alfred: Geschichte Deutschlands seit 1945. Eine Bilanz. München: dtv, 1987.
Grüttner, Michael: Studenten im Dritten Reich. Paderborn/München/Wien/ Zürich: Schöningh, 1995.
Hachmeister, Lutz (Hrsg.): Das Fernsehen und sein Preis. Materialien zur Geschichte des Adolf-Grimme-Preises 1973–1993. Bad Heilbrunn: Verlag Julius Klinkhardt, 1994.
Hanns Seidel Stiftung (Hrsg.): Josef Müller – Der erste Vorsitzende der CSU. Politik für eine neue Zeit. Grünwald: Atwerb-Verlag, 1998.
Hempel, Oskar: Schreiben an die Eltern der als Luftwaffenhelfer vorgesehenen Schüler der Oberschule für Jungen – der Aufbauschule – der Mittelschule. In: Bolz, Alexander (Hrsg.): Aus der Geschichte der Waisen- und Schulanstalten zu Bunzlau, Walter Scholz KG Minden/Westfalen: Eigener Verlag, 1998, S. 39.
Hermand, Jost: Kultur im Wiederaufbau. Die Bundesrepublik Deutschland 1945–1965. München: Nymphenburger, 1986.
Herrmann, Günter: Rundfunkrecht. Fernsehen und Hörfunk mit neuen Medien. München: Beck, 1994.
Herrmann, Ulrich: »Völkische Erziehung ist wesentlich nichts anderes denn Bindung«. In: Herrmann, Ulrich: »Die Formung des Volksgenossen«. Der »Erziehungsstaat« des Dritten Reiches. Weinheim/Basel: Beltz Verlag, 1985, S. 67–77.
Herzog, Markwart: Fußball zur Zeit des Nationalsozialismus, Stuttgart: Kohlhammer Verlag, 2008.

Hickethier, Knut: Geschichte des deutschen Fernsehens. Stuttgart/Weimar: Metzler, 1998.

Hilgers, Anja: Geschichte, Struktur und Funktion der Hitlerjugend. In: Helsper, Werner/Hillbrandt, Christian/Schwarz, Thomas (Hrsg.): Schule und Bildung im Wandel. Anthologie historischer und aktueller Perspektiven. Wiesbaden: VS Verlag für Sozialwissenschaften, 2009, S. 53–72.

Hohmann, Karl: Ludwig Erhard (1897–1977) – Eine Biographie. Düsseldorf: ST Verlag, 1997.

Holland, Dieter: Tagebuchnotizen. In: Bolz, Alexander (Hrsg.): Aus der Geschichte der Waisen- und Schulanstalten zu Bunzlau, Walter Scholz KG Minden/Westfalen: Eigener Verlag, 1998, S. 20–26.

Holzenburg, Oswald In Gedenken an das Bunzlau von heute. In: Bunzlauer Volksstimme, Nr. 183, 7 Beilage, Jahrgang, 7.8.1927.

Jander, Martin: Horst Mahler. In: Kraushaar, Wolfgang (Hrsg.): Die RAF und der linke Terrorismus. Hamburg: Hamburger Edition HIS Verlagsges. mbH, 2006, S. 372–397.

Jaspers, Karl: Die Schuldfrage. Von der politischen Haftung Deutschlands. München: Piper, 1987.

Ders.: Werden wir richtig informiert? In: Hübner, Paul (Hrsg.): Information oder Herrschen die Souffleure? 17 Untersuchungen. Reinbek: Rowohlt, 1964, S. 22–34.

Kater, Michael H.: Die deutsche Elternschaft im nationalsozialistischen Erziehungssystem. In: Herrmann, Ulrich: »Die Formung des Volksgenossen«. Der »Erziehungsstaat« des Dritten Reiches. Weinheim/Basel: Beltz Verlag, 1985, S. 79–101.

Kellerhoff, Sven Felix: Was stimmt? RAF – Die wichtigsten Antworten. Freiburg: Herder, 2007.

Kiep, Walther Leisler: Aus der Katastrophe in die Freiheit. In: Neven DuMont, Alfred (Hrsg.): Jahrgang 1926/1927 – Erinnerungen an die Jahre unter dem Hakenkreuz. Köln: DuMont, 2007, S. 89–94.

Kleinert, Hubert: Mythos 1968. In: Aus Politik und Zeitgeschichte 14–15/2008, 31. März 2008, S. 8–15.

Kleinsteuber, Hans J.: Rundfunkpolitik in der Bundesrepublik. Der Kampf um die Macht über Hörfunk und Fernsehen. Opladen: Leske und Budrich, 1982.

Klöss, Erhard (Hrsg.): Reden des Führers. Politik und Propaganda Adolf Hitlers 1922–1945. München: dtv, 1967.

Korte, Hermann: Eine Gesellschaft im Aufbruch. Die Bundesrepublik Deutschland in den sechziger Jahren. Frankfurt: Suhrkamp, 1987.

Kraushaar, Wolfgang: Achtundsechzig. Eine Bilanz. Berlin: Ullstein, 2008.

Kuby, Erich: Das Volk ist seine Presse wert. In: Hübner, Paul (Hrsg.): Information oder Herrschen die Souffleure? 17 Untersuchungen. Reinbek: Rowohlt, 1964, S. 88–96.

Lambsdorff, Otto Graf: Meine unpolitische Jugend. In: Neven DuMont, Alfred (Hrsg.): Jahrgang 1926/1927 – Erinnerungen an die Jahre unter dem Hakenkreuz. Köln: DuMont, 2007, S. 190–195.

Langguth, Gerd: Die Protestbewegung in der Bundesrepublik Deutschland 1968–1976. Köln: Verlag Wissenschaft und Politik, 1976.
Large, David Clay: Hitlers München. Aufstieg und Fall der Hauptstadt der Bewegung. München: Beck 1998.
Lehnert, Detlef: Die Weimarer Republik. Parteienstaat und Massengesellschaft. Stuttgart: Reclam, 1999.
Liehr, Dorothee: Von der Aktion gegen den Spiegel zur Spiegel-Affäre: zur gesellschaftspolitischen Rolle der Intellektuellen. Frankfurt am Main u.a.: Lang, 2002.
Lübbe, Hermann: Verdrängte oder historisierte Vergangenheit? Über alt gewordene Parteijunggenossen. In: Neven DuMont, Alfred (Hrsg.): Jahrgang 1926/1927 – Erinnerungen an die Jahre unter dem Hakenkreuz. Köln: DuMont, 2007, S. 221–229.
Maaßen, Ludwig: Der Kampf um den Rundfunk in Bayern. Berlin: Verlag Volker Spiess, 1979.
Manig, Bert-Oliver: Der Bluthund ist zurück. In: Die Zeit, Nr. 37, 8.9.2005.
Marcuse, Herbert: Der eindimensionale Mensch. Studien zur Ideologie der fortgeschrittenen Industriegesellschaft. Neuwied/Berlin: Luchterhand, 1968.
Ders.: Triebstruktur und Gesellschaft. Ein philosophischer Beitrag zu Sigmund Freud. Frankfurt: Suhrkamp, 1965.
Müller, Edda: Innenwelt der Umweltpolitik. Opladen: Westdeutscher Verlag, 1986.
Neitzel, Sönke/Welzer, Harald: Soldaten – Protokolle vom Kämpfen, Töten und Sterben. Frankfurt am Main: S. Fischer Verlag GmbH, 2011.
Plate, D.: Tillendorf (Quelle: Bundesheimatgruppe Bunzlau zu Siegburg).
Pötzsch, Horst: Deutsche Geschichte von 1945 bis zur Gegenwart. München: Olzog Verlag, 2006.
Potthoff, Heinrich/Miller, Susanne: Kleine Geschichte der SPD–1848-2002. Bonn: Dietz Verlag.
Ptak, Horst-Günter: Schülertreffen nach 1945. In: Bolz, Alexander (Hrsg.): Aus der Geschichte der Waisen- und Schulanstalten zu Bunzlau, Walter Scholz KG Minden/Westfalen: Eigener Verlag, 1998, S. 56–63.
Reichel, Peter: Politische Kultur in der Bundesrepublik, Opladen: Leske und Budrich, 1981.
Reulecke, Jürgen: Die Zeit der Weltkriege (1914–1945). In: Dirlmeier, Ulf u.a. (Hrsg): Kleine deutsche Geschichte. Stuttgart: Reclam, 2001, S. 323–382.
Ders.: Vom Wiener Kongreß bis zum Beginn des Ersten Weltkriegs (1814–1914). In: Dirlmeier, Ulf u.a. (Hrsg): Kleine deutsche Geschichte. Stuttgart: Reclam, 2001, S. 257–322.
Rupp, Hans Karl: Außerparlamentarische Opposition in der Ära Adenauer: Der Kampf gegen die Atombewaffnung in den fünfziger Jahren. Köln: Pahl-Rugenstein Verlag, 1970.
Schelsky, Helmut: Die skeptische Generation. Eine Soziologie der deutschen Jugend. Düsseldorf [u.a.]: Diederichs, 1957.
Scherzberg, Lucia: Katholische Dogmatik und Nationalsozialismus. In: Bendel, Rainer (Hrsg.): Die katholische Schuld? Katholizismus im Dritten Reich – Zwischen Arrangement und Widerstand. Münster: LIT Verlag, 2004, S. 181f.

Schmaus, Michael: Begegnungen zwischen katholischem Christentum und nationalsozialistischer Weltanschauung. Münster: Aschendorff, 1934.
Schmid, Carlo: Bemerkungen zum Grundrecht der Informationsfreiheit. In: Hübner, Paul (Hrsg.): Information oder Herrschen die Souffleure? 17 Untersuchungen. Reinbek: Rowohlt, 1964, S. 73–80.
Schneider, Irmela: Passiv und gebildet, aktiv und diszipliniert. Diskurse über das Zuschauen und den Zuschauer. In: Schneider, Irmela/Hahn, Torsten/Bartz, Christina (Hrsg.): Medienkultur der 60er Jahre. Diskursgeschichte der Medien nach 1945. Band 2. Wiesbaden: Westdeutscher Verlag, 2003, S. 73–97.
Schneiders, Werner: Das Zeitalter der Aufklärung. München: Beck, 2008.
Schubert, Klaus von: Sicherheitspolitik und Bundeswehr. In: Benz, Wolfgang (Hrsg.): Die Bundesrepublik Deutschland. Geschichte in drei Bänden. Band 1, Frankfurt am Main: Fischer, 1983, S. 298–330.
Schulte-Rummel, Sven: Die große Herausforderung – Alliierter Bombenkrieg und NS-Propaganda: Das Beispiel Berlin. Norderstedt: GRIN Verlag, 2002.
Schwarz, Hans-Peter: Adenauer. Band 2: Der Staatsmann. 1952–1967. München: dtv, 1994.
Ders.: Anmerkungen zu Adenauer. München: Pantheon, 2007.
Schwarz, Franz Xaver: Anordnung 1/44 an die Gauleiter und Gauschatzmeister, 7.1.1944 (Quelle: Berliner Bundesarchiv).
Sethe, Paul: So war der wirkliche Hitler. In: Die Zeit, Nr. 10, 6.3.1964.
Sontheimer, Kurt: Die Adenauer-Ära. Grundlegung der Bundesrepublik. München: dtv, 1996.
Sozialdemokratische Partei Deutschlands, Grundsatzprogramm (gekürzt), Godesberg, 13.–15. November 1959. In: Potthoff, Heinrich/Miller, Susanne: Kleine Geschichte der SPD, 1848–2002. Bonn: Dietz, 2002, S. 493.
Spernol, Boris: Notstand der Demokratie. Der Protest gegen die Notstandsgesetze und die Frage der NS-Vergangenheit. Essen: Klartext Verlag, 2008.
Steininger, Rolf: Deutsche Geschichte 1945–1961. Frankfurt am Main: Fischer, 1985/86, Band 1+2.
Stresemann, Gustav: Rede bei der Aufnahme Deutschlands in den Völkerbund am 10. September 1926. In: Hürten, Heinz: Deutsche Geschichte in Quellen und Darstellung. Band 9: Weimarer Republik und Drittes Reich 1918–1945, S. 113–116.
Vogel, Bernhard/Vogel, Hans-Jochen: Deutschland aus der Vogel Perspektive. Freiburg: Herder.
Vogel, Hans-Jochen: Von Irrtümern, Ahnungen und späten Gewissheiten. In: Neven DuMont, Alfred (Hrsg.): Jahrgang 1926/1927 – Erinnerungen an die Jahre unter dem Hakenkreuz. Köln: DuMont, 2007, S. 68–76.
Walter, Franz: Die SPD. Vom Proletariat zur Neuen Mitte. Berlin: Alexander Fest Verlag, 2002.
Weidenfeld, Werner/Zimmermann, Hartmut (Hrsg.): Deutschland-Handbuch. Eine doppelte Bilanz 1949–1989. Bonn: Bundeszentrale für politische Bildung, 1989.
Wiegrefe, Klaus: Der seltsame Professor. In: Der Spiegel, Nr. 27, 3.7.2000, S. 62–66.

Wirsching, Andreas: Deutsche Geschichte im 20. Jahrhundert. München: C.H. Beck, 2005.
Winde, Dr.: Unser Stadtbild im Rahmen der Landschaft. In: Bunzlauer Stadtblatt, Festnummer zum 75. Heimatfest, Jahrgang 76, Nr. 183, 6.8.1927.
Zymek, Bernd: Die pragmatische Seite der nationalsozialistischen Schulpolitik. In: Herrmann, Ulrich: »Die Formung des Volksgenossen«. Der »Erziehungsstaat« des Dritten Reiches. Weinheim/Basel: Beltz Verlag, 1985, S. 269–281.

b) Internetquellen

Bayerische Staatskanzlei (Hrsg.): www.bayern.de/Fritz-Schaeffer-.263.htm (Stand: 15.6.2012).
Bengelsdorf, Reinhold: Lieder der SA und deren unterschiedliche Textfassungen, November 2002. In: www.kollektives-gedaechtnis.de/texte/vor45/lieder.html (Stand: 18.12.2011).
Bunzlau: www.bunzlau.de (Stand: 12.2.2011).
Bundespräsidialamt (Hrsg.): www.bundespraesident.de/DE/Amt-und-Aufgaben/Verfassungsrechtliche-Grundlagen/verfassungsrechtliche-grundlagen-node.html;jsessionid=3CC2E99E61DC8263372612C1E34593CB.2_cid030, Homepage des Deutschen Bundespräsidenten (Stand: 20.7.2011).
Friedrich Ebert Stiftung (Hrsg.): www.fes.de/archiv/adsd_neu/inhalt/ausstellung/historische/schumacher-chronik.htm (Stand: 23.6.2011).
Göttinger Erklärung der 18 Atomwissenschaftler vom 12. April 1957. In: Göttinger Wissenschaftler für Frieden und Abrüstung e.V.: Einladung Kongress »50 Jahre Göttinger Erklärung«. In: www.goett-wiss.de (Stand: 30.6.2007).
Kepler Gymnasium Weiden, Homepage: www.kepler-weiden.de (Stand: 16.1.2011).
Ludwig-Maximilians-Universität München: www.uni-muenchen.de/ueber_die_lmu/personlichkeiten_neu/praesid_rektoren/index.html, Homepage der LMU München (Stand: 15.2.2012).
Manig, Bert-Oliver: Der Bluthund ist zurück. In: www.zeit.de/2005/37/A-Sch_9arner_neu. (Stand: 10.2.2012).
Münchner Stadtbibliothek: www.muenchner-stadtbibliothek.de (Stand: 15.6.2012).
Schendel, Hubertus: Weiteres über das Lied »Es zittern die morschen Knochen«, 6. Juli 2009, In: http:// www.deutscheslied.com/files/Es%20zittern%20die%20morschen%20Knochen%20ED. (Stand: 25.6.2012).
Stiftung Deutsches Historisches Museum (Hrsg.): Deutsches Historisches Museum, Berlin, www.dhm.de (Stand: 12.2.2011).
Stiftung Haus der Geschichte der Bundesrepublik Deutschland (Hrsg.): www.hdg.de (Stand: 16.3.2011).
Tom Shark – Neue Abenteuer: www.tomshark2007.de (Stand: 6.1.2011).

Danksagung

Danken möchte ich insbesondere meinem Doktorvater, Prof. Dr. Waldemar Fromm, der mir das Thema für meine Dissertation vorgeschlagen hatte. Sowohl seine fachspezifischen Anregungen als auch sein Zuspruch in privaten Gesprächen haben mich über die Jahre hinweg immer wieder motiviert. Weiterhin möchte ich mich bei Prof. Dr. Christine Haug für ihre konstruktive Kritik bedanken. Weiterführende Aspekte meiner Doktorarbeit wurden mir hierdurch erst deutlich. Ein besonderes Wort des Dankes geht zudem an Prof. Dr. Günter Herrmann für seine Bereitschaft, noch nach seiner Emeritierung als Prüfer für meine Disputation zur Verfügung zu stehen, sowie für seine außerordentliche Unterstützung.

Dieter Hildebrandt sagte einst über Martin Morlock, dass dieser ihm seit seiner Zeit als studentischer Platzanweiser eine »Bestätigung« dafür war, »daß wirklich große Leute zu kleinen Leuten immer lieb und nett sind«. In Erinnerung an meine Treffen mit Herrn Hildebrandt kann ich sagen: Er selbst war ebenfalls eine Bestätigung dafür. Für die für mich sehr bereichernden Gespräche, bei denen ich immer etwas aufgeregt war, gilt ihm mein herzlicher Dank.

Für unglaublich interessante Gespräche bedanke ich mich ebenfalls bei Klaus Peter Schreiner, der mir großzügigerweise Einblick in sein privates Archiv gewährt hat. Das darin enthaltene Material und Herr Schreiners Erzählungen haben meine Doktorarbeit erst vervollständigt. Für das Bereitstellen von Archivmaterial danke ich an dieser Stelle auch Gerti Schmid von der Münchner Lach- und Schießgesellschaft, Peter Börner von der Bundesheimatgruppe Bunzlau zu Siegburg, Hanns Christian Müller und dem Deutschen Kabarettarchiv in Mainz.

Nicht unerwähnt bleiben dürfen natürlich meine Freunde, die so viel Verständnis für meine Arbeit und strapazierten Nerven aufgebracht und mich in schwierigen Phasen immer wieder aufgemuntert haben. Ein spezieller Dank geht hier an Peter Lokk von der Journalistenakademie Dr. Hooffacker.

Die Person, der meine Dissertation gewidmet ist, ist besonders hervorzuheben: Meine Mutter, die mir stets uneingeschränktes Vertrauen entgegengebracht hat, wenn ich an mir gezweifelt habe. Ohne ihre grenzenlose Geduld und aufbauenden Worte wäre diese Doktorarbeit niemals möglich geworden. Hierfür möchte ich ihr herzlich Danke sagen.

Bildnachweis

Aca-Press: S. 189, 201
Peter Engels: S. 147 (u.),
Johannes Gewiess: S. 125,
Hans Grimm: S. 123, 128, 135,
Stadtarchiv Erlangen (Presse-Photo Stümpel): S. 274
Stefan Sessner: S. 140, 168, 178, 196, 278, 279, 293
Greeth Smit, Hamburg: 286
Ramona Süß: Porträtfoto Manuela Schwab (Umschlag)
SWR (Hugo Jehle): S. 255, 260,
Privat: S. 25, 71